L'ESPRIT CLASSIQUE

SON ROLE ET SA RAISON D'ÊTRE

DANS L'HISTOIRE DES SOCIÉTÉS

PAR

LOUIS ARNAUD-JEANTI

PARIS

LIBRAIRIE ACADÉMIQUE DIDIER

PERRIN ET Cⁱᵉ, LIBRAIRES-ÉDITEURS

35, QUAI DES GRANDS-AUGUSTINS, 35,

—

1891

AVANT-PROPOS

Marc-Aurèle, un grand empereur et un sage, ne s'endormait jamais avant d'avoir chaque soir passé en revue les faits de la journée et jugé sa propre conduite. A la fin de cette longue journée si mouvementée, si remplie, du XIXe siècle, n'avons-nous pas, nous aussi, un examen de conscience à faire ? D'où venons-nous, où sommes-nous arrivés et où allons-nous? Trois questions connexes, ou plutôt trois aspects différents d'un même problème essentiel. Et il n'y a à ce problème que deux réponses possibles. Ou bien il faut admettre, avec une doctrine aujourd'hui en faveur, que toutes choses procèdent de la matière et du jeu de ses lois.. Ou bien il faut reconnaître au-dessus du mécanisme de la matière les idées directrices de l'esprit et rattacher ainsi l'univers à une intelligence qui régit ses destinées.

Notre intention a été de montrer que ces réponses entraînent avec elles une suite infinie de conséquences et que chacune d'elles se rapporte à un mode différent de la civilisation et de l'intelligence humaines. C'est dans ce but et afin de faire voir nettement l'antagonisme des deux théories, que nous avons présenté un tableau du développement moral et intellectuel de l'humanité depuis ses origines jusqu'à nos jours. Nous n'avons pas voulu faire un livre de polémique, encore moins un traité systématique, mais simplement indiquer une vue d'ensemble éclairée par les faits généraux que l'histoire nous fournit, que la critique nous fait comprendre, et dont la philosophie nous permet de saisir l'enchaînement.

Pour que l'on puisse avoir une idée première du but que nous voulons atteindre, nous faisons précéder d'une introduction l'ensemble des considérations dont l'enchaînement constitue notre argumentation. Cette introduction marquera nettement notre pensée, elle définira les lignes directrices de la doctrine à laquelle notre ouvrage est consacré.

Un tel livre prouvera-t-il quelque chose ? Ce sera du moins une opinion motivée résultant de l'expérience d'une longue existence, où l'on a essayé de se rendre compte, au lieu de vivre à l'aventure. — Son idée aura été le plus cher délassement de devoirs professionnels fort différents. Depuis 29 ans il a été recommencé bien des fois avant de trouver sa forme définitive. Il ne prétend qu'à être une conséquence, un produit du mouvement contemporain des esprits.

Le livre rend sur sa route hommage à de savants professeurs. Il doit beaucoup aux cours du Collège de France et de la Sorbonne. Il est dédié à M. Alfred Maury, qui s'y est toujours intéressé, qui l'a même discuté bien souvent, et que l'auteur s'honore de regarder comme un maître.

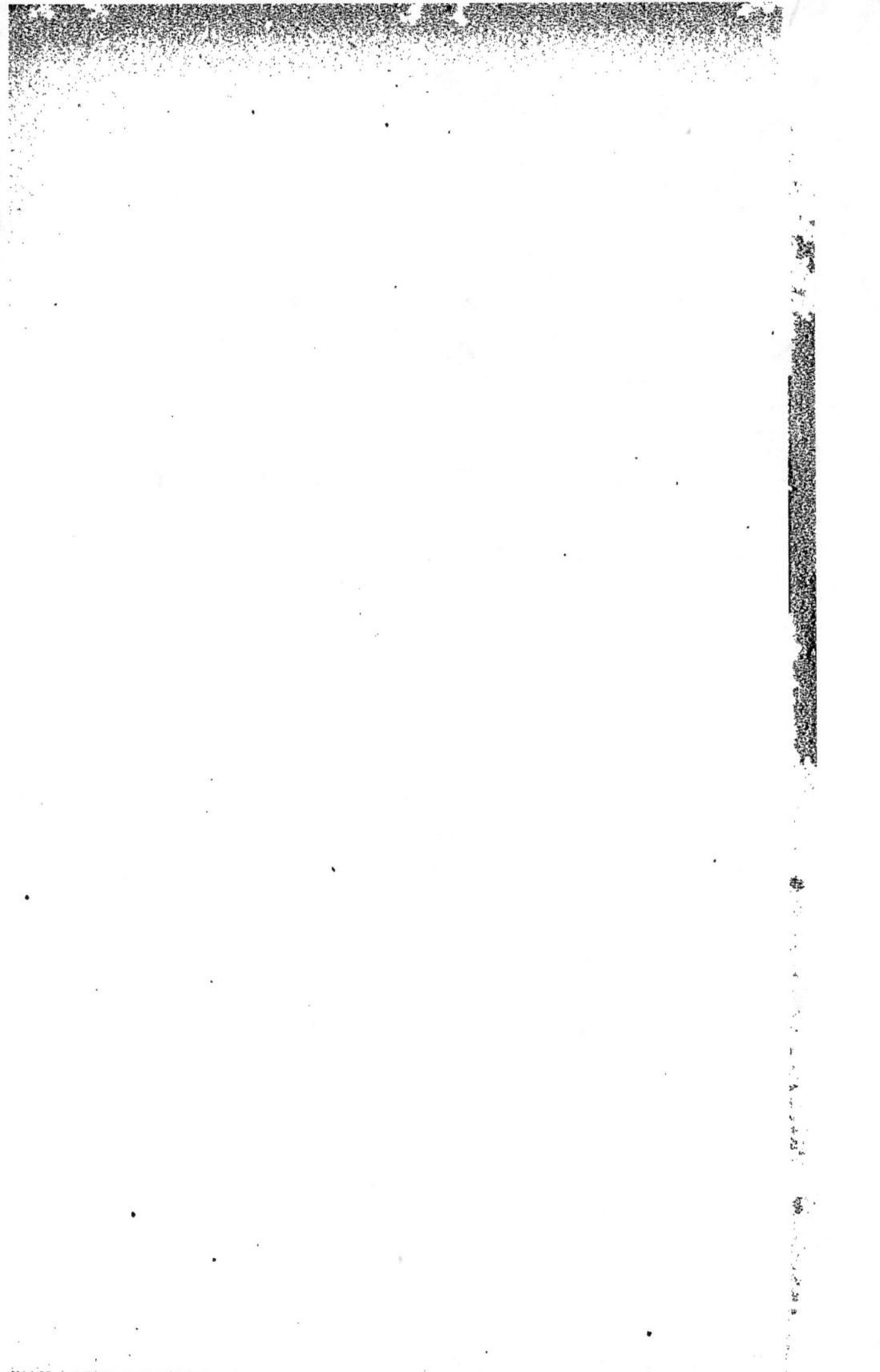

PLAN DE CET OUVRAGE

SERVANT

D'INTRODUCTION

D'OÙ VENONS-NOUS? OÙ SOMMES-NOUS ARRIVÉS?
OÙ ALLONS-NOUS?

Notre époque a remué bien des idées. Elle a détruit au moins autant de choses qu'elle en a inventé. Le progrès ne s'est du reste jamais affirmé qu'à ce prix : mais a-t-elle ouvert à l'humanité la meilleure route depuis qu'elle a recherché par-dessus tout et sous toutes les formes, puis présenté pour but à la société : le bonheur? Faisant reposer tout sur le bien-être et la richesse, notre époque a dû subordonner ses moyens d'y parvenir à l'intérêt, et les soutenir au besoin par la violence, en cherchant même, en vue de cela, des arguments probants dans la philosophie.

Si l'on demande où nous allons, le plus sûr pour répondre et éviter de nous méprendre sur la direction à suivre, c'est de jeter les yeux en arrière et de s'inquiéter de ce que dit le passé, à des époques analogues à la nôtre. De même nous ne saurons bien d'où nous venons qu'après avoir pu retracer les voies par lesquelles nous sommes arrivés où nous sommes. Se proposer un tel but est loin de dire encore qu'on l'atteindra, mais il faut préparer la méthode par laquelle on a chance de trouver la solution de ces problèmes.

Tel est le motif pour lequel nous commencerons par parler du rôle dévolu aujourd'hui à l'histoire. Donner tout d'abord une idée de l'œuvre qu'ont accomplie nos principaux historiens, ce serait expliquer la tâche qui est assignée à ceux qui leur succéderont et mentionner les méthodes qui y aideront le mieux. Analyser d'après eux les annales de l'humanité, définir ensuite le mécanisme actuellement mieux connu des sociétés, c'est prendre une vue plus complète de l'ensemble. Nous avons des points essentiels à faire ressortir. Sans ce multiple contrôle, aucun jugement solide ne peut être assis. Le besoin de se rendre compte est devenu si général qu'il faut y apporter une recherche passionnée de l'en-

chaînement des choses, qui caractérise aujour-
d'hui tant de travaux historiques.

Mais quel esprit devra présider à une telle enquête? Ne faut-il pas d'abord, et avant tout, voir
dans l'histoire la gardienne de la tradition? Pour-
ra-t-on après cela jamais oublier qu'héritier direct
des méthodes de l'esprit classique l'historien, à
partir des Grecs, a eu pour premier devoir d'être
doublé d'un moraliste?

On verra, par ce qui sera dit dans cet ouvrage,
que, contraint par le sujet d'envisager certaines
phases de l'esprit humain, l'auteur a dû circon-
scrire à l'avance son but. En même temps, pour ne
pas s'égarer, il était tenu de se placer dès le début
à l'observatoire de notre temps. Que si, de là, évoluant à travers les faits généraux, il s'est préparé
à discuter l'hypothèse d'une pensée providentielle
dans la nature, que si, pour en fournir la preuve
et la découvrir dans l'univers, il lui faut remonter
aux âges les plus reculés, ce sera surtout pour
motiver ses jugements touchant les théories contemporaines. Recherchons-nous par exemple les
origines de l'espèce humaine en prenant pour
guide la tradition biblique? Ce sera pour les
mettre en regard des origines que propose une
anthropologie nouvelle; nous n'avons pas la pen-

sée d'aborder la question au point de vue purement scientifique, nous ne voulons la traiter qu'au
point de vue de la philosophie de l'histoire.

Grâce aux matériaux qui vont s'accumulant, il
est moins difficile qu'autrefois de retracer les
grandes phases que l'esprit humain a traversées
jusqu'au xixe siècle. Marquant d'abord comment
à l'origine l'entendement de l'homme a été pétri
par la science de l'Orient sacerdotal, avant d'être
discipliné par les méthodes de l'esprit classique
gréco-romain, il n'est pas nécessaire, une fois
arrivé à l'époque du christianisme, de se croire
obligé, comme cela se faisait autrefois, de mettre
en cause cette religion et ses dogmes. Ce dont on
est avant tout frappé, c'est d'un grand fait social.
Nous nous attacherons moins aux « institutions »
qui découlent du christianisme qu'aux « principes
naturels », — instincts innés, — auxquels il a
donné une valeur nouvelle et qui représentent,
comme dit Descartes, « les causes premières de
« ce qui est et peut être en ce monde, semences de
« vérité qui sont naturellement en nos âmes ».
Si ces principes, avec un ressort inconnu jusque-
là, sont venus reprendre possession des hommes,
s'ils ont poussé partout dans les consciences des
racines profondes, n'est-ce pas la conséquence

d'une revendication hardie des lois de la nature, dans une religion sortie de l'idée pure et non du fait concret et matériel tel que le comporte une science sacerdotale, première base des religions scientifiques de l'Orient ?

Peut-on, même après cela, accuser le christianisme d'erreur, lorsque, mettant le sceau à l'œuvre des Grecs et des Romains, c'est-à-dire abaissant pour jamais les barrières d'abord élevées dans une antiquité reculée par une société exclusive, souvent sanguinaire, il a tenu ce langage aux hommes: « Vous êtes issus du même père et de la même « mère. Aimez-vous donc les uns les autres. Dé- « fendez-vous de l'orgueil. Ne prétendez à aucune « supériorité, car du plus grand au plus petit « vous êtes tous égaux devant Dieu. Conservez « toujours la paix et ne versez pas le sang de vos « frères. » En parlant ainsi, le christianisme outre- passait-il le droit naturel? Non, puisqu'il faisait appel à l'idée d'un couple primordial consacré par la tradition que la science défend encore par la théorie monogéniste.

Le christianisme a donc non seulement porté tout un ensemble de « principes naturels » à leur expression la plus haute ; mais il convient de rap- peler que ce grand fait n'avait pris la forme de

l'idée pure qu'à la suite d'un développement historique, social et intellectuel, nettement établi.
F. Le Play et son école, avec leurs études spéciales
appuyant la tradition sur l'expérience du présent,
vous montreront tout à l'heure le germe de ces
principes dans l'existence patriarcale du désert et
de la steppe, type le plus ancien connu de la famille,
avec sa morale étroite, mais haute, antérieure à
toute culture humaine. Et qui viendra encore ici
commenter l'étude de l'état patriarcal? L'histoire
avec la méthode des migrations. De même un
culte primitif de famille, analysé dans ses rapports
et ses conséquences avec l'histoire, vient donner
en outre un singulier relief à ce que déclare la
science des religions. Après avoir exploré en effet
toutes les zones, de la plus civilisée à la plus sauvage, et sondé le passé le plus ancien jusqu'au
plus récent, cette science n'a-t-elle pas été conduite à admettre que « l'instinct religieux » est un
principe naturel antérieur à toute institution humaine, puisqu'il est inhérent à tous les hommes?

Et l'historien, chargé de résumer de tels faits,
préparé déjà par ces vues d'ensemble, n'est-il pas
amené à son tour à rappeler à l'encontre de l'école
mécaniste que, réduits à eux seuls, le hasard et la
matière passée à l'état d'automate semblent inca-

pables d'aboutir à autre chose qu'à l'incohérence
et au désordre? Donc, la raison paraît déjà retracer
les vraies routes par lesquelles nous sommes
arrivés où nous sommes. Elle montre partout la
puissance des lois de l'esprit en train de dominer
la matière, tandis que l'histoire, dès qu'on l'inter-
roge, permet de soutenir le développement régulier de lois naturelles logiques. Nous ne faisons
donc qu'user de notre droit en marquant dès leurs
débuts les résultats de deux phases principales
de l'esprit humain. C'est le seul moyen de mettre
en relief quelle différence absolue sépare ce
« principe variable » : les institutions humaines
des « principes naturels », ce fondement de tout.
Nous commençons ainsi à aborder la définition
des origines de ce que nous appelons un courant
de principes naturels, que nous contemplons même
ensuite s'acheminant désormais vers l'idéal.

Les Grecs, avec leur exquise sélection, avec leurs
méthodes précises, par leur Code de lois de l'esprit,
avaient ouvert la voie à une nature idéale et se
regardaient comme des citoyens du monde. Les
Romains avaient à leur tour établi des lois définitives qui ont continué à régir, depuis, les sociétés d'Occident, mais c'est le christianisme, servi
par le génie classique gréco-romain, qui fut le

couronnement d'une telle œuvre. Il renouvela
non seulement le terrain classique, mais tous les
terrains. Proclamant l'existence de la grande famille humaine, il a non seulement revendiqué,
comme nul autre ne l'avait fait avant lui, les principes naturels, mais il les a fait pénétrer dans la
vie de tous les hommes, en les mettant au-dessus
de toute institution. Et telle est la raison pour laquelle la philosophie du christianisme intervient ici
comme point de départ, lorsque nous voulons dès
le début mettre « l'idée pure » en face de la science
contemporaine.

I

Est-il du sort de toute science résultant de l'expérience purement matérielle, pour s'être heurtée
au fait seul dans « sa matérialité », d'aboutir de
tout temps aux mêmes conclusions ? Quand on
compare la synthèse fataliste des Chaldéens, qui, il
y a tantôt 4000 ans, proclamaient l'arbitre esclave
et le despotisme de la nature, on est forcé de
reconnaître que, malgré un esprit absolument différent, ces Orientaux ne procédaient pas autrement
que nos savants, lorsque ceux-ci prétendent bâtir
sur la science actuelle et imposer désormais à

l'entendement humain leur synthèse mécaniste et chimique, avec son fatalisme et son panthéisme, négation du libre arbitre.

Seulement, quand on s'informe de l'état scientifique, on s'aperçoit que les sciences, qu'au xviiie siècle on croyait déjà édifiées, ont été totalement bouleversées depuis cette époque ; — qu'en réalité l'esprit scientifique est bourré de faits, mais que la théorie de leur explication est difficile, — la plupart des conséquences aujourd'hui tirées de la science n'étant pas démontrées. — Or, si une théorie fondamentale telle que celle de Newton sur « l'émission de la lumière » est abandonnée désormais après avoir légué ses faits à la science, n'est-il pas aussi vraisemblable que d'un moment à l'autre la théorie du « struggle for life », — le combat pour la vie, de Darwin, — peut également tomber dans le discrédit. Il faut donc laisser à la science son domaine. La philosophie, la morale n'ont pas le droit de nier ses faits, mais si l'on voulait suppléer par des concepts scientifiques aux conclusions régulières du droit et du devoir, il n'y aurait plus de sociétés possibles.

Pour suivre un développement logique de notre pensée, nous avons donc ici à distinguer, — d'un côté dès son origine la science, qui depuis les Grecs

n'est plus qu'une branche de l'esprit humain, défi-
nie, dégagée, ayant sa vie propre et son domaine
spécial; — de l'autre, l'idée pure qui vivifie tout et
dont l'historien doit rechercher les phases et les
évolutions. Il en a découvert la source dans les
principes naturels que l'homme a apportés en
naissant, qu'a développés de suite un cadre patriarcal, — instincts et cadre en un mot qui se
sont mis en valeur l'un par l'autre, — que nous
trouvons au commencement de tout, puisque
l'homme n'apparaît pas seul sur la terre. L'historien ensuite a rencontré la science au seuil des
sociétés, de même que le positivisme la place à
leur vieillesse. L'idée pure alors a grandi. Elle est
représentée par l'autorité patriarcale portée à son
maximum de puissance par des empires; mais à
ce courant naturel, un courant supérieur sacerdotal apporte ses procédés scientifiques avec des
connaissances pleines de prodige. Aussi parfois
ce courant supérieur submerge le courant de principes naturels, parce que ceux-ci ne s'accordent
pas avec les institutions sacerdotales.

Voilà la raison pour laquelle on rencontrera
bientôt deux terrains absolument distincts, si,
considérant ce cadre oriental devenu scientifique
par une religion primitive passée à l'état de science

cosmique, on le compare surtout au cadre grec
postérieurement intervenu. Le cadre grec ne s'é-
gare pas dans les espaces à l'exemple du cadre
oriental. Inséparable de la famille individuelle
comme de la cité par le culte des ancêtres, il est
resté presque exclusivement tourné par ses concepts et par son but vers la grande famille hellénique, où il puise des types d'une incomparable
beauté.

Désormais ces deux terrains, séparés dès le début
par une double antinomie, se caractérisent ainsi :

Empires d'Orient, autrement dit : despotisme,
fatalisme, prédestination orientale, arbitre esclave,
masses impersonnelles, confusion des idées, animalisme.

Cités grecques ; c'est-à-dire liberté progressive
suivant les dieux, suivant la cité, enfin suivant les
hommes, libre arbitre grec, individualisme s'affir-
mant graduellement, clarté des méthodes, des
idées, culte du beau.

Puis à la base de tout, en Orient, la science
sacerdotale égyptienne, euphratique surtout, avec
ses prodiges. A la base, en revanche, de la société
grecque, la morale et pas de science sacerdotale.

C'est l'idée pure qui redresse la science avec
Anaxagore, Socrate et Platon. Elle s'introduit dans

la conception scientifique de la nature par Aristote, parce que l'idéal grec soutient la science que la matière n'a pas maîtrisée comme chez l'Oriental. Nous trouvons donc en Occident le vrai processus des lois de l'esprit affranchi de ses entraves antiques.

Voilà, au contraire, que de notre temps la route bifurque. Il y en a qui prétendent rejeter « l'idée pure », autrement dit ces instincts innés tournés vers l'idéal, principes qui furent naturels avant d'être chrétiens, — que les Grecs et les Romains ont développés, que la philosophie du xvIII° siècle, dans son retour à la nature, a reproduits sous une autre forme que le christianisme, sans en changer le fond essentiel, ce qui sera son œuvre originale.

Or, si l'on rejette ces principes naturels, qu'arrivera-t-il ?

Mettons pendant cent ans l'humanité au régime des lois scientifiques préconisées par Darwin ou tout autre savant. Instituons par exemple le « combat pour la vie », la « sélection », qui frappe de mort quiconque n'est pas préparé pour la lutte, ne retournons-nous pas à la barbarie des lois antiques ? Nous serons conduits forcément à des amputations dans le corps social, pour aboutir finalement à la guerre civile en permanence.

Notre époque vient donc se heurter devant une antinomie qu'on ne peut trop signaler. C'est là que doit intervenir l'histoire, après avoir décrit comment le courant de principes naturels, vicié en Orient par la science sacerdotale, s'est développé au contraire en Occident par le milieu si bien approprié des Grecs et des Romains. C'est là qu'il convient de demander ce que serait devenue aujourd'hui l'Europe, si ce courant ne s'était pas chaque jour fortifié chez elle par des règles et des méthodes, fondement d'un esprit forcément classique. Celui-ci a pris les hommes non pour ce qu'ils sont, mais pour ce qu'ils doivent être, car il s'est incessamment tourné vers l'idéal. Et voilà dans quelle voie l'Occident n'a cessé de grandir jusqu'au XIXᵉ siècle.

Ce qu'est cet esprit classique, autrement dit classicisme, ce qu'est l'esprit anticlassique ou anticlassicisme, voilà la thèse qu'essaie de développer l'historien. Un simple aspect, peut-être, de l'histoire des hommes, mais peut-être aussi une clef pour pénétrer plus avant dans le secret de leurs annales. Le temps n'est pas encore venu d'une histoire générale ; il est même encore éloigné. L'histoire de l'esprit humain, désormais mieux connue, demande en revanche un savoir encyclo-

pédique, et il faut être de taille pour aborder de
face un si grand problème. C'est déjà suffisamment téméraire, en ce siècle de monographies et
de spécialités éminentes, d'essayer tant bien que
mal de détacher une tranche de ce vaste sujet.

II

Récapitulons maintenant à l'aide de ce que nous
avons dit déjà les lignes fondamentales du sujet
que nous visons et que nous allons aborder tout
à l'heure.

Il faudra parler de cet Orient, berceau de tous
les hommes, c'est-à-dire d'où sont sortis hommes,
religions, sciences, arts, berceau des classes sacerdotales et des empires. Là, l'histoire bifurque, mais
il faut la suivre tout d'abord dès le moment où,
au pied du Caucase, l'homme s'est arrêté. Si ce
n'est pas là, en réalité, qu'il est né à la lumière,
tout au moins il s'est groupé sur ce territoire, autour duquel, par un exode qui a duré des milliers
d'années, convergeront tous les itinéraires des migrations qui ont peuplé le monde. Nous contemplerons donc l'humanité sur cette vieille terre
d'Asie jusqu'au moment où la route bifurque,

portant d'un côté vers l'Orient, de l'autre vers l'Occident, les annales humaines.

Nous continuons ensuite l'histoire générale pour l'amener jusqu'à l'époque des grandes invasions par lesquelles fut consommée la ruine de l'Empire romain, date mémorable dans l'histoire d'Occident, mais où désormais les contrastes entre le classicisme et l'anticlassicisme deviendront plus que jamais la clef de l'histoire.

Nous avons déjà mis en relief la notion : 1° d'un courant primordial de principes naturels ; 2° la notion de la science figurant à son tour comme le facteur primordial du courant supérieur qui a eu raison le premier des peuples nomades et de la nature. Mais nous savons, en revanche, comment par les Grecs un courant de principes naturels plus logiquement, plus constamment tourné vers une nature idéale, a reparu dans la vie civilisée. D'une part, nous conserverons une idée des origines du despotisme, du fatalisme, de l'arbitre esclave ; de l'autre, des origines du libre arbitre, de la liberté et de l'individualisme.

Nous n'ignorons pas surtout ce qu'est un esprit anticlassique épris seulement du fait, mais contrastant avec lui-même, car, ainsi que le montrera bientôt la caste savante des Chaldéens,

on peut être à la fois mystique et matériel, brutal
dans ses expériences, cynique parfois dans ses applications, et transcendantal. Voilà ce qu'il ne faut
jamais perdre de vue, en y opposant la formation
de cet esprit classique propre à l'Occident, grec et
romain, puis chrétien. C'est déjà par la Grèce,
Rome, le christianisme, l'expression d'un monde
nouveau qui se lève par rapport à l'Orient antique, — pour demeurer la moelle, l'essence d'un
autre monde nouveau, celui dans lequel nous
vivons et qui s'est d'abord appelé la chrétienté
du moyen-âge.

Mais il ne suffit pas d'avoir envisagé alors
l'histoire de l'Orient, d'avoir rattaché par les
liens naturels de l'esprit classique les annales de
la Grèce et de Rome à celles des temps modernes,
d'avoir scruté les lois naturelles auxquelles les
sociétés modernes obéissent : il y a autre chose
encore. Ce qu'il importe de bien définir, ce sont
les motifs pour lesquels les événements majeurs
de l'histoire portent l'empreinte précise des caractères, des milieux desquels ils sont sortis. Nous n'y
arriverions jamais sans marquer comment une
nouvelle manière de concevoir est également intervenue dans la vie européenne.

Ce sont en effet des peuples qui n'avaient jus-

que-là que peu ou point d'histoire, qui, devenus
un facteur important, ont pesé dans la balance en
rafraîchissant des sources que la civilisation ancienne avait consacrées. C'est dès lors avec des
éléments demeurés jusque-là à l'écart, ayant besoin par conséquent d'être bien précisés, que nous
rentrons en pleine histoire de l'Europe.

Il sera plus facile, grâce à l'examen attentif de
cette réserve de peuples nouveaux, de comprendre
pourquoi les survivances gréco-romaines, bien
que de plus en plus manifestes en Europe, ont été,
surtout à partir de la Renaissance, diversement
interprétées chaque fois.

Il faut marquer par des divergences naturelles,
par les survenances d'un autre passé, par des sols,
des climats différents, comment une opposition
s'est peu à peu constituée qui a battu en brèche
l'esprit classique. Si le courant naturel reste aujour-
d'hui en contradiction avec les théories opposées
formulées par la science, il faut voir comment le
fatalisme, la négation du libre arbitre, si antipathi-
ques aux Grecs, avaient ailleurs déjà en Europe
reparu, avant d'entrer dans nos concepts scientifiques du XIXe siècle. Lorsque, du reste, nous
avons à cœur de rechercher l'unité de l'histoire,
l'unité de l'homme, de la pensée, cela ne peut sur-

prendre l'historien de voir ce qui déjà constate cette unité, c'est-à-dire d'antiques idées reprenant leur place à côté d'autres plus récentes.

Ce faisant, comme nous ne cessons d'étudier les contours de l'histoire de notre temps, car nous ne les pouvons connaître que par les explications que nous fournit le passé, de même qu'à l'origine de toute civilisation nous placerons des empires asiatiques, — au début de la civilisation en Occident, antérieurement à la gloire de Rome, ne retrouvons-nous pas en Occident un empire celtique avec sa classe sacerdotale, d'où, selon l'usage, est sortie cette civilisation du Nord anticlassique, — à la fois rebelle aux Romains, et convertie tardivement au christianisme? Aujourd'hui, l'on peut dire également qu'il y a un esprit du Nord. Jadis confondu dans la chrétienté, il s'est suffisamment dessiné depuis la Réforme dans son originalité et sa saveur, puisque, à vrai dire, déjà il nous impose ses concepts sociaux, philosophiques ou scientifiques.

Si donc nous voulons bien connaître notre temps, c'est par la comparaison attentive des annales de la France représentant les races latines, mises en regard de l'histoire de l'Angleterre, de l'Allemagne, notamment de la Prusse représen-

tant les races germano-scandinaves. Voilà trois
terrains distincts. C'est là mieux qu'ailleurs que
nous serons témoins du jeu, des contradictions
entre les survivances de l'esprit anticlassique et
les règles établies par l'esprit classique. Nous jugerons mieux de la sorte si les races du Nord sont
destinées à tout remplacer, et si l'appoint, l'influence du génie propre aux races latines, n'est pas
au contraire plus que jamais nécessaire à l'Europe.

L'ESPRIT CLASSIQUE

LIVRE PREMIER

CHAPITRE PREMIER

L'HISTOIRE. SON NOUVEAU ROLE. SES DEVOIRS. SES MÉTHODES

I

L'histoire est devancée au XIXe siècle par la science. Un centre, une direction d'ensemble, lui manquent encore; à en juger néanmoins par ses ressources et ses moyens précis d'action, on entrevoit déjà le rôle que le XXe siècle réserve à l'histoire.

Bien des signes indiquent que, comme ce fut le cas au XVIe siècle et à d'autres époques mémorables, nous marchons vers une crise de transformation sociale. L'Occident néanmoins hésite dans sa marche, mais à le voir procéder à l'inventaire de tout ce qui existe, on le dirait prêt à exécuter le testament du passé, et déjà nous apercevons que le mouvement scientifique chez beaucoup d'esprits a abouti au transformisme dont Darwin a donné la dernière formule. Cette doctrine est devenue la pierre angulaire tant attendue de la cosmologie scientifique moderne.

Rencontrant sur ce terrain les ajustements voulus à la logique et à la vraisemblance, beaucoup de savants se sont empressés d'édifier là-dessus leurs systèmes, surtout ceux qui avaient vainement cherché jusque-là un point d'appui. Le transformisme : — est-ce donc là cependant le levier d'Archimède destiné à soulever le monde?

Le mouvement historique est beaucoup plus récent que les progrès rapides accomplis par la science depuis trois siècles. Renouvelée au XVIIe siècle, sérieusement inaugurée au XVIIIe, ayant pris un élan nouveau dès le premier Empire, la science depuis tantôt vingt ans n'a plus qu'à marcher devant elle, tandis que la philosophie de l'histoire est à peine née. Sans doute, quelques esprits naturellement synthétiques ont cherché à démêler les lois d'ensemble des faits, mais la plupart aujourd'hui ne songent qu'à les approfondir dans leurs détails. L'histoire s'attache plus que jamais à la monographie et aux questions particulières.

Il y a tantôt cinquante ans, de grands écrivains avaient en France ouvert une voie plus large. À leur tête brillaient Guizot, de Barante, Augustin Thierry, Michelet; mais à leur suite apparut une École historique formée exclusivement à la lecture et à l'enseignement des textes. Elle est surtout sortie de l'École des Chartes. Elle disait : « Assez de synthèses, le plan est fait. Les bases

de l'édifice sont aujourd'hui jetées ; passons au détail, autrement dit, fouillons les origines et prépa-
rons le monument pierre à pierre. » A partir de ce mo-
ent, le détail est devenu l'objectif principal. Grâce à
es ouvriers aussi infatigables que savants, les mono-
raphies ont pu chaque jour se multiplier sur tous les
ujets.

Des résultats dépassant de beaucoup les découvertes
nciennes plaident maintenant en faveur de tous les
ourants scientifiques. Une prospérité matérielle sans
xemple a été la conséquence des découvertes de la
cience appliquées à l'industrie et à l'économie géné-
ale. Et le progrès ne s'est pas borné là.

Bien des gens ne soupçonnent même pas, en revan-
he, que l'histoire aura bientôt accompli un avancement
arallèle, qu'elle a pleine conscience de sa valeur,
u'elle se prépare même à l'affirmer partout. Disons
'abord que, dans la première moitié de ce siècle, c'est
grâce à l'histoire que l'étude des langues a permis de
définir ou de reconnaitre les diverses nationalités européennes. Les Allemands avaient devancé les autres
peuples, puis vinrent les Slaves, les Scandinaves, les
Madgyars et enfin les races Latines. On peut affirmer
en outre que ce qu'on appelle l'école historique a
presque renouvelé les sciences morales et politiques.

Ce siècle doit donc aux historiens, et la part qu'ils
ont apportée au développement de nos connaissances
est loin d'être une quantité négligeable. L'histoire est
même une puissance de l'avenir, dont les monographies,
les spécialités ont concentré les multiples énergies.

La science, qui a porté son scalpel au cœur de tant de
choses, a piqué l'émulation des historiens et provoqué
de leur part des enquêtes contradictoires. Il s'est con-

stitué de la sorte, par des instruments d'analyse et de
contrôle perfectionnés chaque jour, un travail latent de
renouvellement des anciens procédés de l'histoire. Le
dernier mot n'est pas encore dit, à beaucoup près, et
l'avenir nous réserve à ce sujet bien des surprises.

Rien qu'en visant par exemple les questions ici soulevées on pourra donner une idée du développement
de la culture historique. Comme l'a judicieusement observé M. Gaston Pàris, l'étude des faits extérieurs de l'histoire s'est compliquée du jeu des institutions civiles et
religieuses parmi les races. De même que l'évolution
du Droit, du Juste, du Beau, au sein des nations est plus
scrupuleusement notée, la Pensée humaine est mieux
étudiée dans ses phases et ses expressions multiples.

Outre les témoignages de l'esprit des anciens nous
avons désormais d'autres moyens de contrôler le génie
de l'homme. La Philologie s'aide de l'Archéologie pour
expliquer comment les idées et la plupart des formes
primitives essentielles, aussi bien dans le langage que
dans la plastique, se sont graduellement modifiées. C'est
par l'étude comparative des mœurs, des tempéraments,
des climats, du sol, des temps les plus différents, que,
malgré un fonds persistant, il est de plus en plus avéré
que tout est sujet à se renouveler en ce monde. Bientôt
même nous connaîtrons les évolutions de l'esprit presqu'aussi sûrement que les révolutions planétaires.
La Science elle-même, qui aspire surtout à fournir
l'idée de la régularité absolue, voyez comme elle
a oscillé, comme elle a varié de buts et de formes à
travers les siècles.

Il va ainsi devenir difficile de dénier à l'histoire une
précision qu'elle n'était jadis pas même eu droit de
demander. D'un côté, l'enchaînement qu'offrent entre elles

les périodes historiques, poursuivi chaque jour avec plus de rigueur, fournit des groupements naturels qui sont des faisceaux de faits à peu près indestructibles. De l'autre, le secret des temps anciens se dévoile peu à peu. Les savants déchiffrements des égyptologues et des assyriologues éclairent un passé qui avait été longtemps contesté, tandis que les textes de l'Extrême-Orient partout s'élucident pour préparer l'unité de l'histoire. Seulement la critique historique a là des champs nouveaux à explorer, où elle doit s'efforcer de faire la lumière, comme elle la fait mieux chaque jour en ce siècle sur les Grecs et les Romains.

Cette besogne du reste est commencée déjà; l'histoire est surtout une restitution. Il a suffi de quelques monuments négligés jusque-là pour retrouver les Hittites, un peuple qu'on pouvait dire perdu depuis 3000 ans. On a rencontré dans leurs hypogées ceux qui bâtissaient les monuments de l'Égypte et en écrivaient l'histoire. L'Archéologie, comme l'a dit M. Maspéro, ne s'est pas contentée de rendre seulement « leur forme flottante et sans contours », elle a présenté à notre temps Toutmès III, Séti Ier (Sésostris) et Ramsès II en personne.

Mais toute médaille a son revers. On finit par s'apercevoir à la fin du XIXe siècle que l'histoire laisse percer les défauts de ses qualités. Elle vaut surtout par ses monographies. C'est notamment par des hommes spéciaux qu'elle fournit sa vraie mesure. Malheureusement on ignore encore quelle direction elle donnera à ses forces, l'architecte de génie qui mettra en œuvre ses précieux matériaux n'ayant pas encore paru. Ce n'est pas à dire toutefois que l'histoire puisse imiter l'impétuosité de la Science qui a réussi à transformer de nos

jours presque soudainement la plupart de ses concepts
anciens. Les annales humaines ne sauraient être renou-
velées de la sorte. On ne peut pas déraciner ainsi les
faits fondamentaux découlant d'événements avérés, de
témoignages toujours palpables. L'avenir qui dès à
présent s'ouvre aux ambitions légitimes de l'histoire,
quoique fort important, reste donc à la fois plus circonscrit et moins révolutionnaire. Mais s'il n'est pas permis
à l'histoire de nier la science et de vivre sans elle, il
lui est en revanche imposé de la contrôler de tous points.
Elle doit même demander chaque fois les raisons et les
pièces justificatives des destructions que celle-ci semble préparer. Il arrive souvent en effet que la science
prétend contredire les principes essentiels sur lesquels
l'appréciation des événements avait jusque-là reposé.
Tel est le cas pour « la finalité », pour certaines théories scientifiques, le transformisme surtout, dès qu'on
l'applique à l'homme. Il y a là de grandes lignes directrices que l'histoire ne peut abandonner sans examen,
parce qu'elle s'est depuis trop longtemps retranchée
derrière elles. Nous avons là une des raisons du mot
d'ordre qui s'est partout transmis aux historiens de
s'enquérir, plus attentivement encore qu'on ne l'avait
fait jusqu'ici, des véritables assises sur lesquelles repose réellement la société.

II

Serait-il conforme aux lois de l'Esprit Classique d'a-
border sans le spiritualisme l'histoire du développement
de la pensée de l'homme? Pourrait-on même le faire
sans décrire le rôle de l'Idée pure à travers les annales

humaines? Une telle question vient naturellement se
poser ici. L'Histoire, jadis gardienne par excellence de
la tradition, peut-elle être appelée à changer de rôle?
L'impartialité, un de ses premiers devoirs, exige avec
le récit des faits le concours des méthodes scientifiques,
mais n'importe-t-il pas de déterminer ce que l'impartialité doit repousser comme une capitulation à la
Conscience? Puisque la Science et l'Histoire ont chacune
leur domaine, est-il interdit notamment à l'Histoire de
faire à la moralité humaine, autrement dit au spiritualisme, la part incontestée qui lui a toujours appartenu
chez nous?

Par le même motif, jusqu'à ce que le contraire soit
prouvé sans réplique, et nous en sommes fort loin,
peut-il exister un prétexte plausible pour que nous
fassions divorce avec l'idée d'une Cause supérieure, di-
rectrice, émanant d'un être conscient de soi-même?
Cette idée écartée, notre raison pourra-t-elle expliquer
logiquement ses origines aussi bien que celles de l'ensemble cosmique? Nous ne le croyons pas, et en prenant
dès le début sur ce sujet une attitude décidée, nous
pensons obéir non à un sentiment factice, mais à une
impulsion naturelle.

Une science nouvelle peut prétendre expliquer tout
par une loi inconsciente de la matière, voire même du
hasard; nous croyons au contraire, ainsi que nous l'a-
vons déjà dit, devoir subordonner toutes choses à l'esprit, à commencer par la matière elle-même.

La science peut dire : « Mon rôle à moi c'est d'en-
« registrer des faits sans me préoccuper d'idées pré-
« conçues. Cherchons la vérité sans nous effrayer des
« ruines que les découvertes scientifiques laisseront
« sur leur route. Quant à moi, le seul critérium que

« j'adopte, c'est l'expérience du fait matériel. »

Devant ce critérium de détail, le spiritualisme se trouve au contraire investi d'une mission tout autre, et le premier devoir de l'historien, c'est d'aider le spiritualisme à démontrer que, — pour être relatives, — les vérités de la Science ne rentrent pas toujours dans la catégorie des vérités d'ordre général, qui, pour réaliser un parfait accord, subordonnent la matière à l'esprit.

C'est en groupant la longue série des faits à l'appui d'une telle assertion que l'Histoire peut rendre de précieux services à la Science, lui montrer notamment en quoi déjà pèchent certaines doctrines scientifiques, en quoi plus tard elles menacent de lui apporter à elle-même un préjudice notable. N'est-ce pas placer la discussion sur un terrain où l'attaque et la riposte peuvent se continuer avec une franchise absolue sans qu'il s'y mêle rien d'hostile ?

A quoi vise l'histoire ainsi conçue? Elle tient à parer au danger permanent que créent de grandes découvertes scientifiques. Elle cherche leur adaptation la plus utile à des milieux tels que les nôtres, auxquels on ne saurait impunément enlever les idées de Bien et de Devoir. Elle est là pour témoigner que la Science et l'Histoire ayant leurs domaines séparés, l'une ne saurait, surtout maintenant, considérer les choses avec les yeux de l'autre.

Le point de départ de l'historien ne doit pas ressembler à celui du savant. Pour soulager le cerveau de l'homme, pour guérir son cœur, un médecin interrogera le mécanisme cérébral. Il étudiera un viscère, ses membranes et ses tissus, et alors c'est du fait physique et matériel qu'il sera surtout frappé.

A l'opposé, ce sont les battements de l'âme, les phénomènes de l'intelligence qui préoccuperont surtout
l'historien. Ses jugements analyseront la pensée humaine, mais ce sera pour mettre en relief les conditions
de son équilibre. Il dira: l'homme peut se tromper,
mais sa conscience est là pour le ramener au bien.
L'histoire atteste à chaque pas que c'est dans sa raison
qu'il n'a cessé de puiser chaque jour le secret de perfectionner ses moyens, afin d'assurer sa route vers l'a-
venir.

Mais si le point de départ de l'histoire est différent
de celui de la science, elle ne doit pas pour cela perdre
de vue les méthodes qui créèrent les progrès de celle-ci.
Aussi, au cours de cet ouvrage, bornerons-nous nos
controverses aux points essentiels et prendrons-nous
pour guide les travaux d'un de ceux qui ont le plus
constamment emprunté à la science ses méthodes e
ses procédés, M. Alfred Maury.

M. Fustel de Coulanges nous fournira, lui aussi, de
parfaits modèles de l'analyse scientifique. Signaler
seulement « le Culte de famille », le pivot de la « Cité
antique », suffirait à remettre en mémoire la puissance
du « petit fait » pour l'historien. En conséquence, la première chose que nous aurons à faire sera de donner
des exemples des méthodes de M. Fustel de Coulanges
et de M. Alfred Maury. Aussi bien les savants travaux de
ce dernier sur les migrations vont-ils en même temps
fournir à notre thèse elle-même un excellent point de
départ.

CHAPITRE II

DES MÉTHODES HISTORIQUES. MÉCANISME DES MIGRATIONS TEL QUE LA MÉTHODE DE M ALFRED MAURY L'EXPLIQUE PAR LES LOIS NATURELLES DE L'HISTOIRE

La science nouvelle montre que l'humanité est beaucoup plus ancienne sur la terre qu'on ne l'avait longtemps supposé. Le monogénisme, le polygénisme, le transformisme ont tour à tour soulevé le mystérieux problème de l'apparition de l'homme, mais les chronomètres scientifiques et historiques sont difficiles à accorder encore.

Dortouz de Mairan évaluait à 70 ou 75 le nombre des systèmes chronologiques, et si nous nous reportons seulement à l'édition de 1864 d'un livre classique : la Chronologie universelle de Dreyss, celle-ci se réfère encore à Cuvier, et dira : « les géologues admettent volontiers que l'état actuel de la terre ne date pas de plus de 6 à 8.000 ans. »

Pour donner une idée des changements considérables survenus depuis un quart de siècle dans les supputations de la science, il suffira de dire qu'elle tient aujourd'hui pour admissibles des chiffres fournis par Bérose, qu'on regardait auparavant comme appartenant au domaine de la fiction. Par les gigantesques hypothèses de certains paléontologistes, ces chiffres sont encore dépassés. M. de Quatrefages, malgré sa prudence, déclare lui-même qu'une évaluation de 13.500 ans, se rapprochant de la chronologie de Manéthon, lui paraîtrait beaucoup trop modeste. Il faut regarder non pas au delà, mais plus ou moins bas en deçà de cent mille ans. Toutefois, se hâte-t-il d'ajouter, vu le peu de sûreté des instruments chargés de vérifier les dates de la Nature, il est permis à chacun de faire les réserves les mieux motivées.

En réalité, l'historien habitué à la précision, de quelque côté qu'il se tourne aujourd'hui, se noie au milieu de différences, non de milliers, mais de centaines de milliers d'années. La mission de l'histoire est donc de plus en plus ardue, lorsqu'elle entreprend d'élucider le grand problème de la venue de l'homme sur la terre. A quelle date faut-il placer la première apparition de l'humanité? Nous trouvons simplement en présence diverses hypothèses, tant pour ce qui est de l'époque à laquelle peut remonter la naissance de notre espèce, que pour les conditions dans lesquelles elle s'est constituée.

Les uns n'admettent pour point de départ, avec la tradition biblique, qu'un seul couple et un seul berceau. Les autres pensent qu'il a existé divers foyers de création sans admettre toutefois pour cela que le monde se soit partagé en des espèces distinctes. Enfin le transformisme, repoussant à la fois l'unité de l'espèce telle que l'entendent les monogénistes et la pluralité telle que la comprennent les polygénistes, n'assigne en réalité aucune date à la création de l'homme, puisqu'il le fait descendre d'animaux dont l'apparition l'a précédé, par des transformations successives qui ont demandé des millions d'années.

M. de Quatrefages, à son tour, remarque qu'on arrive déjà à 13.500 ans avant notre ère en Europe, rien qu'avec la chronologie quaternaire et les évaluations basées sur les découvertes faites en ce siècle, se référant aux races de Canstadt, de Cromagnon, de Grenelle et de la Truchère. En revanche, ce ne serait pas le plus ferme auxiliaire de la tradition biblique qui admettrait que l'homme a pu commencer en Occident. Pour ce qui est de notre premier berceau, M. de Quatrefages s'efforcera d'établir au contraire que cette race septentrionale de Canstadt s'est prolongée jusque Gibraltar, et pour lui la race de Cromagnon n'est peut-être qu'un rameau de populations africaines émergé chez nous avec l'hyène, le lion et l'hippopotame [1], ce qui s'accorde avec la donnée historique que M. Maury a mise en relief en étudiant les migrations.

Cet exposé est bref à dessein. Il serait en effet trop facile d'y grossir l'énoncé des désarrois provoqués à chaque pas par les découvertes scientifiques. En réalité l'homme, il faut le répéter, est beaucoup plus ancien qu'on ne l'avait cru d'abord, et l'on doit s'y habituer désormais.

On ne peut pourtant se dispenser de faire des moyennes, en posant des restrictions de toute espèce, pour peu qu'on tente d'accorder entre elles les divergences de ce vaste chronomètre scientifique auquel tant de siècles sont nécessaires, rien que pour la probabilité des conceptions de la science. Les systèmes passent et l'histoire reste; dirigeons-nous donc au milieu des découvertes nouvelles à l'aide de l'histoire, et énumérons quelques-uns de ses moyens nouveaux d'action.

---

1. Quatrefages, *l'Espèce humaine*, p. 249.

Si le principe de l'unité des forces physiques domine aujourd'hui la science tout entière, il est un principe qui sera d'un grand poids dans la discussion historique, c'est l'unité de l'histoire. Sa tradition vient de l'Orient le plus antique par le premier couple humain, mais dès l'apparition du christianisme, cette unité commença partout à mieux s'affirmer et se concevoir. Depuis lors, à travers les siècles, elle s'est lentement, mais plus logiquement chaque jour, vérifiée par des faits. Il convient même d'ajouter, — et cela pendant que le Darwinisme lui lançait son démenti, — que jamais plus grand effort que celui de notre temps n'a été tenté par l'histoire pour donner à ce grand fait des bases solides.

Les restrictions justement apportées au système des races sont un obstacle de moins à la fixité de l'espèce humaine, que soutenait contre Darwin le polygéniste Agassiz, d'accord en cela avec le monogénisme, qui a réussi à reconstruire des faits en conformité avec la tradition biblique. On peut ajouter, pour tenir compte des données les plus récentes, que cet ensemble est corroboré par de nouvelles découvertes anthropologiques.

De plus, cette unité, dont on n'a pu démontrer l'absence dans nos origines, nous avons déjà dit qu'elle apparaît plus que jamais dans l'histoire. Par un enchaînement historique désormais établi sur des faits suffisamment probants, on est forcé de reconnaître qu'il n'y a rien de spontané en ce monde et qu'aucune époque ne trouverait d'explication, à moins qu'on ne remonte beaucoup plus loin en arrière à des époques similaires. C'est la découverte de mobiles très anciens qui vient en effet à point fournir une justification de

mobiles analogues reparaissant au milieu de périodes
fort rapprochées de nous.

Rien que de tels recommencements expliquent au
xix' siècle des enquêtes contradictoires sur les origines
de toutes choses. Dans ce temps de monographies et
de spécialités, de telles questions ont pu être abordées
dans leurs plus minutieux détails, comme dans leurs
aspects les plus différents. Maintenant que nous avons
contemplé la terre avant l'histoire, abordons le domaine des faits historiques et ses lois naturelles à
l'aide du mécanisme des migrations.

I

Le rôle des migrations, dont l'importance a été développée dans l'enseignement de M. Alfred Maury au
Collège de France, sert ici de premier exemple comme
moyen de démonstration pour l'unité de l'histoire.
Par la permanence du fait de migration, la Haute Asie
et l'Asie Centrale, ces laboratoires des nations, rentrent
dans l'histoire générale. On y assiste ainsi à la formation, au renouvellement des empires Asiatiques. Par
des itinéraires connus, l'Orient a envoyé à l'Occident
hommes, idées, religions. Par le choc en retour des
hommes et des idées d'Occident, l'Orient, quelques
mille ans plus tard, sera transformé à son tour.

Déjà, en 1865, M. Alfred Maury ouvrait son cours au
Collège de France par ces paroles : « La recherche du
« problème de nos origines nous attire, non par une
« vaine curiosité, mais en raison de l'irrésistible
« désir, commun à tous les savants, d'aborder les
« grandes questions qui se rattachent à la destinée de

« l'homme. Pour savoir où l'homme est né, par exem-
« ple, on a besoin de se demander d'où il vient. Or,
« comme il est plus facile d'étudier les migrations des
« peuples que de découvrir directement les origines,
« abordons le grand problème par les migrations. »
M. Maury a trouvé ainsi, en appliquant la méthode des
migrations, des invasions et des guerres, à l'étude de
l'histoire, le point de départ d'une véritable synthèse
historique.

Il n'y a en effet rien d'hypothétique une méthode
qui repose sur un fait permanent, depuis que le
monde est monde il se renouvelle e jour. Aussitôt né à la lumière, l'homme va ont. Il se place,
se déplace, se replace. C'est ain à mesure que la
présence de l'homme s'est multipliée sur la terre, la
zone habitée s'est élargie. Cela même permet de poser
en thèse générale qu'à la plus haute antiquité à laquelle
nous puissions remonter, nous ne nous trouvons nulle
part en présence d'autochthones, et que, sur toutes les
parties du globe dans l'état actuel, ce sont les migrations
qui apparaissent comme ayant amené les premiers
habitants.

Avant d'arriver aux détails de la méthode des migrations, mettons en relief les faits généraux qui s'y
rapportent. La statistique est le meilleur moyen pour
expliquer la permanence des migrations, et c'est à ses
relevés qu'il convient de se référer. Cependant, déjà
l'Amérique suffirait. On constatera notamment que, de
1870 à 1880, l'Europe lui a envoyé à elle seule deux millions deux cent cinquante mille émigrants. En quelques
années, durant cette période, la race jaune, à son tour,
a fourni à l'émigration trois millions cent soixante et
un mille individus, qui, de la Chine, ont été répartis

par des steamers et des navires de toutes nations sur l'Australie, la Californie, le Pérou, etc.

Comparez à ces chiffres éloquents l'exode d'Attila avec ses 700 mille hommes, thème d'invasion inépuisable pour les historiens depuis tantôt quinze siècles, et vous reconnaîtrez que, de nos jours, en 10 années, 5 millions 411 mille individus, dont il faut défalquer l'immigration australienne, ont pu abandonner leur terre natale et porter de ce côté leur migration pacifique sans que l'économie du sol américain ait été sérieusement troublée.

En sera-t-il de même pour la vieille Europe, exposée, par l'ouverture du chemin de fer Transcaspien, à subir une immigration chinoise de la même espèce?

Jornandès avait qualifié la Scanzia ou Scandinavie d'*officina gentium* parce qu'il ne se reportait qu'à des migrations relativement récentes. Mais c'est la Haute Asie et l'Asie Centrale qui ont été réellement le laboratoire des nations. De tout temps le trop plein des populations prolifiques de la steppe a été forcé de se répandre au dehors par différentes issues. Aux temps les plus reculés, il y a notamment les traces ineffaçables d'un courant irrésistible qui de là a attiré des hordes d'émigrants vers les premiers centres civilisés de la terre : les fertiles bassins de l'Euphrate et du Tigre, ainsi que la longue vallée du Nil, puis les vallées de l'Indus, du Gange et du fleuve Jaune.

Nous venons de nommer des territoires piétinés par les peuples, parce qu'étant dans le voisinage du berceau de la culture humaine, ils figurent les grandes routes par lesquelles sont arrivées les populations qui ont répandu les premiers germes de la civilisation dans le monde. Les abords de la Haute Asie sont cependant

défendus par les trois plateaux de l'Iran, de l'Arménie
et de l'Asie Mineure, avec leurs obstacles formés par la
nature, mais comme ils ont des passages naturels, il
s'agissait surtout pour l'invasion de trouver ces routes
libres.

C'est en revanche parce que les frontières de la Haute
Asie, à partir d'une époque déjà reculée, ont présenté
une assiette remarquablement solide, que l'on s'expliquera pourquoi la marée montante des envahisseurs
a été ensuite forcée de se tourner ailleurs vers l'Europe, quand la Transoxiane et l'Inde étaient également
fermées.

L'étude des migrations montre que la carte de l'Asie,
avec les populations nomades de la grande steppe, doit
être considérée comme un vaste échiquier. Il y a là
toujours soit des agglomérations d'hommes, soit des
corps de nations qui ont eu besoin d'avancer à l'Est, à
l'Ouest, au Nord ou au Sud. La singulière densité actuelle de la population de la Chine s'explique parce
que, dès une haute antiquité, elle a servi de réceptacle à
des migrations incessantes. En effet, la route ordinaire
des migrations est fermée du côté de l'Europe depuis
que la Russie, définitivement constituée, non seulement
refuse de recevoir le trop plein de l'Asie, mais se reporte chez elle. Il est donc aujourd'hui de nécessité
pour ce vaste récipient, la Chine, de se répandre au
dehors. Voyons du reste, puisque l'occasion s'en présente, comment l'étude des migrations a ouvert au
Céleste Empire des perspectives nouvelles dans l'histoire générale du monde. Commençons par observer
que l'on doit considérer comme itinéraires typiques
pour l'histoire des migrations les routes d'invasion
suivies par Genghis-Khan et Tamerlan. Quiconque vou-

2

dra de plus se rendre un compte très précis de la circulation des peuples, qui a non seulement fondé leur
hégémonie en Asie, mais servi à peupler l'Europe, celui-
là aura à vérifier attentivement les itinéraires parcourus
à des époques spéciales par les conquérants asiatiques.
Les migrations, les invasions et les guerres se sont chargées en effet de donner les secrets du passé le plus
reculé.

Il y a 50 ans, Pauthier, consultant les Annales de la
Chine, fut frappé des lumières que celles-ci apportaient
sur la direction qu'ont prise, parfois malgré eux, des
peuples ayant contribué à la ruine de l'empire romain d'Occident. De 120 avant notre ère à 110 de notre
ère, des commotions provoquées surtout par la puissante
confédération des Houng-Nou ou Huns se sont incessamment répercutées. Leur contre-coup s'est ressenti au
Danube et même jusqu'au Rhin.

Il est permis d'admettre de la sorte que ce furent les
armées victorieuses des Chinois, sous la forte dynastie
des Han, qui, en déplaçant des masses humaines, ont forcément mis en branle les peuples ayant plus tard déter-
miné de grandes invasions. Ainsi se démontre l'action
incessante de l'Orient sur l'Occident et cette solidarité
entre elles des contrées les plus éloignées par le tempérament, la distance, la chronologie, preuve frappante
de l'unité de l'histoire.

Les Chinois, par exemple, qui ont vécu surtout sur
eux-mêmes, comme le firent les Égyptiens et les Chaldéo-Assyriens, représentent des témoins précieux de
ce stage de la vie antique avec lequel l'histoire a tant
besoin de retrouver des soudures, tandis qu'ils diffèrent de tempérament et d'ouverture d'esprit avec les
nations européennes. Voilà pourquoi nous nous y

arrêterons pour obtenir d'eux d'autres lumières sur le passé.

C'est en effet les Chinois qu'il faudra sans doute interroger pour apprendre comment, dans la seconde partie du vii° siècle avant notre ère, l'Assyrie, la Babylonie, l'Asie Mineure ont été conquises par les Aryas, qui de là se sont dirigés vers l'Égypte. Est-ce que, par exemple, les Médo-Perses n'auraient pas été précipités, vraisemblablement malgré eux, sur la Haute Asie, et ne faudrait-il pas attribuer ce choc à un mouvement de refoulement des anciennes populations indigènes du Royaume du Milieu chassées par l'extension graduelle des Chinois ; mouvement qui, faisant franchir l'Yaxarte aux Ougro-Tartares et aux Ougro-Finnois, les avait jetés sur la Transoxiane? Reportés alors de la Transoxiane sur l'Oxus, les Médo-Perses, au milieu d'une fuite probable, forcèrent, on ne sait trop comment, les passages de la Haute Asie. Hérodote du moins le fait supposer. Il montre les Scythes à la poursuite des Cimmériens [1] se trompant de route et tombant inopinément sur les armées médo-perses et assyriennes en présence l'une de l'autre. Les Scythes battent Médo-Perses et Assyriens, puis pénètrent en Syrie, mêlés aux Cimmériens, et mettent tout à feu et à sang, jusqu'aux frontières de l'Égypte qui leur paie tribut.

Rapprochez ces faits de migration, d'invasion et de conquête des masses humaines que la tradition représentait comme ayant formé les sujets de Ninus, et dont Hérodote donne plus ou moins la nomenclature sous le nom d'armée de Xerxès. Ne vous demanderez-vous pas alors involontairement si c'est de son plein gré,

1. Hérodote, liv. IV, § 12.

ou plutôt parce qu'il était forcé d'occuper tant de peuples sans cesse en mouvement, que le grand roi les a conduits à l'attaque de l'Europe?

Fait capital, on dirait que le branlebas qui bouleversa le grand désert au vii⁰ siècle avant notre ère a fait circuler partout comme un souffle de renouveau à travers le monde connu. C'est la race aryane qui, en Orient, succède aux empires sémitiques. Nous rapprochons de l'époque des sept sages cette première évolution caractéristique du génie occidental pendant laquelle simultanément s'ouvrent aux Ioniens d'Asie Mineure et aux Grecs l'Égypte et l'Orient.

En même temps, l'apparition de Laotseu, de Confucius, n'est-elle pas pour la Chine, qui avait atteint depuis 4 à 5 siècles une certaine civilisation, une période de profonde régénération sociale? Et peu après le Boudhisme prenait naissance dans l'Inde.

Il est évident que dans les annales de l'esprit humain il y a des périodes encore inconnues et des phases mal étudiées destinées à jeter plus tard des lumières qui nous manquent sur l'ensemble et sur l'enchaînement de l'histoire. Ici, par exemple, est-ce que le grand problème ne serait pas de constituer entre des faits simultanés, ou très rapprochés l'un de l'autre, comme ceux-ci, une corrélation nécessaire?

N'est-ce pas là une grande échéance mal marquée encore, mais une résultante incontestable des belles civilisations de l'Égypte et de la Chaldéo-Assyrie, source jusqu'alors de toutes les connaissances humaines, à laquelle les autres peuples du monde sont venus puiser tour à tour?

Ainsi, à l'avènement de la civilisation d'Occident, on trouverait le moyen d'établir dans le monde alors con-

nu un vaste synchronisme à l'aide des peuples les plus
divers séparés par la latitude, la race, le tempérament,
les milieux, mais traduisant tour à tour, avec des expressions aussi variées qu'originales, les conceptions à eux
transmises par les premiers ancêtres de toute culture
humaine. Rien ne prouverait mieux alors que c'est
seulement par la pénétration des peuples les uns par
les autres que les révolutions intellectuelles et sociales
ont pu s'accomplir, et qu'en Asie celles-ci furent d'autant plus lentes à évoluer que la plupart de ces peuples
étaient fermés.

On verrait d'abord cet Orient immuable déteindre
sur l'Occident sans jamais dénaturer le tempérament
vivace, caractère de son génie. Bien mieux, lors du mémorable choc en retour de la conquête d'Alexandre, on
comprendrait ainsi comment, introduisant pour la première fois en Asie l'influence des idées occidentales,
ce que l'Europe surtout rapportait marquées à son
empreinte spéciale, c'étaient des idées jadis sorties
d'Orient, mais qu'elle avait depuis absolument modifiées. Ce ne serait pas un des moyens les moins efficaces pour démontrer l'unité de l'histoire.

L'étude des migrations et des guerres est donc fécon-
de en enseignements, puisqu'ainsi sont mis en lumière
des faits tenant désormais leur place dans l'explication
des causes de l'histoire, bien qu'on ne s'en préoccupât
même pas il y a un demi-siècle.

On comprend mieux de la sorte les services rendus
par l'enseignement public de M. Maury, qui s'est continué pendant près de 25 ans au Collège de France, et
malheureusement est resté inédit. Ces savantes leçons
seront mises, du moins, à profit dans le cours de cet
ouvrage et nous ne perdrons jamais l'occasion d'appuyer

sur les rouages de cet ingénieux mécanisme historique. Étudions dès à présent les différentes espèces de migrations, leurs causes, leurs routes naturelles, leurs lois.

II

Ici, le jeu des migrations a apporté des contingents à la civilisation ; là, il a présidé à la formation des peuples. Veut-on s'en rendre compte en Orient, aux époques les plus reculées : il suffit de chercher des faits similaires à des dates plus récentes, tels que la formation des Parthes, des Seljoucides ou des Ottomans.

Des considérations générales il s'agit de passer à certains détails qui aboutissent également à d'autres vues d'ensemble. Il y a des migrations par suite d'invasion ou de guerre, ou même de cataclysme terrestre, par la recherche de sols plus fertiles, par les nécessités de l'alimentation et du commerce, ou bien encore par suite des nécessités d'expansion d'une race, ou enfin par l'avènement d'un peuple resté jusque-là obscur et qui surgit à l'histoire. C'est en conséquence un élément majeur qui n'a cessé de jouer partout son rôle. Il a révolutionné d'abord, pour transformer ensuite.

Pour définir les nombreux aspects des migrations, des invasions et des guerres, il faut avant tout en connaître les routes, en énumérer les causes, les conditions diverses, les destructions, les éléments constitutifs, c'est-à-dire autant de détails dont peuvent être tirées des vues générales et même des lois naturelles parfois en contradiction absolue avec les lois de la science.

C'est la dernière transformation du globe qui a constitué les voies par lesquelles se sont opérées pendant bien

des siècles les migrations humaines. C'est par ces voies
que se sont avancées les armées belligérantes, les caravanes commerciales. Dans l'immuable Orient, chaque
peuple conquérant a tour à tour suivi les chemins ayant
servi asreiux prem hommes, cols, dépressions de montagnes, vallées formées par la mer comme celle de la
mer Noire au pied du Caucase. Les grands cours d'eau
ont été les voies primitives. Tantôt leurs rives ont servi
à abreuver les troupeaux et les hommes, à l'alimentation desquels la pêche a contribué. Tantôt une navigation rudimentaire s'y imposa, comme sur les fleuves
d'Amérique.

Dans le désert, la ligne des sources et des puits a tracé
la route à ceux qui les voulaient traverser. L'hydrographie
de nos jours, en retrouvant leurs traces, a rétabli ainsi
des routes d'il y a plus de 800 ans, c'est-à-dire la première condition de viabilité dans l'intérieur de l'Afrique.

En Europe, un simple exemple suffira pour montrer
que les mêmes voies, jusque dans les temps modernes, ont
servi à l'invasion et à la conquête. Ainsi, sous Louis XIV,
le fameux passage du Rhin a eu lieu à Tolhuys. Autrement dit, l'Allemagne était envahie au XVIIe siècle dans la
même région par laquelle, 20 à 21 siècles auparavant,
les races belges envahissaient la Gaule.

Rien de plus propre à pousser aux migrations que la
condition de la société non seulement pastorale, mais
agricole. Son agriculture peu développée la rendait
sujette aux disettes, cause de fréquents exodes. Les expéditions militaires et les migrations ne se distinguent
guère. En effet, tant que les dernières trouvent l'espace
libre devant elles, leur migration est pacifique. Elle
devient hostile si la route est barrée. La marche des
caravanes aujourd'hui en Afrique a conservé cet aspect.

Les colonies se sont formées tour à tour par des essaims qui ont prolongé la civilisation de la mère-patrie, échangeant ses produits fabriqués pour des matières premières. Ces colonies parfois commencèrent par de simples factoreries, mais les Phéniciens qui fournirent d'abord ce type ont été la plupart du temps, comme d'autres après eux, contraints, pour la solidité de leurs établissements, à s'entourer d'une ceinture de territoires. Les colonies phéniciennes en Espagne présentent ce caractère.

Comme orientation, la civilisation a tendu plus généralement à se diriger de l'Est à l'Ouest et du Sud au Nord; et, comme ailleurs, les exceptions confirment la règle. N'oublions pas en revanche d'ajouter qu'une fois un centre ou des centres civilisés établis, ce centre ou ces centres sont restés sujets à changer d'orbite, tantôt parce que leur cercle d'action s'est notablement agrandi, tantôt parce que, contraint de reculer devant des envahisseurs, il a dû, au contraire, être reporté ailleurs. Ainsi, à la suite de l'invasion dorienne, les Ioniens furent forcés de passer en Asie Mineure, d'où ils étaient d'abord sortis. C'est une des raisons par lesquelles on expliquera que l'ionienne Milet est devenue la mère de la civilisation hellénique par un contact plus immédiat avec l'Orient.

On ne peut ici se dispenser de jeter un coup d'œil sur certains résultats des migrations, des invasions et des guerres. Les unes, par la circulation des nations civilisées, ont propagé, grâce aux progrès anciens, les germes de la civilisation. Les autres, comme nous le verrons tout à l'heure, en apportant une sève, une vigueur nouvelles à des peuples vieillis, n'ont pas mis inutilement en branle les hordes barbares. En tout temps, de tels chocs ont fini par aiguiser et grandir les efforts de l'industrie humaine. Les frontières des territoires fouillés par la charrue durent se reculer chaque jour, et la première conséquence d'un tel état fut de multiplier les peuples stables.

C'est par des causes identiques que vous voyez entrer en contact volontaire ou forcé, puis se confondre avec les empires primitifs, des tribus, des peuples, même des races absolument opposées aussi bien comme idées que comme mœurs et comme tempérament, parfois aussi comme couleur. Ces mêmes hommes, vous les trouviez naguère guerroyant les uns contre les autres, car chez les anciens, étranger, voisin même, était le synonyme d'ennemi. Eh bien! voilà comment des éléments aussi contradictoires ont été forcés de se condenser dans un cadre nouveau.

Peu à peu, vous constaterez alors la présence d'un ensemble plus robuste chaque jour auquel s'imposera un niveau commun. Et comment? C'est que plus un sol a été piétiné et a ainsi réuni plus d'éléments dissemblables, plus tôt, lorsqu'il est passé à l'état de milieu permanent et stable, il sera capable de devenir le théâtre de mélanges féconds où ne persistera que ce qui était vraiment fort et vigoureux. Des qualités et des défauts inhérents à un agrégat aussi vaste, vous ne verrez s'imposer, comme l'a dit M. Maury, que les facultés créatrices ou les défauts dominants. Cet ensemble, en déteignant à la fois sur toutes les surfaces, n'aura pas tardé à imprimer sa marque générique sur les tard venus eux-mêmes. Aussi l'histoire ne se trompera jamais à cette estampille devenue ineffaçable. Grâce à elle, aujourd'hui, vous distinguerez encore à première vue un Assyrien d'un Égyptien, un Romain d'un Grec.

Après avoir suivi les résultats du mécanisme des migrations, des invasions et des guerres expliquant comment certains peuples ont pu devenir les vrais facteurs de la civilisation humaine, il convient de passer à la loi de renouvellement qui dans l'histoire a de tout temps préparé les changements de la scène du monde.

Or, pour s'initier à des formations vraiment antiques, il n'y a qu'à s'inspirer de faits similaires plus récents.

D'un côté, M. Maury pense que l'invasion des Mongols dans les Indes, qui a fondé la dynastie dont Baber fut le chef en 1505, semble reproduire aux temps modernes le phénomène primitif de l'invasion des Aryas dans l'Inde. Veut-on concevoir en revanche l'idée des obscurs débuts des grands empires de la Haute Asie, il faudra aussi interpréter l'antiquité par un passé relativement rapproché, car l'histoire est un recommencement.

Ainsi les Parthes ou « bannis », noyau d'exilés scythes, se forment vers le Turkestan, au S.-E. de la Caspienne, non loin de l'Hyrcanie. Arsace Ier les constitue. Arsace VI (166 avant notre ère) soumet la Bactriane, descend dans l'Inde, arrache aux Séleucides la Médie d'abord, puis la Babylonie et l'Assyrie. De là, il va mettre son frère sur le trône d'Arménie.

Vers le xe siècle de notre ère, Seljouck, nomade de la steppe, s'établit avec 100 cavaliers, 1000 chevaux, 50 mille moutons dans la vallée du Zerefchan. La domination de la Transoxiane est alors son objectif, mais déjà Togrul, son petit-fils, a sa capitale à Ispahan et prend Bagdad. A la génération suivante, les Seljoucides sont maîtres de la Syrie, de l'Asie Mineure, puis ils disparaissent.

Des Seljoucides passons aux Ottomans. Ceux-ci, venus des bords de l'Oxus comme le Mède Cyaxare, débutent par un camp de 400 familles sur les bords du Sangarius en Asie Mineure. Nous retrouvons là l'éternelle histoire d'envahisseurs agglomérant les populations sur leur passage. Rappelez-vous qu'il s'agit de ces Ottomans qui dépossédèrent les Arabes, se substituèrent à l'empire grec de Constantinople, conquirent l'Égypte, les États Barbaresques, puis envahirent l'Europe, depuis l'Archipel et la Grèce, la Servie, la Bulgarie, jusqu'à la Hongrie, où ils disposèrent un instant du trône. Ce sont ces mêmes Ottomans qui règnent aujourd'hui en Turquie.

Continuons à nous rendre compte des lois naturelles de l'histoire expliquées par le mécanisme des migrations.

III

L'Europe après les grandes invasions démontrerait comment se consolide l'assiette des sociétés. Le processus ordinaire des invasions est donné ici par les Germains en Gaule au temps de César, par les Jutes, les Angles et les Saxons au ve siècle de notre ère.

Il faut entrer maintenant plus avant dans le mécanisme des migrations; pour bien déterminer celui-ci, rien de tel que d'envisager des faits à l'appui.

Les migrations présentent des caractères très variés. C'est ainsi que souvent une invasion s'est trouvée être la meilleure cause du développement des nationalités.

C'est par l'invasion dorienne que la Confédération Hellénique a pris cette assiette qui lui manquait jusque-là. C'est aux Doriens que la Grèce a non seulement dû d'être préservée d'envahisseurs pendant 3 à 4 siècles, mais d'acquérir cette singulière force de résistance qui fut son salut aux guerres Médiques.

L'invasion gauloise avait fait la Gaule. De même que l'invasion des Francs en Gaule reconstitua la France, l'invasion anglo-saxonne fit l'Angleterre, de même les Scandinavo-Russes ont créé la Russie.

Il n'est pas moins curieux de connaître comment naît le nom d'un peuple. Le nom de Gaulois par exemple n'a été connu que tardivement par l'histoire. Qu'on se figure, parmi des populations congénères, une tribu émergeant du milieu commun et groupant une confédération autour d'elle grâce à son initiative et à sa valeur. Non seulement cette tribu sert de point de ralliement, mais chaque tribu lui emprunte le nom qu'elle porte, en même temps que les expéditions armées de la confédération imposent ce même nom aux pays occupés par elle; c'est de la sorte qu'on vit naître un empire ou plutôt une domination gauloise.

Il faut distinguer deux genres d'invasion bien différents. Ainsi celles qui gardent le nom d'invasions indo-européennes, parce qu'elles sont arrivées d'Orient, se signalent par une civilisation plus avancée que celles des peuples envahis, tandis que les grandes invasions, dont une portion sortait également de l'Asie, se trouvaient dans un état notable d'infériorité devant la culture romaine. En revanche si cette culture alors baissa, elle se propagea au milieu des peuples restés jusque-là en dehors du « limes imperii » et éleva le niveau intellectuel dans l'Europe tout entière.

Il y eut rarement autant d'invasions qu'à partir du v⁰ siècle jusqu'au viii⁰ de notre ère, mais on ne peut transformer cette période en un fait isolé dans l'histoire. C'est la phase aiguë d'un état toujours latent. Il en est sorti une cohésion là même où elle n'avait jamais existé sous les Romains.

Vénus du Nord, les Hérules, les Lombards aux ve et
vi[e] siècles, grâce à la faiblesse puis à la disparition de
l'empire d'Occident, purent suivre la même route, à
travers l'est de l'Europe, qu'avaient suivie avant eux les
Cimbres et les Teutons arrivés au iie siècle avant notre
ère de la Chersonèse Cimbrique. Chose remarquable,
cependant, les espaces qu'ils ont traversés et occupés
ont dû se recouvrir promptement de peuples après leur
passage, puisque dès 450 de notre ère, les Jutes, les
Saxons et les Angles n'avaient commencé leur exode
vers la Grande-Bretagne que parce qu'ils étaient reje-
tés par d'autres peuples vers la mer.

Alors donc commencent les grands classements de
territoires, et bien avant que la féodalité fixât comme
on le sait les hommes plus étroitement à la terre, on ne
doit pas oublier que les invasions des Danois, des North-
mans par le Nord, n'ont pu se faire autrement que
par mer, tandis que les peuples débouchant du Danube
après Attila n'ont pu dépasser le Rhin.

Les grandes invasions ont donc donné à l'Europe
une cohésion, une résistance qui, sous l'empire d'Occident, n'existait pas en dehors des territoires occupés par
les Romains. Tantôt les invasions barbares ont peu à
peu absorbé ou refoulé la population antérieure et
fourni une langue nouvelle. Tantôt elles ont été absorbées par les vaincus, disparaissant faute de se reproduire : c'est ce que montrent les Suèves en Espagne et
les Alains. Tantôt, entrés d'un consentement mutuel, les
envahisseurs ont croisé leur lignée avec leurs anciens
alliés, ainsi des Francs et des Burgondes avec les Gallo-
Romains. Tantôt, vainqueurs d'une part, vaincus de
l'autre, ont subsisté, sans se mélanger, à côté les uns
des autres. Ainsi des villages grecs, arméniens, bulga-

res, restés pour ce motif une des difficultés de la question d'Orient.

Cette énumération des diverses espèces d'invasions ne serait pas complète si nous n'y marquions les procédés généralement en usage pour envahir, puis la prolongation des invasions déterminant de nouveaux exodes. Le mobile ordinaire pour l'invasion, c'est un ciel plus clément, un sol plus fertile, des populations plus riches. Le moyen le plus généralement employé, c'est de se présenter à la frontière comme laboureur, manœuvre ou soldat mercenaire. C'est ce qu'explique le druide Divitiac à Jules César, en racontant que les Éduens, un des deux partis divisant la Gaule, menacés par les Arvernes, avaient accepté des auxiliaires offerts par les Germains, leurs voisins, et comment, immiscés dans leurs querelles, ceux-ci les avaient peu à peu envahis.

De la Gaule, passons maintenant en Grande-Bretagne vers 450 avant notre ère, au moment où les Jutes, appelés pour aider contre les Pictes le roi breton Vortigern, non seulement prenaient pied, mais firent venir à leur suite les Saxons qui débarquent dans le Sussex, et les Angles qui s'établissent vers York. Voilà comment s'effectua la conquête anglo-saxonne.

Après ces deux exemples, on peut passer à d'autres faits périodiques également utiles à mentionner.

1° L'invasion d'un peuple amène, la plupart du temps, un nouvel exode, le peuple vaincu ou refoulé émigre ou envahit ailleurs. Ainsi l'invasion des Belges en Gaule eut pour conséquence de provoquer un remous d'invasion des Celtes en Ibérie. L'invasion des Anglo-Saxons, après avoir refoulé les populations bretonnes dans le pays de Galles et de Cornouailles, détermina l'exode d'une partie de celles-ci vers l'Armorique.

2° En revanche, une fois qu'ils eurent passé le Rhin, les Belges devinrent le plus ferme rempart contre les invasions germaniques. Et le phénomène des Belges se faisant plus gaulois que les Gaulois se renouvelle sous les Romains avec les Trévires, les Nerviens et les Francs. Avec qui Aetius mettra-t il en déroute l'invasion d'Attila en Gaule? Ce ne sera plus à l'aide des légions romaines, mais en ralliant autour de sa petite armée les Francs, les Burgondes, les Wisigoths, anciens champions de la romanité.

Nous allons terminer par une démonstration qui explique comment, sans le fait permanent de migrations, l'histoire générale resterait embarrassée pour fixer un point de départ aux annales humaines.

IV

Par les itinéraires de migrations, la vie historique circule. On retrouve non seulement la source de toute civilisation, mais nous nous rapprocherons du plus près possible des origines de l'homme.

Déjà, un grand ensemble historique se dégage des faits que nous venons d'examiner, et il ne s'avance qu'escorté de preuves à l'appui, chargées de donner la clef de lois naturelles dans l'histoire. La certitude des résultats obtenus doit amener à la découverte d'autres lois qui ne sont pas observées encore, mais dès maintenant le caractère du nouvel ordre d'idées ainsi obtenu est nettement accusé. Non seulement ce qui est acquis est difficile à contester, mais il donne une force singulière à quiconque est tenté de prolonger dans le passé

le plus éloigné de nous ses observations historiques.
L'historien trouve en effet dans des soudures de toute
espèce des points de repère assurés pour interpréter
les gradations de l'histoire, qui n'a jamais procédé par
bonds, mais avance pas à pas. C'est par ce qui est connu
que l'inconnu enveloppé de voiles pourra être dé-
mêlé.

M. Maury est toujours resté préoccupé de l'importance singulière, pour quiconque essaiera de prendre un
coup d'œil d'ensemble de l'histoire, d'avoir devant soi
un premier point de départ des migrations, parce que
le fait périodique de la migration remonte à la première
apparition de l'homme sur la terre. Touchant ainsi aux
origines, il fallait demander à la tradition son caractère
vraiment historique.

Quel a été le théâtre de la venue de l'homme sur
notre planète, demandions-nous naguère? On l'ignore,
n'ayant pas encore les moyens de constater si, à la période quaternaire, ou à la dernière période tertiaire
qui se joint à la période quaternaire, et où peut se
placer cette apparition, la terre était distribuée comme
aujourd'hui, — comme forme et comme climat; — nous
ne savons point par exemple si l'Afrique n'était pas
unie à l'Europe, nous ignorons si les contrées aujour-
d'hui glacées des régions arctiques ne présentaient pas
alors un climat tempéré. La géologie sur ce point est
très ignorante, de même que ces antiques sols: l'Arménie, le Kurdestan, l'Irak-Arabi, n'ont pas encore été
fouillés. Même en Europe, la connaissance de l'homme
quaternaire ne date que de 40 ans.

Voyons maintenant comment, à l'aide des migrations,
on peut procéder sur de tels sujets. M. Maury avait attaché une importance capitale à la tradition du Gan

Éden de la Genèse et l'avait étudiée sous toutes ses formes. Celle-ci par la Chaldéo-Assyrie peut remonter au moins à 4.500 ans avant notre ère. Voilà la trace d'un premier groupement humain dans l'histoire, et qu'il s'agissait de localiser par les migrations, en procédant d'induction en induction.

L'Égypte est un centre primitif très ancien. En effet, par ses monuments, on s'élève à 3.500 ans avant notre ère, tandis que les plus anciens monuments « dits du roi Goudea » dans la Babylonie ne dépassent pas 2.800 ans à 3.000 ans. Seulement, comme tout prouve que les Égyptiens, déjà en possession de certaines connaissances, sont d'abord partis de la région de l'Euphrate, ou du pied du Caucase, on peut déjà inférer de là, en se reportant également à l'antique tradition de l'empire de Nemrod, qu'il y avait sur ce point un premier foyer de civilisation kouschite (Kousch, fils de Cham) au moins 4 500 ans avant notre ère.

M. Maury part de là pour placer au pied du Caucase, dans la région qui s'étend jusqu'au golfe Persique, le premier berceau de l'humanité cultivée. Il explique comment un tel centre primordial, où vivaient côte à côte sédentaires et nomades, est devenu le point de départ des migrations, puisque la civilisation a toujours invinciblement attiré la barbarie. De plus, les routes de migrations étant toujours les mêmes, celles des périodes d'une civilisation déjà relative ont dû auparavant servir à la circulation de populations autrement antiques. Pour les itinéraires certains de migration, l'histoire doit donc se référer aux voies par lesquelles les peuples sont postérieurement partis des bords de l'Euphrate et du Tigre, d'une part vers l'Égypte, d'autre part vers l'Inde, de l'autre côté, soit du pied du Caucase vers l'Europe, soit des bords de la Caspienne vers l'Asie centrale.

Ainsi, bien que, historiquement, la tradition du Gan Eden ne puisse pas être vérifiée à une époque plus reculée, toutes les probabilités n'existent pas moins pour que le pays ait été un centre primordial duquel ont rayonné les migrations pour peupler le monde. Il peut exister des populations antérieures aux trois races chamitique, sémitique, japétique, décrites par la Genèse. Les migrations qui ont traversé le Gan Eden ont pu les absorber et les détruire; mais le chaos, où la compétition des systèmes scientifiques place l'historien, ne doit pas lui faire perdre de vue l'unité de l'espèce humaine corroborée par tant de faits touchant l'unité de l'histoire. Il ne faut donc pas renoncer à concevoir un point central de départ pour les migrations qui ont peuplé le monde. Autrefois, l'on se croyait en droit de pénétrer davantage dans les détails de ce peuplement primitif. Aujourd'hui, la science commande plus de réserve.

Ce qu'a cherché avant tout M. Maury, c'est le moyen d'éclairer les faits obscurs; c'est d'introduire, dans ce qui naguère s'appelait « la fiction », la substance de l'histoire. Avec lui l'ère antéhistorique jusque-là figée s'anime jusqu'à prendre une forme vivante par les itinéraires de migrations. Ainsi, plus tard, lorsque nous rencontrerons les Gaulois en Asie Mineure, où ils ont pénétré pour fonder le royaume de Galatie, nous découvrirons, par cette pointe vers l'Orient, la route de migrations en sens inverse, qui, à des temps reculés, avait amené d'Orient les Gaulois pour la première fois dans la Germanie méridionale et la Gaule.

Non seulement les Ioniens, après l'invasion des Doriens, montrent une migration retournant à son lieu d'origine, mais appliquant le même fait beaucoup plus

haut on pourra retracer l'itinéraire suivi par les migrations ayant peuplé l'Égypte, rien qu'en découvrant la
marche d'invasion en retour du conquérant égyptien
Tolmès, lorsqu'il pénètre avec son armée dans la vallée
de l'Euphrate. Il y a en effet une loi des migrations qui
enseigne que, tôt ou tard, soit les peuples, soit leurs
essaims, ou leurs armées, sont ramenés à leur berceau
ou à leur point de départ primitif.

Par les migrations, l'histoire vient vérifier le passé
jusque-là impalpable. Nous savons que les migrations
indo-européennes, arrivées de l'Est et de l'Orient, sont
venues rencontrer en Gaule, après bien des siècles, des
populations que leurs migrations avaient amenées d'A-
frique. Or, avec les Libyens en Afrique il faut identifier
non seulement les Berbères, les Touaregs et les Gouan-
ches, mais leur prolongement en Europe par les Ibères.
Notez que nous ne donnons pas les Ibères comme des
populations primitives, seulement les Ibères pénétrèrent
d'Afrique par l'Espagne en Gaule. De là ils envoyèrent
leurs essaims jusqu'en Irlande. La tradition a conservé
en Irlande des usages ibères, c'est-à-dire des coutumes
d'Afrique importées par les migrations jusque dans le
nord de l'Europe.

Ailleurs, les invasions des Maures d'Afrique en Espagne et en Gaule serviront, par le chemin qu'ils sui-
virent, de nouvelle démonstration. En attendant, prenez
l'itinéraire d'Annibal : au lieu d'arriver en Italie avec
la flotte carthaginoise, il passe de Carthage par l'Espagne, et de là en Gaule, recrutant sur la route ses auxiliaires contre Rome. Vous reconstituerez de la sorte, à
des temps relativement rapprochés, l'antique itinéraire
d'invasion par le Sud. Homère, dans l'Odyssée, appelle
déjà la Sicile Sicanie. Thucydide nous montre les Ibè-

res sous le nom de Sicanes encore en Espagne et quittant le fleuve Sicanos. C'est la vieille route passant par la Gaule, non seulement celle des tribus celtiques qui conduira le Brenn gaulois jusqu'à Rome, mais le chemin que, depuis l'Afrique, des héros légendaires étaient représentés comme ayant parcouru aux temps fabuleux. C'est cette voie que marque, par ses étapes mythiques, l'Hercule tyrien pénétrant jusqu'en OEnotrie.

Il y aurait à raccorder ces traditions avec bien d'autres, avec la légende sur l'Atlantide, par exemple, remontant aux prêtres d'Égypte. Ici, il suffit, par des itinéraires vérifiables, de montrer comment on peut rattacher l'Europe des temps les plus reculés, non seulement à l'Afrique, mais à l'Orient, vu les nombreux contingents que l'Afrique a reçus d'Asie par l'Égypte et qui ont suivi le littoral méditerranéen.

Le tableau de l'humanité primitive est donc destiné à singulièrement s'élargir par des faits qui cessent d'être des fictions, un souffle historique y fait circuler la vie intellectuelle et physique à travers des siècles qui n'avaient pas d'histoire. Cela préparera à aborder les annales de l'esprit humain, lorsque nous allons, à l'origine de l'homme, nous trouver face à face avec ces « instincts innés » que nous nommons principes naturels et qui sont le germe de l'idée pure.

CHAPITRE III

LES ORIGINES DE L'HISTOIRE : L'ÉVOLUTION PATRIARCALE ET L'IDÉE GÉNÉRALE D'UN COURANT DE PRINCIPES NATURELS DANS LES ANNALES HUMAINES

L'histoire ne peut séparer des origines de l'homme le cadre de la vie patriarcale. L'étude de ses développements comme de ses dégénérescences n'admet pas que l'état primitif ait été la bestialité.

Trois opinions sur nos origines interpréteront ici chacune différemment la tradition fortifiée, malgré cela, par l'ensemble de leurs renseignements. Voyons s'il est permis ainsi de dire qu'avant ce qui s'appelle la « culture humaine » il y avait une morale étroite, mais élevée, sortie du courant de principes naturels?

Un préambule est nécessaire. Avec la méthode des migrations telle que la conçoit M. Maury, à l'aide des grandes lignes que projette le mécanisme des invasions et des guerres, un vaste itinéraire s'ouvre à l'historien à travers le globe, avec ses stations connues l'empêchant de s'égarer. On peut donc désormais, grâce à un tel guide, poursuivre plus sûrement qu'auparavant l'unité de l'histoire, puisque si haut qu'on remonte il est toujours permis de retracer sa route en arrière, depuis que l'on sait que les migrations rattachent tous les peuples de l'ancien monde à un berceau commun. De plus, l'on n'a pas à redouter les objections de la science, du moment que les plus louables efforts ont été faits pour rester d'accord avec ses découvertes en tant que le comporte le respect de la tradition.

Cette même unité historique se poursuit avec la méthode scientifique de M. Fustel de Coulanges, mais par des procédés différents. Vous y rencontrerez, à l'aide de savantes analyses, les soudures sans lesquelles les faits dirimants, les brusques points d'intersection dans nos annales, ne se pourraient raccorder entre eux.

Pour pénétrer plus en avant dans le secret de la transformation des sociétés, vous prendrez un organisme social : le patronage, par exemple, si vous voulez circuler librement à travers toute l'histoire européenne, de ses origines à nos jours. Vous vous formerez ainsi une juste idée de ces organismes à l'aide desquels se fait l'histoire, en voyant sous vos yeux les éléments du patronage commun aux Romains, aux Gaulois et aux Germains, se composer avec le monde féodal, puis se décomposer avec la Royauté, pour se recomposer ensuite, c'est-à-dire constituer une des forces du gouvernement constitutionnel en Angleterre, et demeurer jusqu'à nos jours un des vrais éléments de la société hongroise.

C'est ainsi qu'à la longue on finira par toucher du doigt le mécanisme du développement de l'humanité. En attendant, cette méthode analytique démontrera déjà que la société humaine, qu'elle ait pour centre l'Orient ou l'Occident, tourne toujours dans l'orbite qui lui est propre. S'agit-il cependant de l'habitant de l'Occident, avec l'esprit de perfectionnement particulier à la race aryane il sera sans cesse occupé à développer les éléments de son milieu. Nulle part cela n'a été mieux

établi que dans la Cité antique de M. Fustel de Coulanges. Aussi, passerons-nous bientôt en revue, d'après
cet ouvrage, les phases qu'ont traversées chez les Grecs
ces mots essentiels : Parenté, Patrie, Liberté, Démocratie.

Mais la race aryane n'est pas primitive. Il se rencontre déjà dans son évolution des éléments attribuables à
un stade social plus avancé. Or, ici, nous avons besoin
d'idées d'une application plus générale. Il faudrait dès
le début nous placer en face de celles qui, — avant
que soit intervenu ce qu'on a coutume d'appeler culture
humaine, — ont fonctionné d'abord conformément aux
lois de la nature, et sont par conséquent la source du
courant naturel initial dans cette phase primordiale
qui a fini par constituer l'état patriarcal.

Soumises plus tard à des facteurs qu'il va falloir définir,
c'est-à-dire au courant supérieur, puis au courant de
principes naturels de la vie civilisée, ces premières idées
développées à l'état d'organismes devront subir l'empreinte des institutions humaines. Mais leur sort n'est
pas le même. Tandis que, devenues surannées, les institutions auront fait place à d'autres qui seront abrogées
à leur tour, le rôle de ces organismes, engendrés par des
idées premières, sera tout différent. En effet, ils ne sont
autre chose que des principes tirés de la nature, fondements d'un premier cadre social à chaque phase qu'ils
ont parcourue ; ensuite, tantôt l'un, tantôt l'autre de ces
principes naturels transformés a montré, par la valeur
qu'il a prise, que la nature restait ouverte à un idéal
supérieur. Voilà pourquoi, jamais, dans l'histoire, le rôle
de l'esprit humain ne saurait être perdu de vue.

Pour quiconque aura vraiment abordé la question
des origines au point de vue de l'histoire, l'impression
qui résulte d'une enquête impartiale est qu'en parcou-

rant les centres les plus divers et les siècles les plus
différents on peut trouver des peuples, des génies absolument opposés, mais que l'homme, malgré cela, n'a
jamais cessé d'être le même. Si son intelligence est
moins cultivée, son infériorité dérive de la force des
choses ; ce sont des latitudes excentriques, des milieux
atrophiés qui le séparèrent en des catégories si tranchées.

Rien ne donnera mieux du reste le secret de ces antinomies, même dans l'existence civilisée, que l'histoire de l'Orient comparée à celle de l'Occident. Nous
aurons à en résumer bientôt les points saillants.

C'est donc à raison de faits positifs que l'historien
rejette les lois de l'incohérence de la matière et de l'intervention du hasard. Remonterait-on en effet aux époques les plus reculées, il y a déjà la preuve d'un entendement humain sans lequel aucun avancement social n'eût été possible. Alors la nature prouve déjà ses
harmonies supérieures. Dès qu'apparut une civilisation,
la barbarie fut attirée vers elle par l'attrait des lumières. Aussi haut qu'on peut remonter, la loi de continuité appuie d'une façon toujours nouvelle la loi
du renouvellement de toutes choses. Qui pourrait expliquer sans cela l'avènement d'empires, tels que ceux
d'Égypte et de Chaldéo-Assyrie ?

Pénétrant de plain-pied au milieu de ce grand avancement de l'entendement humain, l'historien s'efforce
en vain d'en découvrir les commencements et le « processus ». Après tant de recherches, ce qui reste évident
pour lui c'est que jamais ces sociétés n'ont été livrées
simplement au hasard; même dans les « contraires »,
vous trouvez le trait d'union qui peut concilier des faits
totalement opposés.

Ainsi, êtes-vous frappé au premier abord du bouleversement que provoquèrent en tous temps les migrations, les invasions et les guerres? Envisagez ensuite leurs lendemains, c'est-à-dire les reconstructions qu'elles opèrent, les progrès qu'elles réalisent, vous reconnaîtrez une fois de plus un côté moral. En dépit des passions, des nécessités qui entraînent les hommes, sources de tant de luttes, sans des chocs gigantesques les frontières du bien seraient restées indécises. La nature enfante avec douleur. Ce sont de grands cataclysmes qui ont fait surgir cette autorité supérieure groupant les foules autour d'elles. Dans cet ensemble logique le désordre appelle l'ordre, et c'est ainsi que la civilisation s'est peu à peu imposée sur la surface du globe. Vous ne pouvez invoquer l'équilibre du hasard, alors que partout les droits de l'intelligence sont demeurés les plus forts. En effet, si aujourd'hui les nations de l'Occident restent à la tête des peuples civilisés, c'est parce qu'avant toutes autres et plus que toutes autres elles ont développé la raison individuelle.

Un tel préambule est nécessaire lorsqu'il s'agit de donner une idée du courant naturel et du courant supérieur qui se sont simultanément fait sentir dans l'histoire humaine, et que nous allons rechercher tour à tour, en remontant à leur source qui nous conduit le plus sûrement aux origines de l'humanité.

I

Qu'est-ce qu'un courant naturel? Qu'entendons-nous par courant supérieur? Quel rôle ont-ils joué dans la constitution des sociétés? Comment ces sociétés ont-

elles commencé? Autant de questions qui s'enche-
vêtrent, mais dont il s'agit de chercher et de démêler
les significations diverses.

Pour ce qui est des origines du courant de principes
naturels, bornons-nous à énoncer le plus brièvement
possible des faits dont le développement suivra dans
cet ouvrage. Admettre dès à présent dans la nature une
providence, est-ce autre chose que reconnaître que le
premier des principes naturels qui distinguent l'homme
de l'animal est le sentiment inné d'une autorité supérieure, laquelle s'impose à lui par un instinct religieux
inhérent à l'humanité de tous les pays et de tous les
temps. Et comment, dès les siècles les plus reculés, cet
instinct s'est-il caractérisé? Surtout par deux faits irré-
ductibles : par le culte des ancêtres et par l'autorité qu'il
confère au père pontife de ce culte et roi de sa tribu.
Ce principe trahit donc un caractère supérieur dans sa
complexité divine et humaine. Mais de même que dans
la vie « patriarcale » actuelle nous ne retrouvons
encore que les germes de ce que la civilisation a depuis
si brillamment développé ailleurs, peut-on, à l'aube
de l'humanité, là où tout est encore à l'état d'embryon,
peut-on présenter le courant de principes naturels en
dehors d'un cadre très limité? Il n'en a pas moins duré
autant que l'homme, puisque brisé, rompu mille fois,
il a toujours reparu, ayant été tout d'abord fourni par
la nature.

En conséquence, l'homme est né avec des instincts
supérieurs persistants, antérieurs à toute institution
humaine, et cet état de nature lui-même sera tellement
incapable de se passer de règle, que si le premier
homme ne naît pas directement à la vie patriarcale, il
n'apparaît sur la terre qu'avec les « instincts innés »

qui doivent l'y conduire. Pas plus que le Transformisme n'est susceptible de faire la preuve de
la transformation du singe en homme, l'histoire ne peut
prouver que le premier homme ait été le premier patriarche. Il a suffi que la tradition donne un éclatant
démenti à l'incohérence supposée de la société primitive, théorie soutenue manifestement de nos jours, pour
justifier un concept scientifique.

D'autres considérations viennent encore à l'appui de
la tradition et achèvent de démontrer le fait de principes innés, source d'un courant naturel.

On ne peut sans doute aujourd'hui, en présence de
l'étude plus attentive qu'on a faite des animaux, se prévaloir du vieil argument de la séparation radicale entre
l'homme et la brute, car on a reconnu comme intermédiaire entre l'homme et les créatures inférieures des
espèces sociables et douées sous certains rapports d'une
intelligence qui rappelle la nôtre. Mais les animaux
se meuvent dans un cadre arrêté par la nature et rien
n'indique chez eux les transformations graduelles et
progressives qui caractérisent l'humanité. Partout apparaît cependant l'intervention d'une raison supérieure.
C'est pour cela que nous admettons l'idée d'une providence auteur d'un cadre où elle prend l'homme dès
sa naissance.

Dans la Genèse, en effet, qui a conservé les plus antiques souvenirs de l'humanité, l'homme ne se montre
pas solitaire. Dès son apparition sur la terre, il vit déjà
à l'état de famille, condition première de la phase patriarcale. Comme conséquence forcée, cette entrée primitive dans une telle forme devient pour lui inséparable d'un ensemble de principes primordiaux qui ont
trouvé de suite à s'exercer.

C'est l'analyse du « processus » d'un tel développement qui va nous occuper. L'histoire, qui ne se prononce jamais que sur des faits, nous fait voir par la Genèse l'exercice de la vie patriarcale. « Dans cette « forme si ancienne de la société, le groupement des « familles s'est constitué d'une manière plus forte et « plus durable que cela n'eut lieu là où, par les néces- « sités de la vie, les hommes étaient plus dispersés et « moins rattachés autour du père chef de la tribu [1]. » Mais dans l'un et l'autre mode de groupement, les rapports qui se sont établis entre ceux qui en faisaient partie n'ont pu exister sans un cadre qui prît l'homme dès sa naissance et se fît la condition même de son être. Il faut donc admettre que ces principes, que nous appelons naturels par excellence, ont commencé à se dessiner nettement dans une région « où la richesse du « sol permettait à l'homme de vivre sans beaucoup « de travail ; la tradition nous la présente dans la zone « sise au pied du Caucase et s'étendant jusque dans « l'Asie Centrale, sur un sol favorisé par la nature, où « la vie a été plus facile qu'ailleurs. Là, se rencon- « traient à l'état sauvage les plus anciennes espèces « domestiques [2]. C'est là que la famille patriarcale « fonctionne régulièrement, et l'on voit déjà dans le « lointain poindre l'apparition des villes [3] ».

« N'adore pas les dieux étrangers. Honore ton père « et ta mère. Ne tue pas. Ne commets pas de faux « témoignages contre le prochain. Ne convoite pas la « maison, la femme, le serviteur, la servante, le bœuf, « l'âne du prochain [4]. »

1. Alfred Maury, Notes inédites.
2. Idem.
3. F. Tilly.
4. V. le Décalogue.

Si l'inimitié éclate dans le genre humain, c'est parce que si d'un côté il y a des familles qui défendent ces principes et veillent à leur observation, il y a aussi d'autres familles qui les violent. En se produisant, cet antagonisme entre le mal et le bien montre aux hommes les limites entre les choses défendues et les choses permises, et c'est là sans aucun doute le point de départ de la coutume qui s'appuie sur les règles admises. Plus tard, à l'aide d'une concentration d'autorité plus efficace, les institutions humaines interviendront, les unes pour défendre ces principes, et les autres pour les contrecarrer, s'ils portent alors ombrage à la société. Mais auparavant il est permis d'avancer déjà que la communauté patriarcale comporte en elle-même ces germes sommaires, ces embryons d'organismes sociaux sans lesquels aucune civilisation ultérieure n'aurait pu s'établir ni se développer.

Le père pontife et roi concentre en ses mains le culte religieux et l'interprétation rigoureuse des croyances. Par son autorité sur la famille, il préside à l'observation des devoirs envers le prochain : autrement dit, il exerce la justice, maintient la paix du foyer domestique, en même temps qu'il veille à l'hospitalité envers l'étranger. Sacré pour lui tant qu'il est sous sa sauvegarde, ce qui n'interdit pas, une fois dehors de sa tente, le mot « hostis », étranger, ennemi.

Il y a dans ce nouveau développement de la forme patriarcale un fonds de moralité qui s'impose déjà. Une part y est même réservée à un instinct naturel qui grandira plus tard, l'indépendance, germe de la liberté. Déjà elle traduisait devant des espaces sans limites ce qui est resté de nos jours la « fièvre de la steppe » ou fièvre du « Farwest », incompatible avec les sociétés stables de l'Orient, qui devaient fixer le nomade au sol. En revanche, la liberté allait naître chez les Grecs par l'évolution dont nous devrons bientôt indiquer les phases.

Bien qu'ébauchée seulement ici la définition des principes innés, source d'un courant naturel, nous suffira pour poser nettement la question du courant primitif auquel à son début la société a pu obéir. Alors apparaît aussitôt l'hiatus infranchissable qui sépare déjà l'homme de l'animal le mieux équilibré. Tandis qu'à moins que la domesticité ou le contact avec l'homme ne développe chez lui des notions nouvelles, l'animal reste forcément dans le cercle à lui tracé par la nature ; à l'opposé, l'homme ne cessera de sortir de son cadre puis d'y rentrer selon ses libres instincts, autrement dit continuera à fournir la preuve d'un progrès réalisable par sa propre initiative. Progrès qu'il a réalisé en effet au delà de toute attente. Et comment ? Par cette faculté de son libre arbitre, de commencer par se tromper pour réparer son erreur à l'aide de la réflexion et de la raison, et de vaincre ainsi des obstacles insurmontables pour d'autres que lui.

En conséquence, pendant que l'état patriarcal est arrivé au point où, grâce à un cadre naturel qu'elle n'a cessé d'agrandir, l'humanité se prépare à des destinées plus élevées, il faut faire la part des tentatives opérées en dehors des règles ordinaires. Il faut énumérer les expériences de tout genre menées à fin par la main des hommes.

Tel est le double état antéhistorique ayant précédé l'a· ement des civilisations véritables. Cet état n'aura ja s d'annales certaines. Il conviendrait de lui assigner bien des milliers d'années, pour peu qu'on ait à cœur de se rapprocher de la chronologie la moins ambiticuse de la science, et l'on doit en faire le théâtre de phases multiples, d'avancement, comme de dégénérescences, de la vie patriarcale, que nous devons rapporter.

Surprend-on à ces âges reculés une portion de l'humanité parcourant les différents stades de l'infériorité sociale, ce n'est qu'après la rupture du cadre patriarcal primitif, cet organisme essentiel, mais limité, avec lequel il est impossible d'arriver aux développements de l'histoire, car il a toujours fait obstacle à une action commune, les chefs de famille pastorale acceptant des égaux, jamais des maîtres.

Exposé en outre à de brusques changements d'état, l'homme, dès qu'il se fut écarté de son berceau, de chasseur ou de pasteur est redevenu tantôt chasseur, ou tantôt pêcheur selon les territoires. Même dans la zone la plus favorisée, une simple épizootie a pu le réduire aux horreurs de la faim. Des pestilences, des épreuves de toute sorte le conduisirent malgré lui à tous les écarts et le rapprochèrent de la brute. On a pu modifier les formes primitives de la famille primordiale par le matriarcat, la polyandrie, la promiscuité des mariages australiens. On a pu, lorsque la jeunesse eut usurpé l'hégémonie de la société, laisser mourir de faim, même parfois manger les ancêtres naguère pontifes et rois, c'est-à-dire clef de voûte de l'édifice social naturel. Quelles conséquences inférer de là, sinon que de tels faits sont le signe de dégénérescences qui atteignent toute chose en ce monde ; mais si le courant naturel est vicié, la loi de continuité par le renouvellement est là pour démontrer la nécessité de l'apparition d'un courant supérieur qui, du reste, va bientôt marquer sa place et qu'alors il s'agira de bien définir. En attendant, disons que l'état primitif n'a pas été la bestialité.

S'il n'avait puisé dans ses instincts supérieurs une force morale décuplant sa force physique, souvent inférieure à celle de l'animal, il est manifeste que l'homme des temps antéhistoriques n'aurait jamais pu réagir contre un milieu où, soit en contact immédiat, soit en lutte permanente avec la bête, il devait fatalement se confondre avec elle.

Ne voit-on pas déjà en conséquence l'importance qu'il y a à rétablir l'existence d'une morale antérieure à ce qui s'appelle la « culture » humaine? C'est cet argument qui permet également de s'appuyer sur la tradition orientale d '« innocence », en désaccord complet avec la théorie transformiste, qui, par son principe de sélection et de combat pour la vie, rapprocherait l'homme de la bête féroce. Déclarer que les passions animales de l'homme sont précisément l'opposé d'instincts qu'il a puisés en naissant, c'est lui ouvrir déjà la route idéale où le courant naturel le portera plus tard.

Selon nous, l'homme entre dans cette route avec un bagage aussi léger d'idées que de besoins, mais s'il n'est pas par cela même à l'abri des passions, des violences, des excès inhérents à sa vie, il porte du moins avec lui le germe du bien. C'est donc accorder à la civilisation un honneur qui ne lui appartient pas de faire dériver tout d'elle, tandis qu'elle s'est bornée à développer des idées premières et non secondes, puisque celles-ci se manifestaient déjà auparavant chez des hommes intelligents et, pour nous servir d'une expression technique, « bien entraînés ».

La vie patriarcale nous a offert la source d'un courant naturel; nous devons maintenant nous expliquer sur les idées primitives. Celles-ci ne pouvaient pas ressembler, pour bien des raisons, aux idées de notre temps, puisqu'on ne connaissait pas alors, même de nom, la plupart des choses qui ne nous sont devenues si familières que parce que les hommes les ont successivement inventées. En revanche, c'est un des arguments majeurs de cette thèse que chez l'individu de tous les temps se retrouve un fonds commun d'idées qui, comme nous disions plus haut, au lieu de sortir d'une civilisation intervenue après, n'a rien à faire avec la matière, bien qu'il soit émané de la nature.

Voilà ce que tout critique qui ne veut pas se séparer de la cause spiritualiste doit faire en sorte de ne pas oublier. On va à l'encontre des idées primitives, même au point de vue général, dès qu'on veut juger avec les idées du civilisé l'homme antérieur à ce qui s'appelle la vie policée.

Comme on pourra l'avoir remarqué déjà, nous empruntons à deux sources différentes. De M. Alfred Maury nous avons pris les certitudes historiques méthodiquement établies ; à l'école de Le Play, nous puisons des détails intéressants touchant la famille et l'existence patriarcale, son originalité, et voilà la meilleure raison pour nous attirer, c'est d'avoir ramené sur le terrain contemporain la discussion de l'idée de J.-J. Rousseau, et rafraîchi le vieux problème de la nature. Pourrait-on dire que F. Le Play est un J.-J. Rousseau mieux informé? Par lui du moins on touche au xviiie siècle. — Chose curieuse, qui ici mettra le mieux en œuvre son fonds d'arguments? Ce sera, à l'aide de sa méthode des migrations, M. Alfred Maury, autre penseur, qui par sa science encyclopédique se rapproche plus que tout autre du siècle dernier dans cette époque de spécialités et de monographies.

Le Play fut un explorateur sagace. Il est allé étudier la question sur les lieux mêmes. Du moment qu'il eut retrouvé le théâtre, comme à l'avance préparé, pour recevoir les nombreuses générations de nomades issues du premier couple humain, il a relevé une à une toutes les circonstances de l'antique problème pastoral, il a montré cet habitat spécial où le nomade continue jusqu'à nos jours, depuis que le monde est monde, à subsister, affranchi des besoins comme de l'action de t.. civilisation développée depuis. Il a reconstitué à l'éta de nature la plus ancienne phase de l'existence de l'homme, abrité, chauffé, vêtu, nourri des produits de ses troupeaux, animaux domestiques aujourd'hui, mais vivant avant l'homme lui-même à l'état sauvage et grâce à une végétation naturelle chargée de pourvoir à leur pâture.

Abraham est resté pour nous le grand patriarche, type légendaire de la majesté du désert. Eh bien ! lorsque peut-être 4.000 ans après vous assistez à cette haute civilisation des Abassides éclairant l'Orient tout entier, où croyez-vous que les Kalifes envoient leurs fils ? Au désert toujours, pour se former à l'école des grandes manières. Ceci c'est pour le passé. Encore maintenant, avec son costume étriqué, l'Européen avoue qu'il se sent mesquin devant l'ampleur et la dignité d'un pasteur de la steppe et du désert.

La théorie sociologique de Le Play est non seulement corroborée par des preuves historiques sorties des migrations, mais elle trouve un secours précieux dans des études approfondies sur la cité antique ou la base première de la cité des Eupatrides, comme celle de la famille grecque primitive est le culte des ancêtres, survivance du culte de famille patriarcal et dont la Tombe

égyptienne, déjà à une antiquité formidable, fournit le
développement civilisé. L'originalité de notre travail
consistera à former un faisceau de ces arguments em-
pruntés à trois sources différentes.

Dans sa Cité antique, Fustel de Coulanges, M. Maury,
dans sa Méthode des migrations, enfin l'École de Le
Play, étudient chacun les origines à un point de vue
différent, mais l'ensemble de leurs renseignements, en
prenant corps, apporte un singulier appui à la tradition
qu'attaque la science. Par exemple, pour la grande
question des croyances primordiales, on arrive de la
sorte à des conclusions pleines d'intérêt.

Aussi loin qu'on puisse aller, on trouve un culte de
famille constitué, dit Fustel de Coulanges. Commentez
maintenant ce fait à l'aide de la Méthode des migrations
de M. Maury. Les générations parties d'un centre unique
ont cessé de se connaître, les frères de la veille sont devenus des ennemis du lendemain. A leur tour, les cultes
de famille ont sur leur route diversifié leur forme primitive. Ce serait même l'une des explications les plus
naturelles sur l'origine du polythéisme comme des premières théogonies. Mais à l'aube de toutes les sociétés,
ce qui a précédé, c'est le père, roi de sa famille et son
pontife, car, ne l'oubliez pas, c'est lui seul qui exerce le
culte et sacrifie.

Laissons la parole à M. Alfred Maury, qui a étudié
toute sa vie les religions de l'Orient : « Un mono-
« théisme simple, mais anthropomorphique, a été la reli-
« gion la plus ancienne des tribus de la Syrie et de l'Ara-
« bie qui sont aujourd'hui musulmanes. Il n'est pas
« permis pour cela d'affirmer que la religion primitive
« de l'humanité ait été un monothéisme simple et l'on
« doit se borner à enregistrer ce qu'on connaît. A une

« époque relativement récente, eu égard à l'ancienneté
« de notre espèce, un chef de tribu. postérieur d'au
« moins quelques siècles au roi Menès, nous apparaît
« comme étant à la fois roi et pontife dans sa tribu.
« Abraham nous est présenté par la Bible comme allant
« sacrifier sur la montagne. Nous trouvons là, selon
« toute vraisemblance, le premier culte de l'homme
« dans sa simplicité native.

     « C'est ainsi qu'on est amené à supposer qu'établis
« dans la région qui s'étend au pied du Caucase, les
« chefs de tribus kousshites, autrement dit « les pa -
« triarches », arrivèrent avec leur culte de famille, c'est-
« à-dire chacun, comme Abraham, avec son Dieu uni-
« que, d'abord sur les rives de l'Euphrate, puis sur les
« bords du Nil [1]. »

Il est difficile d'introduire l'incohérence et le hasard
dans les origines humaines, du moment que l'idée de
l'unité de l'homme, de sa pensée, de son histoire se
retrouve partout dès ses débuts et se poursuit même plus
visiblement que nos pères ne l'avaient encore imaginé.
Grâce aux nouvelles méthodes historiques établissant
des suites logiques, il est permis d'invoquer l'évidence
de ces instincts innés développant un cadre patriarcal.
Le premier homme en a réalisé les contours, ses des-
cendants en ont accusé de plus en plus les formes. État
primordial, embryon de toutes les sociétés à venir, il a
placé dès l'origine l'humanité dans un courant naturel
et en explique déjà la source avant d'avancer plus loin,
c'est-à-dire avant de pénétrer dans l'histoire et d'aborder la nouvelle phase caractérisée par les empires
d'Orient.

---

1. Alfred Maury, Notes inédites.

Résumons-nous : la conséquence de ces développements a été de montrer comment, en ce monde, avant ce qui s'appelle la « culture humaine », il y avait déjà une morale étroite, mais élevée, et qui n'a pu venir à l'homme que d'un instinct supérieur primitif.

CHAPITRE IV

LES PREMIERS EMPIRES D'ORIENT ET L'IDÉE GÉNÉRALE D'UN COURANT SUPÉRIEUR, SE SUBSTITUANT A LA NATURE. — COMMENT L'ESPRIT ANTICLASSIQUE DEVAIT PRÉCÉDER L'ESPRIT CLASSIQUE

I

La science servant de levier à la religion apparaît à l'aube des civilisations, accomplissant la haute mission d'arrêter le flot des nomades, de les fixer au sol et de fonder les empires.

L'origine, l'avènement de la classe sacerdotale, les théogonies scientifiques sont la meilleure explication de l'histoire aux temps antiques. Là, on assiste à la transformation du courant naturel en courant supérieur par l'esprit scientifique. Il faut étudier de près le caractère spécial des éléments constitutifs de telles sociétés pour bien connaître les bases d'une éducation physique et morale qui a laissé sur tout l'Orient sa trace indélébile.

Nous passons maintenant du cadre restreint de la vie patriarcale à une autorité conçue dans son expression la plus large, assise sur la prépondérance de la classe sacerdotale, d'où sortent les principaux fonctionnaires de l'État et même parfois le roi lui-même. Il n'est plus alors question d'un culte primitif, ni de l'autorité rudimentaire qui existe avec lui. Un moule religioso-scientifique nous apparaît dans sa complexité savante. C'est lui qui sera le meilleur fondement des empires par l'instinct religieux transformé en levier puissant, grâce à la science humaine faite religion, c'est-à-dire conférant à certains hommes le pouvoir semi-divin de parler aux foules comme organes des Dieux et de transformer en décrets émanant de la Divinité des ordres qu'ils édictent eux-mêmes d'accord avec les phénomènes de la nature ou les événements de l'existence journalière. Telle est la théocratie. C'est là que viendra désormais se façonner chaque société [1].

Voilà le spectacle auquel font assister l'Égypte et la Chaldéo-Assyrie, tandis que dans d'autres régions, telles que la Chine, on en est resté longtemps au simple état patriarcal. C'est sur les bords de l'Euphrate et du Tigre que se signale le premier développement théologico-scientifique. Tout y pivote autour des théogonies donnant la raison de chaque chose, pourvoyant à tout par une théologie scientifique restée le code religieux.

Rien de plus instructif à étudier que cette évolution où un ensemble d'hommes a conquis l'exercice de l'autorité en donnant naissance à la science législatrice des sociétés.

Imaginez, à l'origine, des hommes supérieurs végétant dans des groupes restés confus, et inquiets d'émerger de leur milieu, animés de l'esprit de changement autant que du désir de connaître ; leurs recherches, les

1. Alfred Maury, Notes inédites : Études faites d'après les notes de ses cours. — Voir François Lenormand, *la Magie des Chaldéens, la Divination*. — Voir Summer Maine, *Institutions primitives*.

découvertes qui en résultent ne peuvent se séparer d'idées de réformes. Les circonstances font surgir ces esprits d'élite, elles leur fournissent l'application permanente de notions inconnues et confinant par cela même au domaine du merveilleux. L'autorité de ces individus s'affermit ainsi chaque jour par des services exceptionnels. En même temps, à une époque où l'individualisme n'est rien encore, tandis que l'association est la première condition d'existence, attirés l'un vers l'autre par la franc-maçonnerie des choses de l'intelligence, réunis par leurs intérêts communs, les mêmes hommes se groupent, se resserrent entre eux et ils forment un ilot séparé dans la société [1].

En attendant, un ensemble de faits est déjà là pour expliquer comment, en dehors de la forme traditionnelle, a surgi un pouvoir nouveau créant chaque jour à ceux qui en demeurent investis une action plus dominatrice sur les hommes qui les entourent, par cela même qu'elle semblait surhumaine. Cette première phase correspond à l'avènement de la vie sédentaire. Le principe patriarcal primitif n'est plus reconnaissable, tant il est renforcé. Du moment qu'il s'est agi de modifier le libre jeu de la nature, de substituer la vie sédentaire à la vie nomade, il fallait des prohibitions puissantes pour établir à jamais un « modus vivendi » qui menaçait de mort, dès le premier jour, l'état pastoral dont il interrompait le cours.

Cependant l'existence patriarcale n'était pas supprimée; on se bornait à l'approprier aux conceptions sa-

1. *Voyez* ces collèges fermés aux iles Bahreïn, dans le golfe Persique, dans les petites iles au sud des Indes, à Samothrace, dans la Méditerranée, dans le nord de l'Europe, aux iles de Mona et d'Iona.

cerdotales, et comme le cadre primitif envisage seulement la famille ou la tribu, l'individu, cette personne
morale que le monde nouveau développera en l'accor-
dant avec l'État, se trouvait, nous le verrons bientôt,
trop souvent sacrifié. Enfin, remarque importante,
pour les courants que nous avons à définir, le courant
naturel fut ainsi entravé. Non seulement on ne put
alors se conformer à la nature, du moment que l'on
proscrivit la vie nomade, seul type connu jusqu'alors,
mais les instincts naturels, de même que la religion et
l'autorité, furent poussés à l'absolu.

Les premières théogonies furent des exposés scientifiques. On pourrait même au besoin en faire le moyen
le plus pratique d'évaluation des connaissances d'alors.
Par le seul fait que les Égyptiens n'ont développé
qu'une religion solaire, la formation moins compliquée
de celle-ci apparaîtrait comme devancière de la science
des Chaldéo-Babyloniens, ou plutôt arrêtée avant celle-ci
qui embrasse le système sidéral de l'Univers.

Les Chaldéo-Babyloniens, à leur tour, ont inauguré
les connaissances encyclopédiques en ce monde. Les
prêtres égyptiens, les plus religieux des hommes, avaient
des incantations pour sommer leurs Dieux de compa-
raître afin de satisfaire à quelqu'un de leurs désirs.
Plus scientifique, la classe sacerdotale chaldéenne s'in-
spira de l'explication des phénomènes célestes et terrestres, qui lui avait appris que dans la nature tout est
soumis à des lois inéluctables auxquelles ne se dérobent
pas plus les dieux que les hommes. La conclusion logique c'était le fatalisme, la négation du libre arbitre,
auquel ils se sont rangés.

On ne peut s'empêcher de reconnaître en ces hommes
des observateurs exercés du cœur humain jusque dans

ses plus profonds replis. Ce qui le prouve, c'est que, dans le milieu grossier, brutal, ignorant, qui les entoure, la seule chose que les collèges euphratiques aient élevée à l'état d'enseignement général, c'est l'ensemble le plus complet connu de toutes les superstitions humaines [1] : c'est par la superstition qu'ils gouvernaient les sociétés! Ames et corps leur obéissaient, depuis le craintif paysan n'osant sortir de chez lui, aller à droite ou à gauche, sans un de leurs talismans ou une de leurs amulettes, jusqu'aux grands de la terre, au roi lui-même, qui ne pouvait faire un pas sans les consulter, et, s'agit-il de son trône, ne devait pas livrer bataille avant d'y avoir été autorisé par leurs oracles. Ils seront du reste, nous l'avons dit déjà, les principaux fonctionnaires de l'État, et parfois on a choisi des rois parmi eux. En Égypte, où la société est divisée en classes encore plus distinctes, où l'on tient registre des individus vivants, même de leurs momies, les prêtres ont réglé les attributions des rois, l'emploi de leurs journées, jusqu'à leurs aliments.

Que si, en outre, vous voyez agir et commander à la face du monde les grands despotes asiatiques, analysez leur souveraineté pour prendre la notion exacte d'un état perpétué jusqu'à nos jours. Sir Henry Summer Maine nous présente Runget Sing, souverain du Pendjab, le chef absolu d'une vieille oligarchie mi-religieuse et militaire [2]. La moindre infraction à ses ordres était punie de mort, mais il ne fit jamais une loi [3]. La coutume réglait tout. « L'unique dissolvant de ces cou-« tumes n'a jamais été, ajoute le savant légiste, le com-

---

1. *Voir* la divination ou la science des présages chez les Chaldéens. François Lenormant, *Divination*, p. 19.
2. Sir Henry Summer Maine, *Institutions primitives*, p. 107.
3. *Ibid.*, p. 167.

« mandement du souverain, mais le commandement
« supposé de la divinité [1], ou l'influence des traités
« brahmaniques toute puissante sur la religion comme
« sur le droit. »

On peut remonter de là vers un passé qui n'a
pas d'annales et s'expliquer par Isis et l'évéhmérisme,
comment en Égypte, où la femme a contribué à l'avènement de l'autorité sacerdotale, la gynocratie a pré-
dominé, tandis que c'est à la revanche contre la femme
qu'on attribuera sa réclusion, son rôle amoindri, presque sans traces dans l'histoire, dans la société comme
dans l'art chaldéo-assyriens.

Le dernier mot reste encore à dire sur l'influence
que l'Égypte et la Chaldéo-Assyrie ont exercée à tous
les points de vue sur tout l'Orient. Cela semble la clef
de bien des mystères. Ce qui est incontestable, c'est
que la science chaldéo-assyrienne, avant de rayonner
jusqu'en Grèce, s'était infiltrée dans toute l'Asie. La migration des idées de cette science-religion, parlant à la
fois aux lettrés et au vulgaire, s'est faite par d'incessants
contacts. Les frottements avec les Aryas de l'Inde et de
la Transoxiane, avec les Touraniens de l'Asie Centrale,
étaient journaliers. Les invasions et les guerres ont
quelque chose de permanent. Cela entre dans la politique assyrienne. D'autre part, l'industrie babylonienne,
qui sillonnait l'Asie tout entière par les caravanes, y a
semé partout les amulettes et les attributs de la culture
chaldéenne.

Nous avons donc assisté à la révolution profonde
opérée par un courant supérieur qui, depuis, a toujours
pesé lourdement dans la balance malgré tant de survi-

1. Sir Henry Summer Maine, *Institutions primitives*, p. 470.

vances du régime patriarcal. Par contre, après avoir retrouvé des précédents à la morale, antérieurs à toute civilisation, nous discernons déjà même pourquoi plus tard le courant de principes naturels reparaîtra dans la vie civilisée d'Occident, plus complètement que dans celle de l'Orient. Nous avons montré, nous l'espérons, que le développement de l'homme se trouve expliqué par deux courants qui sont des facteurs fondamentaux dans l'histoire, et qui, précisément parce qu'en s'exagérant le courant naturel peut devenir supérieur, doivent rester en lutte sous toutes les formes et dans tous les temps.

Sans le moule religioso-scientifique qui donne un caractère spécial au courant supérieur oriental, les empires d'Égypte et de la Chaldéo-Assyrie, ces ancêtres de toute civilisation, n'auraient pu naître. Pour le faire mieux sentir, nous laissons à dessein dans l'ombre les services rendus, les bienfaits qui en dérivent pour la civilisation, et nous appuyons avant tout sur l'autorité irrésistible qui est venue alors pour la première fois courber les esprits et les corps. Elle fera aboutir de mémorables évolutions dans les sociétés, bien qu'en Europe plus tard elle prenne d'autres formes. A l'opposé, le courant naturel, note dominante de l'Occident, quand il pourra prendre possession de lui-même et atteindre l'idéal des Grecs, ce sera la juste mesure en toutes choses, à laquelle ce que nous appelons le courant supérieur devra être lui-même tôt ou tard assujetti.

Malgré cela, une fois sorti du courant primitif, où l'historien trouvera-t-il ce point de ralliement faute duquel il était encore si difficile, il y a 40 ou 50 ans, d'évoluer à travers la période vraiment antique de certains peuples ? Il le rencontrera dans le sillon laborieusement tracé tour à tour par une succession presque ininterrompue de classes sacerdotales. Quiconque tiendra à approfondir les origines de toute civilisation en ce monde devra alors arrêter ses regards sur cet ensemble d'individus fort divers et ne pas en détourner les yeux avant de l'avoir défini. Ce sont eux en effet qui ont présidé aux grandes agglomérations humaines et aux premiers empires parmi les hommes.

Parcourez cette longue théorie antique, qui se déroule en prenant chaque fois des caractères spéciaux à son temps, à sa race, aux circonstances qui commandaient alors les événements, vous vous heurtez toujours aux représentants du même principe, depuis les prêtres des bords du Nil et de la vallée de l'Euphrate, jusqu'aux brahmanes de l'Inde, aux mages avestistes, sans en excepter, malgré sa forme qui n'est pas religieuse, le mandarinat chinois. Vous pousserez même en Europe pour étudier sous ce nouveau jour la curieuse formation des druides, et le nouveau monde lui-même vous fournira une formation analogue, au Pérou, avec les Incas.

Il était facile à un philosophe grec de tourner en ridicule les constructions d'aèdes ou de poètes, ceux-ci fussent-ils même Homère et Hésiode. On peut se demander s'il en eût été pareillement si l'esprit hellénique se fût trouvé en face des prêtres chaldéens qui n'avaient qu'à montrer leurs tables pour produire des observations célestes et terrestres pendant de longs siècles, et qui puisaient là précisément une force devant laquelle on était forcé de s'incliner.

Les docteurs asiatiques énonçaient des thèses théologiques rien qu'en exposant leurs problèmes d'astronomie. Pour appuyer non leurs hypothèses, mais les certitudes qu'ils avaient découvertes, c'est à juste titre qu'ils eussent pu prétendre que celui qui avait alors contemplé le ciel, c'était leur père, leur grand-père ou quelqu'un de leurs aïeux.

En dehors de ces collèges euphratiques ou des prêtres égyptiens, qui eût été capable de présenter quelque chose de complet comme leurs archives, registre sacré des traditions divines et humaines? Qu'eût pu objecter un sophiste grec à des calculs profonds comme ceux de mathématiciens de nos jours? Nous ignorions jusqu'ici cette différence de points de départ entre la civilisation de l'Orient et celle de l'Occident; mais il a été en réalité de bonne heure extrêmement difficile d'attaquer les religions orientales, dont tout un corps de sciences était la contre-partie.

De même que nous ne pouvions nous dispenser d'insister d'abord sur le caractère primitif qui marque tout ce qui porte l'empreinte de la vie patriarcale, de même il importe, au vrai sens de l'histoire humaine, d'analyser les éléments par lesquels s'est composé un esprit scientifique primitif.

Prenons de préférence pour type les prêtres chaldéens : ce sont des hommes qui ont un vrai tempérament de savant, qui poussent les expériences de leur science dans toutes leurs conséquences.

Rien ne montre mieux, en revanche, comment la science a une vie propre, une atmosphère indépendante du droit, du devoir, de la morale. Gouverne-t-elle les hommes, la science de tous les temps est exposée à les introduire dans un milieu factice qu'elle s'est créé à elle-même. Voyez ces Chaldéens: n'ont-ils pas fait pénétrer parfois dans le code des lois humaines des théories aussi arbitraires que le « Struggle for life » et la loi de sélection de Darwin? Lorsqu'ils « faisaient dépendre

« le bien et le mal du soleil, de la lune et des autres
« étoiles, » comme l'a dit Philon, « ils ont flétri la vie
« humaine d'un véritable athéisme, en donnant à croire
« que les phénomènes n'ont pas d'autre cause que ce
« qui est visible [1]. » Leur âme universelle n'était alors,
comme pour les matérialistes-panthéistes du xixe siècle,
que l'ensemble indéfini de la matière. Leur loi fataliste
de nécessité, de destinée, de prédestination, qui se perd
au milieu des hypostases et du transcendantalisme cosmique, échappait insensiblement aux sens humains, aux
raisonnements exprimables. Mais tournait-elle vers la
terre ? c'était pour se guider par des coïncidences, par
des présages où l'animalisme jouait un rôle principal,
où le fait matériel le plus vulgaire réglait les questions
les plus hautes. Si bien que l'observateur reste frappé,
dans l'esprit scientifique d'alors, de ce mélange du mysticisme le plus quintessencié avec un réalisme cynique
et brutal.

Cet esprit, qui ne vit que par de tels contrastes, qui
poursuit les extrêmes au lieu d'être justement équilibré, c'est lui cependant qui commanda aux premières
grandes sociétés et les façonna à son image, puisqu'il
faisait un article de foi de la soumission à sa science
purement « inductive ».

Ajoutons qu'une telle science n'en a pas moins réalisé une œuvre considérable avec ses procédés empiriques, avec son amalgame de connaissances scientifiques enchevêtrées, rendues inséparables l'une de
l'autre par leur forme dogmatique. Ce qu'elle a mené à
fin par ses inventions de toute espèce, c'est sa civilisation matérielle. Voilà une preuve frappante des effets

1. Philon, ed. François Lenormant, *Divination*, p. 3.

dont elle restera toujours l'auteur, parce qu'elle a beau faire des hypothèses, la science de tous les temps ne peut se traduire que par des faits applicables. Les systèmes scientifiques peuvent, en ce monde, se succéder indéfiniment, ils laissent toujours après eux la même moisson de faits par laquelle le patrimoine de la science s'est indéfiniment grossi depuis des milliers d'années, quoique la première science antique soit empirique et sans discussion.

Quand on sonde les origines de la pensée de l'homme, de ses écarts comme de ses développements, pour bien approfondir ce qu'est un courant de principes naturels, on ne peut s'empêcher, comme nous le faisons, de pénétrer jusqu'au principe de l'esprit scientifique, tel qu'il est sorti des entrailles de l'Orient.

Arrêtons-nous donc devant une phase de l'esprit humain qui, à bien des titres, est faite pour instruire notre temps. Nous sommes là sur la terre privilégiée où ont commencé les sciences, où l'esprit scientifique souverain des âmes et des corps a dirigé tout, réformé des coutumes sans contrôle, appliqué avec une remarquable hardiesse ses découvertes et ses inventions aux croyances et à la constitution sociale et intellectuelle du genre humain.

Vous êtes en face d'individus qui semblent toujours dans le cadre patriarcal, mais qui en sont depuis longtemps sortis pour s'attaquer à l'univers, à ces grands problèmes de l'inconnaissable qui nous attirent toujours. L'esprit scientifique, alors comme de notre temps, ne s'est pas attardé à l'idéal de morale ou de beauté. Le sentiment vrai de la nature ne peut être chez lui que relatif. La nature représente plutôt un adversaire contre lequel on doit réagir, ou un contingent malgré sa puissance demeuré insuffisant. Ainsi il lui faut d'autres substituts pour rendre sa propre pensée, — qui conçoit des dieux à tête de lion ou de serpent, des sphinx à tête d'homme ou des taureaux qui ont des ailes. Veut-elle dire, par exemple, que tout vient de l'humide? On nous montre le premier maître des connaissances humaines, Oannès, sortant de l'Océan Indien avec la tête, les pieds, le corps, recouvert d'une tête et d'un corps de poisson [1].

Vivant dans la familiarité des astres, perdus dans les espaces du firmament, ils ont toujours été attirés bien plus par l'objectif que par le subjectif, par l'extérieur que par l'intérieur. Le fait matériel les a préoccupés avant toutes choses et ils en appliquaient les conséquences avec ce dédain de l'humanité qui comme malgré lui envahira tout savant.

Alors non seulement ils ont cherché l'utile, c'est-à-dire la forme requise pour l'adaptation de leurs idées et les moyens les plus topiques pour obvier aux besoins du moment, mais le dernier de leurs soucis a été la sélection, c'est-à-dire la préoccupation du bien et du beau. Il y aurait là à marquer tout un ordre de directions particulières à l'esprit scientifique qui croit à ce qu'il voit, à ce qu'il a trouvé, et n'y changera rien, qui, par l'amour de la science, expérimentera sur l'homme et à défaut d'autres sur lui-même, sans plus de remords que sur un lapin.

La première conséquence de ces substituts, de ce milieu factice de la science, de cet animalisme ouvertement consacré, n'est-ce pas un point de départ qui crée la confusion et où le prodige règne en maître? Ce

---

1. Berose, *Fragments*, édit. Lenormant.

qu'il y a de plus grave, c'est que leur façon étrange de
voir la nature a dû être reproduite d'après le « canon
sacré » édicté par eux. De là, il n'y a qu'un pas à cet
art oriental, qui s'est sans cesse égaré dans un incohé-
rent dédale, qui, perdant la notion de la juste mesure, a
pris pour de la richesse l'exubérance des formes désor-
données, les seules dans lesquelles excelle l'Extrême-
Orient. La différence d'esthétique de l'Orient et de
l'Occident se retrouvera malheureusement dans leur
pensée.

N'étant pas clairement conçue, la pensée ne s'énoncera
pas plus clairement. Remarquez toutefois que vous avez
affaire à des gens méthodiques, précis à leur manière,
qui n'abandonnent rien à l'aventure. Ils ont fait sur les
hommes leurs expériences parce qu'ils étaient chargés
de les enseigner, de les discipliner, de les conduire. Des
monstruosités vous frapperont aujourd'hui en Afrique
et en Extrême-Orient. N'allez pas invariablement les
attribuer au stade social actuel, car ce sont parfois les
survivances du vieil Orient; leur barbarie apparaît
maintenant, parce qu'avec le vernis civilisé a disparu
désormais l'enseignement scientifique, ou l'esprit gouvernemental. En remontant à l'histoire on retrouverait
cependant l'un et l'autre.

Qui a placé devant les temples des obélisques pour
célébrer par le signe viril la fécondité de la nature? Qui
d'autre part a marqué sa revanche sur le matriarcat et
la déchéance de la femme par des prostitutions sacrées?
Le but politique ou religieux qui a guidé les Égyptiens
et les Chaldéens dans ces institutions a disparu, mais le
culte ityphallique subsiste en Afrique et les femmes
indoues croient, en se prostituant, accomplir un rite
sacré. .

Nous ne comprendrions jamais la haute antiquité sans l'analyse des éléments de son vrai cadre civilisé. La science reste là sur son piédestal, dédaigneuse de tout prosélytisme : elle commande. La première condition qu'elle impose, c'est l'obéissance passive autour d'elle. Et elle agit en conscience, convaincue que ses arrêts sont les solutions uniques existant pour le vrai bien des hommes.

Dominant les foules par le merveilleux, la science orientale est en quelque sorte obligée de les tenir perpétuellement en suspens dans l'attente d'un prodige. Il a donc fallu que la première chose venue en devint l'occasion. Et voilà pourquoi la moindre bribe de ses connaissances était enveloppée de mystère. Ces connaissances elles-mêmes étaient cependant fort nombreuses. Les Grecs en ont retiré, pour les livrer au grand jour, ce qui était vraiment utilisable ou scientifique. Les Romains avaient à leur tour relégué dans le domaine défendu et puni par la loi le côté magique, les pratiques arbitraires de ces sciences occultes, car au début tout était occulte, depuis l'astronomie, confondue d'abord avec l'astrologie, comme l'alchimie qui ne se distinguait point de la chimie, jusqu'aux autres connaissances scientifiques de ce temps-là.

Alors, en effet, comme l'a dit excellemment M. Berthelot, « toute connaissance affectait une forme religieuse « et mystique, toute notion était attribuée aux dieux « identifiés avec les astres, avec les grands phénomè- « nes célestes et terrestres, avec toutes les forces natu- « relles ; nul n'eût pu accomplir une œuvre politique, « médicale, industrielle, sans recourir à la formule « sacrée destinée à concilier la bonne volonté des puis- « sances qui gouvernaient l'univers. Les opérations

« raisonnées ne venaient qu'ensuite étroitement subor-
« données [1] ».

On aperçoit l'écueil de cette science sans contrôle, où
la discussion n'a jamais pu porter la lumière, où la comparaison, la concurrence des systèmes ne vient pas cor-
riger les erreurs. Tant qu'on reste là dans l'époque mi-
litante des découvertes, il y a un essor extraordinaire,
comme de nos jours où telle science a conduit à découvrir telle autre, où un prestigieux ensemble s'est ainsi
créé. Dans les classes sacerdotales on en est resté à la
période fétichiste de l'admiration, et la situation vraie
des choses en fournirait la meilleure explication.

Quel danger, par exemple, d'être tour à tour religion,
— puisqu'une religion ne peut gagner à changer et ne
doit même pas changer, — puis législation, parce qu'il
est périlleux de modifier ses lois incessamment, surtout
dans cet Orient coutumier et immobile

Une science-gouvernement est donc devenue un
obstacle aux découvertes, aux inventions nouvelles;
bien mieux ce fut un motif politique pour les proscrire.

L'Orient était à ce moment psychologique, lorsque
l'Occident est venu lui tout emprunter, à cela près que
celui-ci a tout contrôlé, discuté, comparé; aussi a-t-il
pris de l'avant sur son maître qui ne l'a jamais rattrapé
depuis.

Oui, voilà le rôle de l'Occident. En revanche, seul l'O-
rient scientifique a été capable en ce monde de réaliser
sa première civilisation matérielle dans les infinis détails
de ses innombrables découvertes.

Ceci demeure plus évident à mesure que le XIXᵉ siècle
remet toutes les choses à leur vraie place, parce qu'il est

1. Berthelot, *Origines de l'Alchimie*, p. VI.

remonté successivement aux sources des choses. Maintenant que nous avançons dans une telle tâche, nous sommes de plus en plus frappés de ce que l'Occident doit à l'Orient d'inventions pratiques indispensables à notre existence journalière. M. Max Muller supposait dernièrement ce dont l'Europe moderne est redevable aux Indous, à l'Égypte, à la Babylonie. C'est entre autres aux Égyptiens que non seulement l'Occident, mais les autres peuples de l'Orient doivent l'écriture. Aussi, lorsqu'un Européen écrit, dit le savant philologue, il doit se rappeler qu'il retrace un ancien caractère hiéroglyphique.

On pourrait faire d'autres rapprochements. Bornons-nous à ajouter ceci. Les Phéniciens n'ont été les courtiers de l'Orient et des navigateurs commerçants par excellence à une époque fort reculée, que parce qu'en Égypte et en Chaldéo-Assyrie les classes sacerdotales avaient été l'origine d'industries florissantes. M. Georges Perrot, dans une page éloquente, a parlé des immenses ateliers de la Babylonie alimentant les caravanes de tout l'Orient, en même temps que les flottes marchandes de la Méditerranée et du golfe Persique. Il a comparé cette production comme exportation à celle de Birmingham et de Manchester. En fait de synchronisme, il ajoutait : « Alors, l'industrie locale des artisans et des pâtres grecs arrivait dans la même proportion devant celle de la vallée du bas Euphrate que le Montenegro aujourd'hui comparé à l'Angleterre [1]. »

Voilà des commencements auxquels l'historien devra donc se reporter ici avant de contempler en Asie Mi-

1. Georges Perrot, *Revue bleue*.

neure la puissante colonie de Milet et les riches cités marchandes de la Grèce.

II

Avant d'arriver définitivement à la Grèce, poussons plus loin le parallèle entre l'Orient et l'Occident, afin de mieux observer le jeu du courant naturel et du courant supérieur dans la vie civilisée.

Pourquoi, bien que sortie du moule patriarcal, la société que constituèrent les empires d'Orient n'a-t-elle jamais atteint sa civilisation normale? C'est que, s'exagérant en Orient, le courant naturel est devenu la plupart du temps courant supérieur et n'a repris son équilibre que plus tard en Occident. Les Grecs et les Romains représentent ce nouveau départ social, intellectuel et moral. Nous voyons ici comment, dès les guerres Médiques, se découvre l'abîme qui n'a cessé de séparer l'Orient de l'Occident par l'anticlassicisme.

L'étude de cette grave question : y a-t-il ou non un courant naturel dans l'histoire? soulève un ordre d'idées, embrasse une série de périodes tellement vastes, qu'afin de ne pas s'égarer dans un dédale de faits il convient à chaque étape nouvelle de marquer les bifurcations du sujet.

Et nous changeons maintenant de terrain. Il a fallu poursuivre en Orient l'étude de deux évolutions mémorables dans l'histoire humaine : la période patriarcale et celle des grands empires de l'Asie, qui étendent toutes les deux leurs racines au milieu du plus antique passé. Désormais, le cercle s'élargit. Nous voici parvenus au moment où la civilisation européenne entre en scène

et marque, à côté de ses devanciers, sa place dans les
annales du monde. Quel parallèle plus frappant alors
pour l'historien que celui qui s'établit entre l'Orient et
l'Occident ?

Interpréter les débuts de l'Occident, expliquer par
quels points essentiels son tempérament, son génie se
séparent de la culture orientale, en décrire ensuite les
caractères généraux et entrer enfin dans le détail, c'est
éclairer non seulement les routes nouvelles que va
suivre le génie humain mieux renseigné désormais, —
mais aussi aborder les antécédents décisifs des temps
modernes. Les Grecs et les Romains forment cette préface nécessaire, puisque c'est d'eux que date cet esprit
critique classique qui nous guide encore souverainement.

La preuve que le courant naturel s'exagérant avait pu
lui-même devenir un courant supérieur, c'est l'exemple du régime patriarcal élevé à sa toute puissance par
le moule religioso-scientifique dans les premiers empires d'Orient. Au milieu des lacunes qui s'y accumulent
parfois si arbitrairement, il est permis déjà de comprendre qu'un souffle différent peut à son tour vivifier cet
état. Voyez de nos jours la Russie. Si le tzar est un autocrate, il est en revanche le père de ses sujets. Dans
l'antiquité, l'élévation des doctrines égyptiennes ne vient-
elle pas, sous un certain point, en modifier l'aspect ? Ce
que nous visons dans tout cela c'est la Chaldéo-Assyrie,
où s'est développé un milieu plus scientifique, dont les
effets réflexes ont rejailli sur tout l'Orient, ainsi que
c'est sensible par les contrées brahmaniques de l'Inde
et la Perse avestiste.

Les commencements des sociétés organisées se sont
traduits en Asie par des efforts violents et le caractère

de la science à ses débuts s'est accentué par un despotisme moral et politique. En raison de cela, par des survivances inéluctables, vous y reconnaîtrez encore aujourd'hui, avec l'état d'infériorité de l'esprit oriental, les conséquences fatales d'un point de départ ayant forcé la nature. Dès l'origine, le développement de l'embryon a été entravé. Voilà pourquoi il n'a jamais pu arriver, comme en Europe, à sa croissance normale. Mais, et là est la question, pouvait-il en être autrement?

Pour bien faire comprendre notre idée, il importe de définir nettement le caractère et le rôle de ce courant que nous appelons supérieur. En Orient, sa force irrésistible a pour ainsi dire eu raison de tout. Partout, même en Europe, ses causes déterminantes ont influé ou influeront encore puissamment sur la société. En dépit néanmoins de leur action bienfaisante, malgré l'avancement moral et intellectuel qu'elles ont amené, les causes de ce courant supérieur comportent un dangereux état des esprits qui fait des partisans passionnés et parfois des sectaires. Alors ceux-ci, oubliant toute mesure, transforment en dogmes ce qui n'est que du domaine de l'idée. Voilà comment on se trouve en présence d'un progrès à deux tranchants dont il faut signaler les blessures à côté des bienfaits. Ce courant, malgré les inconvénients et les périls qu'il apporte avec lui, ne mérite pas moins par sa force irrésistible l'épithète de supérieur que nous lui donnons.

Nous ne pouvons marquer ici toutes les nuances, nous nous arrêtons seulement aux grandes divisions. Nous admettons momentanément que l'Orient représente de préférence le courant supérieur et l'Occident le courant naturel, tandis qu'il est certain au contraire que, dans l'histoire européenne, le courant supérieur et

le courant naturel ont souvent alterné. Pourquoi vise-
rons-nous donc d'abord seulement le fait capital de l'antinomie des courants entre l'Orient et l'Occident? C'est
par le besoin de clarté avant tout nécessaire dans un
sujet nouveau et qui semblera encore obscur à bien
des gens.

Ayant à appliquer la loi des courants, l'important ici
sera de mettre en relief le principe d'un courant supérieur par excellence s'imposant « quibuscumque viis »
à l'humanité pour la régénérer, et s'arrêtant court
cependant, comme frappé d'un arrêt de développement.
Son œuvre en effet ne pourra être menée à fin que par
la réapparition, grâce aux Grecs, d'un courant de principes naturels dans la vie civilisée.

Tel qu'est l'Orient où s'est développé le premier courant supérieur, tout atteint que soit dans sa croissance
le génie oriental, il conserve sur l'histoire de l'Europe
une influence assez visible pour qu'il faille en tout temps
compter avec lui, notamment comme art et comme philosophie. Ainsi chez les Grecs, l'art hellénique, depuis la
conquête d'Alexandre, après avoir traversé la Méditerranée, se fait « hellénistique » à Alexandrie. A la fin
des Antonins, la science grecque deviendra orientale
avec les néo-platoniciens, de même que le nouveau Pla-
tonisme sera plus oriental que grec. Les Romains eux-
mêmes n'ont pas résisté à l'Orient; à partir de Dioclétien et de Constantin, l'empire se dédouble, puis c'est
à Byzance qu'il ira définitivement se reconstituer après
les grandes invasions.

Rien de tel encore, pour constater la permanence de
semblables influences, que notre XIXe siècle. Vous le
voyez d'un côté emprunter l'Animalisme scientifique
de l'Orient pour en faire la base des origines de l'homme

par le Transformisme. D'autre part, quelle marque étrange aujourd'hui de surprendre la contagion de l'Inde et du Bouddhisme jusque chez des esprits fort bien équilibrés?

Ces raisons démontrent que la formation de l'esprit grec proprement dit, en même temps que celle des éléments qui le constituent, doivent être de nos jours plus nettement précisées que jamais. C'est la « racine » du génie de l'Occident. Il y a là un grand caractère qui a tranché sur celui de l'Orient.

Dans une page restée célèbre : la nomenclature de l'armée persane aux guerres Médiques, Hérodote donne l'idée de ce que nous avons appelé courant supérieur asiatique, alors en branle d'invasion. Devant le despote oriental chaque nation défile l'une après l'autre, marchant sous le fouet. Xerxès ordonne de fouetter aussi la mer, parce qu'elle lui a été rebelle; ses soldats ne prennent pas la voie ordinaire par l'intérieur. Aux masses d'hommes apportant devant eux la famine, desséchant les rivières sur la route pour abreuver eux et leurs chevaux, il fallait les bords de la mer, c'est-à-dire une flotte chargée de ravitailler l'armée; chaque jour le grand roi perce des isthmes, détourne le cours des fleuves. Voilà bien l'image despotique d'un passé beaucoup moins préoccupé de protéger et de former l'individu, que de constituer d'immenses sociétés.

En revanche, la Grèce qui se lève, n'est-ce pas déjà dans son cadre restreint le monde de l'avenir dont la mission sera de développer l'homme individuel tout en le mettant d'accord avec l'État? N'est-ce pas la Grèce qui va apprendre à des arbitres jusque-là sans appel que la qualité doit désormais primer la quantité ?

Il n'est pas moins vrai que quand Xerxès met le pied sur le sol de l'Hellade, c'était bien lui qui croyait aller chez les barbares. En effet, l'ordre d'idées qui s'offrait alors à lui dans le monde où il pénétrait était en complet désaccord avec la sagesse orientale, avec cette antique civilisation euphratique dont il est le représentant illustre. La veille des Thermopyles, à la tête de ses myriades de guerriers, contemplait-il cette poignée de petits hommes continuant « tranquillement les uns à « se livrer à leurs exercices de gymnase, les autres à « préparer leurs coiffures de guerre [1] » : le grand roi croyait avoir affaire « à des fous ». Ne dirait-on pas tout au moins des Peaux-Rouges d'Amérique procédant à leur toilette guerrière, si l'on ne se rappelait aussitôt que quarante ans seulement séparent cette époque du siècle de Périclès.

Xerxès, une fois en Grèce, hésite donc ; sa raison se trouve alors en défaut. L'on dirait même que l'historien d'Halycarnasse s'est complu à expliquer les motifs de ses surprises. Quoi d'étonnant, du reste ? Voici l'incarnation de ce courant supérieur chargé de courber l'humanité à ses antiques lois, en présence de ce courant naturel qui va lui faire obstacle. C'est là le peuple dont la civilisation plus jeune, mais plus haute, saura, grâce à des concepts différents, mettre à profit des éléments ignorés ou proscrits jusque-là, pour faire reparaître le courant de principes naturels dans la vie policée.

Nous devons marquer déjà cette formation, sa tâche distincte et subséquente. Les Grecs, les Romains après eux, apparaissent dans l'histoire comme un frappant exemple de la culture humaine, dont ils figurent un

1. Hérodote, LVII, ccvIII.

stade particulier, avec ses conditions précises. Ces deux formations n'ont rien de primitif. Ceci est si vrai qu'elles ne peuvent s'antidater, parce qu'elles supposent déjà avant elles un réel avancement des lumières. Le début de ces groupes restreints, mais distincts, n'a pu apparaître, particulièrement chez les Grecs, que très postérieurement à l'avènement de grands empires chargés de discipliner les masses humaines et de les fixer au sol par des lois spéciales. Cela deviendra plus sensible encore dès qu'on voudra s'expliquer comment, au sein de ces petites confédérations devenues la moëlle de l'Occident, ont pu se produire des développements intellectuels et sociaux incompatibles avec les institutions dominantes de l'Orient, cultivé seulement par les sommets ; développements en outre irréalisables au début de l'histoire sur des sols incessamment balayés par les avalanches humaines. Deux faits saillants sont surtout à enregistrer. D'une part, la force majeure, le fait brutal des invasions, ne sont pas intervenus pour tout bouleverser : voyez l'invasion dorienne ; d'autre part, tout atteste un plus libre développement, puisque le monde religioso-scientifique n'a jamais fait son apparition ni en Grèce ni à Rome.

Tandis qu'en Orient de grands peuples occupant des périmètres immenses ont continué à courber la tête sous le joug, les pays grecs offrent de bonne heure un spectacle opposé. Là, nulle cohésion cependant, morcellement du pouvoir, autorité disputée des familles, des cités, des confédérations issues du lien religieux et de la communauté du danger. C'est de cet état de morcellement, mais avec des lois d'une rigidité égale à celles de l'Orient, bien qu'elles en diffèrent surtout par le cadre solide de la famille, de la cité, que les Grecs

ont su tirer leurs éléments de résistance. Leur caractère investigateur a peu à peu percé les ténèbres. Ils
ont réagi contre le fatalisme antique, contre le despotisme de la nature, disant comme Ajax : « Je surna-
gerai malgré les Dieux. » De là cette supériorité native
que l'obstacle irrite au lieu d'abattre, cet esprit critique
à l'affût de l'explication des choses, ayant de bonne heure
la conscience de lois supérieures à la matière.

Le monde ancien et ce qui sera le monde nouveau
sont donc aux guerres Médiques en face l'un de l'autre,
et pour compléter le tableau nous devons marquer la
différence des rouages par lesquels ces civilisations
respectives ont fonctionné.

De même que dans la géologie une couche de terrain
représente une période caractéristique de formation,
l'historien doit reconnaître un à un et à mesure qu'ils
se présentent les concepts plus récents pour les distinguer de ceux vraiment anciens. Ainsi l'idée de liberté se
révoltant contre le despotisme est une idée occidentale,
nullement primitive. On doit même s'attacher à expliquer les motifs par lesquels le premier monde civilisé
a pu être fondé sur la fatalité du fait, le despotisme de
la nature et la négation du libre-arbitre.

Expliquons-nous : dans la civilisation, le despotisme
est plus ancien que la liberté, mais pourquoi ? C'est
que l'initiative humaine a eu besoin pour débuter de
se subordonner à des guides sûrs chargés de creuser
sa voie et de limiter son essor. Les sociétés n'ayant,
ainsi que nous le disions plus haut, commencé à s'é-
clairer que par leurs sommets, il a fallu d'abord solidement fonder l'autorité religieuse et civile en même
temps qu'inculquer même par la violence les idées sur
lesquelles tout un ordre social reposait.

Avant de songer à battre en brèche ces pouvoirs et ces notions générales, afin de les améliorer ou de leur en substituer au besoin de moins arbitraires, il a fallu, sous peine d'anarchie irrémissible, commencer par être indiscutable, pour ensuite rester capable d'être utilement discuté.

C'est ainsi que l'humanité n'a cessé de s'élever sur des couches de civilisation successives. Celles-ci, chacune à leur tour, ont apporté leur pierre différente à l'édifice social, mais là même où des transformations radicales se sont opérées, cela n'a pas empêché le vieux fonds autoritaire et despotique de parfois reparaître.

Le monde ancien a donc préparé le monde nouveau, mais celui-ci, après avoir emprunté à l'autre des bases essentielles, a dû, pour creuser les voies de l'évolution qui imprima une direction nouvelle aux sociétés, appliquer tout autrement les premiers éléments qu'il en avait reçus. C'est donc avec un esprit le plus souvent absolument opposé au monde ancien que le monde qui lui succédait a fait un nouveau départ.

Depuis bien des siècles, la théosophie, c'est-à-dire la science faite religion, régnait sur le monde en souveraine, alors que la philosophie encore à naître palpitait seulement dans le sein de la Grèce, sa mère. Pour que le Rationalisme régénérât les esprits, pour qu'un courant de principes naturels si souvent vicié se retrempât à des sources vives ouvrant aux hommes les voies de l'idéal, il a fallu le renouvellement des principales bases de la civilisation la plus vieille que nous connaissons, après que celle-ci, en Égypte et en Chaldéo-Assyrie, eut partout poussé à fond les conséquences exagérées de ses points de départ.

C'est ainsi qu'un abîme ne s'est creusé insensible-

ment entre le génie de l'Orient et le tempérament occidental, que parce que le premier, afin de marquer sa
place d'une façon indestructible, avait été conduit à
instituer d'abord le contraire de ce que visera plus tard
le second pour le plus grand avancement de l'humanité.

L'ensemble des faits exposés explique pourquoi, au
temps que nous avons rappelé naguère, l'heure était
solennelle, car le monde aurait pu prendre alors
une direction tout à fait opposée à celle qu'il a prise
jusqu'à nous. Une cité comme Athènes, avec son
cortège de génies, ne se refait pas. Or, ce qui était en
question, n'est-ce pas précisément cette civilisation originale de l'Hellade, dont les racines poussaient déjà
avec vigueur et qui fut bientôt appelée à donner son diapason à l'Europe. Il se présentait alors un terrible dilemme. Vaincus, les Grecs étaient à la veille soit de se
disperser et de disparaître, soit encore d'être entraînés
au courant supérieur oriental. Des conséquences irré-
vocables se cachaient donc derrière les guerres Médiques.
Considérée de notre temps cette lutte n'a rien encore
perdu de ses proportions épiques, pour quiconque
reste préoccupé de l'avenir de l'esprit humain.

Malgré le remarquable agencement sorti de l'esprit
scientifique, tout un mécanisme antique, qui avait subsisté si longtemps en Orient, restait déjà à renouveler.
Frappé d'arrêt de développement, il ne pouvait permettre un nouveau départ de l'humanité précisément
parce qu'il contenait en lui des germes entravant sa croissance. Voyez ce qu'il a légué, c'est une constatation à
faire. Le bilan du vieil esprit scientifique asiatique
peut être encore établi de nos jours : 1° par ce qui est
sorti en Orient de cette assiette politique constituée par
la culture assyrienne; 2° par l'assiette intellectuelle

qu'a fournie la théosophie scientifique orientale, comme clarté de conception d'un Esprit public ; 3° par l'assiette morale, si l'on envisage ce qu'elle a fait de la dignité humaine. A lui seul l'examen de ces trois points resterait comme un verdict de l'histoire.

Commençons par la constitution des États.

M. de Hammer nous apprend qu'en Turquie les services publics faisaient complètement défaut il y a encore deux siècles. La justice n'y était pas payée ; pas de police, pas d'instruction publique. Il n'existait ni approvisionnements, ni conseil d'hygiène. Plus anciennement, en Asie, il n'en était pas autrement. Au temps de Tamerlan, Genghis Khan, le souverain, ses favoris et ses ministres ne s'occupaient guère du gouvernement que pour lever les tributs nécessaires à l'entretien des armées, condition de leur puissance. Si dans l'antiquité nous descendons en Perse et en Assyrie, l'argent allait dans les coffres du roi et des satrapes, afin de pourvoir aux armées et aux plaisirs des grands. La conquête en permanence était là une question économique, car la prospérité de l'État consistait à toujours avoir une province nouvelle à pressurer.

Passons maintenant à l'assiette intellectuelle.

M. Berthelot, dans une suite d'études remarquables sur l'histoire de l'alchimie et des sciences occultes, a montré la série de mensonges grossiers dont l'esprit oriental a été la dupe, faute de posséder cet instinct critique naturel au Grec. Le plus simple procédé même industriel prenait parfois les proportions d'un secret d'où dépendait l'avenir du monde, s'il tombait en des mains profanes. Les prêtres d'Égypte, si exacts d'ordinaire, ne renouvelaient cependant pas leurs renseignements,

La science orientale se contentait depuis un temps im-
mémorial de résultats même incomplets pour affirmer
des faits merveilleux. Superstitieuse aussi, également
fataliste, la science musulmane, dit M. Maury, est absolument dépourvue du caractère permanent d'investiga-
tion et de contrôle. A côté de renseignements d'une valeur inappréciable, vous êtes forcé de faire la part de
prétendus prodiges, de fables inventées avec un sérieux imperturbable.

Pour terminer, examinons ce qui a été fait de la dignité humaine.

Le moule religioso-scientifique représente la permanence d'un enseignement supérieur restant confiné
dans les sommets. Il a fallu compter alors toutefois
avec les invasions et les guerres, vrais torrents humains
bouleversant périodiquement l'assiette orientale, aboutissant à la conquête de l'hégémonie par une race humaine qui en remplaçait une autre. Il a fallu faire la
part de ces éclipses totales de lumières, celle de l'Islamisme notamment, malgré ses débuts si brillants. Ce
compte fait, il est concluant après tout de constater ce
que ce cadre asiatique a réussi à faire de l'individu
façonné par son milieu : un être prosterné devant le
souverain et devant son caprice divinisé comme lui.

« Quand même il l'aurait possédée, il perdra bien-
« tôt la notion précise, cessant de distinguer l'arbi-
« traire du juste, dès que l'arbitraire lui viendra d'un
« supérieur. Partout, même en Chine, un niveau qui
« s'impose, abaissement moral, fétichisme, eunuques,
« harems, et, pour brocher sur le tout, arrêt de déve-
« loppement [1]. » Il y a là des choses restées en route et

1. Alfred Maury, Notes de cours, 1887-1888.

des cases du cerveau qui ne sont pas ouvertes, parce que les maîtres de l'esprit ne purent pas d'abord aller plus loin, — parce que, plus tard, ils ont eu des raisons pour ne pas dépasser l'ancien niveau.

CHAPITRE V

LA NAISSANCE ET LA FORMATION D'UN ESPRIT CLASSIQUE.
LES GRECS

I

Après les empires d'Orient, nous voici dans l'Occicent primitif devant la cité antique des Grecs. Voyons son mécanisme, c'est-à-dire la patrie première, la famille, la parenté par le culte de famille. Qu'est-ce que le mot peuple? Quelle est l'origine de la démocratie? Arrêtons-nous devant les phases qu'a parcourues le mot liberté?

Il y a une morale antérieure à ce qui se nomme culture humaine. Le courant de principes naturels, trop souvent en conflit avec les instructions des hommes et qui nous a conduits jusqu'ici, en est la preuve.

Le bien n'est pas toujours sorti de la civilisation qui a ses lacunes comme ses hypocrisies. A des temps immémoriaux, la morale étroite mais haute du nomade lance dans la Bible son anathème contre Sodome et Gomorrhe, les villes maudites. Les prophètes menacent Babylone la corrompue et prédisent la ruine de Ninive. Les poètes, les géographes, les historiens gréco-latins ont conservé à la postérité le souvenir d'hommes vertueux et

justes sans avoir dépassé un niveau primitif qui n'est pas
la civilisation. C'est la vie patriarcale primordiale qui
continue toujours avec ses qualités comme avec ses
lacunes. Diodore raconte les luttes sanglantes des
Thraces contre Bacchus, dont le culte et les rites licen-
cieux menacent de pervertir leurs femmes. S'être fait
initier aux mystères d'une de ces sombres religions de
l'Asie Mineure devient une cause de déchéance, d'expul-
sion, pour un roi scythe. C'est ce que nous apprend
Hérodote. Ainsi, il n'y a pas là un décor démodé, une
tradition parasite à rejeter avec dédain. Les traits
principaux du tableau si longtemps familier d'une innocence primitive n'appartiennent pas au domaine de la
fiction.

Un antique esprit patriarcal lié à la vie pastorale avait
conservé une discipline nécessaire. Il était déjà capable
de maintenir les hommes. Les Grecs sont certainement
dès l'origine un de ces traits d'union entre l'état patriarcal primitif et celui, plus perfectionné, qui a conduit
les peuples à l'existence civilisée en dehors de l'action
de la science sacerdotale. M. Renan a dit avec raison :
« La Grèce a valu par la flûte et les bergers... » La fiction
d'Hésiode consacre ce souvenir en faisant du poète un
berger du mont Hymette inspiré par les Muses.

La Grèce a cela de bon, du reste, qu'elle présente un
passé fort divers. Il y a les souvenirs pélasgiques de
navigateurs marchands et pirates au tempérament aventureux, expliquant le voyage des Argonautes à la recherche de la Toison d'or. Il y a l'autre passé pélasgique
des Ioniens d'Athènes. On oublie d'autant moins les
Ioniens chassés par l'invasion dorienne, qu'en Asie
Mineure c'est par Milet l'Ionienne avec 300 colonies,
ses flottes marchandes, ses sages et ses savants, que s'est

fait en réalité le premier départ de la civilisation hellénique dégagée du cycle homérique.

A raison de sa configuration géographique, la Grèce est toujours demeurée un des passages naturels conduisant d'Orient en Occident. Ce fut même le théâtre d'un constant va-et-vient jusqu'aux Doriens. On sait qu'il est difficile de parler des Pélasges et des Achéens sans discuter en même temps les origines des populations ioniennes. En revanche, il est possible de mettre en relief la formation dorienne même en passant à la Péninsule italique, puisqu'à l'époque de leur invasion un vrai remous de populations émigrées de l'Hellade s'est dirigé de ce côté. Le monde gréco-latin a donc des points de contact à des temps fort reculés. On est amené de plus à toucher à la question si obscure des Tyrrhènes, Turrènes et Étrusques, dès qu'on veut analyser les populations italiotes et le fonds primitif d'où le monde latin est sorti.

Nous avons vu déjà comment l'invasion dorienne abaissa le niveau civilisé de l'Hellade, mais lui donna cette cohésion qui permit plus tard de vaincre aux guerres Médiques.

Par le vieux sanctuaire de Dodone, 'on remonte au passé le plus antique de l'Hellade avec son mystérieux oracle et ses prêtres aux pieds nus. Delphes plus récent rappelle la ligue amphictyonique. C'était en outre la grande banque de dépôts de la Grèce, le bureau de renseignements géographiques et économiques les plus complets pour la colonisation, cette grande affaire des Grecs.

C'est là qu'on s'inscrivait généralement pour des affiliations à des cultes nationaux rattachant les colonies à la mère patrie. Olympie, cet autre centre avec ses jeux olympiques, montre la place qu'ils occupent dans l'esprit, dans les mœurs comme dans la chronologie hellénique.

Si vous voulez maintenant pénétrer plus avant dans l'histoire, il faut ouvrir le livre de Fustel de Coulanges et commenter sa « Cité Antique ». Analysons les organismes de la cité en les prenant l'un après l'autre.

La patrie première, c'était le coin de terre, l'enclos primitif de la famille avec son tombeau et son foyer [1]; avec son autel où brille le feu sacré [2], le siège en un mot du culte des ancêtres pour la famille, où l'homme chargé de perpétuer le culte ne peut demeurer dans le célibat.

La religion domestique défendait à deux familles de se fondre entre elles, mais il devint possible que plusieurs familles s'unissent en phratries chez les Grecs, en curies chez les Romains, pour la célébration d'un culte commun. Les phratries et les curies se groupant à leur tour forment les tribus; de l'association des tribus naquit « la cité [3] ».

La cité était la grande phratrie avec son prytanée et ses héros, son enceinte consacrée; avec son territoire marqué par la religion, c'est-à-dire par la borne consacrée.

Le père de famille est pontife et roi comme dans la vie patriarcale primitive. Dans la cité, lorsqu'il est eupatride, il cumule ces deux pouvoirs ; ce qui, en se scindant, s'appelle aux temps modernes l'Église et l'État. Il a tiré sa puissance de la religion domestique dont il perpétue les rites. La propriété repose sur sa tête. Il re-

1. Fustel de Coulanges, *Cité Antique*, p. 280.
2. *Ibid.*, p. 21.
3. *Ibid.*, pp., 130 à 513.

connaît ou renie l'enfant à sa naissance. Il répudie sa femme, seul il marie sa fille ou émancipe son fils, et adopte un étranger pour un fils. Il désigne en mourant un tuteur pour sa femme et ses enfants [1].

Dans la cité grecque, l'archonte ; à Rome, le pontife, seuls connaissent du divorce, des successions, des testaments. La médecine, le droit et les autres branches de l'organisation intellectuelle et sociale avant les révolutions plus tard survenues gardent un aspect religieux. Cependant, il n'y a pas de classes sacerdotales proprement dites, ni chez les Grecs, ni chez les Romains. Avec sa double autorité religieuse et civile, le gouvernement des eupatrides, malgré cela, était plus immédiat, plus étroit que la féodalité. Au moyen-âge, le seigneur féodal défendait la terre du laboureur, son tenancier, son « recommandé », parce que le sol lui appartenait en propre, tandis que l'eupatride défendait ce champ, parce qu'il était en outre uni à lui par la borne inviolable et sacrée.

Fustel de Coulanges relevant les bizarres iniquités de l'ancien droit privé chez les Grecs, qui règle la parenté par la religion, avant les liens consanguins, — fait toucher du doigt des révolutions évidentes dans le principe d'association des hommes.

Fondée sur le culte de famille primitif, l'institution de la famille est du moins restée inviolable. Elle n'est pas devenue le théâtre de déviations arbitraires pour causes politiques, à la suite du « commandement divin » des classes sacerdotales. Faut-il voir la suite d'un mouvement général de réaction contre l'idée gynocratique égyptienne qui fait hériter du trône, non le fils du

1. Fustel de Coulanges, *Cité Antique*, p. 99.

roi, mais le fils de la sœur, — lorsque le fils du père
devient chez les Grecs plus proche parent par la religion avec un simple allié qu'avec son cousin germain
fils de sa tante? Est-ce dans un même sens la répercussion lointaine d'un code qui semble une revanche
du matriarcat en Chaldéo-Assyrie, — lorsque la loi en
Grèce ne permet pas à la fille d'hériter de son père ? Il
y a là une façon nouvelle du moins d'envisager la parenté autrement que ne le prétendent nos anthropolo-
gistes, car ceux-ci n'ont pas toujours suffisamment in-
errogé l'histoire. Mais la preuve que, tout en introduisant dans la vie civilisée le principe de la vie patriarcale, les Grecs s'acheminaient déjà vers ce qui sera la
amille moderne, c'est que le code religieux, associant
a femme au culte de l'ancêtre, rend la monogamie nécessaire. Il a consacré l'influence de la compagne de
l'homme, de la mère de ses enfants. De plus, pour accorder la religion avec les intérêts d'une fille unique, le
droit grec, sans lui permettre d'hériter, avait prononcé
que si elle donnait un fils, le culte et l'héritage se
transmettaient par elle.

C'est donc de la famille telle que nous l'avons trouvée ici constituée qu'est sortie la cité antique. Voyons
maintenant comment de la famille a pu surgir ce que
les historiens grecs appelleront plus tard le peuple
athénen, et comment le développement de cet organisme nouveau a enfanté la démocratie.

Nous savons ce qu'est le mot primitif de « patrie »
pour les anciens Grecs, c'est-à-dire la terre mesurée par
la borne sacrée, idée qui ira sans cesse grandissant. Nous
allons connaître de plus les phases de ce grand mot de
liberté, qui se développe avec la patrie, mais qui
comme elle a commencé avec la cité pour seul horizon,

car vu l'absence de droit international, l'étranger, le voisin même c'est l'ennemi (hostis).

Il n'y avait pas, à proprement dire, de peuple athénien sous Thésée, la cité étant née de la confédération des tribus comme les tribus sortaient de la confédération des familles. Le fils aîné succédait seul au père comme eupatride, c'est-à-dire pontife et roi. Les frères restaient à son égard ce qu'il avait été à l'égard du père. De génération en génération, il n'y avait qu'un chef de famille.

Solon affranchit la terre de la « borne sacrée » et désormais le « populus », le peuple, se recrute par les familles de cadets, — détachées de la famille de l'aîné, par les familles de serviteurs, — détachées de celles de leurs maîtres. Déjà ainsi ont disparu des lois, qui, cessant d'être religieuses, inaugurent un code civil et la loi de l'homme édictée pour l'homme.

Le peuple athénien avec Callisthènes, un patricien qui renia le patriciat qui l'avait méconnu, cesse de représenter une plèbe confuse. Il compte des riches, des soldats, des prêtres ; contre l'aristocratie partout menacée du reste, le peuple trouvera donc des chefs. Aussi la base de la cité change. La religion est remplacée par la « chose publique », Respublica. — Tout citoyen va devenir égal devant la loi. La démocratie, qui s'est fortifiée, qui s'est même illustrée dans le grand effort des guerres Médiques, va tout envahir. Des guerres Médiques à la guerre du Péloponèse, voilà l'ère héroïque de la démocratie. Après cela, elle refusera le service militaire.

Depuis la chute de l'aristocratie, il est seulement resté quelques familles d'eupatrides auxquelles sont confiés des cultes spéciaux. Mais, comme nous l'avons observé, il n'y a là aucune analogie avec une caste sacerdotale savante, telles que nous les offre l'Orient.

Il n'est plus question aujourd'hui de la « liberté permise par les dieux » contemporaine de la période où la religion était tout. Nous sommes déjà même fort avancé, dans cette phase qui ignorait encore la « liberté individuelle », et où, songeant encore beaucoup plus à la gloire qu'à l'intérêt, tout citoyen se contentait de la « liberté octroyée par la cité », bien que celle-ci demandât à chacun de ses enfants et sans nulle réserve la soumission absolue. Il faudra cependant attendre non seulement jusqu'aux Cyniques, mais à Zénon, mais à Épicure, la complète évolution de l'idée de « liberté suivant les hommes ». Autrement dit, la notion d'une liberté « individuelle » ne commence qu'alors à être définitivement perçue par le Grec ; — nous verrons même à quel prix.

Vous suivez ainsi la vie et la transformation de certains mots qui nous dirigent souverainement. Nous les voyons passer par leurs phases de croissance et de complet aboutissement, parce que dans la cité se concentrent là-dessus les aspirations de tous, les luttes de tous les temps, les réformes ou les attaques du présent contre le passé, sans que la forme primitive ait jamais, en apparence du moins, été tout à fait répudiée.

II

La vie grecque, sa culture intensive contrastent avec la société orientale cultivée seulement par les sommets.

Il était nécessaire pour l'intelligence de notre thèse, où les Grecs jouent un si grand rôle, d'avoir la complète

perception du mécanisme de la cité hellénique analysé
dans ses organismes dignes de fixer l'attention. Cherchons maintenant quels développements furent réalisés
par la cité dans le domaine intellectuel.

Ce domaine nous intéresse à bien des titres, mais ce
qui domine le sujet, c'est le contraste qui s'y remarque
de bonne heure avec l'Orient, où la science est à la base
de tout. En Grèce, au contraire, avant tout développement scientifique, il faut s'arrêter au vrai « substratum » de l'existence hellénique, dont le fonds moral
s'est insensiblement accru par suite de son air ambiant.

Les généalogies, les tholdoth se retrouvent là
comme en Orient, se gravant dans la mémoire par leur
forme rythmée. Tels également les chants sacrés
comme la plupart des manifestations de l'esprit, qui
gardent longtemps la même forme, la prose n'étant que
relativement récente. Mais un caractère spécial à la
Grèce, c'est que les aèdes et les chanteurs, les poètes
depuis Homère et les Cycliques, depuis Hésiode, Pin-
dare, Eschyle jusqu'à Sophocle et Euripide, ont concentré leur intelligence sur un sujet vraiment jugé
digne de l'absorber : la famille grecque, les fortunes,
les gloires, les malheurs des ancêtres de l'Hellade,
plus grands, plus beaux que les autres hommes.
L'esprit hellénique s'est ouvert ainsi à un idéal primitif qui porta ses fruits dans le cœur de tous. Pro-
méthée, Œdipe, les Atrides, victimes glorieuses du
destin, éloquents témoins du passé, ne forment pas
seulement le thème à d'immortelles plaidoiries protestant contre la fatalité antique en faveur de l'âme et
du libre arbitre, cette profession de foi poétique et
religieuse à la fois s'affirmera dans la philosophie
grecque par les plus beaux développements.

La vie générale se constituerait ainsi dans un milieu essentiellement différent dès qu'on envisage l'Orient. Que l'on se reporte à Charondas édictant à Sybaris, 608 ans avant notre ère, l'instruction obligatoire, on sentira le contraste que marque une telle direction avec les collèges formés des classes sacerdotales savantes, avec leur enseignement limité aux seuls initiés. Pour comprendre qu'il se forme un niveau supérieur à ce qui jusque-là pouvait exister, il faut suivre le mouvement de pensées relevées provoqué par des génies tels que Pythagore, dont la légende se fait alors pour se renouveler plus tard. Cette idée viendrait rien qu'en s'arrêtant à la double signification du mot « sage » qui exprime en même temps « sagesse et science », résumant ainsi une profonde révolution dans l'entendement et la société helléniques. Rien d'intéressant à expliquer comme l'essor de ces cités, où se développent tant d'éléments divers, ruches laborieuses qui pratiquent l'enseignement mutuel et s'inquiètent de tout. On se met au courant des choses du dehors par les voyages que les marchands grecs entreprennent, non seulement avec la préoccupation des intérêts matériels, mais animés de cet esprit particulier apprenant pour renseigner les autres après s'être renseigné lui-même. Que d'occasions du reste d'informations, rien que par l'intercourse journalier de la navigation établie entre les colonies et les métropoles de la Grèce ! De là cette ouverture d'esprit singulière par l'horizon intellectuel qui s'est élargi progressivement et incessamment éclairé. On rencontre là les vrais prétextes à cette vie en plein air de l'agora pour prendre une direction mieux informée qu'ailleurs. On trouve naturels ces avis publics d'hygiène et de morale ex-

posés aux yeux de tous sur les murs des temples et
des monuments. L'éloquence se développe presque
sans efforts par les plaidoiries publiques, judiciaires, et
les luttes politiques où s'agite non seulement le gouvernement, mais le sort de la cité. On s'étonne moins,
après cela, de voir les discussions s'instituant sur les
sujets les plus élevés tels que la vie d'outre-tombe.
Rien ne justifie mieux la coutume de plus en plus
générale de ces initiations aux mystères où l'on ap-
profondit les choses sacrées que la loi contre le sacrilège
avait défendu d'agiter. C'est bien là, en effet, la terre
privilégiée où la philosophie avait grandi et devait
s'épanouir mieux qu'ailleurs, réglée par un esprit classique dont chacune des expressions, à commencer par
l'art grec, doit fixer notre attention.

III

Ce qui précède n'est encore que l'analyse des circonstances ayant présidé au développement du mécanisme intellectuel hellénique. Mais nous voulons pénétrer plus avant dans le sujet. Et qui nous le montrera
mieux que cette chose tangible, qui ravit encore aujourd'hui les yeux : l'art grec ! Nous n'y chercherons
du reste que des règles précises, vrai moyen de mensuration de l'esprit grec, dont nous poursuivrons ensuite l'évolution. Nous cherchons ainsi la manifestation
extérieure avant d'arriver à « l'homme intérieur ».

L'art oriental, mystérieux, désordonné, monstrueux,
entravé par son canon sacré, par les systèmes scientifiques de ses théogonies, est loin de nous. A l'opposé, —

fait à mettre avant tout en relief, car c'est une marque spéciale du génie des Grecs, — leur art résume un double caractère « d'entraînage physique et moral » développé par toute une race. Autrement dit : le culte plastique et l'idéal du beau par l'expression parfaite du nu, un état antipathique à l'Orient, puisque chez les Perses la nudité était un opprobre. A l'opposé, c'est l'élevage en plein air, le perfectionnement des formes par les exercices physiques, qui mit des corps robustes au service de vigoureux esprits; « mens sana in corpore sano ». Pourquoi les habitudes du palestre et du gymnase, si sensibles dans la sculpture grecque, habitudes exclusivement helléniques, ont-elles abouti au sentiment du rythme et de la beauté achevée? C'est que chez ce peuple, où l'on pourrait croire que tout était sacrifié à l'idée, les vainqueurs aux yeux gymniques ne représentaient pas cependant le triomphe de la force brutale, mais bien le triomphe de la forme [1].

Or, qu'est-ce qui a constitué en tout et partout l'originalité des Grecs? C'est le sentiment inné et jusquelà inconnu au monde de la forme précise des idées. Voilà pourquoi un lutteur pouvait illustrer sa cité autant qu'un historien ou un grand poète. Les athlètes qui triomphaient alors fournirent en outre à la statuaire ses modèles les plus achevés.

Il suffirait de suivre l'art grec pas à pas dans son histoire, pour voir comment il arrive à des types d'une éternelle perfection de prendre par exemple la sculpture grecque avant qu'elle ait formulé son canon pour signaler chaque étape par laquelle celui-ci s'est formé.

1. M. Collignon, M. Boucher-Leclerc, bien que traitant des matières différentes, ont mis en relief cette idée dans leurs cours à la Sorbonne.

Mais aussi ces gens-là travaillent pour la gloire ; pour une simple couronne de lauriers, ce qui intriguait fort Xerxès et lui faisait demander ce que cela pouvait rapporter [1]. Qu'importait en effet la gloire à un Oriental, qu'eût-elle auparavant représenté pour un prêtre chaldéen, qui ne voyait pas lui, mais sa caste, laquelle méprisait les foules ? M. Georges Perrot a dit à propos de l'art : « A-t-on jamais connu les architectes non de la tour de Babel, mais ceux des Pyramides, même celui du temple de Salomon ? » Il y aurait à s'étendre sur cette échelle de gradation des mobiles de l'humanité. A l'opposé, les Grecs ont cru à la gloire immortelle. Pour elle ils ont travaillé sans relâche, et cette civilisation a trouvé dans ses grands hommes une des raisons de sa supériorité sur l'autre.

Ainsi s'est constituée la conspiration de tous vers ce but souverain : le progrès vers le beau. Ici l'art grec sera encore notre guide, car avec lui nous remonterons très haut. Contemplez déjà les artistes. Des procédés venus de Crète, de Chypre, de Samos et de l'Asie Mineure, après avoir marqué leur place à Argos, à Sycione, à Corinthe, peu à peu disparaîtront. Dans le Péloponèse comme en Attique, la pensée grecque ne tardera pas à s'incarner, se vivifier. Dans toute la Grèce en un mot, à travers les tâtonnements et les essais sans nombre, il vous sera possible de discerner les phases qui se succèdent et s'enchaînent. Tout le monde se dirige vers le même but. Les artistes étudient la nature pour y surprendre son harmonie et sa clarté.

Au lieu de voir dans les détails luxuriants une richesse, ils y ont découvert l'indigence du goût. Leur

---

1. Hérodote.

vraie grandeur, ils l'ont puisée dans la sobriété du style et la sélection des formes. L'art grec devient à la fois précis et moral. Laisse-t-il bientôt le sentiment de l'idéal il relèvera du même ordre d'idées par lequel, encore aujourd'hui, une tragédie grecque vous laisse son impression recueillie et grandiose.

Les appendices étranges, les formes tronquées en ont de bonne heure disparu. Le monstrueux, cet écueil perpétuel de l'Orient, lui a au contraire préparé des triomphes. La Gorgone est encore un monstre, mais qui provoque uniquement la terreur par la grandeur implacable du caractère de sa beauté [1].

« Regardez cette harmonieuse conception du centaure grec, » vous dira M. Georges Perrot, lequel relevant de nos jours la synthèse a le premier professé en France une histoire générale de l'Art: « Pour le juger, « vous n'avez qu'à le mettre en face de cet informe com-« posé de l'art oriental : le centaure ilittite ou phéni-« cien, auquel on s'est contenté de joindre la croupe et « les jambes de derrière d'un animal. » C'est ainsi que le génie grec a su tout ennoblir. L'embryon, la chrysalide de ce type exquis de la statuaire grecque, la Vénus de Praxitèle, pourrait être retrouvé dans les lascives figures que restituent de temps en temps les fouilles en Phénicie, en Asie Mineure, « ces Astartés aux fortes han-« ches, au bassin exagéré, tantôt un doigt provocateur « sur le sein, tantôt montrant avec orgueil leur ventre « qui porta les hommes et les dieux [2] ».

Rien ne peindra mieux la différence des deux esthétiques, l'une brutale, étalant devant les yeux la femelle

1. Georges Perrot, Notes de ses cours à la Sorbonne.
2. *Ibid.*

impudique de l'homme, un animal de luxe un peu au-
dessus du cheval, l'autre idéalisant la femme d'Occident
et la montrant, comme dit M. Perrot, « enveloppée dans
« sa chaste et divine beauté ».

Avant de clore ce résumé de l'art grec en le marquant
par son plus frappant caractère, « l'Anthropomorphisme
idéal, » tirons les vraies conclusions de l'ordre d'idées
duquel il procède. Resté jusqu'à nos jours sensible pour
tous, mieux que tout autre il est propre à faire comprendre quelles habitudes de clarté, de précision, cette
éducation par les yeux impose insensiblement aux
esprits, si bien que partout on élague comme superflu
tout détail créant la confusion. Un apostolat, une prédication du beau, du vrai, tangibles pour tous, s'insti-
tua ainsi sans efforts. Quel contraste par cela même avec
l'essence du génie asiatique enseveli dans l'épouvante
de l'occulte et du prodige mystérieux. Voilà, étudiée jusque dans le principe de l'art, une des sources certaines
de ces modifications si profondes, de ces divergences
continuelles dans les mœurs comme dans les esprits en
Orient et en Occident. Vous savez de suite ainsi pourquoi, sous le serpent de Minerve, un Athénien voyait la
sagesse, tandis qu'un Babylonien, dans le sanctuaire
d'Éa, en face du serpent qui représente Éa, demeurait
terrifié, aplati devant un monstre [1].

C'est par la clarté que l'esprit en Grèce s'est élevé aux
régions sereines de l'intelligence, de même que par la
beauté l'âme hellénique a compris le divin. Quelle meilleure justification du sentiment d'un Être suprême que
celui provoqué par le Jupiter de Phidias, sentiment
non seulement resté durable pour les Grecs, mais dont

---

1. Alfred Maury, Notes de cours au collège de France.

l'époque romaine nous a conservé la mémoire[1]. N'est-ce pas compléter ce développement sur l'art que d'invoquer un des exemples hors pair de la nature conduite à sa plus admirable perfection anthropomorphique, et rapprochant alors l'homme le plus près possible de la divinité : c'est la forme païenne. Le christianisme fera mieux, mais notez déjà la vraie marque de l'esprit grec. S'il intervient toujours, ce n'est pas lui du moins qui lancera l'intelligence dans les espaces où la pensée de l'homme se perd et évapore sa forme tangible, comme dans le Transcendantalisme oriental. L'art nous a beaucoup dit déjà sur le développement de l'esprit grec, mais il nous reste d'autres aspects à contempler encore. Nous avons un programme à remplir. Il faut marquer l'antinomie de deux terrains bien tranchés, indiquer de plus en plus nettement quel contraste persistera entre ce milieu oriental cultivé seulement par le sommet, nourrissant les foules de superstitions et de croyances enfantines, et cette culture intensive des cités helléniques peu à peu s'affranchissant des superstitions et rehaussant toujours ses croyances. Et ce contraste vient surtout de ce que, en Grèce, on trouve à la base de toute chose un substratum qui n'est pas la science, mais une morale primordiale.

IV

Voilà pourquoi il importe d'étudier en Grèce la place qu'occupe l'idée pure dans les développements de l'esprit classique.

1. Collignon, la Sculpture grecque. Notes de cours à la Sorbonne.

Nous sommes en train d'établir les vraies origines du caractère occidental qui nous a tous formés, d'expliquer pour quelle raison cette originalité, ce degré de perfectionnement, en même temps que ce ressort dès qu'il faut argumenter, c'est la correction classique qui le maintient encore à la tête de la société européenne. Ses formules ne sont pas sorties des masses profondes. Un tel esprit n'a pu germer d'abord que dans des sociétés restreintes, mais ouvertes à la libre discussion. Comment s'est-il si merveilleusement affirmé? Par des instruments de précision. Nous avons déjà analysé l'un de ses admirables outils, l'art grec, qui a fait son éducation par les yeux. Étudions maintenant sa morale.

Nous disions déjà ailleurs : la science fut conçue dans les entrailles de l'Orient sacerdotal, et c'est de lui qu'elle est sortie. Il y a, qui le niera? la grande conception du droit et du devoir dans la Bible. Dans la « confession négative » des prêtres des bords du Nil, dans les inscriptions d'Asoka dans l'Inde boudddhiste, il y a, extérieurement surtout, la notion morale avec ses beaux développements; mais où triomphe la morale chez les Grecs, c'est que, grâce à eux, elle semble, par une incarnation nouvelle, définitivement naître des entrailles de l'Occident. Les inscriptions d'Asoka, du IIIᵉ siècle avant notre ère retardent singulièrement sur le fameux axiome inscrit au temple de Delphes γνῶτι σεαυτον, depuis longtemps entré dans le cœur des Grecs, et dans la cité antique. C'est par tous sans exception que sont reçus les préceptes de morale, que leurs principes se dirigent, se condensent, se répercutent et se distribuent.

Vous assistez là au même travail qui s'est opéré pour le progrès de l'art, seulement ce n'est plus ici l'homme extérieur, c'est l'homme intérieur qui est travaillé et cette éducation sera d'autant plus intensive qu'elle deviendra populaire. Elle établira non seulement la communion des idées, mais l'émulation devant leur application. Elle remonte très haut. Sa préface, c'est la poésie grecque avec son caractère sacré. La théogonie d'Hésiode donne l'énoncé des lois morales. Dans la cité, toute connaissance apparaît pour porter sa semence et devenir fruit, — autrement dit, elle sera appliquée et mise en valeur. C'est ainsi que, du haut en bas dans la société, le Grec peu à peu analysera et les autres et lui-même. Il prendra non seulement conscience de l'action de la morale autour de lui, mais il raisonnera sa vie en y appliquant ces nouveaux moyens. Ainsi, chaque jour, l'individu a progressé dans la connaissance de soi-même. Il a perfectionné ainsi la notion primitive de ses droits comme de ses devoirs.

Tout Grec arriva donc de la sorte et presque naturellement à se persuader que, de même qu'il y a pour les corps une hygiène, il y a une hygiène pour l'esprit et pour l'âme. Dans les cités intelligentes de la Grèce, dans ces ruches laborieuses où chacun se serre les coudes et se communique de l'un à l'autre ce qu'il sait, le discute et l'améliore, on a fini par graver dans le cœur de chacun ce qui n'était ailleurs que dans certains cerveaux privilégiés, dans des livres fort peu répandus ou dans des inscriptions que la foule ne savait pas toujours lire. Voilà pourquoi ensuite le premier Grec venu figure un missionnaire pour la civilisation, en même temps qu'un juge clairvoyant de ce dont il est ailleurs le témoin.

Les hommes les plus religieux de l'Hellade, les Athéniens, ne sont pas mystiques. Veulent-ils exprimer une abstraction, il faut qu'elle soit intelligible à tous et conserve quelque chose de sa forme sensible. C'est cette clarté qui proscrit toute spéculation transcendante, que les Grecs ont léguée non seulement aux Romains, mais au christianisme occidental, et ceci nous ramène à leur façon d'envisager la nature, c'est-à-dire à ce courant naturel qu'ils ont développé autrement qu'on avait prétendu le faire avant eux dans la vie civilisée. D'autres ont pu conduire des « instincts innés » jusqu'à la forme de l'idée pure, mais ce qui les distingue, c'est qu'ils n'ont pas cessé de procéder d'après des faits tangibles et toujours vérifiables. Chez eux l'humanité s'élève graduellement, mais elle a conservé en tout temps l'équilibre de ses sens et son esprit critique. Marchant vers l'idéal, elle ne craint pas de s'égarer puisqu'elle ne perd jamais de vue la nature, ce livre ouvert à tous, ce cadre dans lequel, après chacun de ses efforts grandioses, il sera toujours permis à l'Occidental de se retremper.

Voilà pourquoi on peut affirmer sans crainte de contradiction que, les premiers en ce monde, les Grecs, ont senti battre plus près d'eux l'âme de la nature. Et si vous voulez regarder encore une fois en face le théâtre unique où tout cet ordre intellectuel de choses, où ces formules servant depuis lors de modèle à tous les hommes se sont développés normalement, naturellement, contemplez alors de nouveau avec nous la cité grecque.

V

Il convenait de marquer le côté pratique, raisonné, qui devait renforcer la morale dès qu'elle fut chez les Grecs en présence de la science.

La cité peut être considérée comme une vaste cuve où fermentent et se développent les idées, où une température de serre chaude conduit à maturité les plus rares fruits.

C'est dans la cité grecque et en l'honneur de la cité que s'est conçu et accompli tout ce qui pouvait ennoblir la forme matérielle ou intellectuelle, depuis le modèle exquis mais restreint du Parthénon, depuis les lois édictant les devoirs du citoyen jusqu'aux règles consacrant la discipline de l'esprit et imposant des formes au style comme à la parole, ne concevant pas, par exemple, l'historien autrement que doublé d'un moraliste et d'un philosophe.

C'est là que Phidias est venu s'inspirer auprès de Sophocle pour son Jupiter Olympien. Ne cherchez pas ailleurs le secret d'un progrès de lumières jusque-là sans exemple. Tout cela a éclos et s'est succédé dans la cité, arrivant si bien à point qu'on l'eût dit sans effort.

Celui qui étudie alors ce vieil organisme ne s'étonnera plus, en voyant combien de siècles il s'est continué avec son aspect d'autrefois. En dépit de tant de révolutions qui s'y sont succédé, un pieux souvenir a perpétué les mêmes traditions, les mêmes usages, les mêmes noms.

Bien mieux, reconnaissez désormais en ce cadre, l'obstacle pour les Grecs à des spéculations nuageuses, car là on ne perd jamais pied. Est-ce à dire que l'esprit hellénique, malgré la mesure qui caractérise ses grandes époques, n'ait pas connu les extrêmes, exagéré les systèmes scientifiques de l'Orient, lutté de panthéisme avec lui? Oui, mais en revanche, en dépit de son inquiétude de tout connaître, de tout discuter, de tout expliquer, un Grec, à mesure que son petit horizon a grandi, n'a pu cesser d'avoir cet horizon présent à la pensée. Pourquoi, après avoir, avec plus de hardiesse que l'Orient lui-même, abordé les problèmes cosmiques, pourquoi la philosophie grecque, au lieu de continuer à s'égarer dans les espaces, est-elle revenue sur la terre? C'est grâce au cadre de la cité, cette image en petit du monde dont Athènes fournit l'idée parfaite. Voilà le spectacle qui a hanté l'imagination de tous, qui n'a cessé de s'imposer comme thème, comme type d'un centre unique où tout converge, manifestations de l'intelligence, art, science, politique, poètes, peintres, sculpteurs, philosophes, orateurs, hommes d'état. N'était-ce pas là que devait se déchirer le voile qui avait obscurci la pensée antique? N'est-ce pas à Athènes, dans la Grèce de la Grèce, suivant la belle expression de Thucydide, là où se résolvaient les problèmes de la vie sociale, de la vie intellectuelle de tous?

Déjà, ainsi que le raconte Aristote, Anaxagore, parlant aux Athéniens d'une raison souveraine cause de l'harmonie universelle, semblait avoir rappelé des aveugles à la lumière, mais Anaxagore était lui-même flottant, influencé par les théories de la science qui avaient porté le trouble dans l'esprit hellénique.

Or ce fut alors par un Athénien qui tenait à ne pas être appelé « scientifique » que la science, après avoir quitté l'homme pour aller sonder la voûte céleste, fut ramenée des espaces cosmiques vers la terre, vers la cité, pour y contempler non le citoyen, mais pour y découvrir l'homme dont il commençait à ne plus être assez question dans la science. Il s'agissait non seulement de l'homme extérieur, mais de son âme intermédiaire avec un Être suprême.

C'est une phase mémorable; les Grecs ont ressenti alors un besoin invincible de connaître les grands problèmes, mais ce qui a triomphé de la science, c'est la

préoccupation plus invincible encore chez ces hommes,
si bien renseignés sur l'hygiène morale, de faire accorder de tels problèmes avec la conscience humaine.
Voilà comment l'idée pure a eu raison des théories scientifiques.

Désormais la célèbre maxime γνωτι σεαυτον « con-
nais-toi toi-même » avait par la philosophie reçu sa
consécration. Par elle Socrate avait connu et enseigné
son Dieu. Athènes au siècle de Périclès, Anaxagore,
enfin Socrate, ne signalent-ils pas dans l'antiquité que
dès lors on peut appeler « classique » une poussée
intellectuelle d'une importance incalculable pour l'avancement de l'entendement humain? Et cependant, si le
vieux fonds spiritualiste n'eût pas été déjà fortifié par
ce qui demeurera une éducation classique, le génie grec
n'avait-il pas au contraire un instant risqué de s'éclipser alors ?

A l'opposé commença dès lors une évolution unique
de Socrate à Platon, de Platon à Aristote, d'Aristote aux
Cyniques, à Zénon, à Épicure. Une fois arrivé à ce dernier,
l'individualisme sera définitivement créé, mais une
merveilleuse machine, un édifice fortifié par des dé-
fenses si nombreuses, si compliquées, sera ébranlé jusque
dans ses racines.

Tout en gardant son vieil esprit, la cité avait pu
s'émietter, se désorganiser et peu à peu se décomposer
au souffle puissant des promoteurs des temps nouveaux;
mais avec Épicure, Athènes a perdu le principe qui l'a
fondée et toujours maintenue. Peut-il exister un culte
de famille après que la vie de l'homme n'ayant plus
de lendemain doit cesser de se tourner vers une âme
immortelle. Déjà du reste les Cyniques avaient nié le
mot « Patrie ». Zénon s'était écrié qu'il était citoyen du

monde, non de tel dême ou de telle cité. Il avait prêché l'abstention de ces antiques devoirs dus à la cité par tout citoyen.

Seulement, après Épicure, les dernières lois de l'esprit occidental étaient trouvées. Un code complet de règles pour l'entendement humain venait d'être édicté pendant la durée de cette incomparable évolution. Ne vous y trompez pas : le mouvement sorti de Socrate a même eu déjà son plein effet par Aristote. Comme un nouveau Solon, Aristote a fait mieux qu'affranchir la terre de la « Borne Sacrée », puisqu'il a le premier en partie affranchi l'esprit de ce perpétuel prodige qui restera toujours invoqué en Orient. S'il a arraché les dernières bandelettes hiératiques qui entravaient la science, si celle-ci désormais était distincte de la religion, évidemment il n'a pas absolument complété l'œuvre. Mais qui après lui, jusqu'à Galilée, Bacon, Descartes, à la fin du XVIᵉ siècle de notre ère et au commencement du XVIIᵉ, qui pourra se vanter d'avoir cherché avec plus de conviction sagace le grand problème de la nature agissant par des lois harmonieuses naturellement organisées ?

VI

Quel est l'esprit scientifique classique sorti de la Grèce ? Un tel problème doit être élucidé, car c'est une des bases de notre thèse.

Nous avons considéré d'abord chez les Grecs l'esprit occidental à ses origines pour ensuite mieux connaître tour à tour ses côtés artistiques, moraux et philosophiques. Si la science à un moment donné n'a pas tout envahi chez eux, c'est grâce au fonds solide de leur morale spiritualiste, qui est restée pour la postérité un modèle classique par excellence. L'homme intérieur n'a pas cessé d'être étudié, travaillé, autant que l'homme extérieur. C'est ainsi que la morale a pu être considérée comme presque inséparable de la science, d'Anaxagore aux Stoïciens. Tel est, sorti des Grecs, l'esprit scientifique classique d'Occident.

Nous savons ce qu'étaient les sciences en Orient par la définition aussi courte que complète qu'en a donnée M. Berthelot : — Un amas de sciences enchevêtrées, amalgamées par l'idée religieuse qui partout y préside, introduite dans la médecine, dans la pratique industrielle et jusque dans la plus simple opération scientifique. Sous une telle influence, la science était restée en Orient le résultat de recettes, de procédés empiriques d'observation.

Hippocrate, en Grèce, représente plutôt la science prise à la moderne ; Démocrite y ajoute la philosophie au caractère rationaliste. Aristote résume tout cela, puisque c'est lui qui séparant désormais la science de la religion a donné à chacune une vie propre et ses attributs différents. Le philosophe de Stagyre, pas plus que Démocrite ou Hippocrate, n'eût pu faire sortir de lui-même une évolution aussi considérable, car elle avait besoin d'être préparée par des méthodes d'observation qui n'existaient pas avant les Grecs ; mais comment celles-ci se sont-elles produites dans la science avec d'autres méthodes d'application pratique ? Par la nature même de l'esprit hellénique. Il a alors procédé comme il l'avait fait pour la morale et pour l'art ; il médita là-dessus et chercha les raisons d'être des sciences, leurs éléments distincts, leurs applications efficaces. Le Grec appliqua la science à tous, à la vie humaine, à commencer par sa propre existence. Ainsi Hippocrate le premier étudia sur le corps de l'homme les effets de l'alimentation, de l'habitat, du milieu dans lequel chaque individu se mouvait. Il a envisagé l'ensemble du corps humain pour diagnostiquer et guérir. Voilà le commencement historique du mouvement ascensionnel de la science grecque, dont les procédés ont été s'épurant, se précisant, jusqu'à ce qu'ils aient pris un caractère de certitude par Aristote. A partir d'Aristote un fonds solide de faits décrits, comparés, classés, a tracé aux sciences leur lit propre et leur route. Les théories peuvent désormais se modifier, le fait scientifique poursuit son développement, quand même l'orientation changerait, et la science s'enrichit chaque jour de nouvelles observations.

Le mouvement personnifié d'abord par Aristote, l'école d'Alexandrie le continue. Avant les Grecs, faisait entièrement défaut la perception nette de branches scientifiques séparées comme la chimie, comme la géographie, l'astronomie ou la géométrie. Après Aristote, Euclide n'a rien ajouté à la géométrie, mais la conception de l'astronomie comme science s'établit avec Hipparque, avec Ératosthènes. Aristote n'était pas assez géomètre pour mesurer mathématiquement les forces de la nature. Une grande place appartient en revanche aux travaux accomplis en Sicile par Archimède, qui est un des fondateurs de la mécanique physique, de même qu'Hipparque a réalisé une conception incontestable de la mécanique céleste.

L'honneur de la Grèce est d'avoir conçu la science reposant sur l'étude de faits séparés de la religion. La science ainsi s'est complétée et conduite à Ptolémée, qui nous fournit la date où elle a commencé à s'arrêter. Aussi bien nous voici à la fin des Antonins. Seule, la science juridique continua sa progression. Il est incontestable, par des juristes tels qu'Ulpien et Tribonien, dont la série a persisté jusqu'à Justinien, que cette branche de la science n'a subi aucune éclipse. Autre chose est de la science en général et des Néo-Platoniciens, qui ont fait marcher la philosophie avec les sciences occultes et sont retournés en Orient.

Nous avons déjà abordé le grand problème de l'esprit scientifique dans notre introduction. L'horizon scientifique ouvert par Aristote ne s'est élargi, grâce aux travaux des savants Alexandrins, que parce que la science et la religion avaient désormais chacune leur domaine distinct. De même qu'on ne demandera pas aujourd'hui quelle est la religion d'un Darwin, d'un Newton, de même, à partir de cette époque, on n'a plus à s'inquiéter de la morale d'un Ératosthènes, d'un Archimède ou d'un Hipparque. En revanche, ces grands hommes ont cessé dès lors d'être des éducateurs de peuples.

Autre chose est d'Aristote. A la fois philosophe, moraliste et savant, il est la référence universelle. Pourquoi trouve-t-on en Aristote l'autorité classique par excellence sur laquelle est resté de [tous temps ancré — et l'esprit général de l'Occident romain, et la raison chrétienne du moyen-âge tout entier. Pourquoi? C'est que le philosophe commentait aussi la science. C'est que, pour couronner son édifice scientifique, il montrait « le Droit, le Devoir, la Morale ».

Comme on vient de le voir, ce qui dans la formation d'un esprit classique doit donc être recherché chez les Grecs, c'est la période essentielle de croissance morale dans un cadre nettement défini et par une société d'élite. Mais ceci ne suffisait pas.

Nous allons maintenant passer à Rome, c'est-à-dire à la période essentielle de croissance physique et de solidité matérielle. L'esprit classique est définitivement établi à la fois sur l'idée pure, et sa pratique raisonnée par un cadre désormais robuste et s'élargissant indéfiniment. C'est là où de vastes sociétés seront progressivement introduites, non pas comme en Orient par la loi du prodige et par la violence exercée sur les âmes et les corps, mais par des lois naturelles et logiques qui devaient les façonner physiquement et moralement.

VII

Pour bien comprendre dès l'abord cette seconde évolution de l'esprit classique, il importe de suivre la loi de croissance dans les sociétés d'Occident, d'Athènes à Rome, de Rome à l'Empire romain.

Le cadre de la cité où tout s'est conçu, où tout a grandi, après avoir contribué à édicter les lois de l'esprit chez les Grecs, aboutit par le courant naturel à Rome à constituer définitivement les sociétés par la formation d'un empire qui procède d'après ses lois propres, suivant un esprit classique désormais bien établi.

Nous ne pouvions trop insister sur la formation d'un caractère par lequel s'est constitué un esprit occidental, puisque historiquement les Grecs, ces maîtres des Romains, représentent la vraie tête de ligne de toute civilisation classique en Occident. Mais ici il s'agit de distinguer désormais entre les Grecs et les Romains. L'histoire a coutume de mettre au rang des causes de la solidité d'un peuple sa géographie physique : peut-on dire que là-dedans réside la force des Grecs? Le nord de la Grèce est défendu par des montagnes à travers lesquelles un défilé donne passage. Au sud, à l'est, à l'ouest, elle est entourée par la mer, mais facilement abordable par une ceinture d'îles. C'est l'invasion dorienne par le nord qui l'a consolidée. Son état de morcellement, ses cités, ses confédérations rivales ont été chez elle un perpétuel obstacle à ce qui s'appellera plus tard la grande paix romaine.

En revanche, géographiquement, les Grecs furent sur le passage des peuples et des idées ; si cela les a empêchés de former un grand État, ce qu'ils perdaient de ce côté, ils l'ont du moins amplement regagné dans le domaine intellectuel, grâce à cet être moral qui s'appelle la cité. C'est dans ce cadre que s'est opéré leur développement normal et que réside leur assiette. S'étant trouvés au confluent de l'Orient et de l'Occident, par la nature spéciale de leur génie ils devinrent capables de donner une forme nouvelle à l'entendement humain.

Lorsque l'on voit la Grèce, après avoir reçu, digéré, condensé des idées de l'Orient, les répercuter, les distribuer ailleurs, même à l'Orient, sous une forme neuve, après la conquête d'Alexandre, on surprend le fonctionnement de lois naturelles régissant régulièrement désormais l'histoire du monde arraché à son passé hiératique. La Grèce était moins née pour créer la science que pour la perfectionner. Son sens droit et précis apparaît pour reviser les choses d'après les principes les plus élevés de la nature, que nul n'avait si bien connus avant les Grecs. Et si alors l'humanité fait un nouveau départ, c'est grâce au code des lois de l'esprit enfin formulé par eux.

Tandis qu'en Orient la science a présidé partout aux

sociétés, c'est au contraire l'idée pure avec sa morale qui restera en Occident le pivot autour duquel tout va tourner. C'est ce que l'histoire de la famille, de la cité en Grèce nous a permis de démontrer ici dès son origine. Et on peut affirmer que depuis le siècle de Périclès et de Socrate, depuis l'ère d'Auguste jusqu'à la fin du XVIIIe siècle et au commencement du XIXe, c'est de l'idée pure qu'en Europe sont sorties les grandes solutions, et non de la science.

Qui sait mieux cependant qu'un Français qu'il faut avec cela autre chose ? La meilleure preuve que l'idée pure ne suffit pas en ce monde, c'est le naufrage de la nationalité grecque. Elle a sombré en même temps que la cité antique de l'Hellade. Un admirable passé s'est comme évanoui au souffle d'idées nouvelles. Celles-ci seules ont subsisté parce qu'elles étaient désormais indispensables à l'avancement de l'humanité. Toutefois il était temps que les Romains arrivassent avec leur tempérament robuste et leur pratique esprit.

A Rome le cadre de la cité n'a pas gardé comme en Grèce ce caractère inhérent de sélection. L'esprit est plus rude, plus solide. Il ne s'est jamais préoccupé de théories spéculatives. Visant le positif, c'est moins la qualité que la quantité, que, dès l'origine surtout, il a cherché. La ville éternelle, au lieu de fermer ses portes aux nouveaux venus, a attiré au contraire tout le monde à elle. Ce principe fut fécond. Avant d'y étudier le résultat d'un synchronisme sans précédents, d'un fonctionnement aboutissant au maximum de rendement de ce mécanisme admirable, la cité, qui, après avoir vu naître les lois de l'esprit, servira de point de départ aux lois définitives des sociétés, — voyons comment la cité a pu naturellement être élevée jusqu'à l'absolu. Cette fois, en effet, ce ne sera plus elle, mais l'empire, qui la portera à sa limite idéale.

Que représente, en effet, l'empire des Césars, sinon Rome, la ville par excellence, servant de centre, de « nombril », au monde d'alors, à une agglomération indéfinie de cités de l'Europe, de l'Afrique, de l'Asie, reconnaissant son commandement unique ? La progression n'était là qu'un développement normal. La cité antique était sortie de l'agglomération indéfinie des tribus, lesquelles tribus étaient elles-mêmes sorties de l'agglomération des phratries, puis des familles, ce qui comme point de départ ramène à la famille, à la fois type primordial de l'humanité et en même temps contingent indispensable des cités et des empires.

Rien ne vient mieux nous renseigner sur une des grandes lois naturelles de l'histoire. Nous arrivons à reconnaître que toute formation historique, sociale et intellectuelle, a besoin pour bien aboutir d'avoir traversé dès le début les phases d'une croissance normale.

La loi de croissance est là si bien suivie dans les sociétés, d'Athènes à Rome, de Rome à l'Empire romain, que l'on serait tenté d'y trouver le secret des développements et de la dureté, de l'harmonie surtout, d'un tel ensemble.

Ce n'est pas tout. Où rencontrer une démonstration plus complète d'un courant naturel qu'en remontant à ses plus antiques origines, c'est-à-dire au cadre patriarcal primordial, pour le voir ensuite indéfiniment se développer et grandir ? Quel contraste avec le cadre illimité de la science en Orient, qui a depuis longtemps alors laissé l'homme en route.

Et cependant nous avons tout à l'heure montré pourquoi la formation gréco-romaine a dû être précédée par le courant supérieur oriental, seul capable de maîtriser, de discipliner le monde primitif. Si le moule religioso-scientifique initial n'avait pas tout préparé, tout inventé, le cadre gréco-romain n'aurait pu ni naître, ni se développer dans des conditions qui ont vraiment donné la naissance, puis un essor inconnu jusque-là, à la société et au génie occidental. Il y a donc un ensemble de lois historiques par lequel les gradations de l'intelligence et l'équilibre des lois des sociétés demeurent maintenus.

CHAPITRE VI

LE DÉVELOPPEMENT ET L'EXTENSION D'UN ESPRIT CLASSIQUE. LES ROMAINS

I

Qu'est-ce que l'esprit romain ?

L'esprit romain contraste avec celui des Grecs. Mais ce qui unit l'un à autre, c'est la précision et la clarté, cette essence de l'esprit classique. Si la science jusqu'au XIXᵉ siècle n'a jamais tenu entre ses mains les destinées de l'Occident, ne le doit-on pas beaucoup aux Grecs et aux Romains d'où l'esprit classique était sorti ?

L'Europe, l'Asie, l'Afrique, sont au pied de Rome, « la « ville éternelle, où trône leur vainqueur, César Au- « guste, cet Empereur annoncé par la Sybille, de la terre « souverain et ses successeurs après lui, aussi bien « que Jupiter est le souverain de l'Olympe [1] ».

Voilà le chœur chanté par quatre grands poètes du siècle d'Auguste, par Virgile et Horace, par Tibulle et Properce, dans des vers qui s'en vont à la conquête du monde et font tour à tour passer sous les yeux toutes les nations asservies.

1. F. Reinaud, Relations politiques et commerciales de l'Em- pire romain et l'Asie Orientale.

Jamais ne fut trouvée pour un empire une réclame immortelle comme celle-là. On s'étonne moins qu'avant d'éblouir le moyen-âge, son image ait abusé les Romains eux-mêmes ; désormais ce fut le langage poétique comme la croyance populaire, et les Barbares foulent déjà le sol romain que l'hymne à la grandeur de Rome n'en continue pas moins. S'il y a fiction, du reste, c'était la première fois que l'idée d'une monarchie universelle avait été poussée si loin et avec un tel esprit de suite. Quelle comparaison à faire entre l'Empire romain et ces civilisations si longtemps fermées d'Égypte et d'Assyrie ? Qu'était auprès de cela l'Empire des Perses, même l'Empire d'Alexandre, qui avait conçu le premier un plan de la domination du monde par les Grecs ? Plan avorté du reste, car la plus grande gloire des Grecs restera d'avoir été les maîtres de l'esprit. Ils en ont définitivement édicté les lois. En revanche, comme organisation sociale, ils laissèrent une tâche incomplète, parce que l'esprit à la fin usurpa une place illimitée chez eux. Tout, néanmoins, s'est fait en son temps et à son heure ; pour mener à fin l'œuvre occidentale inaugurée si brillamment, vous voyez se succéder alors l'Empire romain et son développement majestueux. Il arrive pour profiter des deux facteurs précédents, l'Orient et la Grèce. Les masses humaines qui d'abord avaient été conquises par l'intelligence de quelques-uns, furent dès lors initiées non seulement aux conquêtes des intelligences, mais aux progrès des institutions civiles.

A Rome, en effet, sauf les lacunes subsistant pour l'esclave, l'homme individuel est devenu l'objet désormais de lois solidement fondées et appliquées régulièrement. Celles-ci défendent sa propriété, sa dignité, aussi bien que sa liberté et sa vie. Quel immense progrès accompli, si vous mettez cet état en parallèle avec le tableau que nous déroulait naguère l'administration orientale. Les Grecs avaient exercé sur le monde une influence intellectuelle et morale. Les Romains exercèrent une influence intellectuelle, morale et civilisatrice.

Au lieu de faire comme leurs devanciers de la haute science, au lieu de les suivre partout dans cette partie théorique où ceux-ci ne pouvaient guère du reste être dépassés, ils traduisirent tout cela par une tendance spéciale et vraiment pratique. Ils appliquaient merveilleusement toute connaissance, comme toute science, aux hommes et aux choses.

Les marins phéniciens, carthaginois, cachaient leurs traces. Les navigateurs hellènes avaient non seulement exploré le monde à ciel ouvert, mais aussi fondé la science géographique. Cependant, dit M. Maury, le sol du Péloponèse restait impraticable, et les Grecs n'avaient pas même de routes ; quant à leur administration, elle n'était que trop souvent défectueuse.

Les Romains au contraire, avant de conquérir les pays, commençaient à les faire explorer. Conquis, ces pays étaient alors étudiés géographiquement. On savait leur demander un compte exact de leurs besoins. De même qu'on connaissait ce qu'ils pouvaient recevoir, on n'ignorait pas ce qu'ils devaient rendre. Les impérissables voies romaines restent encore partout les témoignages d'une administration modèle.

On a parfois comparé les Grecs aux Égyptiens, leurs devanciers dans la morale, et aux Romains les Assyriens, ces hommes du fait, sobres de parole, âpres à la conquête autant que solides à l'action. Les recommencements de l'histoire sont évidents du reste. Ils expliquent comment telle œuvre commencée, interrompue,

puis reprise à bien des siècles de distance, voit ainsi
combler ses lacunes et provoquer de continuels avancements par des agents qui ne sont pas les mêmes.

Moins raffinés que les Grecs, surtout d'une intelligence moins déliée, les Romains étaient en revanche,
ainsi que nous l'avons déjà vu, des gens pratiques
par excellence. Rien de curieux même comme d'étudier
sur ces terrains choisis l'effet réflexe d'idées qui, en se
répercutant, ont pris une intensité irrésistible. Il en
ressort la preuve que ces nations, expression de la
même forme sociale, n'ont réussi à si bien se compléter
que parce qu'elles étaient absolument dissemblables.

La solidité exceptionnelle de l'assiette romaine a pu
représenter jusqu'à nos jours la parfaite incarnation de
la loi. Des qualités spéciales rendirent, en effet, les Romains propres à instituer les sociétés européennes dont,
par excès d'imagination, les Grecs avaient été impuissants à formuler les règles stables. Ceci est un fait acquis, mais croit-on que la civilisation de Rome eût été
la même si la culture grecque n'y avait laissé sa durable
empreinte par les lois rationnelles de l'esprit, par ce
spiritualisme qui ne s'égare jamais dans les espaces,
qui poursuit toujours un but tangible et des formes vérifiables ? Le génie romain, si concis alors, a donné comme
une vigueur nouvelle à cette clarté, mais avant sa fusion
avec le génie grec, qui l'eût cru capable d'entreprendre
la haute tâche qu'il a cependant menée si complètement
à bien ? En revanche, dès lors, une telle fusion est partout reconnaissable dans ses annales. Voilà bien le
secret de l'irrésistible attrait de la romanité, de cette
sobre élévation d'un code resté jusqu'à nos jours une
des assises de l'esprit humain.

A chaque civilisation nous vérifions du plus près possible les échelles de gradations par lesquelles cette civilisation s'est élevée en reconnaissant toujours qu'aucun échelon n'a été franchi qu'à l'aide d'un propulseur nouveau. Ainsi les empires se sont substitués à la vie patriarcale, les Grecs aux empires d'Orient, les Romains aux Grecs. Lorsqu'on contemple cette revision permanente des choses humaines par des agents qui se succèdent pour aider celles-ci à s'accomplir et à progresser, est-il permis d'admettre que l'homme, depuis qu'il existe, soit le jouet du hasard ? Et notez que les étapes se renouvellent en même temps que les progrès se raisonnent.

Quelle différence déjà entre l'homme oriental et le citoyen grec ? Un plus grand pas n'est-il point franchi cependant, lorsque plus tard, dans l'opinion du temps, le simple titre de citoyen romain sera préféré à un trône. Voilà pourquoi nous avons pris tant de peine à indiquer la tâche distincte de chacun.

C'est le courant supérieur de la science qui en Orient avait abouti à de grands empires dont les qualités essentielles, mais aussi les défauts inséparables, nous sont désormais bien connus. En Occident, ce qui a enfanté un empire plus vaste encore, c'est ce que nous appelons le courant de principes naturels dans la vie civilisée, qui n'a pu se développer autrement que par la cité, puisque c'est là qu'il a réalisé un double but idéal, d'abord ce code des lois de l'esprit humain édicté par les Grecs et à la formation duquel nous avons assisté ; les Romains sont en train de nous apprendre quel était le second but en nous montrant un empire dont les institutions pour se fonder n'ont jamais perdu de vue ni la cité ni les lois de la nature idéalement conçue.

A la base de l'existence grecque et de sa famille, on

découvre, comme nous l'avons reconnu déjà, un « substratum » moral primordial. Ce qui distingue également le Romain du vieux temps c'est le « substratum » primordial de « la frugalité romaine » le disputant à la construction solide du foyer domestique.

Quand on analyse les origines des races latines, il faut surtout faire ressortir ces germes vivifiants, car ils ont fructifié dans chaque famille. Ils ont pris tous les jours à Rome de la valeur comme en Grèce. La science, en revanche, répétons-le encore une fois, n'a pas présidé aux bases de l'Occident gréco-latin. Elle n'a jamais eu d'action sur les destinées des deux races. C'est dans la science que s'est développée la grande paix romaine, autrement dit le monde latin et cet esprit classique où la Grèce figure la tête et Rome la base solide. Telle est la raison de notre insistance à montrer quelles furent les véritables origines d'un Occident classique, c'est-à-dire de celui qui a fondé la civilisation européenne.

Le génie romain s'est affirmé par ses contrastes avec l'esprit harmonieux de la Grèce. Il n'acceptera pas le beau sans l'utile. Au lieu des formes exquises mais restreintes du Parthénon, il lui fallait la grandeur. Avant la gloire il vit l'État et l'intérêt public. Sa force, son renouvellement, son avenir, sont basés sur sa faculté maîtresse « l'Assimilation ». Mais s'il s'assimile ce qu'il approche, c'est pour y prendre seulement ce qui lui appartient. Son discernement est merveilleux. Sa précision est mathématique. Il rejettera infailliblement le superflu. L'épée, la loi et l'utilité publique, voilà ce qui l'a fait maître du monde. Et son idéal comporte une grandeur inconnue aux vrais utilitaires de nos jours. Ses emprunts faits à la Grèce aboutissent à des œuvres originales, à une littérature nationale. Virgile et Horace, Tibulle, Ovide et Properce, pour ne nommer que ceux-là.

Après l'art hellénique, l'art romain. Les Romains commandèrent aux Grecs des temples, des édifices utiles, des aqueducs, des ponts et des voies de communication. Ils exigèrent des proportions gigantesques dignes des souverains du monde, des monuments, comme a dit quelqu'un, « portant un sceau de conquête et d'étonnement humain ». Rome ainsi domina l'art grec; si son époque est celle des grands travaux d'administration, de voirie, de fortifications, en revanche elle laissa la science dans le domaine séparé des expériences et des applications que lui avaient tracé les Grecs. Rien n'explique mieux pourquoi dans leur existence la science n'occupa qu'une place vraiment utile.

Autre chose est de la religion. Le génie militaire et administratif romain avait dû faire une part aux influences des populations nouvelles, accueillir jusqu'à leurs dieux, mais si l'on suit le développement de ces croyances et même de ces essais répétés de religion, après avoir vu les Romains s'appuyer sur l'élément religieux quel qu'il fût, en faire même la première condition d'un État, comment expliquer l'attitude décidée qu'ils ont prise en face des religions scientifiques de l'Orient et de leurs représentants, dès qu'ils étaient signalés en Italie? Plus tard, Dioclétien en arriva à faire brûler leurs livres en Égypte. Dans son *Histoire de l'Alchimie*, M. Berthelot donne là-dessus de curieux détails [1]. Est-ce parce qu'ils retrouvaient en eux les anciens maîtres qui avaient courbé l'Asie? N'est-ce pas plutôt la marque de ce génie ordonnateur, administra-

1. Berthelot, *l'Alchimie*, pp. 46, 47.

tif avant tout, et qui par principe s'est refusé à pactiser avec les pratiques transcendantales à la fois mystiques et brutales de l'esprit asiatique?

Le Romain put être tenté comme un autre par les promesses mensongères de la sorcellerie, mais il fit des lois pour protéger sa raison. La magie, l'astrologie, l'alchimie, furent l'objet de prohibitions sévères. La condamnation des mathématiciens, des astrologues, des magiciens, ces conspirateurs contre la sécurité de l'État et le repos des citoyens, était de droit commun à Rome, dit M. Berthelot [1]. Il ne s'agissait pas seulement des sciences occultes d'Égypte et d'Assyrie, de Syrie, le druidisme en Gaule fut compris dans la proscription. L'on peut avec cet ordre d'idées arriver ainsi de Tibère à Dioclétien et comprendre le divorce de Justinien avec le néo-platonisme.

Évidemment il y a eu des exceptions. Il y a eu même de longs intermèdes où l'Orient montre sa puissance. Ainsi nous voyons le grand empereur Septime-Sévère, guidé toute sa vie par l'astrologie, aller épouser une femme syrienne sur la foi d'un simple horoscope. Le bon sens romain d'autre part a pu même être surpris et faire ainsi d'innocentes victimes. Tel le christianisme que d'abord il persécuta. Mais ce qui n'a pas été assez remarqué peut-être, c'est que le christianisme lui-même ayant charge du gouvernement des âmes, à partir du IIIᵉ siècle de notre ère, redouta pour le règlement des consciences les transports parfois coupables d'un mysticisme désordonné et morbide. Aussi a-t-il adopté les mêmes lois d'hygiène morale et de discipline de l'esprit.

Dès Tertullien [2], le christianisme a éloigné, proscrit

1. Berthelot, *l'Alchimie*, p. 13, *ibid.*, p. 14, *ibid.*, pp. 196-197.
2. Berthelot, *Origines de l'Alchimie*, pp. 11, 12, 13, 14.

même de son sein les astrologues, les magiciens, aussi bien que leurs mystérieuses pratiques d'incantation et de sorcellerie. Nous insistons là-dessus pour montrer comment ce sévère mais sain jugement romain, voulant édifier solidement, vient se raccorder avec le christianisme éclairé de tous les temps. De tels exemples sont faits pour montrer combien il fut utile à l'humanité de rencontrer sur sa route ces sages directeurs de l'opinion publique, qui refusent rarement de s'assimiler ce qui est bien, mais n'hésitent pas et cette fois demeurent intraitables, lorsque l'on vient se heurter à ce qui demeure toujours pour eux un principe.

Voilà bien le solide entendement qui a servi de base au fonds romain d'où est né le romanisme, lequel devait transformer en romanité ce qui s'appelait alors l'univers civilisé. Ce tempérament, qui caractérise encore de notre temps l'assiette de l'esprit classique, aurait dû disparaître au contact de tant de peuples nouveaux, s'il n'avait été maintenu avec une inébranlable fermeté par la tradition romaine. Son sillon ineffaçable s'est alors tracé au contraire par des coutumes et par des lois.

II

Jusqu'à la fin de l'Empire romain, l'idée pure de la romanité a remplacé pour le monde romain le cadre de la cité chez les Grecs.

Pourquoi le Romain a-t-il méprisé le travail manuel, mais cherché autrement que les Grecs l'aristocratie de la vertu? C'est lui qui, avant d'accepter le christianisme, avait honoré la pauvreté, l'humilité, la bonté. Il a phi-

losophé avec les Grecs, mais introduit leur philosophie
dans ses lois. Rome a toujours gardé sa grande figure ;
son aristocratie, ses lettres ont défendu jusqu'au bout
ses antiques traditions. Un vaste milieu fut créé en Occident par l'esprit romain, même après la chute de Rome.
Il resta toujours conséquent avec lui-même, car un cri-
terium classique forma le fond du christianisme développé par l'Église romaine. Essayons de le démontrer.

Nous n'avons pas à insister sur la manière dont s'est
faite la domination romaine. « Les captifs, le butin de
« guerre, le sol du vaincu était à vendre sous la lance,
« sub hastà, symbole du juste domaine [1]. » Le Romain
c'était le porte-lance, le Quirite [2]. On voit dès l'origine
cet esprit âpre à la curée, absorbant, centralisateur,
qui considère comme sa mission de « régir » les peuples
par son « commandement ». Que pour commander tout
moyen ait été jugé bon par lui, soit, mais peut-on comparer cela aux massacres, aux horreurs des guerres
assyriennes? Ne faut-il pas avant tout considérer l'évolution qui a suivi la conquête, c'est-à-dire, derrière tant
de nationalités brisées, la paix romaine étendant chaque
jour son horizon ? Qu'on se rappelle qu'il a fallu établir
un niveau entre l'Occident et l'Orient pour donner à
l'un et à l'autre son diapason. Ce ne fut pas tout d'implanter les lettres latines et le génie romain sur le terrain
européen. La nouvelle civilisation fit de rapides progrès
chez ces nations jeunes, car l'émulation devint générale.
Ce qui était plus difficile, c'était d'aborder l'Orient où
le vainqueur risquait beaucoup de jouer le rôle de l'écolier
en face du maître. L'Égypte, l'Asie Mineure, la Syrie
étaient grecques ; le Romain se heurtait là à de vrais

1. Révillont, *Droit égyptien.*
2. Révillont, *Droit égyptien.*

sanctuaires du savoir humain où les sciences, les lettres,
les arts étaient professés avec un remarquable éclat.
Pour imposer partout l'impérissable empreinte romaine,
pour créer cette solidarité qui a fondé la romanité,
songez que le temps relativement court a demandé une
remarquable puissance d'absorption.

Il faut se rappeler qu'après les douze Césars de Sué-
tone, romains ou italiens, on assiste déjà au défilé des
peuples de l'empire interprétant la tradition romaine.
Les grands empereurs espagnols Trajan et Adrien inaugurent le ii⁰ siècle. Après eux vient Antonin le Pieux
né à Nismes. L'Afrique prend rang à la fin du ii⁰ siècle
par Albinus et Septime-Sévère. Caracalla, et avec lui la
Syrie, occupe le commencement du iii⁰ siècle, avec Hélio-
gabale, Alexandre Sévère, Philippe l'Arabe. Ensuite, avec
le Goth Maximin, qui ne fait que paraître, commence la
série des empereurs des frontières, Décius, Claude,
Aurélien, Probus, Dioclétien, Maximien Hercule,
Constance Chlore descendant de Claude le Gothique.
Nous arrivons ainsi au iv⁰ siècle avec Constantin le
Grand. Nous voilà en plein courant de races aux civilisations opposées. L'Europe et l'Asie se disputent le
champ par la force, la ruse ou la violence. Malgré
cela l'historien ne retrouve-t-il pas toujours le jeu des
mêmes idées ? Il y a là invariablement pour présider aux
choses cet être moral, « la romanité, » qui partout étend
son empire même en l'absence des vieux Romains. Et la
romanité c'est l'abstraction, c'est l'idée pure, seulement
elle est interprétée autrement que par les Grecs. Il ne
s'agit plus de culture intensive. Le champ va s'élargir
indéfiniment. C'est au monde entier que cette civilisation s'adresse et avec des moyens d'assimilation, d'absorption, de vulgarisation, inconnus jusque-là.

C'est en 54 ans seulement que se décida le sort longtemps en balance de l'humanité future : 150 ans avant
notre ère, Polybe a déjà reconnu dans la politique et le
développement de la république romaine le vrai suc-
cesseur d'Alexandre. « Déjà, dit-il, les événements de
l'Afrique s'enlacent avec ceux qui se passent en Asie,
en Grèce pour aboutir à une fin unique. Pour voir le
chemin dès lors parcouru et la consécration de cet édifice
immense de l'Empire romain, il n'y a qu'à lire le testament d'Auguste qui en fournira les exactes frontières.
Quant à l'historien, il doit se borner à contempler le
spectacle que donne la ville éternelle.

Il est impossible de trouver auparavant, en compul-
sant les annales du monde, un rayonnement de l'intelligence humaine comparable à celui qui se forme dès lors
autour de ce centre unique : Rome. De César Auguste
à la fin des Antonins cela continue. Au Ier siècle de notre
ère, la ville éternelle semble si bien le diaphragme, le
cœur où palpite l'Empire, que chacun sorti des contrées
même les plus éloignées y arrive pour sentir mieux
son battement. Les Grecs s'étaient répandus dans l'O-
rient. Cette fois, c'est tout l'Orient qui vient à Rome.
C'est là seulement en effet que, pour quiconque a la
passion de s'instruire, peuvent se feuilleter les archives
de l'univers réunies dans des bibliothèques présentant
le plus complet assemblage de renseignements connus.
On prend la note de l'esprit romain, de son ordonnance
sévère qui ne dit que ce qu'il faut. Et alors commencent, se continuent, s'achèvent ces monuments de l'histoire, de la géographie, restés pour les générations
de l'avenir l'indispensable fenêtre ouverte sur ce passé
de l'humanité, au moment où, à côté des Latins, les Grecs
sont venus se compléter eux-mêmes, se reviser en com-

blant leurs lacunes. Là alors fusionne la tradition
romaine, non seulement avec la tradition grecque, mais
avec celle des contrées les plus diverses, dont les renseignements venus d'Orient, d'Afrique, d'Espagne et
de Gaule présentent un caractère d'universalité d'autant
plus désirable qu'ils ne font que préluder à l'accession
de toutes les nationalités de l'Empire. Bientôt la série
des empereurs espagnols va commencer...

Admettons qu'avec Caton, ce rigide observateur de la
« frugalité romaine », qu'avec Cicéron imbu d'Aristote,
se soit manifesté à Rome ce mépris hautain pour le
travail manuel. C'était l'effet réflexe du courant philosophique grec, surtout depuis Platon. Xénophon n'était-il
pas allé à Lacédémone approvisionner l'arsenal des philosophes grecs d'arguments contre l'opulence, la mol-
lesse de ces cités marchandes qui, depuis qu'elles étaien
si riches, repoussaient le service militaire ? L'esprit agricole à la fois et guerrier romain devait verser de ce côté.
Comme les philosophes de la Grèce, les législateurs romains croient ainsi relever le niveau. Ils introduisent
évidemment alors une hérésie sociale dont l'économie politique leur fait non sans raison un crime, en montrant
les résultats auxquels devaient aboutir plus tard ces dédains exagérés des trafics commerciaux, du développement des industries, des encouragements dus à la navigation. Mais les Romains laboureurs et soldats, après
avoir conquis le monde, prétendirent vivre noblement,
oubliant que la vraie noblesse est dans le travail. C'est
le travers dans lequel est tombée plus tard l'aristocratie
française, toujours prête à verser son sang pour le pays
sur les champs de bataille, mais qui refusait de déroger. Vice économique assurément, mais n'a-t-il pas
contribué à caractériser la France comme la vieille

terre de l'esprit chevaleresque? Il faut voir en effet les
choses de haut.

A Rome, le grand moule chargé de préparer la forme,
de laisser son éternelle empreinte, pouvait-il avoir en
vue une cité, même un état seulement, lorsqu'en réalité c'est d'un monde qu'il s'agissait? Pourrait-on regret-
ter qu'il ait existé là une contre-partie absolue de cet
esprit mercantile et peu scrupuleux parfois, non seulement de certaines cités marchandes de la Grèce, mais
de la plupart des villes de l'Orient, alors représentant
dans l'Empire l'élément économique par excellence?

Eût-il été prudent de supprimer ce contre-poids de
l'idée romaine, c'est-à-dire cette garantie contre des
côtés mauvais pouvant produire des défaillances morales
incessantes par la corruption inséparable des richesses
hâtives ? Or, c'est par cet idéal exclusif peut-être, mais
plus sévère dans la forme que dans la réalité, que s'est
établie la grandeur romaine. Voilà pourquoi celle-ci,
dans le lointain péno nbre de l'histoire, laisse encore
la sobre mais souvera ne impression d'une statue antique.

L'aristocratie romaine après avoir perdu ses anciens
droits et son influence l litique, a pu trouver des détracteurs, mais ce qu'il n faut pas oublier, c'est cette
aspiration élevée qui, la s tenant, l'a conduite à s'essayer à devenir, comme nou avons dit déjà, une aristocratie de la vertu. Elle a eu « sa chambre du pauvre »,
où, faisant son examen de con cience, elle a médité sur
ces choses méprisées jusque-là lu Romain comme du
Grec : la pauvreté, l'humilité, l bonté. Elle a eu dans
les proscriptions son philosophe côté d'elle pour bien
mourir, comme le chapelain du oyen-âge venant sur
le champ de bataille administrer ses secours supé-

rieurs au chevalier expirant. Elle a mis auprès de ses fils un philosophe pour leur servir de précepteur.

Un tel temps n'est-il pas marqué par les produits sortis de son milieu avec la grandeur un peu emphatique d'un Sénèque, avec l'aspiration honnête et pure vers le vrai, le beau, le grand, d'un Plutarque, avec la haute morale d'un Épictète que les chrétiens ont admise comme la leur. On pouvait rire de ces sophistes grecs qu'on appelait Marathon, Thermopyles, qui ressuscitaient les grands jours de Sparte, d'Athènes et les triomphes de la liberté romaine, mais si l'esprit public n'eût pas été tourné alors de ce côté, auraient-ils eu des disciples ? Tandis qu'ils attiraient les foules, est-ce que le travail permanent de perfectionnement de la législation, qui a abouti à des cadres impérissables, n'a pas chaque jour reçu une impulsion nouvelle par les propulseurs les plus variés? Qui pourra blâmer dès lors les philosophes, les sophistes même, d'y avoir été mêlés, du moment qu'on contemple seulement la fin? On aura beau prouver que le droit romain s'est inspiré aux milieux les plus différents, qu'il est allé puiser aux sources de l'Égypte, de la Syrie, même d'une partie de l'Orient. Eh bien ! soit, mais qu'a fait de tout cela un génie immuable, sinon de l'adapter à son vieux fonds romain, à son antique critérium resté le substratum dominant avec ses règles qui ne changent pas, sans jamais cesser pour cela de s'acclimater toutes choses ?

C'est un critérium où les vues peuvent se succéder, mais en restant toujours enfermées dans un même cadre. Et en eût-il été autrement : au lieu du grand spectacle de la paix romaine, quelle cacophonie la terre eût-elle entendue? Rappelez-vous qu'ici vous contemplez toutes les nations se remplaçant l'une après l'autre à la tête de l'hégémonie de l'Empire depuis les Espagnols, les Africains, les Syriens, les Arabes, jusqu'aux empereurs de Sirmium et de la frontière. Est-ce que, au contraire, au-dessus de tout cela, vous ne reconnaissez point, planant toujours, la grande figure de Rome qui justifie perpétuellement la raison d'être de ce mot « Romanité »? Même quand chaque contrée cherchera plus tard à tirer à soi un lambeau de l'Empire, soupçonnez-vous, un instant, quelqu'un de songer à le détruire? Ne voyez-vous pas, au contraire, que l'orgueil de tous est de pouvoir dire qu'il s'abrite sous la pourpre romaine? C'est un sentiment si vivace, un dogme si profondément enraciné partout qu'il survivra à tout, qu'il restera sensible encore à ceux qui n'avaient pas jadis courbé la tête sous le joug romain, mais pour lesquels cependant la Romanité était restée cette chose immortelle : la civilisation.

L'idée, après les grandes invasions, de se rattacher de loin comme de près à l'Empire romain même transporté à Byzance, permet encore alors des tributaires au moins nominaux. Et la vieille tradition aura de nouveau triomphé en Europe, lorsque, d'accord avec la papauté, Charlemagne l'a reprise.

III

Voyons maintenant comment cela rentre dans un ordre de choses logiques que la famille grecque et la famille romaine aboutissent par le christianisme à la grande famille chrétienne, groupant à elle le genre humain.

Nous venons d'assister aux développements successifs

de l'entendement humain d'Occident. La transition naturelle, qui, de l'Orient, nous a conduits là est une étude pleine d'enseignements. On s'y rend compte avec elle de la formation et du solide développement d'un esprit classique dont la civilisation moderne est la fille. Car celle-ci a hérité de son critérium. Ce génie est l'antipode d'un esprit anticlassique, comme celui dont l'Orient offre le prototype, qui sera facile à reconnaître ailleurs, parce que le transcendantalisme y côtoie le fait brutal, et le mysticisme s'y accommode avec la matière, tandis que la pensée y reste à double sens. Là, au contraire, tout est clair, précis et logique. On comprendra dès lors que l'évolution philosophique des Grecs ait donné en Occident droit de cité à l'idée d'une intelligence suprême; qu'une pente lente, mais sûre, ait préparé les esprits au Monothéisme. Le grand rôle des Grecs, c'est dans le domaine des idées; mais qui y a ensuite façonné les corps comme les esprits? Ce sont les Romains. Ils font là l'office du rouleau broyeur. Tout bientôt se moule autour d'eux. Une fois devenu religion de l'Empire, le christianisme lui aussi n'a-t-il pas pris le même aspect pratique? Dans le milieu créé par le génie romain, tout doit être, net, ordonné, et conséquent avec soi-même. C'est l'air ambiant d'un courant naturel toujours cherché, s'il n'est toujours maintenu.

On peut de la sorte, pour dresser le tableau d'ensemble de la pensée romaine, trouver une série d'adaptations et de soudures logiques. Ainsi, arrivés à Constantin, ne reconnaît-on pas par exemple que, comme dernier développement d'un cadre sorti de la famille et qui avait abouti harmonieusement à un empire universel, il n'y avait qu'une religion universelle abou-

tissant à la grande famille chrétienne, c'est-à-dire groupant à elle le genre humain, qui fût capable de couronner l'édifice élevé par l'Occident classique?

Lorsque, dans la cité antique, vous avez surveillé
la naissance des mondes grec et romain, il ne vous est
plus permis de méconnaître le rôle que la famille y a
joué. La cité n'aurait pu exister sans elle. Non seulement la supériorité constitutive de la société romaine
sur celle de la Grèce s'explique par la force du lien
familial conservé plus longtemps intact à Rome qu'à
Athènes, grâce à une sage administration, mais vous
remarquerez en outre qu'un tel but n'a jamais été perdu
de vue par les organisateurs de la grandeur romaine.
Par exemple, Auguste. — Quelle préoccupation avant
toutes choses l'a guidé lorsqu'il fonda son empire?
Celle de reconstituer la famille sur de fermes bases.

Qu'on veuille se rappeler que la thèse développée
ici vise avant toute chose chacun des éléments qui ont
servi à constituer l'histoire. Or, après avoir décrit
comme nous venons de le faire les plus importants organismes de la société d'Occident basés sur le cadre
familial, quel rapprochement plus direct que d'aboutir
ensuite au christianisme?

Ralliant tout un monde autour d'eux, les Romains
étaient sortis de la spéculation pour mettre à la portée
de tous les grandes idées humanitaires des Grecs. Toutefois, c'est à partir du christianisme qu'une conception
bien nette put former une des assises de l'entendement
de l'homme. La thèse de la grande famille humaine,
cet idéal inséparable d'un couple unique primitif,
est alors pour toujours entrée dans l'histoire. Et parce
que le génie administratif des Romains se fit avec l'Église
un missionnaire incomparable, cette conception est si

bien devenue le plus ferme appui de tout un ordre d'idées morales et sociales, qu'on ne peut aujourd'hui essayer de la renverser sans redouter de faire échec à la société elle-même.

CHAPITRE VII

L'ÉTABLISSEMENT DÉFINITIF D'UN ESPRIT CLASSIQUE.
LE CHRISTIANISME D'OCCIDENT

I

Le progrès en ce monde est sorti d'une base solide.

La Genèse reste le plus ancien comme le plus sûr témoin de l'humanité. Les religions antiques semblent se compléter l'une par l'autre, comme pour affirmer le « processus » de l'entendement humain s'ouvrant progressivement à l'intelligence d'un Dieu unique, raison souveraine, arbitre de toutes choses.

Nous venons de montrer pourquoi la formation grecque, la formation gréco-romaine ont d'autant mieux le droit de représenter le courant naturel par excellence qu'elles sont le développement normal d'un cadre conduit chaque fois à sa fin la plus complète, comme à son expression la plus naturelle, pour enfanter le progrès.

Nous sommes ainsi fondés à combattre la doctrine du progrès indéfini dans l'histoire tel qu'il a été entendu par certains matérialistes. Ce progrès repose sur une base fixe et solide, et ne saurait avoir eu pour point de départ une évolution spontanée de la matière. Les représentants les plus anciens de l'humanité ont conservé dans le désert et dans la steppe leurs signes d'origine. Ils nous montrent par là que leur morale haute bien qu'étroite, que leur dignité native, ne peut descendre du singe. De même un culte de famille, c'est-à-dire un principe supérieur à la fois et naturel, — puisqu'il peut remonter au premier homme, — nous fournit l'élément simple primordial auquel l'humanité est restée soumise.

C'est après être passées à l'état de théogonies de plus en plus développées que la religion ou les religions ont servi de fondement à l'histoire et à la civilisation humaines. De plus, c'est en se fortifiant chaque jour par la science qu'elles ont réussi à prendre la direction des masses. Voilà ce qui, avant les Grecs et les Romains, nous a permis de revenir aux sources, c'est-à-dire de trouver, bien antérieurement aux premiers Empires d'Orient un ensemble qui se tient debout et persiste, puisque, par son unité de mieux en mieux démontrée, l'histoire elle-même aujourd'hui présente de nouveaux moyens pour fortifier les traditions primitives.

Quant à la Genèse, si elle est entrée dans le domaine des Exégètes, de quelle façon qu'on l'explique, elle demeure et demeurera le point de départ le plus solide pour remonter à l'homme primitif et aux migrations, qui, sorties de l'Asie, ont peuplé le monde. C'est elle seule, en quelques pages d'une concision sublime, qui offre encore le plus vieil aperçu de l'histoire de l'humanité. Pour ceux « qui croient », la Bible demeure toujours le livre inspiré, tandis qu'elle n'a pas cessé d'être pour l'historien (qui ne peut se proposer qu'un but historique et non scientifique) le document unique entre tous, puisque c'est encore à

lui qu'il est forcé de revenir en attendant que l'Assy-
riologie par ses déchiffrements et l'archéologie par ses
fouilles lui aient fourni une contre-partie déjà commencée
par la « version du déluge des textes cunéiformes ».

Acceptant ainsi les choses, les considérant même de
très haut, l'histoire à laquelle le domaine de la théologie est interdit, tandis que la science des religions
reste le nouveau et vaste champ encore incomplè-
tement exploré entr'ouvert devant elle, — l'histoire se
recueille. Elle ne sera même pas prise au dépourvu
lorsque, sommée de se ranger à l'exégèse biblique, on
lui dira de reculer au ix⁰ siècle seulement avant J.-C.
l'évolution juive d'un monothéisme simple vers le
monothéisme absolu.

Et notez que ce monothéisme simple comportait non
seulement un culte de famille, mais « était préparé
déjà par une notion primitive d'un Dieu maître du ciel
et de la terre [1] ».

L'historien pourra de plus ajouter qu'alors l'inspi-
ration mystique du voyant ne tardera pas à être con-
firmée par la logique de l'esprit critique par excellence,
puisque la raison grecque viendra avec Anaxagore
et Socrate servir de preuve à un arbitre souverain de
l'univers. Ce sera de plus le courant naturel sorti de
la vie patriarcale qui, seul, aura été capable des deux
côtés de réaliser cette abstraction si haute, devant laquelle le courant supérieur oriental sorti d'Égypte et
de Chaldéo-Assyrie avait échoué en dépassant le but
à la suite du panthéisme de la science.

En revanche, sur la terre du prophétisme par excellence, est-il permis de renoncer à Moïse comme pro-

1. Alfred Maury, Notes inédites.

phète? Là, depuis Mahomet, il y a eu des mahadis, des voyants et des faux prophètes. Bien avant l'époque relativement rapprochée à laquelle l'histoire place Moïse, d'autres prophètes avaient même dû surgir. Dans tous les temps l'homme a aspiré vers le divin, il s'est entretenu avec Dieu ou avec les dieux. On continuait à interroger la divinité aux Mainteions de Dodone et de Delphes, après l'avoir fait aux sanctuaires du Nil et de l'Euphrate. Voilà pourquoi désormais le xixᵉ siècle a remplacé les stériles sarcasmes du siècle dernier, par l'étude attentive des religions de tous les temps. Il espère même voir peu à peu se révéler les secrets intimes de leur histoire par l'instinct religieux, ce principe naturel dominant partout chez l'homme de tous les temps.

L'Égypte ne poursuivait-elle pas un grand effort vers le divin en faisant seulement de la vie un passage et la préparation de l'homme aux demeures éternelles? Les docteurs chaldéens, en enseignant que les phénomènes de la nature n'obéissent « ni au hasard, ni à une impulsion spontanée, mais aux décrets fixés à l'avance et fermement arrêtés par les dieux [1] », dit François Lenormant, commentant Diodore de Sicile, ont préparé le monde à l'idée de la Providence, bien qu'ils ne vissent encore que la loi de la nécessité et du fatalisme.

Arrivant au mazdéisme, ne peut-on pas dire, comme Cornelius Agrippa au xviᵉ siècle, que les religions antiques ne se nuisirent pas entre elles. En se complétant l'une par l'autre, elles signalent chacune à son tour les progrès de l'esprit humain vers l'intel-

---

1. François Lenormant, *Divination*, p. 4.

ligence d'une raison supérieure unique, arbitre de toutes choses.

II

Le christianisme peut être considéré comme l'anneau intermédiaire d'une seule et même chaîne historique reliant l'antiquité aux temps modernes.

En Occident, la route du christianisme a été frayée par l'esprit classique; il a passé à son laminoir, il a bénéficié de la solidité romaine. L'esprit chrétien classique, parce qu'il a hérité de la loi romaine, a continué la romanité au moyen-âge et complété le critérium gréco-romain. Il a fait ainsi du christianisme l'âme de l'Europe moderne, de même que la morale avait été le « substratum » de la société grecque et que l'Empire romain était fondé sur ses lois morales.

Ce n'est pas se répéter que de revenir aux Grecs. Etudiant chaque chose méthodiquement, nous en analysons les éléments constitutifs. Voilà qui nous oblige à propos des développements du christianisme de chercher ses véhicules et de rappeler le rôle des Grecs répandus dans tout l'Orient à partir de la conquête d'Alexandre. C'était précisément l'époque où le génie hellénique, ayant fini de mesurer exactement ses sensations physiques ainsi que ses impressions intellectuelles, — surtout ses sentiments moraux, — peut être considéré à la fin de sa mémorable évolution.

Son but tout entier dès lors se déploie. Il est permis de dire des Grecs qu'ils peuvent changer, mais que désormais des idées, des formes, sont fixées qui devaient avec raison être regardées par eux comme légitimes,

puisque celles-ci ont été reconnues non seulement
acceptables par tous les temps et par tous les hommes,
mais adoptées par ceux-ci comme les plus sûrs modèles.

Là réside le secret de l'influence énorme que ce petit peuple exerça sur le monde après la conquête d'A-
lexandre. On commettrait sans doute une grave erreur
en confondant la Grèce de Périclès avec les Grecs de
Séleucie, de Pergame, même d'Alexandrie. Ce serait en
revanche nier un de ses titres irrécusables à la reconnais-
nais ance de l'humanité que de méconnaître le grand
rôle alors échu au génie hellénique. Seul il était capable d'entreprendre un synchronisme étonnant et bien
difficile à réaliser. De son frottement a jailli la lumière.
Sans les Grecs, des Orientaux, comme un Bérose, un
Sanchoniaton, un Manéthon se seraient-ils jamais révélés à nous? Mieux que tout, les œuvres capitales de
tels écrivains, dont malheureusement nous n'avons
plus que des débris, expriment la révolution inouïe
jusqu'alors par laquelle se sont entr'ouvertes les portes
de cet Orient énigmatique et mystérieux, de ce monde
théosophique fermé, verrouillé au vulgaire, et que jamais un initié lui-même n'a pu connaître tout entier.
N'est-ce pas dans l'union de l'esprit grec et de l'esprit
juif également que le christianisme plus tard puisera
une force de propagande irrésistible? Et le monde prendra un nouvel aspect.

De même que quand nous avons eu besoin de remonter vers un passé dépourvu d'annales pour retracer un état primitif ailleurs plus altéré, nul à deux
degrés différents, n'a servi de guide plus sûr que ces
deux embranchements distincts de la vie patriarcale :
les Juifs et les Grecs, — de même, lorsqu'un monde nou-

veau se lève, si l'histoire s'éclaire, c'est grâce à ces
deux types originaux de l'Orient et de l'Occident ralliés
par la conception commune d'un Être suprême, et l'on
s'achemine insensiblement au vestibule du christianisme. En un mot, c'est à l'aide de rapprochements inattendus, de soudures dont le secret est révélé par les
contrastes entre le courant naturel primordial et le
courant supérieur, c'est ainsi, dirons-nous, que s'affir-
me dès lors la possibilité d'une grande famille humaine
rattachant à une souche commune ses échelons les plus
élevés comme les plus bas.

Nous avions en commençant considéré seulement
le christianisme au point de vue social, nous l'exami-
nerons bientôt au moyen-âge, le prenant dès l'origine
dans son contact avec le cours général des choses,
c'est de l'enchaînement dans les faits qu'il sera seulement ici question pour lui. Le christianisme apparaît
comme un des puissants anneaux intermédiaires d'une
seule et même chaîne historique qui devait aboutir
aux temps modernes. Le passé a partout préparé le
présent. Les Grecs d'abord, les Romains ensuite se sont
fort à propos succédé dans une belle tâche. Si de bonne
heure la religion nouvelle a successivement trouvé le
terrain déblayé autour d'elle, de façon qu'il devenait
impossible de la confondre avec les cultes anciens de
l'Orient, exception faite du judaïsme, à quoi l'attribue-
rez-vous, sinon au crible grec d'abord, au crible romain ensuite, qui en avaient clarifié les idées ?

Dans le christianisme, l'intervention du « pur esprit »
a été considérable, mais seulement tel que l'entend
l'Occident. C'est ce sobre génie adversaire des obscurités et des rêveries mystiques des sectes orientales,
qui dans les dogmes de la religion nouvelle a maintenu

« la double nature » du Christ, c'est-à-dire « sa présence réelle », idéal anthropomorphique. Et voici comment le christianisme prit cette assiette assez résistante pour pouvoir être prêché partout sans danger.

Alors on peut dire que l'esprit classique est entré dans le christianisme d'Occident avec ses règles, sa juste mesure et son sage esprit. Lorsque bientôt ses dogmes susciteront en Orient d'ardentes querelles, que de fois l'Occident ne va-t-il pas servir d'arbitre, soutenu dans son rôle de modérateur par la vieille solidité romaine, dont ses docteurs et ses papes vont rester imbus ? C'est grâce à l'esprit classique toujours militant que le christianisme fut transmis enfin clair et précis aux générations nouvelles, sans que le transcendantalisme oriental ait eu prise sur lui.

A dater de cette époque, il a pénétré profondément dans l'esprit de l'Occident renouvelé, parce qu'il avait toujours su se tenir également éloigné des idées quintessenciées et des théories glissantes de l'Orient ; en outre parce qu'il avait avant tout redouté les complications d'une science devenant religion, source, nous l'avons vu nous-mêmes, trop fréquente de trouble et de confusion pour l'esprit ancien anti-classique égaré par les sciences occultes.

Arrivons maintenant à la chute de l'Empire romain et à l'avènement du monde sorti des invasions. Chacun sait que les races ayant passé sous le rouleau broyeur des Romains, et qui s'appellent latines, ne figuraient qu'une importante portion de la population de l'Europe. Il conviendrait donc de bien marquer désormais comment est intervenue à son tour dans les concepts anciens une nouvelle façon de comprendre les choses, et qui n'a cessé de s'accentuer à côté des survivances romaines. C'est donc également avec des éléments restés jusque-là à l'écart que nous entrerons dans l'ère qui s'ouvre après les Romains.

Nous avons déjà suffisamment analysé les trois terrains, la Grèce, Rome, le christianisme, pour en tirer le sens esthétique qui s'en dégage. Après les grandes invasions, non seulement l'Église a continué la romanité, mais n'eût-elle pas été là pour maintenir la tradition de l'esprit classique, celle-ci eût alors disparu. Dans le second et le troisième livre, nous serons, grâce à cette étude préliminaire mieux en état de poser nettement la question. Que serait devenu le monde moderne sans la Grèce, Rome et le christianisme ? Et nous montrerons alors à chaque pas les racines que ces trois facteurs restés indispensables ont tracées dans la conscience humaine.

Mais ne voit-on pas dès à présent combien il a été utile au développement du christianisme que la société grecque se soit basée sur la morale, que le secret de la puissance romaine ait surtout consisté dans des lois morales, et que la tradition, après les grandes invasions, ait perpétué la solide ordonnance d'un esprit classique intervenant au moment des crises décisives pour renforcer le critérium de l'idée pure ? C'est ainsi que le christianisme est resté la conscience de l'Europe, et que les lois romaines, — sous son droit canon, — ont continué à tracer à l'humanité nouvelle les lignes du droit et du devoir.

Aujourd'hui encore, pourquoi est-il aussi facile de démêler l'empreinte laissée sur les sociétés modernes par le christianisme, que difficile de dire si l'idée chrétienne arrivera jamais à être répudiée ? C'est que cette idée reproduit non seulement les plus hauts concepts que les

beaux génies de la Grèce et de Rome ont été en état de
concevoir, mais encore les mêmes théories, les mêmes
axiomes revisés, commentés, si bien qu'aujourd'hui
chacun est forcé de revenir à ce vieux terrain, — de près
ou de loin, — pour le défendre ou l'attaquer.

RÉSUMÉ DU LIVRE PREMIER

Trois phases caractéristiques de l'humanité viennent
d'être passées en revue : l'esprit pastoral, patriarcal et
nomade; la phase scientifico-sacerdotale de l'Orient
primitif ayant fondé la vie sédentaire et les grands
empires; l'avènement par les Grecs de la phase classique, caractère nouveau, mais définitif par les Romains
de la société d'Occident, — ce qui nous a ainsi mis en
face des origines de l'esprit anticlassique, puis de cet
esprit classique dont l'étude est le principal but de cet
ouvrage.

Nous voici même arrivé au terme d'un développement mémorable de l'esprit humain : la fin du premier
livre marque la chute de Rome et de son empire. Le
monde va recommencer, mais désormais il n'erre plus
à l'aventure. Sa route est tracée, et avec le christianisme
pour tuteur il aura avant tout à bien développer le
passé. Rappelons donc avant d'aller plus loin les périodes essentielles que l'histoire humaine vient de parcourir. N'oublions pas là ni les débuts ni les tâtonnements, mais rendons témoignage à la persistance des
vigoureux efforts qui se sont succédé pour acccomplir
une œuvre durable.

Avec l'évolution patriarcale nous avons pu assister,
d'un côté aux dégénérescences inévitables du courant

de principes naturels, tandis que de l'autre côté au contraire la preuve était fournie d'une morale déjà haute bien qu'étroite. Il y a là dès à présent jusque dans la nuit des temps une assise historique pour l'esprit humain. La famille patriarcale est le meilleur contrôle pour les sociétés rudimentaires, puisqu'elle en est la clef de voûte, tandis qu'en outre par elle se construiront également les sociétés les plus raffinées jusqu'à nos jours.

C'est là-dessus pour commencer que la science faite religion, cette première expression d'une culture humaine, bâtira ses empires.

Nous sommes donc, par l'évolution patriarcale, en plein courant primordial avant qu'il n'ait été transformé en courant supérieur par des classes sacerdotales savantes. Les Arabes du désert, les pasteurs de la steppe et de l'Asie Centrale en donnent aujourd'hui une idée plus ou moins altérée par les contacts incessants des civilisations qui se sont succédé autour d'eux.

Il a fallu nous transporter ensuite au sein des classes sacerdotales savantes de l'Orient pour assister à la formation d'un esprit nouveau. Tantôt il apporte au courant naturel une expression fort relevée ; tantôt, impressionné par les phénomènes de la nature, par l'état instable des sociétés, il donnera naissance à un courant supérieur. Celui-ci établit un inflexible niveau, il comprime tout. Il a raison de tout au nom du fatalisme des lois de la nature et par la puissance du commandement divin. Le cadre de la famille patriarcale, s'il n'a pas disparu dès lors, en général reste un simple accessoire. La pensée humaine a perdu ce tuteur. Elle s'égare au milieu des espaces cosmiques. L'homme apprenait à se gouverner par l'influence des astres et des étoiles.

Il cherche à se guider par ces idées transcendantales ; mais, étrange contraste, où en trouve-t-il les manifestations ? dans les faits matériels les plus vulgaires, dans des horoscopes, dans des présages dont une nature grossière fait les frais, dont l'animalisme dans ses cas étranges ou fortuits lui apporte la manifestation. Nous sommes cependant là déjà en présence du fonctionnement de la plupart des sciences à l'état rudimentaire, et voilà comment dès lors c'est seulement l'observation du fait matériel et son expression tangible, qui vient servir à bâtir les concepts et promulguer les lois scientifiques.

Cet esprit peut ainsi se caractériser par une constante antinomie : savoir et erreur enracinée parce qu'elle repose sur des faits vérifiés et vérifiables. Que résulte-t-il d'un tel état ? C'est que lorsque la science en aura disparu, surnageront des superstitions sans nombre ; leur contagion, leurs survivances rayonneront partout. Elles n'amélioreront ni les populations plus ou moins dégénérées, ni d'autres plus fidèles à l'état patriarcal.

Basé d'abord en revanche sur ce qu'il y a en ce monde de plus puissant comme action, sur l'humanité, c'est-à-dire sur la religion et la science, cet esprit maintiendra son domaine séparé, et vous le verrez parfois sous une forme nouvelle renaître plus brillant que jamais, car il sera l'arsenal où viendra se retremper, et en tout temps forger ses armes, ce que nous appellerons l'esprit anticlassique. Nous parlons de ce tempérament qui ne veut se soumettre ni à l'esprit classique grec ou romain, ni à celui que nous venons de voir caractérisé par le christianisme en Occident.

Son antidote c'est précisément ce même esprit classique à la formation duquel vous venez d'assister. Nous ne l'avons analysé avec autant de soin dans ses détails que pour montrer la précision avec laquelle il a tout classé, fuyant l'ambiguïté, faisant partout la clarté et la lumière. Tel est le critérium d'où est réellement sortie encore la civilisation contemporaine.

Ayant à considérer désormais l'histoire des temps modernes, nous ne pouvions nous dispenser de ce résumé des phases jusqu'ici parcourues par l'esprit humain, parce que le XIXᵉ siècle marque un rapprochement aussi inattendu que sensible entre la science contemporaine et la science antique à laquelle nous avons pour cela donné tant de place.

Subissant maintenant la pression des influences inséparables d'une ère franchement scientifique, les savants de nos jours se partagent en deux camps : les uns maintiennent la tradition des Grecs que nous contemplions naguère traçant par leurs méthodes classiques un lit nouveau à la science, qui avait été refaite par eux. L'autre camp donne la main à l'Orient, quand il proclame l'arbitre esclave et le fatalisme inéluctable des lois de la matière.

Notre thèse, qui subordonne toutes choses dans la nature aux idées directrices de l'esprit, parce qu'elles rattachent l'homme à une intelligence suprême, va faire voir à l'opposé les conséquences du fonctionnement régulier du courant de principes naturels, puisque les écarts eux-mêmes du courant supérieur seront en tout temps en Europe tempérés par un esprit classique. Elle assignera non au hasard, mais à des « instincts innés », la cause de tout progrès durable dans les civilisations qui vont se dérouler tour à tour devant nous.

LIVRE DEUXIÈME

CHAPITRE VIII

LA FORMATION DE L'EUROPE DES TEMPS MODERNES. — LE MÉCANISME DE L'HISTOIRE. — INTERVENTION DES INSTRU- MENTS DE PRÉCISION DANS SON ANALYSE

Dans notre introduction nous avons prévenu que nous nous placions à l'observatoire de ce temps, et que si de là, évoluant à travers les faits généraux, nous devions remonter à des époques reculées, c'était pour mieux motiver nos jugements sur des théories contemporaines. A *fortiori* suivrons-nous cette méthode aujourd'hui. L'intérêt et l'actualité grandissent en approchant des temps modernes. Nos applications pourront donc mieux se préciser à mesure que nous avancerons.

Nous avions surveillé la naissance et la floraison d'un esprit classique : les curieux développements de celui-ci dans le monde qui a recueilli l'héritage des Romains vont fournir la base de nos comparaisons. Nous allons montrer que la solidité de l'assiette de l'Europe, l'ori- ginalité de son entendement résident dans un esprit moyen sorti de la fusion du Nord et du Midi par le monde romain. Celui-ci, à l'aide du catholicisme, avait, jusqu'au XVIᵉ siècle, réussi non seulement à condenser, mais à aiguiser, tout en les disciplinant, les qualités les plus opposées. Puis, malgré la réforme qui brisa alors le lien unissant la chrétienté, la renaissance gréco-romaine était venue renouveler cette commune empreinte européenne. C'est ainsi qu'on peut prendre l'histoire des grands peuples de l'Occident à la chute de l'Empire romain, traverser le moyen-âge, les temps modernes, et ouvrir le xixᵉ siècle, tout en surveillant le développement d'un esprit classique évoluant à travers le courant naturel et le courant supérieur alternés. Cela tend à se modifier aujourd'hui. Veut-on, par exemple, analyser les résultats de certains mobiles contraires qui tendraient désormais à établir des antinomies plus tranchées entre les peuples européens, il faudra alors mettre en relief les survivances anti classiques occidentales qu'on prend moins de peine à déguiser désormais. Un parallèle entre les Français, les Anglais, les Allemands, poussé aussi loin que le permet cet espace limité, ne tardera pas à nous mettre en présence de la naissance et du développement des théories contemporaines. Et l'analyse raisonnée du génie septentrional actuellement prépondérant nous semble la préparation la meilleure aux jugements qui pourront être portés sur l'esprit scientifique, cette marque du xixᵉ siècle dont nous aurons bientôt à faire l'histoire. Nous remonterons donc aux plus lointaines origines du Nord ; seulement, avant cela, pour procéder méthodiquement et précisément parce que le mécanisme de l'histoire ne doit jamais dans notre thèse être perdu de vue, nous avons : 1º à continuer à justifier l'intervention d'instruments de précision dans l'analyse de l'histoire ; 2º à poursuivre l'application de lois naturelles historiques aux trois peuples modernes que nous mettons en parallèle : les Anglais, les Allemands, les Français.

I

Nous continuerons dans ce second livre à développer les raisons de l'intervention des intruments de précision dans l'histoire, pour permettre peu à peu à l'historien de lutter d'exactitude avec la science.

Dans la thèse poursuivie jusqu'ici, le courant naturel et le courant supérieur font déjà l'effet d'un thermomètre accusant la température de l'histoire. Il a été démontré de plus que c'est dans le courant naturel que se sont régularisées les plus grandes révolutions qui aient transformé les annales de l'Occident antique. Aussi, tandis que le courant naturel représente le modérateur par excellence de la gamme ascendante de l'humanité, qu'il est en toutes choses chargé de ramener à la juste mesure, le courant supérieur au contraire, d'où qu'il vienne, soit de l'Orient, soit de l'Occident, après avoir au début tout renouvelé, soumis tout à sa loi, sera signalé tôt ou tard en gamme descendante. Et comment? Parce qu'en s'exagérant comme toute force irrésistible, et partant difficilement pondérée, son excès peut devenir un excès véritable, bien que son origine soit commandée par les circonstances, rendue nécessaire par ses éléments réparateurs et surtout susceptible d'un avancement considérable pour l'humanité. Nous nous gardons donc d'attaquer en Occident les faits déterminants d'un tel courant, mais nous signalons la rupture d'équilibre que nous y découvrons à la longue.

En réalité, alors, l'homme d'aucun temps n'a su garder la juste mesure; pour lui, le cadran des siècles aurait dû, ou devrait s'arrêter à son temps, à son heure à lui, puisque cette fois est enfin trouvée la seule voie à suivre désormais. 'Aujourd'hui, cette voie unique ce sera la science du xixe siècle. Demain ce sera la Renaissance antique; et après-demain c'est la théocratie papale des xiie et xiiie siècles.

Citer comme ci-dessus les trois puissants mobiles par lesquels le monde moderne fut régénéré ; commencer par l'idéal d'Hildebrand, car tour à tour Grégoire VII et saint Bernard ont ramené l'Europe dans la voie qui la devait conduire à la virilité; arriver de là à la renaissance des lettres, qui a donné une direction nouvelle à l'intelligence européenne, pour aboutir à l'épanouissement de la science contemporaine, c'est, grâce à ces grands sujets, interdire à d'autres tout procès de tendance. Dans une thèse générale, on envisage, en effet, le cours des âges, autrement dit le singulier rattachement des périodes les plus antiques aux temps les plus rapprochés de nous. Mais si, d'un côté, malgré tant de faits dirimants, l'unité de l'histoire est ainsi mieux démontrée: — un fait, avant tout, à retenir comme périodique, devra en sortir. On peut constater qu'en pareille occurrence les hommes chaque fois sont surpris, — que de plus l'opinion se passionnant subit un ébranlement général. Tout résultat acquis antérieurement, quelque nécessaire qu'il soit resté au maintien de la société, peut être remis en question. Ainsi, à la Renaissance, ce qui était vrai la veille, le lendemain cessa pour un moment de l'être. Bienfait incontestable en lui-même, ce courant supérieur se rehausse alors, se grossit, puis, comme les torrents impétueux qui font déborder les rivières sur leur passage, il ne tardera pas à vouloir usurper la scène pour lui seul. — Voyez la science.

M. Fustel de Coulanges a montré le premier comment,

avant d'avoir tenu compte de facteurs négligés ou mal connus, tant d'idées historiques étaient si longtemps restées confuses. Les annales des hommes, en revanche, sont si vastes, qu'afin de ne pas se perdre dans les détails on y cherche des points de repère en vue d'un plus fidèle examen.

Parvenir à mieux régulariser chaque jour quelque chose concernant la pensée de l'homme, classer les phases traversées par celle-ci, viser en quelque sorte sa chronologie à travers les chocs incessants qu'elle rencontre dans le courant des siècles, c'est continuer seulement ce qui est depuis longtemps commencé par les meilleurs critiques de notre temps. Aucune déduction solide en tout cas, si l'historien néglige à chaque manifestation majeure de l'esprit humain de retracer avec soin ce que nous nommerons les cercles que cette pensée a dû, pour faire œuvre durable, incessamment tracer et parcourir.

Et cela ne suffit pas, il faut pousser la sonde en plein terrain primitif, car le sol, comme le milieu, par la perpétuelle rotation des formes sociales, trahit toujours et exhale de vieilles survivances. C'est donc là qu'il faut concentrer son analyse, gardant dans le présent toujours entr'ouvert l'important chapitre du choc en retour des idées du passé.

Revenant parfois, comme les migrations humaines, au premier berceau où elles se sont développées, pourquoi des théories contemporaines forcent-elles à contempler des façons de voir qu'on eût crues ensevelies dans l'éternel oubli? C'est qu'il existe là-dessous des problèmes qui, n'ayant pu trouver autrefois leur solution, devaient attendre des siècles pour mieux s'élaborer. Une découverte peut alors tirer le principal mérite de sa nouveauté de ce qu'elle soit d'un fonds, extrêmement ancien. Ainsi les critiques de nos jours n'ont pas été peu surpris, en revenant aux sources, de reconnaître que Voltaire, au sujet du christianisme, avait eu notamment ce privilège de ramener sur le tapis une polémique très brûlante quinze siècles auparavant, où Origène a parfois tenu un langage, présenté des arguments non sans affinité avec les siens.

Aujourd'hui, le positivisme scientifique donne un spectacle analogue ; mais tout est transaction et compromis en ce monde. Que dirait Voltaire lui-même de la valeur de ses dédains en face de l'étude comparative des religions qui a transformé les croyances religieuses en instrument essentiel d'observation historique ? Qui assure également que la science du xxᵉ siècle aboutira aux mêmes conclusions que celle du xixᵉ, en ce qui concerne le positivisme scientifique ?

Ce qu'avant tout il importe, du moins, de préciser, c'est la source à laquelle viennent s'inspirer quelques-uns de nos savants.

« La liberté » (un principe naturel que l'homme puise dans un instinct inné d'indépendance), la liberté, lorsqu'elle est expliquée par leurs concepts, « est frappée à mort, dit M. Boutroux, et avec le temps doit disparaître [1] ». Et pourquoi disparaître ? Parce qu'un vrai panthéisme est en train de « transformer la volonté de l'homme en illusion ». Il y a 50 ans, de telles propositions restaient encore inexplicables faute de termes de comparaison. Aujourd'hui, au contraire, que l'antiquité est mieux étudiée, on constate que le présent ne fait que donner la réplique aux concepts d'après lesquels il y a

1. *Revue Bleue*, 30 juin 1888, p. 107.

quelque mille ans une science sacerdotale, non moins panthéiste que la nôtre, a pu décréter que la liberté, le libre arbitre devaient être déniés à l'individu, n'étant pas compatibles avec l'ordre cosmique.

Seulement nous n'allons plus maintenant à l'aventure. Nous avons un critérium pour nous diriger, et c'est le courant supérieur qui marque le terrain lorsque nous le surprenons ainsi « tâtant le pouls à la science ». Et à quel moment? Lorsqu'au lieu de troubler l'entendement des foules, l'idée morale, sa volonté puissante, restent plus que jamais nécessaires à l'équilibre des esprits. Pourquoi le courant supérieur marque-t-il le terrain? Parce qu'il sert à discerner la « chronologie des idées », et de dangereux raccords avec des époques reculées où l'esprit humain restait asservi. Voilà un outil de précision tout comme le courant naturel. Il dénonce les cas de « force majeure » dans l'histoire de l'Occident, comme dans celle de l'Orient. La seule différence, c'est que de tels cas ont été réglés jusqu'ici chez nous par l'esprit classique.

Le but auquel nous tendons en abordant cette seconde partie c'est de rétablir la concordance voulue entre les époques fort différentes que tour à tour étudient le livre Ier et le livre IIe, car il y a dès le commencement à justifier de l'unité de moyens et d'idées poursuivis dans le cours de cet ouvrage. Une démonstration non moins importante à établir clairement, c'est qu'il y a une Europe classique et une autre qui l'est beaucoup plus d'apparence que de fait. La vraie façon de s'en convaincre serait de voir comment le milieu dont est sorti chaque peuple européen a reflété des idées fondamentales chargées de présider à ses sociétés. Il faut, pour arriver là-dessus à quelque chose de précis, un long travail d'analyse. La meilleure entrée en matière serait évidemment un essai de chronologie des phases successives de la pensée occidentale. Mais cela ne 'suffit pas; l'étude que nous faisons est une enquête permanente sur le mécanisme et la vraie direction de l'histoire.

Déjà nous comprenons par certains exemples l'influence considérable que par des retours dangereux vers son passé le vieux fonds anticlassique peut exercer sur la civilisation européenne.

Nous ne visons pas uniquement du reste ici les analogies rapprochant les unes des autres les époques les plus éloignées. Il nous faut un ensemble de détails. Et ce n'est pas seulement suivant les siècles que les niveaux diffèrent, même en Occident. A toutes les époques, au contraire, malgré ce frottement incessant entre civilisés, chacun des peuples européens a varié. Suivant la date plus ou moins ancienne de sa civilisation, chacun a reçu une empreinte différente. Il y a des raisons par exemple pour que l'esprit d'un Français, d'un Anglais, d'un Allemand, ne soit pas le même aujourd'hui.

Avant d'accuser sa forme définitive, la pensée humaine a partout à traverser des phases nécessaires. Ce n'est que pour constater ce fait que, dans le cours de cet ouvrage, il sera insisté sur l'ancienneté d'une civilisation comme le meilleur véhicule de ses développements tant que sa sève est demeurée vigoureuse et forte. De là à faire consister invariablement la supériorité d'un peuple dans son antériorité sur d'autres nations, il y a loin. Un peuple très ancien a pu en effet perdre sur sa route des qualités essentielles que d'autres plus récents ont conservées. C'est en tant que race latine, ce qui pourra être objecté aux Français, eux qui par tempérament congénial ont, sans respecter assez le passé, toujours poussé en avant dans la voie des idées nouvelles. En revanche, du moins en théorie, il est impossible de nier aux grands problèmes qu'ils remuent un caractère d'avancement supérieur.

Attachant par cela et non sans raison une grande importance au phénomène de transmission des mêmes idées et de leur répercussion au milieu des grands centres européens des temps modernes, nous voulons en appliquer des exemples. Et suivant le milieu dont ils sont sortis, quels peuples ont reflété d'une manière plus originale des idées fondamentales chargées de présider à leurs sociétés que les Anglais, les Français et pour ce qui concerne notre temps en Allemagne, les Allemands du Nord ? Aussi est-ce par ces trois grands types caractéristiques de la société d'Occident que nous prétendons obtenir à la fois la vraie définition d'un monde classique, en même temps que la constatation des lacunes observées chez les peuples qui sont plus classiques de nom que de fait. Occupés de la marche et du développement de l'entendement humain, nous trouvons dans un tel parallèle un beau champ d'exploration et ainsi se justifiera notre thèse qui subordonne toutes choses aux idées directrices de l'esprit, et où le « processus classique » représente un instrument perpétuel de mensuration.

Mais étudier seulement ces caractères, l'histoire en mains, serait une tâche incomplète pour quelqu'un qui comme nous se propose de pénétrer au cœur de ces annales afin d'en découvrir les secrets. Voilà pourquoi nous devons rappeler les instrumen de précision jusqu'ici trouvés pour simplifier notre travail : mécanisme des migrations, analyse historique, méthodique ou scientifique et, pour commencer, essai de chronologie des phases de la pensée humaine à l'aide du courant supérieur, application des lois naturelles à l'histoire pour montrer parfois leur contradiction absolue avec celles dites scientifiques : la loi d'un progrès indéfini, par exemple, théorie toute récente, que contredisent les annales du monde moderne lui-même, car la Grèce et Rome présentent des génies que nous n'avons pas surpassés, ni même encore parfois complètement égalés. Il est vrai que les théories scientifiques, comme il est facile de le voir par leurs évolutions, se succèdent et se contredisent, si bien qu'il arrivera peut-être un temps où l'histoire pourra dire que ce n'est pas là qu'on trouvera quelque chose de stable à comparer aux lois naturelles dont elle-même sert de démonstration. En attendant, c'est à l'aide de ces dernières que nous devrons examiner d'abord comment les lois topographiques forment une des bases de la solidité d'un peuple ; et la géographie physique de l'Angleterre, de la France, de l'Allemagne nous fournira la démonstration demandée.

Puis interviendra la loi de croissance qui régit les cadres des États. Nous ne parlerons de la naissance et du développement des cadres, que bien informés. Nous en avons expérimenté naguère les lois pour les Grecs et les Romains, en nous étayant sur le courant naturel dont la Grèce et Rome sont sorties.

Il y a un cadre pour l'Empire allemand comme pour l'État anglais. Mais par suite de lacunes fondamentales, c'est seulement l'Empire prussien, c'est-à-dire les origines de l'État prussien qui commanderont notre attention.

Nous espérons du reste établir la discussion sur un terrain vraiment solide avec des expériences assez claires pour, chaque fois que des lacunes existent, pouvoir signaler les différences de croissance entre les divers états mis en parallèle. Ces cadres ont de plus entre eux cela de commun que jamais la science avant le xixᵉ siècle n'est intervenue dans les sociétés qu'ils ont formées.

Dans les viiiᵉ, ixᵉ et xᵉ chapitres, nous aurons donc réuni un ensemble de documents résultant de lois naturelles, mais ce sera le prologue d'opérations plus raisonnées encore. Il s'agit du « processus » comme des résultats de la pensée humaine aux temps modernes. Il faudra en conséquence analyser les sources de l'esprit anticlassique en Occident, afin de nous initier à un des éléments constitutifs de l'Europe contemporaine.

L'idée pure dans le critérium classique, le fait concret, brutal parfois, dans le critérium où survit l'esprit anti-classique, voilà un sujet permanent de graves divergences à élucider, puisqu'elles sont chargées de fournir la clef de bien des points obscurs de l'histoire de nos jours ici visée avant tout.

Un tel but doit être d'autant moins abandonné que nous sommes désormais renseignés sur les civilisations passées.

Nous savons pourquoi les fausses conceptions de la science orientale ont modifié l'aspect, entravé la croissance d'une partie notable du genre humain. Nous avons vu par le naufrage de la cité grecque que la philosophie d'Occident elle-même, avec d'incontestables bienfaits, apportait aussi ses dangers aux hommes. Nous n'ignorons pas en un mot que la culture la plus brillante a ses lacunes comme ses hypocrisies. Et cependant quels problèmes plus utiles à approfondir, puisque la civilisation actuelle, la philosophie et la science contemporaines ne font que préparer l'avenir?

CHAPITRE IX

LA FORMATION DE L'EUROPE DES TEMPS MODERNES. —
APPLICATION DES LOIS NATURELLES DE L'HISTOIRE. —
L'ASSIETTE GÉOGRAPHIQUE DES FRANÇAIS, DES ANGLAIS,
DES ALLEMANDS

La solidité d'un peuple est d'abord basée sur sa
géographie physique.

Il y a des lois naturelles dans l'histoire. On peut d'autant moins se refuser à les accepter que la vie des
peuples est forcée d'y obéir. L'Orient est là, le premier,
pour montrer comment la géographie physique peut
influer sur l'avenir de certaines régions. Il y a en Asie des
zones où la vie sédentaire s'offre d'elle-même à l'homme
et où les premiers empires se sont élevés. En face de
ces zones s'ouvrent la steppe et le désert, où l'existence
nomade du pasteur est seulement praticable. Ce n'est
pas là uniquement où se rencontrent les fatalités comme
les avantages de la géographie physique. Pour nous en
convaincre et en faire les applications aux trois types
comparés ici, passons en Europe.

Il est des gens qui pourraient être surpris lorsqu'on
leur prouverait pièces en mains comment deux peuples
célèbres voisins l'un de l'autre ont pris un esprit différent, quoiqu'à l'origine leur race, leurs mœurs, leurs
instincts soient absolument identiques. Et pourquoi

cette anomalie ? Il faut en chercher surtout la cause
dans des raisons topographiques. Peu après l'entrée des
Francs en Gaule, les Anglo-Saxons commencèrent leur
long exode maritime vers la Grande-Bretagne. Canton-
nés depuis lors dans leur île, c'est sans intervention
étrangère autre que les invasions parties plus tard, ou
originaires de la patrie primitive, qu'ils ont conduit leur
développement germano-scandinave à l'apogée de la
civilisation. Ils ont même depuis lors présenté à l'attention de l'Europe une formation qui a parfois pu servir
de modèle à celle-ci, parce que c'est celle, comme dira
M. Lavisse, où l'équilibre, l'accord entre les classes ont
réussi à s'établir et à durer le plus longtemps sans que
la royauté absorbât tout à son profit. En attendant, un
fait domine cette histoire, on trouve là le développement le mieux réussi de l'esprit insulaire.

Quoiqu'une partie de leur territoire soit baignée
par la mer, les Français au contraire sont restés avant
tout continentaux et ont subi l'influence du sol gallo-
romain. Héritiers du passé impérial, rayonnant dans
l'axe de l'Église romaine à la grandeur de laquelle ils
avaient singulièrement contribué, par l'évolution graduelle de leur société, à l'aide de leur monarchie qui s'est
appuyée sur le droit divin à l'instar de Charlemagne,
les Français, comme tout semblait les y conduire, sont
rentrés de plain-pied dans la tradition romaine.

Il y a bien une distinction à faire pour les deux
nations que nous opposons l'une à l'autre, et elle est
majeure. En Gaule, ainsi que l'a prouvé M. Fustel de
Coulanges, les Gaulois avaient absorbé les Francs. Les
Anglo-Saxons ont recouvert au contraire les Celtes et
autres congénères. Dans tous les cas, observe à son tour
M. Sorel, quelle survivance chez nous du passé de voir

en France l'objectif niveleur des Romains tour à tour
poursuivi avec une âpreté égale par les deux extrêmes,
par la monarchie absolue tout d'abord, ensuite par la
démocratie radicale qui, en 1792, renversa la Royauté !
Qu'on ne vienne pas dire après cela que les peuples ne
doivent pas compter avec leur passé. Il y a là évidemment des survivances du sol.

Nous aurons à dresser un tableau des lois topographiques ; elles ont contribué à faire une Allemagne du
Nord et une Allemagne du Midi. Elles ont singulièrement influé sur la constitution définitive de la société
anglaise et aussi sur l'avenir de la France, en préparant
la solidité de son assiette. Dans un examen préalable il
nous a semblé toutefois indispensable de marquer tout
d'abord ce qui, grâce à la géographie physique, sépare
naturellement l'Anglais insulaire, l'inventeur du constitutionalisme, du Français qui a mené à fin la Monarchie absolue. Nous verrons bientôt cet Anglo-Saxon,
conservateur passionné de survivances anticlassiques,
de traditions qu'il aimerait à faire remonter aux temps
germano-scandinaves, en opposition marquée avec le
type du Français continental, novateur, niveleur radical ; lequel ne devrait pas être si souvent en guerre
avec la tradition, puisqu'il est classique par tempérament. Et cette antithèse, si nous la signalons dès le début, c'est qu'elle sera poursuivie jusqu'à la fin de notre
livre. Nous sommes là en face de deux caractères de
bonne heure vraiment originaux, tandis que la personnalité de l'Allemagne ne s'accuse que plus tardivement.
Examinons maintenant les lois topographiques auxquelles obéissent ces trois États.

I

C'est par la France et sa géographie physique que nous commencerons. Pour nous servir d'une expression pittoresque de M. Bigot [1], la Gaule, voilà « la vaste cuve » où sont venues fermenter, en Occident, les races et les idées qui émigrent comme les hommes ; soit venant par le Midi, soit débouchant du Nord, soit arrivant par l'Est, les hommes n'avaient pu se diriger ailleurs sans passer ailleurs que là. Ils y sont restés retenus autant par le climat de la Gaule et par son sol, que protégés par ses barrières naturelles. La fusion des races et des idées s'y est ainsi conduite à un degré supérieur, d'autant mieux que la nature y a placé des fleuves si bien distribués qu'à l'intérieur, comme de vastes artères, ils font partout circuler l'activité, la vie, et leurs communications faciles ont puissamment contribué à l'unité d'un peuple.

On peut, dit M. Maury, comparer les invasions à la marée qui monte et suivant la puissance du flot s'avance plus ou moins en avant. L'invasion des Ibères et des populations qui arrivèrent ensuite par le Sud est reproduite par celle des Sarrasins, également venus d'Afrique, et dont le flot dépassa l'Espagne jusqu'au moment où en Gaule d'autres populations leur barrèrent le passage.

L'invasion des Celtes par le Nord fut si abondante qu'elle déborda en Espagne. Les Goths, les Alains traversèrent les Pyrénées ; les Vandales se répandirent même en Afrique. L'invasion des Francs est la conti-

1. *Revue Bleue*, mars 1883, p. 358.

nuation des invasions des Belges et des Cimbres. Les
Cimbres vinrent se perdre au pied des Pyrénées, tandis
que les Francs peuplèrent la Gaule.

Si l'on se reporte aux migrations venues des contrées
que baigne la Baltique, on trouve des routes identiques
pour les invasions. Dans leur marche de l'Est à l'Ouest,
elles vinrent s'arrêter court devant la grande barrière de
l'Océan. La frontière de mer s'étend en effet du Nord-Ouest
et de l'Ouest au Sud-Ouest. Au Sud, défendue plus efficace-
ment par un grand massif de montagnes, — les Pyrénées,
— la France, baignée par la Méditerranée, voit du Sud-Est
à l'Est se dresser les contreforts des Alpes. En revanche,
de l'Est au Nord-Ouest s'étend une frontière dans la
majeure partie de son étendue toujours ouverte, chemin naturel des invasions comme des migrations depuis
les premières invasions dites indo-européennes, c'est-à-
dire si l'on vise les Gaulois, cinq à six siècles avant les
Belges. Ceux-ci pénétrèrent il y a vingt à vingt-un siècles
environ par le Rhin entre Tolhuys et Cologne, — autrement dit par la route en sens inverse de Louis XIV en-
vahissant l'Allemagne en 1670 [1]. Les Cimbres, au contraire, ont passé par la Meuse moins défendue, et de
là gagnèrent tout droit la Saône et le Rhône. C'est le
second principal passage vers le Rhin.

Mais n'envisageons que ce qui des invasions s'est arrêté en Gaule pour y former ensuite un ensemble compact ainsi que le voulait la nature. Or, pour nous en
tenir à la nation française, jamais elle n'abaissa impunément ses barrières montagneuses des Alpes et des
Pyrénées. Les guerres en Espagne lui ont laissé de cui-

1. Il faut en effet chercher dans ce vaste périmètre des gués
praticables. Vers Mayence, Worms et Strasbourg, le Rhin est
moins facilement franchi. (A. Maury.)

sants souvenirs, et les guerres d'Italie, M. Sorel vous dira
que tout au moins les anciennes, sont des guerres de
magnificence.

Qui a au contraire maintenu le pays en éveil, aiguisé son esprit belliqueux ? C'est la menace de sa vaste
frontière ouverte à l'étranger de l'Est au Nord-Est. C'est
également parce que le Français a eu sur son propre territoire à l'Ouest un ennemi redoutable, qu'il a senti le
besoin de trouver auprès du souverain un point de ralliement. Tandis que l'histoire de l'Angleterre se résume
par les mots décentralisation graduelle de la royauté,
la Monarchie française s'est renforcée par les dangers
que l'intégrité du sol de la patrie a courus.

II

Passons maintenant à l'Angleterre et à sa géographie
physique, dont l'influence réclame une grande place
dans son histoire.

L'Angleterre, ce type du développement insulaire, sem-
blerait au premier abord la terre des contradictions.
Est ce que la société sortie de la conquête de Guillaume
le Bâtard, basée sur une monarchie puissante, pouvait
faire prévoir que ce serait le pays qui, parmi les grandes
nations de l'Europe, donnerait le premier un vigoureux
essor au libéralisme? Qui l'eût crue capable en outre
d'imprimer une telle impulsion à la navigation, aux
colonies, à l'industrie et aux trafics internationaux, à la
juger par son état agricole et pastoral jusqu'après les
Tudor? Eh bien! rien ne donne un aspect logique à ces
évolutions comme d'en rechercher la source dans la

nature, dans la configuration de la contrée. Si les pro-
priétés spéciales du sol ont été mises tour à tour en valeur par des populations laborieuses, si un esprit naturel à la fois d'association et d'initiative n'a point cessé
de s'exercer, c'est qu'une activité aiguisée par le milieu
où elle se déployait a toujours réagi contre les tristesses
d'un climat du Nord, et rien de tel pour conserver et
développer les qualités des ancêtres.

Confinés d'abord dans leur île, les Anglais ne pouvaient échapper à leur destinée de peuple navigateur et
commerçant. La nouvelle route des Indes et la découverte des Amériques devaient en décider. Nous racon-
terons les phases de cette transformation au xvie et au
xviie siècle. Au xviiie, ils avaient déjà le sceptre des
mers et attiraient les yeux de l'Europe non seulement
par la solution du constitutionalisme donnée à leur problème gouvernemental, mais parce qu'ils inauguraient
déjà une ère franchement industrielle, nouveau problème, — économique, cette fois, — mais non moins
important pour notre xixe siècle.

Les Anglais tels que nous les voyons aujourd'hui sont
bien un produit « sui generis ». Si des territoires bai-
gnés par la mer les avaient faits peuple commerçant et
maritime, leur sol devait encore, au xixe siècle, leur
venir en aide avec ses mines de houilles chargées d'a-
limenter les machines de leurs usines, leurs chemins de
fer, leurs flottes marchandes, leur marine de guerre. Et
cela parce que l'application de la vapeur, venant décu-
pler les ressources de la nature a précipité l'élan d'un
essor économique dont l'Angleterre avait surtout donné
le signal à l'Europe. Tenaces, les Anglais ont poursuivi
résolûment leur route. Aussi, ce sont des problèmes
nouveaux que l'existence de la Grande-Bretagne soulève

aujourd'hui. Pour en donner une idée, sa population agricole se présente désormais en disproportion avec celle de ses centres industriels et miniers. L'area du sol confié à l'agriculture est chaque jour rétréci par de nouvelles usines travaillant à toute vapeur. Devenus industriels avant tout, les Anglais ont personnifié le règne de l'industrie. Leur balance économique désormais consiste, — à condition de pouvoir échanger leurs produits manufacturés par toute la terre contre des matières premières, — à demander les produits alimentaires non plus à leur propre sol, mais à celui de l'étranger. Jusqu'ici cela semble le triomphe de l'économie politique par la vie projetée au dehors. Mais à cela il faudra toujours sa contre-partie; et ce n'est plus la « Grande » Bretagne d'autrefois. L'Angleterre, métropole disproportionnée comme tête, devant les membres démesurés de son corps, s'efforce à devenir une « Greater Bretain » (une Bretagne plus grande). Nous contemplons dès lors un de ces types à part. Grâce à l'activité fiévreuse d'un incessant développement colonial, le Royaume-Uni continuera, tant que les mers seront libres, à fournir l'aspect d'un empire de 300 millions de sujets, dont les flottes retrouvent, pour y atterrir, une terre anglaise jusqu'aux plus extrêmes points du globe.

III

L'Allemagne, la Prusse et leur géographie physique vont être à leur tour examinées, et leur étude est un enseignement pour l'histoire.

Rappelons que la question ici traitée : la solidité d'un peuple au point de vue de sa géographie, doit trouver son complément à l'aide des lois réglant les cadres de trois états mis en parallèle. Or, ces lois elles-mêmes ne sont pas sans puiser leur raison d'être dans la nature. Ainsi comment la France a-t-elle trouvé sa force et sa cohésion dans la monarchie? C'est par des circonstances topographiques ayant, comme nous l'avons vu, contraint la nation à se grouper autour du roi, solution fort inattendue pour quiconque considère ce qu'ont été les premiers Capétiens dans la France féodale.

L'Angleterre nous montrera bientôt, à l'aide de son histoire, comment est intervenue la nature dans le règlement de son cadre monarchique, car son constitutionalisme est surtout un produit de son sol.

Quant'à l'Allemagne, M. Lavisse, après M. Himly, remarque non sans raison qu'elle manque de ce phénomène physique dominant qui impose son unité supérieure à la vallée du Rhin et à la plaine de la basse Allemagne. Là est un des secrets de son long arrêt de développement, avec un Saint-Empire germanique qui, jusqu'au XIXe siècle, n'avait jamais pu aboutir.

Ce qui offre donc quant à présent avec le nouvel empire d'Allemagne un intérêt immédiat, c'est un bref examen de la position faite par la géographie à la Prusse. Nous contemplons même là une constitution toute politique. Rien de plus instructif en effet, au sujet de la constitution normale des états, que d'opposer les frontières naturelles de la Grande-Bretagne et de la France, — deux nations ayant poussé leurs racines profondes dans l'histoire, — aux frontières artificielles dont, pour exister, a dû se contenter d'abord l'État prussien, qui commença au moment de l'apogée de la monarchie française. M. Lavisse rappelle que le noyau primitif de la Prusse, pour se défendre solidement, ne trouva pas

comme tant d'autres « l'appui d'un grand fleuve, ni
« d'une chaîne de montagnes, et que longtemps il a fait
« des pointes impuissantes vers la mer ». Or, le dilemme
de l'invasion s'est de tout temps posé plus simplement
pour la France et l'Angleterre, appelées à exister d'une
façon ou d'une autre, alors qu'elles seraient envahies.
Celles-ci ne se sont jamais trouvées dans le cas de la
Prusse qui, du XVIᵉ au XVIIIᵉ siècle, a failli plusieurs fois
disparaître de la scène du monde faute de frontières
résistantes.

Or, il est tout au moins curieux aujourd'hui de constater que si l'Europe est sur le pied de guerre, c'est parce
que les circonstances ont contraint la Prusse à devenir
« un camp retranché » au milieu de l'Europe.

Et ceci, au lieu pour l'historien d'être un grief, appelle
l'hommage involontaire rendu à la ténacité comme à la
tactique supérieure de ceux qui tour à tour ont conduit
l'État prussien à des développements extraordinaires.
On peut voir là, à côté des lois naturelles qui ont tant de
poids dans la balance de l'histoire, la puissance d'une
idée guerrière.

Par cela même qu'elle a été mise implacablement à
exécution pendant des siècles, cette idée a peu à peu
triomphé des obstacles de la nature en même temps qu'elle
a contribué puissamment à établir un cadre prussien.
En effet, c'est faute de pouvoir appuyer sur des frontières naturelles ses états mal reliés entre eux, c'est par
la nécessité de braver la menace permanente de l'étranger que l'électeur de Brandebourg, ensuite le roi de
Prusse, fut contraint à se créer par tous les moyens une
armée à lui. Et, ne vous y trompez pas, si la Prusse ne
disparut pas de la carte de l'Allemage, c'est par la lente
invasion, d'abord comme « mercenaires » sur tous les

champs de batailles de l'Europe, — non de ce peuple
qui a une armée, — mais de cette armée, qui a un peuple pour la nourrir et pour la maintenir sur pied de
guerre, des souvenirs dont elle resta comme encore aujourd'hui l'idée fixe. On a raillé le roi caporal, et Frédéric II comme philosophe pouvait faire fi du capora-
lisme, mais si Frédéric-Guillaume n'eût pendant 17 ans
chaque jour exercé ses troupes, elles n'auraient jamais
vaincu à Rosbach, avec Frédéric II, l'Allemagne et la
France.

La puissance d'une idée guerrière, la menace permanente de l'invasion, deux faits secondaires pour l'Angleterre insulaire, ont donc entretenu un tempérament
belliqueux en Prusse comme en France, et la nature
décida ainsi du rôle des Prussiens dans l'histoire. En
cette étude, où l'esprit du Nord doit être particulièrement mis en relief, nous devions donc, sans craindre des
longueurs, nous arrêter à ceux qui, à partir du xviiie
siècle, en devinrent les purs représentants. Il fallait en
outre indiquer un des côtés réels de cet esprit guerrier
commun aux Germains comme aux Gaulois, mais qu'ici
on peut nommer borusce, lithuano-slave, autant que
prussien proprement dit. Rien ne représente si bien
l'Allemagne du Nord tout imprégnée de souvenirs teu-
toniques, c'est-à-dire scandinav-ogermaniques, souvenirs
qu'interprètent principalement des populations mélan-
gées de Slaves, plus tardivement cultivées, d'une écorce
rude, brutale même, mais d'une vitalité étrange. Tout cela
est personnifié par ce qu'on appelle « la politique des
bords de la Sprée ». Celle-ci offre une variété du féodal
Teuton, raffinant à contrepied de cette diplomatie au-
trichienne fastueuse et formaliste, aristocratique et obsé-
quieuse, mais qui elle aussi triomphait autant dans le

concert européen par la puissance de ses combinaisons politiques que par les armées impériales.

Depuis la date où, avec le vrai fondateur de la puissance prussienne, le Grand Électeur, on vit chaque jour, comme l'a dit M. Lavisse, « un combat d'audace ou d'astuce, une trame politique préparée, un traité double, un serment violé le lendemain, mais où, somme toute, une œuvre extraordinaire fut accomplie ». On rencontrera à chaque pas des traits d'atavisme que l'historien peut poursuivre jusque dans des familles de souverains. Non pas qu'il soit d'usage de blâmer les princes qui, pour obtenir la fin, emploient les moyens, mais ici c'est typique. Il surnage une couleur locale qui vient justifier de la contrée. Quel peintre de mœurs, que le grand Frédéric, prince royal, se rendant en Prusse, nouvel Ovide chez les Sarmates, et faisant ses confidences à Voltaire !

L'on ne s'explique bien la politique allemande triomphant au XIXᵉ siècle que lorsqu'au XVIIIᵉ on voit de quelles traditions elle est sortie. Il faut suivre également avec M. Lavisse l'éducation de la jeunesse de Frédéric II sous la direction de son terrible père Frédéric-Guillaume, qui le roue de coups et poursuit sa fille avec sa béquille. C'est un tableau de famille peut-être excusable, mais il avait ses répétitions dans les audiences d'ambassadeurs étrangers recevant leur déluge de gros mots, avec le ministre d'Angleterre menacé du pied [1].

Continentaux, les Allemands le sont comme les Français, mais ceux-ci n'ont plus à faire un caractère. De même les Anglais confinés dans leur île ont développé

---

1. Lavisse, *Histoire de l'État prussien.* Notes de cours à la Sorbonne.

un tempérament parfois trop exclusif. A l'opposé, par l'avènement des Prussiens, c'est un caractère nouveau que les Allemands sont en train de se façonner.

Nous venons de voir comment la nature du sol intervient dans chaque contrée sous des formes bien différentes dans la constitution comme dans la politique du pays. Il n'est donc pas inutile pour l'historien de prétendre, quoique la Prusse ait présenté l'exception, que « la solidité d'un peuple est d'abord basée sur sa géographie physique ».

Une seconde loi naturelle non moins importante, c'est celle des cadres, intérieurement étudiée déjà, mais qui ici sollicite assez notre attention pour devenir l'objet de développements spéciaux.

CHAPITRE X

LA FORMATION DE L'EUROPE DES TEMPS MODERNES. — DES
LOIS NATURELLES DANS L'HISTOIRE. — LES CADRES DES
ÉTATS ANGLAIS, ALLEMAND, FRANÇAIS. — EN QUOI,
DÈS LE DÉBUT, L'ANGLETERRE DIFFÈRE DE LA FRANCE

Si, tout en établissant la notion des degrés différents
du devenir humain, vous voulez montrer qu'on peut
être malléable sans perdre de son originalité ni de sa
virilité, tandis que cette plasticité reste compatible non
seulement avec la durée, mais avec la prolongation de
l'existence d'une grande nation, vous en trouvez l'occasion ici. Ce sera dans cette *finis terræ* des migrations,
des invasions de tous les temps, n'ayant pas en Occident
dépassé le continent, c'est-à-dire dans la contrée recevant le nom de Gaule, d'une tribu nommée « les Gaulois » parmi ses envahisseurs proto-germains, et qui
ensuite, après bien des siècles, s'appela la France par
l'accession de la confédération des Francs dans cette
même Gaule devenue romaine.

Lorsque l'Allemagne présentera ses titres à diriger les
idées en Europe, elle se heurtera toujours à des droits
chronologiques, à quatre transformations, en un mot,
ayant donné certainement un cours nouveau à l'histoire
générale, et la première notamment lorsque la Ger-

manie n'existait ni comme nation, ni même comme
contingent connu de l'histoire.

1° Un empire gaulois, ou, si vous le préférez, une
domination gauloise.

2° Une Gaule romaine, c'est-à-dire un vrai changement à vue par la conquête de Jules César, où le peuple
gaulois fusionne avec la culture gréco-latine et devient
un des boulevards autant qu'un des centres intellectuels de l'Empire romain. Troisième avatar : Au milieu
des ruines de l'Occident romain, la Gaule commencera
à s'assimiler les Francs et les Burgondes, élément considérable dans le monde barbare, mais déjà ami, car
il est entré sur son sol en allié, non en conquérant, et par
un accord commun. Quatrième avatar : L'empire de
Charlemagne est sorti de la fusion des deux races celtique et germanique romanisées par l'ère mérovingienne. Alors l'Allemagne des Carlovingiens n'est encore appelée que la « Francia Orientalis », la France
de l'Est dans la France impériale, pas plus grande du
reste alors que, treize siècles auparavant, une Gaule dont
la domination remontait jusqu'en Grande-Bretagne, dit-
on, et où du moins la langue celte était couramment
parlée comme en Germanie.

C'était ici le lieu d'enregistrer ces droits chronologiques. Revenons maintenant à notre sujet.

Après avoir traité de la solidité d'un peuple au point
de vue géographique, élargissons la question à l'aide de
lois régissant les cadres des États, lois sujettes elles-
mêmes aux influences topographiques. Nous allons
même voir par l'exemple de la Grande-Bretagne comment la nature peut revendiquer ses droits et rétablir
un cadre. Par l'exemple de la France, il sera de même
confirmé qu'un cadre ne perdra pas de sa solidité à dé-

velopper une race qui, tout en restant saine et robuste,
n'a jamais cessé d'être malléable.

I

La croissance d'un peuple dépend de l'assiette régu-
gulière et du développement normal de son cadre. Le
cadre du Saint-Empire germanique permet-il cette
complète démonstration ?

La Gaule avait subi une influence latine étrangère à
la Germanie, sauf sur le Rhin. En dehors des provinces
rhénanes, la Germanie ne fut jamais latinisée. La
preuve c'est que les missionnaires venus de France et
d'Italie pour introduire le christianisme n'ont pas trouvé
là la société préparée comme chez les Latins ; aussi pas
d'Église germanique vraiment latine, comme en Gaule,
et faible rôle du clergé latin en Germanie sous les Carolingiens.

Un empereur romain à Trèves était en dehors du rayon
de l'évêque de Rome. Charlemagne portant sa capitale
à Aix-la-Chapelle ressuscitait à son profit l'empire d'Occident avec la même indépendance. Il continuait la
mission romaine en soumettant tour à tour à son hégémonie les Bavarois, les Saxons, c'est-à-dire les habitants des territoires d'où partaient jadis les invasions qui
avaient couvert l'Empire romain.

L'Europe a dû à l'empire de Charlemagne beaucoup
de ses grandes bases sociales, puisque l'Angleterre,
entre autres, semble lui avoir emprunté plus tard ses
« missi dominici ». Mais l'œuvre carolingienne peu à
peu se désagrégea.

La France fut alors éprouvée, désorganisée; cependant elle n'en demeura pas moins une contrée centrale pour la civilisation latine. De même que dès les temps où l'Italie était piétinée par les invasions des Hérules, des Goths, puis des Lombards, peuple barbare, tout un monde latin s'était groupé en Gaule, de même alors un clergé plus instruit que le clergé mérovingien avait, grâce à la discipline, à l'érudition de la renaissance carolingienne, relevé le niveau de l'esprit classique traditionnel, si bien que la France peut encore, au dernier tiers du xie siècle, plus que partout ailleurs, être considérée comme un centre pour la latinité. C'est visible par Hincmar, par les conciles, par les institutions, par Charles le Chauve qui laisse, en dépit des invasions qui ravagent la France, l'impression d'un vrai lettré. C'est visible par cette école du Palais, sous la direction de Scot Érigène, et où l'on doit chercher, comme sous Charlemagne, une des vivantes et rares expressions à cette époque de la culture intellectuelle européenne.

La *Francia Orientalis*, l'Allemagne, en revanche, faiblement latinisée, était absolument étrangère à l'esprit classique. Ce monde allemand, devenu l'héritier de l'Empire romain, ne pouvait plus être appelé barbare, mais il avait gardé les mœurs batailleuses de ses ancêtres et leur tempérament envahisseur. Il faut arriver à Philippe-Auguste pour trouver la monarchie française assez forte pour maîtriser le flot germanique. La victoire de Bouvines sur Othon IV resta une date mémorable dans nos annales.

Est-ce à dire que l'idée impériale n'ait pas, de l'autre côté du Rhin, rencontré de puissants interprètes comme un Henri l'Oiseleur, qui fonda la bourgeoisie allemande, comme un Othon le Grand, qui essaya de remonter à

Charlemagne. Le grand écueil néanmoins fut de bonne heure l'Italie, cet invincible aimant attirant de tout temps hors de l'Allemagne les Césars germaniques. Mais du moment où les Italiens virent succéder pour empereurs aux Carolingiens, tantôt un Saxon, tantôt un Franconien, tantôt un Souabe, cette domination, ces caractères allemands leur devinrent odieux, et la résistance s'organisa. Les papes, par la querelle des investitures, y donnèrent une acuité singulière. Ce fut la guerre en permanence. L'Italie se partagea en Guelfes et en Gibelins.

C'est en Italie en revanche que les Allemands vinrent se dégrossir et puiser ce tempérament archéologique qui les amena peu à peu à ressusciter les traditions du passé classique. Mais est-il permis d'avancer que l'Allemagne, qui emprunta surtout sa civilisation à l'Italie, même au xiii⁰ siècle, soit déjà en possession d'un esprit original ? A-t-elle eu de ces génies comme un Albert le Grand : ne viennent-ils pas se fondre dans l'Église ? Et Frédéric II, n'est-ce pas là un Italien qui n'a rien de commun avec l'Allemagne ?

On peut donc dire alors et depuis longtemps déjà « puissance germanique », mais culture originale germanique ne peut pas être dit encore.

Dès le xiii⁰ siècle, en outre, une situation déjà difficile à définir, malgré le rôle effectif de grands empereurs comme un Frédéric Barberousse, s'est aggravée surtout en ce qui concerne l'unité de l'Allemagne. L'empire est devenu franchement électif. D'un côté ce sont les princes qui ont eu intérêt à maintenir l'élection pour y participer. La papauté, de l'autre côté, y était entraînée pour garder son droit de confirmation de l'empereur et d'ingérence perpétuelle, puisque les princes peuvent s'a-

dresser au pape pour déposer leur empereur. Celui-ci
n'est qu'un centre fictif du moment qu'il n'a rien du
pouvoir exécutif. S'il confère l'autorité, c'est pour en
revêtir des autorités réelles effectives, mais généralement opérant en dehors de son orbite. Sa grande judicature consiste à nommer des juges qui exercent la
justice autre part que chez lui. Ses attributions sont
d'investir « de droit » le titulaire d'un fief, mais il ne
peut d'autre part en refuser l'investiture au « titulaire ».
De même que quand il veut juger souverainement, à
moins que par sa propre puissance il ne s'impose, une
diète pourra répondre à sa demande par un « veto ».
L'Allemagne ne peut avoir ni une capitale fixe, ni un
lieu invariable pour y tenir les états, la couronne passant successivement à des princes différents.

Comme l'a si bien expliqué M. Lavisse [1], là donc
rien de stable, de permanent, pouvant servir de ce centre
autour duquel vient pivoter l'histoire de tout un peuple,
même comme les Anglais, bien que ceux-ci plus tard
aient tourné au constitutionalisme.

Plus les récents travaux de l'histoire ont sondé un tel
terrain, mieux on s'est heurté à un arrêt de développement. La démonstration complète de ce cadre flottant
étant donc impossible dans le Saint-Empire germanique
jusqu'au XIXᵉ siècle, on sera réduit ici à la chercher
ailleurs. Est-ce à dire pour cela que l'empereur d'Allemagne a cessé d'être une grande image? Elle domine de
loin, au contraire, le moyen-âge tout entier par les grandes questions qu'elle soulève. De près, malheureusement,
insaisissable mirage, elle semble fuir devant les yeux en
dépit de prestigieux décors et de titres pompeux. En

1. Cours de 1889 à la Sorbonne.

un mot, pourquoi l'Allemagne n'offre-t-elle jamais une surface compacte et résistante? Pourquoi figure-t-elle l'opposé de ce qui fait la force de la France, c'est précisément qu'avec les Capétiens la France a eu tout à recommencer. Laissant le prestige à l'Allemagne [1], elle contemple la réalité. Partie dès lors d'un petit but, mais fixe et solide, la monarchie restait investie d'un pouvoir exécutif, et celui-ci a été sans cesse grandissant. Voilà comment l'historien est amené à conclure que si la France est arrivée à l'unité, c'est grâce avant tout à des dynasties royales héréditaires au lieu du principe de l'élection qui, malgré les Habsbourg, est resté la tradition historique de l'Allemagne.

II

A défaut d'un cadre germanique effectif, le cadre de l'État français, de l'État anglo-normand, seront étudiés ici parce qu'ils prouvent sous deux formes distinctes que la croissance d'un peuple dépend de l'assiette régulière et du développement de son cadre.

Nous entrons ici en pleine histoire de l'Angleterre et de la France. La chronologie voudrait le contraire. Il faudra tôt ou tard que nous remontions: 1° aux originel de l'esprit du Nord anticlassique, lesquelles devront nous ramener à des siècles fort reculés; 2° au delà du moyen-âge, puisque nous ne pouvons nous dispenser de dire comment, dès les Mérovingiens, existe un milieu européen fondé sur l'idée classique romaine et chrétienne. Pourquoi n'avoir point d'abord introduit ces

---

1. Le fils de Hugues Capet, Robert, refusa la couronne d'Allemagne.

deux questions qui sembleraient une entrée en matière?
C'est que l'une et l'autre rentrent dans l'analyse de détail venant après.

Le sujet d'ensemble, par lequel nous commencerons,
figure un prologue voulu. Avant d'aborder la définition
de l'esprit classique dans son complet « processus »,
comme cela a été fait pour la Grèce et pour Rome, il faut
rester dans les lignes générales, c'est-à-dire qu'à l'aide des
lois naturelles, et par l'étude seule des cadres de l'État
français et de l'État anglais, il convient de mettre en
pleine lumière deux grands contrastes : 1° chez les Anglais
le triomphe du fait concret ; 2° chez les Français la prédominance de l'idée pure. C'est l'histoire entière de
l'un et de l'autre peuple qui devra servir de base à la
démonstration d'un fonds anticlassique d'un côté, d'un
fonds classique de l'autre.

Chronologiquement la France prendra place la première.

Par la féodalité, une fois l'Empire carolingien passé
aux Allemands, le Français est revenu plus méthodiquement que d'autres peuples à de lointaines origines. Plus
tard, autrement dit, il réalisera d'une manière à la fois
concrète et idéale, sous le règne de saint Louis, la plus
haute expression du patronage, une institution à la fois
gauloise, germanique et romaine. C'est une période insuffisamment jugée en dehors des érudits. Il y a une
raison pour que le moyen-âge ait été fouillé avec tant
d'obstination par nos archivistes paléographes. Il y a lieu
de constater quelle sève vigoureuse puisa la France au
milieu de ce rajeunissement général des peuples, et comment une notable portion du pays s'est habituée à considérer le roi comme une providence dès la grande famille féodale. On reproche de nos jours au cadre fran-

çais d'avoir abouti à la monarchie absolue. On a glo-
rifié au contraire le cadre anglais comme inventeur du
constitutionalisme, mais l'on n'a jamais songé à s'arrêter devant deux formes de croissance opposées. Nous
allons précisément sortir de chacune le développement
logique d'un esprit très différent, nœud de ces deux histoires, où la nature est contrainte en Angleterre d'inter_
venir pour équilibrer un cadre démesuré dès l'origine.

Il ne faut pas remonter pour cela à des époques trop
reculées. Pas plus tard qu'à la formation véritable de
chaque cadre respectif français et anglais, c'est-à-dire au
moment des premiers Capétiens, à Philippe Ier comme à
Guillaume le Conquérant. Ce sera le commencement
d'un point de départ très distinct.

L'histoire de la France semble recommencer quand
le premier roi capétien rentre dans le rang pour être
le « primus inter pares » des grands seigneurs féodaux.
Il faut considérer alors l'arbre de la monarchie trans-
planté dans un cadre restreint, mais sur un terrain
central où, géographiquement et administrativement, il
pouvait le mieux fructifier dès qu'il a pu rayonner partout. L'Ile-de-France, en effet, dit M. Lavisse [1], se compose de fleuves parallèles, la moyenne Oise et la Seine.
Elle est suffisamment éloignée de la mer, mais reliée à
elle par un vrai fleuve. Après avoir été rafraîchi aux
branches, ne dirait-on pas que l'arbre royal n'a pu reprendre des forces avant d'arriver à son véritable devenir, sans traverser une croissance lente et difficile
bien que conforme à la nature, puisque, si ses rameaux
n'ont alors poussé qu'un à un, ils se sont étendus plus

1. En se rappelant toutefois, observe M. Longnon, que les
Capétiens débutèrent par être plus rois vers Orléans que rois
parisiens. (Longnon, cours au collège d France, 1889-1890.)

loin chaque jour. La suzeraineté du capétien Philippe Ier diffère essentiellement de celle de Guillaume le Bâtard, conquérant de l'Angleterre. Quoique le premier soit toujours à guerroyer contre les barons en vrai justicier, ce n'est pas à une violente prise de possession du sol, c'est à ses prérogatives de suzerain, à ses droits à l'héritage soutenus les armes à la main que dès lors la monarchie française empruntera sa force, et c'est ce qui aida surtout Philippe-Auguste à quadrupler son royaume. Avant de prendre par la loi romaine un essor nouveau quelques siècles plus tard, c'est de la féodalité que la royauté a tiré ses vrais éléments constitutifs. Le domaine royal, dit Vuitry, s'est lentement agrandi, mais surtout par des contrats propres au régime féodal tenant plus du droit public que du droit privé [1]. Avant d'incarner l'État-Dieu, le roi, ce degré le plus élevé de la féodalité, représentera un chef de famille exerçant son patronage autant au nom des traditions familiales que des privilèges héréditaires. Organisant ainsi la vie publique, il vivra de ses revenus, à peu près comme ses feudataires; subordonnant à ses besoins personnels, ce que nous appelons aujourd'hui « les services publics », il administrera les provinces comme un particulier exploite ses terres ou un patron commande à ses serviteurs [2]. Insistons donc dès le début sur ce fait saillant en ce qui concerne l'analyse du cadre français, que chacun de ces organismes principaux qui caractérisent une nation a pu, dans la France féodale, être ramené à « ses proportions simples », pour se reconstituer d'abord en chacune de ses parties, avant de fonc-

1. Vuitry, *Régime financier de la France*, p. 21.
2. Vuitry, *Régime financier*, t. I, p. 479.

tionner de rechef « en général » dans le vaste ensemble de la monarchie française.

Nous ne faisons ici que préparer l'étude de l'unité de notre monarchie, en tout temps méthodiquement poursuivie et à laquelle a pu contribuer un roi faible comme un roi puissant.

Les luttes du Saint-Siège et du Saint-Empire, autant de circonstances favorables à la reconstitution de la France. L'ère grégorienne et ses alternatives de courant naturel et de courant supérieur de la théocratie papale, autant d'étapes qui ont de nouveau marqué en Europe la place du fils aîné de l'Église, tandis que chez lui plus tard le gallicanisme lui conférera un pouvoir le disputant à celui de la papauté. Il est facile de montrer qu'à toute époque la royauté française a constamment emprunté sa force à l'air ambiant, et c'est ainsi que sur ce sol gallo-romain les survivances romaines ont presque naturellement fini par triompher. On a si bien obéi en France à un esprit classique, et le cadre monarchique y a abouti à son maximum de croissance si conformément à la logique, qu'après que ce cadre fut rompu tout a été remis en question. Le fait ne s'est pas seulement produit au point de vue de la politique; il a soulevé la question des croyances. En tout temps, le fonctionnement de la royauté avait figuré un organisme jusque-là absolument nécessaire.

Rien que l'histoire de la nationalité française resterait là pour montrer que la France, sans notre vieille monarchie, n'aurait jamais pu arriver à cet état homogène, principale force d'une grande nation capable depuis lors de poser en tout temps dans la balance de l'Europe et même du monde. Voilà un fait d'autant plus équitable aujourd'hui à remettre en mémoire, qu'au lieu de

songer aux antinomies qui séparent nos deux histoires,
le constitutionalisme anglais sert à faire le procès de la
monarchie française.

Même travail de déblaiement en Angleterre, où il faut
choisir entre les faits et la légende. Les historiens britanniques aimeraient à faire remonter très loin les institutions dites germaniques antérieures à la conquête
normande. C'est avec fierté qu'ils rappellent que la
Grande-Bretagne peut être désignée comme la première
contrée de l'Europe où ait éclaté non pas seulement
une insurrection, mais, sous Charles Iᵉʳ, la manifestation
raisonnée et armée de la majorité d'un peuple en faveur d'idées contraires à l'absolutisme ; seulement il
s'agit de savoir si ceci dérive des institutions germaniques. En ce qui les concerne, les témoignages des
Saxons au ixᵉ siècle sont vagues et obscurs dans leurs
pays d'origine, dit Stubbs[1]. A ce sujet, observe M. Maury, il faut se tenir en garde contre l'idée germanique
qui, tenant au xixᵉ siècle à se chercher des aïeux indépendants, les rattache si étroitement à l'Angleterre,
encourageant ainsi les Anglais à donner une entorse à
l'histoire. Est-ce, par exemple, avec leur longue su-
bordination, avec leur soumission louable que les
Allemands de la basse Saxe auraient jamais trahi ce
sentiment violent d'indépendance, aujourd'hui leur
orgueil ?

On n'en sait guère plus au sujet des Angles, des Danois, des Normands, au moment des invasions [2]. Là dessus on peut encore se rallier à l'opinion moyenne de

1. Boutmy, *Constitution de la société politique en Angleterre*,
pp. 6, 7.
2. Boutmy, *ibid.*, pp. 6, 7.

M. Boutmy, un de ceux qui semblent le mieux connaître la constitution du peuple anglais. Nous croyons
même que le moyen le plus sûr, c'est moins de se guider sur les historiens nationaux que par la comparaison rigoureuse entre les cadres anglais et français, puisqu'à un moment donné une nouvelle Angleterre sort de
l'invasion partie de la France, — qui sert de point de
départ à une situation nettement établie.

Remarquez toutefois que ce n'est pas la Normandie
seule qui avait fourni le contingent de l'armée victo-
rieuse, mais une grande partie de la France. Guillaume,
dit M. Maury, n'est pas lui-même arrivé là avec l'esprit
normand sans mélange. Ils se ressent de cette Neustrie
toujours restée romaine en dépit des nouvelles populations survenues. Les Normands, sans perdre aucune
des qualités propres à ce caractère tranché, cause du
rôle personnel joué par eux dans l'histoire, ont su tôt
s'assimiler aux différents milieux. C'est ce que prouve
chez nous la coutume normande, ce vieux témoin, elle
est déjà plus française que normande !

Maître de l'Angleterre, Guillaume n'a pas pu abroger
toutes les lois anglo-saxonnes, mais ce n'est certainement
pas l'idée septentrionale qui a triomphé avec lui : son
Domesday-book le prouve. Voilà le fait historique nettement accusé ; ajoutons-y cependant l'observation psychologique ; l'esprit français reste là interprété par l'esprit
normand qui est venu renouveler l'élément anglo-
saxon et continuer après les Danois le génie scandinave en Angleterre. Dans ce syncrétisme, ce qu'il faut
envisager, c'est le résultat. Cent ans après la bataille
d'Hastings la population anglo-saxonne était déjà étroitement unie aux Normands. On peut donc prononcer
qu'il y avait là un cadre désormais tracé. Quel était-il ?

Cela est d'une grande importance pour les conséquences à en tirer.

Dans des travaux remarquables sur l'histoire d'Angleterre, M. Boutmy a rappelé qu'au moment où tout
a pris de l'autre côté du détroit une forme distincte,
l'historien se trouve en face d'un royaume quatre fois
et demie moindre que la France de nos jours. L'expérience monarchique eut donc un horizon relativement
limité pour s'établir. Elle le fit de plus avec un ensemble
exceptionnel de puissance royale qu'explique une autorité de circonstance. Il y a là par le droit de conquête
un prince et non des princes. Ce n'est pas plus le « primus inter pares » de la cité grecque antique, que le roi
de la féodalité tel qu'on l'observe en France, c'est plutôt le « princeps romanus » en possession de « l'imperium », et tout paraît justifier la survivance de l'idée
romaine que les chroniqueurs en France n'avaient pas
perdue de vue. Si de tels éléments constitutifs sont admis
pour l'Etat anglais, ce n'est pas du libéralisme qu'ont
procédé ces origines.

Comparez à cela un cadre contesté qui nous est connu, le cadre de la monarchie française à la même époque. Ce qui s'y distingue surtout, c'est l'action de la
féodalité particularisant tout si bien qu'elle avait fini
par créer plusieurs peuples dans une nation. Or, quel
problème à résoudre que d'introduire dans un même
moule pour en faire une nation homogène les portions
bien distinctes de ce grand tout divisé non seulement
par les intérêts contraires, mais par un droit coutumier
différent, qui se singularisait au nord, au midi, à l'est, à
l'ouest, au centre, d'après la diversité des zones, des
traditions et même des histoires. Donc, situation aussi
différente que compliquée, et surtout peu favorable à

l'établissement d'une monarchie puissante. C'est à partir d'ici qu'un syncronisme peut être plus régulièrement poursuivi.

En Angleterre, de telles complications ne pouvaient exister. Tout restait simple, parce qu'il n'y avait pas là comme en France une féodalité se développant avec d'autant moins d'entraves qu'elle avait pu ouvertement tout courber sous sa loi. La féodalité anglaise n'eut jamais les coudées franches. Ses revanches contre une royauté omnipotente ont été courtes. Là le souverain a été toujours seigneur « le plus fieffeux » de son royaume. Il n'a pas eu à redouter cette grave question des héritages qui est si souvent intervenue dans notre France pour mettre en péril l'autorité du roi et jusqu'à sa couronne. Épée à deux tranchants, du reste, puisque la royauté s'y est surtout arrondie par les successions et par les mariages.

Divisé à l'infini, de mouvances très différentes, le territoire anglais était si bien réparti en baronnies que nulle part il n'y avait d'immenses fiefs d'un seul tenant comme sur le continent, où un grand vassal pouvait si facilement faire échec au roi. De cette antithèse résultent deux ordres d'idées dont l'exposé à lui seul expliquerait les deux routes différentes adoptées de bonne heure par les deux nations. Les annales de l'Angleterre permettent déjà de demander si certains historiens n'ont pas été jusqu'ici trop systématiques. Un fait positif, c'est que contre un roi qui pouvait tout, la noblesse mal protégée en Angleterre avait été forcée de s'unir aux autres catégories de l'État. Les liens s'étaient ainsi de siècle en siècle resserrés. On vit se former une puissante classe moyenne par la fusion entre les chevaliers et les propriétaires libres. Sauf l'intermède des règnes d'Henri VIII à Élisabeth, la solidarité des groupes a toujours grandi

les résistances. Dès les Tudor la noblesse féodale était
même éteinte. Le Parlement anglais, en revanche, sous
la forme qui lui est restée, existait, dit M. Boutmy, depuis
Henri VIII; et ces grands faits parallèles sont devenus un
acheminement au cadre constitutionnel anglais, qu'on
tendrait à montrer comme une formation originale, et
qui n'apparait primitif que par une illusion d'optique.
La meilleure explication ne se rencontre-t-elle pas dans
la nature ? Celle-ci nous met en face de ce vieux caractère insulaire qui a fini par se donner carrière. On dit
couramment bouillant comme un Crétois, violent comme
un Sicilien, fier comme un Écossais ou comme un Corse.
L'orgueil d'Albion est passé en proverbe. Là, le caractère insulaire a pris d'autant plus d'intensité que l'alluvion du Nord y a été successivement renouvelée; vous y
trouverez Normand greffé sur Danois pour acce..uer
les survivances du génie scandinave... Voici beaucoup
plus que tout le reste la source de ce libéralisme très
particulier en lui-même, qui cadre beaucoup moins
avec le tempérament de l'Allemagne féodale qu'avec
le fonds franchement septentrional de ces hommes du
Nord, navigateurs aventureux, commerçants et pirates,
mais connaissant bien la loi et amis de la procédure.

Comme en Germanie, comme en Gaule, vous rencontrerez en Allemagne de ces soldats de fortune, lansque-
nets toujours prêts à la razzia, mais le libéralisme ne
peut résider dans la razzia. Il est permis d'assigner au
contraire à celui-ci une cause plus légitime. Ce sentiment germe dans les villes du nord de l'Allemagne, dans
les communes françaises réduites à défendre leurs familles, leurs biens et leurs franchises menacées.

Sur le sol anglais insulaire où, dit Summer Maine,
l'autorité de la justice a été de meilleure heure plus for-

tement concentrée que dans d'autres états européens [1],
d'un côté il y a eu toutes les raisons même dans le passé
pour que l'esprit de légalité finit par se développer;
d'un autre côté, en revanche, la géographie y portait à
la décentralisation, comme à la centralisation la France
féodale.

Le développement de la royauté anglaise, représentait,
en effet, un fait anormal dans les idées ayant cours au
moyen-âge. Aussi porta-t-il de bonne heure ombrage à
ces fiers insulaires. Bien mieux il suscita chez eux des
forces contraires. Celles-ci se sont organisées et c'est
ainsi que fut arrêté l'essor de ce cadre disproportionné
avec le pays lui-même. La nature rétablit donc l'équilibre malgré cette puissance qui plaçait la royauté hors
pair au début.

A l'opposé, c'est à élargir ce cadre d'abord contenu
dans l'Ile-de-France qu'en France tout conspire. La
royauté y est populaire. Et pourquoi, parce que longtemps elle ne fut point assez forte ni pour user de violence, ni même, pour faire ombrage à la majorité. C'est là
peut-être qu'il faut voir pourquoi notre monarchie mena
à fin jusqu'au bout le complet développement de sa première assiette. Au lieu de fonder d'abord son cadre sur
une solidité factice, comme de l'autre côté du détroit,
vaincu parfois, souvent discuté, négociant toujours, le
roi de France fut contraint de diviser afin de régner. Son
obligation première était de valoir par lui-même ou par
les gens habiles groupés à l'entour de lui. L'existence
de nos rois de France a parfois ressemblé à celle des
électeurs de Brandebourg en présence des princes allemands. Ce fut une diplomatie perpétuelle. C'est ainsi

1. Sir Henri Summer Maine, *Institutions primitives*, p. 57.

que le roi, dit M. Lavisse, sut combattre la féodalité avec
le peuple et le clergé, et maintenir le peuple grâce à
l'aristocratie et à l'Église. Aussi n'est-ce pas la nature
ici qui fut forcée d'équilibrer le cadre. Il n'y a pas là
d'autre intervention que celle d'un suzerain, qui au nom
du droit féodal domina le monde féodal, et à l'aide du
droit romain sortit de la complication des pouvoirs rendant l'administration de la France si difficile. Voilà
comment le pouvoir royal fut appelé à marcher enfin
avec décision vers l'œuvre essentielle que chez elle
même la monarchie anglaise en Irlande n'a pu réaliser
encore : l'unité de la nation française.

Pour résumer ce parallèle entre le cadre anglais et
le cadre français, la monarchie anglaise s'est d'abord
affaiblie, parce qu'en dehors de ses racines nationales
elle avait des possessions d'outre-mer l'ayant obligée à
capituler souvent avec ses sujets britanniques, du moment où ce devint l'ambition de ses rois de les agrandir et même de briguer la couronne de France. Ramenés chez eux, les rois d'Angleterre changeaient de
terrain. Ils n'eurent pas les mêmes droits juridiques
pour ressusciter à leur profit les prérogatives du Midi
devant un peuple du Nord, c'est-à-dire le droit romain
non plus que les institutions romaines, survivances naturelles du sol gallo-romain. C'est là où elles étaient in-
voquées avec un succès qui ne fit que croître, surtout
à partir de la Renaissance italienne. Voilà donc un des
véhicules de l'avenir. Il manquera dès l'origine, et au
moment où ils en auront le plus besoin, il fera défaut
aux souverains anglais.

Résultat : la nation française marchait déjà à l'entier
développement des institutions royales en 1647. La
même année, le rôle de la puissante monarchie anglaise,

s'il n'était pas entravé à jamais, du moins s'éclipsait momentanément avec un Stuart, chef d'une dynastie étrangère au pays. Les idées absolues du roi, cependant de mise sur le continent, et qui allaient dominer bientôt en France, en faisaient dans son île, c'est-à-dire sur le sol anglais, un réfractaire.

Depuis l'extinction des grandes familles féodales, un courant lent mais graduel, entraînant d'autant plus sûrement son peuple vers le libéralisme qu'un mouvement à la fois républicain et théocratique, prenait à partie la monarchie absolue. La pente religieuse concourut donc à la transformation sociale sans être ni libérale ni démocratique dans le sens actuel.

Charles Ier fut le premier roi décapité en Europe. Le roi martyr commence « déjà l'expiation du crime de royauté ». Il mourait accusé d'avoir forfait à la charte jurée par lui et violé les libertés anglaises, non dans les termes du roi de France Louis XVI : après Voltaire on ne pouvait plus être accusé, comme Charles Ier, d'avoir attenté à la foi en persécutant le clergé national. Voilà cependant, d'un côté, le début sanglant du constitutionalisme qui porta si haut l'Angleterre. De l'autre côté voyez le terrible envers du radicalisme romain poursuivi par la révolution française succédant à la monarchie, mais qui a suffi par sa rupture d'équilibre pour ramener la France à des jugements moyens plus en harmonie avec le caractère national.

III

Nous devons dès à présent tirer les conséquences des différences qui se présentent entre les développements

de la constitution sociale et politique en Angleterre et
en France.

Ces différences se poursuivent jusque dans la traduction des mêmes idées, là réside un des secrets des antinomies de notre temps: l'anticlassicisme. On ne peut en
trouver l'explication qu'en remontant au delà des origines de l'esprit anglo-saxon et teuton. N'oublions pas
que nous devons ici avant tout remettre en lumière les
annales de l'entendement humain, et que, la direction
partant aujourd'hui du Nord, le débat est plus aigu que
jamais entre le fait « réel », concret, et l'idée pure.

Comparez entre elles, comme nous venons de commencer à le faire, deux révolutions, grands faits sociaux
indiquant la date de la bifurcation véritable de deux
nations : la révolution anglaise et la révolution française, qu'il faut pour cela regarder de haut. Remarquez
qu'en Angleterre le domaine des faits spirituels et temporels dans leur lettre judaïque n'est pas abandonné
un instant. Dans cet objectif réel et concret il n'y a pas
même l'apparence d'idées pures. Il n'est question d'autre
chose que d'un droit d'Angleterre qui n'est pas le droit
romain et rien d'autre chose que le droit anglais. C'est
là un chapitre curieux de l'histoire des idées, car il n'y
a pas à dire, s'il y a un arrêt de développement de
l'idée, c'est qu'il est voulu. Il résulte du caractère de la
nation, qui ne veut pas voir au delà. Par l'exemple que
fournissent alors les Anglais, qui se sont de tout temps
fait remarquer par leur antipathie pour l'abstraction, il
est permis de s'expliquer comment l'idée concrète qu'ils
représentent a dû partout précéder, ou bien, comme
chez eux, s'arrêter à un certain stade de la pensée
humaine y justifiant la poursuite du but par l'intérêt de
quelques-uns. Il n'y a pas lieu de s'y targuer de l'esprit

ni de la culture des Grecs, qui ne veulent pas seulement
instituer et comprendre les choses pour eux-mêmes,
mais afin de les faire comprendre et de les communi-
quer aux autres, travers que partagent avec les Grecs
les Français, et qu'ils formulent par l'abstraction.

Ainsi, après Cromwell, laissez s'écouler cent ans et tra-
versez le détroit, vous trouverez en France l'application
frappante de l'hypothèse que nous avançons. Voyez se
transformer alors ce que les Anglais appellent « matter of fact ». Le point de fait va passer à l'état d'axiome,
mais commenté par des génies tels que Montesquieu,
J.-J. Rousseau, Turgot, Diderot. Dès le milieu du
XVIIIᵉ siècle, le jeu des rouages plus libres du gouvernement constitutionnel britannique enthousiasmait les
philosophes et les penseurs. L'esprit français reçut alors
le choc de cette idée contrastant fort avec la monarchie
absolue qui avait élevé si haut la France. Il s'habitua
à substituer à cette forme primitive et concrète, dans
laquelle l'avaient conçue les Anglais, une forme plus
élevée érigeant une telle idée en « fait général » propre
à servir de règle à l'humanité tout entière. S'appuyant
sur des lois spéciales rendues pratiques par l'expérience
d'un peuple ils ne pouvaient être taxés d'utopistes.

Cette explication ne fait pas hors d'œuvre. Nous
devons expliquer le retour raisonné vers la nature, car
c'est au nom de ses droits que l'esprit classique préten-
dait rétablir l'équilibre, donner une expression régulière
aux aspirations nouvelles, rajeunir en un mot les voies
anciennes entraînées par un courant supérieur. Traduit
par l'idée pure, un tel retour ne pouvait être, en tout cas,
que le propre d'une civilisation spéciale, dans une contrée, chez un peuple d'une plasticité singulière, et que,
par conséquent, sa longue expérience rendait plus raffiné

que d'autres sur ses moyens. C'est, en effet, la question supérieure du « bonheur des hommes en général » qui fut agitée alors sans arrière-pensée d'intérêts matériels spéciaux; un plus beau thème ne pouvait être choisi.

Au reste, où se serait-on élevé si haut dans l'abstraction ailleurs que sur ce terrain « où partout l'on avait vu grand », avant de se mettre plus tard à observer la nature. Qui peut encore aujourd'hui contester que le grand siècle, ainsi que le siècle de Louis XIV s'appelle, n'ait été produit par le développement harmonieux du cadre monarchique parvenu à sa plus haute expression? Mais il faut voir au delà, il est question ici d'une autre transformation.

Quelle belle fin eût enregistrée l'ère philosophique du xviii⁰ siècle si, pour résultat définitif, elle avait pu s'ennoblir par l'œuvre d'un roi absolu, l'oint du Seigneur, revenant de son plein gré, par amour de la justice et de la philosophie, au courant naturel qu'elle lui traçait. Il aurait accordé à son peuple les libertés que, par un triste malentendu, celui-ci n'a obtenues que de la révolution. De nouvelles versions montrent, en effet, qu'au moment seul possible l'accord rêvé par le roi sur les termes et les moyens d'une telle transaction entre la nation et lui n'a pu se faire entre la nation et Louis XVI.

Nous venons de relever successivement la double action de la nature, idéale avec les philosophes, concrète avec les politiques anglo-saxons.

Ainsi s'accusent, se justifient, les contrastes dans les voies de ces deux sociétés. Le tempérament, le milieu géographique et aussi l'état plus ou moins ancien de l'un de ces deux peuples ont influé sur leur génie.

Une civilisation qui a ses racines dans les temps les plus reculés ne concevra point les choses de la

même façon et ne leur donnera pas la même forme
qu'un peuple plus jeune, où les idées fondamentales
ont encore des « phases dues » à parcourir pour arriver
à leur forme définitive. Voilà pourquoi il importait
d'évoquer déjà un passé si rapproché de la France actuelle, avant d'étudier les éléments compliqués entrés
dans la formation de ces tempéraments anglais et allemands qui déroutent parfois un Français. Ici, le cadre
britannique importait avant tout. Et pourquoi ? Parce qu'en Allemagne le génie septentrional manquera
longtemps d'un vrai centre pour s'y rallier. Il a trouvé
de bonne heure, au contraire, en Angleterre, un moule
naturel. Dans ce milieu insulaire qui lui convenait, il
s'est particularisé non sans saveur par des esprits originaux.

Tel est le motif impartial qui dirige nos regards de
ce côté quand il faut remonter à la source de faits majeurs, contingent émané du Nord, dont la répercussion
des idées donne un essor nouveau à la pensée en Europe.

Nous étudierons du reste l'Anglais chez l'Allemand et
l'Allemand chez l'Anglais pour voir comment chacun
d'eux digère les mêmes idées. Le génie septentrional
fait pencher aujourd'hui la balance de son côté : il faut,
par conséquent, remonter jusqu'à sa source. Il y a non
seulement à bien connaître la formation du type anglo-
saxon ou du type germano-scandinave, il faut passer
en revue les ancêtres de toute civilisation dans le Nord.
Cela ramène très haut, même au delà de la grandeur
du nom romain, mais la digression porte aux entrailles
du sujet, parce que cette étude du passé achèvera de
nous aider à connaître le présent.

CHAPITRE XI

LES SOURCES DE L'ESPRIT ANTICLASSIQUE EN OCCIDENT

I

Les éléments, le milieu, où des lois régulières n'existent pas, constituent des contingents pour l'esprit anticlassique. Cependant il faut établir là des gradations non seulement entre les survivances barbares et les agissements d'une civilisation relative, mais entre les lacunes inséparables d'une culture avancée déjà comme dans les empires d'Orient, quoique frappée d'arrêt de développement.

On a conservé longtemps pour l'histoire le vieux concept latin mesurant les annales de l'univers d'après la grande paix romaine, c'est un spectacle fort différent que présentera le monde qui n'est pas classique. L'examen attentif en est d'autant mieux recommandé que beaucoup de ses éléments arbitraires se sont déjà infiltrés dans nos civilisations d'Occident. C'est ici qu'il s'agira de les démêler.

Sortez-vous du classique pour remonter à ce qui n'a jamais été définitivement réglé par lui, c'est un tableau fort différent de la paix romaine que vous aurez à interpréter. Pour mesurer le passé, il faudra vous habituer aux Gaulois pillant les sanctuaires helléniques,

mettant en coupe réglée la Grèce et la Macédoine. Vous
trouverez, comme en Germanie, des guerriers toujours
prêts à se grouper autour d'un chef de bande pour entreprendre, pour continuer d'une manière méthodique
et presque quotidienne une œuvre de guerre, non pas
comme nous l'entendons aujourd'hui, réglée par des
lois humaines, mais un vrai brigandage organisé. Cet
état normal alors viendra vous expliquer pourquoi,
quelques années à peine avant leur soumission aux
Russes, il y avait chez les Turcomans des jours consacrés
aux incursions dans la région persane où l'on faisait la
chasse à l'homme. Mais voyez au delà et découvrez-y
la source de bien des empires : c'est-à-dire ces Goums, ces
bandes toujours prêtes qui ont de tout temps figuré
les bans d'invasion ayant si souvent modifié la carte de
la Haute Asie.

Il y a donc dans l'histoire un principe d'ordre et
d'harmonie qui tend à régulariser même ce domaine extra-légal. En attendant, les Arabes nomades
répandus le long du golfe Persique ne vivent que sur
leurs voisins ; il serait même difficile de les convaincre
qu'il n'est pas très licite d'en agir ainsi. Une moitié de
l'Afrique est esclave de l'autre. Le sentiment de l'esclavage y semble si naturel qu'un missionnaire, après
avoir délivré deux nègres de leurs liens, vit le plus
fort se ruer sur le plus faible pour le réduire et en faire
son esclave. Et de tels sentiments ne sont pas confinés
au désert seul et à certains milieux déshérités. Lorsque
l'on voit les corsaires barbaresques pirater jusqu'en plein
xixe siècle, on se rappelle les vices de la colonisation
du Nouveau Monde avec ses boucaniers et ses flibus-
tiers, des aventuriers comme Cortez et Pizarre. Il est
vrai que, sous la République romaine, Pompée a dû aller

soumettre les pirates siciliens ; que plus tard vers la fin de
l'empire, les barques des Saxons s'unissaient pour pil-
ler le littoral de la Gaule romaine. Que prouve cela,
sinon que le domaine extra-légal se maintient envers
et contre tous, que l'humanité a toujours ses maux
chroniques à combattre et à guérir, même aux périodes
de la vie la plus civilisée? Sinon que dire encore, parmi des peuples les plus policés en Europe au début du
du xixᵉ siècle, de survivances barbares telles que les
« Pilleurs d'épaves », continuant à représenter une industrie côtière des rives de Bretagne au littoral de la
mer du Nord?

Il existe en Europe tout un monde que n'ont pas façonné les Grecs et les Romains. Les sources auxquelles
il n'a pu s'empêcher de puiser, le milieu mal régularisé
par les lois dans lequel il a dû se former, n'ont cependant
pas entravé le développement de qualités brillantes. On
le connaît toutefois imparfaitement avant de se reporter au fonds commun que la philologie, aidée par l'histoire et l'archéologie, ont retrouvé dans l'expression de
la pensée, dans les coutumes, dans certaines lois propres à un habitat spécial primitif oriental venant se
rattacher à des pensées, des coutumes, des règles observées parmi l'ensemble des migrations indo-européennes, depuis les Lithuano-Slaves, ces bans d'invasion les
plus rapprochés de nous, jusqu'aux Germains, aux
Scandinaves, en remontant au Celtes, aux Ligures, et
certainement aux Grecs et aux Romains des temps archaïques. Mais ici, des Grecs de Périclès et des Romains du siècle d'Auguste il ne peut être question. Il
sera au contraire parlé des Ibères, une alluvion autrement
ancienne qui, en Irlande comme en Gaule, a déposé son
limon. Il y a les survivances du druidisme, et par lui

toutes les filtrations des vieux sanctuaires de la Méditerranée à la mer Égée, qui peuvent avoir remonté de
la Gaule vers le Nord. Il y a cette formation religieuse
postérieure au druidisme, l'odinisme. Il y a en un mot
les traditions les plus diverses, des usages, des rites
apportés par les voyageurs, par les marins phéniciens,
carthaginois, par les matelots grecs. Tout un ensemble
par conséquent de vieux préceptes témoins de la sagesse primitive, curieuse mosaïque faite d'éléments les
plus disparates ressoudés, rajustés ensemble, et qui par
leurs survivances nous reportent au delà de l'âge de
l'Odyssée. Pour faire cadrer l'ensemble généralement
connu avec de tels éléments, il faudrait se familiariser
avec les transitions qu'a traversées à de lointaines
époques la société actuelle du Nord. Nous ne faisons
pas les honneurs de tous les progrès à la civilisation,
puisque notre premier effort a été de découvrir une
morale antérieure à toute culture humaine. Nous nous
tournerons cependant maintenant vers les premiers
maîtres qui ont su imprimer à un état encore rudimentaire l'impulsion ayant permis d'aboutir à ce qui
s'appelle la civilisation du Nord, aujourd'hui mieux
connue de nous.

II

Les origines de l'esprit antiromain, anticlassique,
trouvent leur meilleure explication dans le cycle celtique et la civilisation du Nord qui en est en partie sortie.
Nous avons à ce sujet à faire un rapprochement entre
la culture orientale et celle de l'Extrême-Occident.

Nous avons montré déjà, par ce que nous avons dit

des Français et des Gaulois, qu'un peuple intelligent et vigoureux ne perd rien de sa force à être malléable. La France peut rappeler ici d'autres commencements que la période gallo-romaine. Gauloise, elle doit invoquer sa qualité de proto-germaine. Les Germains lui étaient-ils soumis? On le dit. De bonne heure les Gaulois apprirent du moins à ceux-ci la civilisation. Pour la fusion des idées du Nord et du Midi, comme pour la fusion des races humaines venues des points les plus éloignés, la Gaule a figuré l'ultima terra européenne. Des milliers d'années après l'arrivée des populations primitives par le Sud, d'autres hommes, qui s'appelleront ensuite Ligures, Celtes et Gaulois, sont entrés en Gaule par l'Est et le Nord, après avoir suivi les routes dites des métaux. Ils formaient la tête des invasions dites indo-européennes, qui apportaient une culture plus avancée que le niveau antérieur.

Les Gaulois font preuve d'une civilisation géniale au temps de cet empire ou domination gauloise, aussi grande que celle de Charlemagne et contemporaine des modestes commencements de Rome. Son essor est parallèle à un grand développement druidique. Or, il n'y a pas de druides en Germanie plus qu'en Espagne, pas même en Italie, où, comme en Grèce, il n'existait pas de classes sacerdotales savantes. D'où tire donc son origine la caste des druides gaulois? On enseignait, il y a 50 ans (c'est-à-dire ceux qui faisaient quelque cas des études celtiques longtemps délaissées), que, condensant les traditions gauloises et ibères, ce corps sacerdotal avait dû compléter ses notions aux sources étrangères des colonies de la Gaule et de l'Espagne. Il s'agit ici des Phéniciens, des Carthaginois et des Grecs. Et cela pour nous veut dire un contact avec les sanctuaires les plus

antiques de la Méditerranée et de l'Archipel, indirecte-
ment, ou directement même, grâce à une navigation
permanente. Mais cela n'explique pas comment le druidisme apparut dans sa forme vraiment spéciale.

La Gaule, qui reçoit, condense et répercute déjà la
pensée du Nord et du Midi, était devenue le centre d'une
culture supérieure par l'avènement d'un empire ou
domination gauloise, œuvre sacerdotale comme en
Orient. De plus, cette culture se rattache à une évolution de l'esprit celtique dont les Iles Britanniques furent
d'abord le théâtre. Ce serait dans la solitude des iles de
Mona et d'Iona, produit de méditations profondes, que
cette conception religieuse et savante serait née. Elle
s'y serait d'abord élaborée loin des bruits du monde,
dans des cercles intellectuels fermés, des collèges comme
ceux dont nous étudiions naguère les origines en Égypte
et en Chaldéo-Assyrie, — ou bien encore espèces de
tribus savantes et sacrées, dit M. Maury, comme pouvaient être les Chaldéens, comme aux temps modernes
ont été les Wahabites.

En tout cas, voilà le premier germe septentrional de
cette civilisation antique procédant comme en Orient
des sciences occultes, et qui longtemps dans le Nord s'est
traduite par des cultes mystérieux, des pratiques mystiques et magiques auxquelles participaient les initiés
seuls. Tel semble l'embryon primitif de ce druidisme
qui, traversant le détroit, a passé de l'enseignement à
l'exécution et en arriva à un syncrétisme assez éclairé
pour avoir condensé de hautes qualités du Nord et du
Midi. N'ayant pu, par conséquent, s'opérer ailleurs qu'en
Gaule, ce syncrétisme fut spécialement celtique, s'il n'est
spécialement gaulois. Aussi sera-t-il le vrai point de
départ d'un cycle celtique. En un mot, le celticisme, qui

rallia sous son empire les Iles Britanniques, établira pour
les idées sociales et intellectuelles des ramifications non
moins effectives. Nous ne voyons pas agir ici l'esprit
séparatiste primitif. Ce qui prédomina comme partout
pour des empires, c'est la conception sacerdotale des
grands groupements. Ce serait non seulement par de
nombreuses colonies au Nord-Est, à l'Est, au Sud-Est
qu'une telle idée aurait été mise à exécution, mais elle
s'appuierait encore, l'archéologie le démontre, sur une
domination plus effective.

Donc, en face de la grandeur de Rome à son lever,
déjà il faut placer un contemporain : la Gaule. Du reste,
où trouver ailleurs ce centre naturel d'où se sont distribuées les lumières pour le nord de l'Europe? Il est
vrai que le cercle d'action celtique s'est rétréci devant
une culture supérieure gréco-romaine. Celle-ci envahit
la scène même en Gaule, où un grand passé disparait
de la pensée comme une quantité négligeable.

On ne doit pas croire pour cela que les idées sociales
intellectuelles et les sciences druidiques aient disparu
par la conquête romaine. Ces forces vives d'esprits
pleins de jeunesse ne se sont que déplacées, et c'est à
leur aide que se transformèrent à leur tour les contrées
qui se sont dérobées au joug des Romains et même n'y
furent jamais soumises. Un grand effort alors fut poursuivi. Le cycle celtique avec lui est devenu fort vaste.
Il est le principal point de départ de cette culture septentrionale dont les historiens du Nord ont reconstitué
pièce à pièce les témoins et les traditions.

Voilà une des raisons pour lesquelles les droits de la
race celtique ne sont pas moins revendiqués aujourd'hui
avec les cel''ants irlandais et bretons, que sont recher-
chés les titres à l'ancienneté de la race germanique.

Mais avant d'invoquer en faveur des Celtes des documents nouveaux et authentiques : la littérature vieille
irlandaise et les traductions du Code des Bretons, il faut
s'expliquer d'abord sur la résurrection tardive d'un
passé sorti de la mémoire de tous. Ampère, retraçant
l'histoire littéraire sous les Mérovingiens, ne soupçon-
nait même pas, il y a quarante ans, la floraison originale
d'un monachisme irlandais, c'est-à-dire la renaissance
qu'il provoqua en Gaule, la vigueur de son esprit, la trace
qui en subsista de saint Columban à Scot Érigène, du
VIᵉ au IXᵉ siècle. Le monachisme irlandais était d'abord
étranger à l'Italie, tout en étant orthodoxe comme chrétien. Il a son organisation, ses groupes, espèces de
cénacles, autant de formes archaïques, images d'un passé
antique. Ce sont des réformateurs et des missionnaires
hardis. Ils arrivent en Gaule, avec la tradition du rituel
de l'Église grecque et plus tard l'Hibernien Scot Érigène
représentera le premier néo-platonicien du moyen-âge.

C'est toutefois un passé autrement reculé que nous
visons. Il s'agit de retrouver dans le celticisme le point
de départ des origines de cet esprit que les Allemands
appellent germanisme, les Anglo-Saxons et les Scandinaves scandinavo-germanisme. La littérature vieille irlandaise, depuis sa réapparition, jette des lumières sur
le passé le plus ancien, même sur les mœurs ibères, les
congénères en Afrique des Libyens et des Touaregs.
Occupons-nous ici de la culture celtique. Des poèmes
nationaux en langage celtique ne se bornent pas à re-
fléter pendant plusieurs siècles une Érin inconnue avec
les Filé à la fois jurisconsultes et poètes, mais on retrouve
sans contredit par ces documents comme un souvenir
plus vivant de l'enseignement des druides de la Gaule
et de la poésie de ses bardes, car la Gaule a eu ses chants

nationaux comme les Germains. Des développements
sur la littérature vieille irlandaise sont superflus ici. Il
suffit de renvoyer à M. d'Arbois de Jubainville, un de
ses plus autorisés vulgarisateurs en France. Ses travaux
donnent de précieux renseignements sur un passé qui
touche de si près aux origines de notre histoire [1].

Avec les celtisants irlandais et bretons, avec les archéologues du Nord, les Danois, surtout, le xixᵉ siècle aura
eu le mérite de ressusciter un vrai cycle celtique et tout
un passé scandinave. Mais n'y a-t-il pas quelque chose
de mieux à faire depuis que le druidisme fournit l'indice
révélateur à l'Europe de l'identité de formation de toute
civilisation primitive, c'est-à-dire la contre-partie occidentale des débuts de la civilisation orientale? Nous en
avons naguère étudié le développement social sorti des
classes sacerdotales et des empires. Nous avons contemplé
dans les prêtres d'Égypte et de Chaldée les ancêtres des
connaissances humaines, se reproduisant plus tard par
les brahmanes, les mages avestistes et les lettrés chinois.

Arrivés tout à l'heure à la civilisation primitive du
Nord, voilà pourquoi nous avons de suite tourné les yeux
vers les sanctuaires druidiques de Mona et d'Iona, reproduisant les commencements forcés du développement
de la pensée chez les hommes avec leur mystérieux caractère. Ensuite nous avons montré cette pensée conduite par une évolution nouvelle à sa plus complète floraison, autrement dit le monachisme irlandais traversant le détroit dès le vıᵉ siècle de notre ère et arrivant en
France, pour aller de là évangéliser la Germanie, c'est-à-
dire d'un côté saint Columban avec ses moines conver-
tisseurs, de l'autre côté, en Irlande, saint Columba, cet

1. D'Arbois de Jubainville, *Introduction à la littérature celtique.*

évangéliseur de la Scotie trouvé à Iona à la tête de sa « tribu du saint », qui, conception étrangère à l'esprit classique ou chrétien, convertit et fait la guerre. Sur le continent, n'est-ce pas aussi une anomalie que la règle irlandaise, plus tard supprimée, alors imposée à ses fondations monastiques par le monachisme irlandais, resté encore antiromain, puisqu'il est arrivé avec le rituel de l'Église grecque?

Voilà un ensemble original en tout cas. Ne découvrirait-on même pas en Érin toute une organisation archaïque et nullement romaine, derrière laquelle personne ne serait surpris de rencontrer antérieurement à ces missionnaires chrétiens remuants, hardis voyageurs, d'autres ancêtres apôtres à leur tour du druidisme, c'est-à-dire se donnant mission de renforcer partout dans le Nord l'esprit anticlassique et de prêcher la résistance contre le romanisme auquel l'extrême Nord a été fermé, ce qui explique sa résistance plus tard contre le christianisme.

Nous n'en sommes encore qu'aux suppositions, mais ces considérations ne s'appuient-elles pas sur un fait historique périodique déjà acquis ailleurs, révélé ici par le druidisme, et cette domination gauloise fort au delà du Rhin, que démontre l'archéologie par les noms gaulois retrouvés dans une notable partie de la Germanie. L'alluvion celtique a été ensuite recouverte par l'alluvion germaine, c'est vrai. Puis la culture gréco-romaine a recouvert la Gaule tout entière. C'est encore vrai ; mais de même que l'Irlande s'est formée aux lettres classiques par des savants fuyant devant les grandes invasions[1], de

----

1. Hauréau, *Singularités historiques* (Écoles d'Irlande), cite Marseille comme la cité la plus littéraire d'Occident et où l'on sait le grec qui à Rome n'est plus connu, pp. 1 à 5. M. d'Arbois de Ju-

même le grand développement irlandais ayant donné
naissance à des monuments maintenant sous nos yeux,
ne date-t-il pas précisément, — depuis la conquête de la
Gaule par les Romains, — de l'époque où les proscriptions se succèdent en Gaule contre le druidisme, contre
ses pratiques mystérieuses, ses sciences occultes et ses
incantations qui portaient ombrage aux Romains?

Les persécutions d'alors ne durent-elles pas aiguiser
cet esprit antiromain, anticlassique, mais qui profitant
déjà pleinement de la culture gréco-romaine, avait dû
arriver à un incontestable développement. Si de ce
tempérament spécial nous essayons de dégager l'élément
majeur qui a laissé partout son empreinte, ce sera la
prédominance d'un « génie juridique », bien qu'il reste
inséparable d'une poésie nationale. La vocation poétique se donnera carrière avec beaucoup plus d'originalité qu'on n'en remarquera plus tard dans les produc-
tions poétiques de l'extrême Nord, mais les documents
abondent pour montrer que c'est le « droit qui prime
tout ».

Or, le druidisme gaulois, puissant surtout comme souverain juge, les « File » d'Irlande à la tête de la société
comme jurisconsultes, c'est-à-dire incarnant la qualité
maîtresse celtique, pourquoi se rapprochent-ils tant
des Scandinaves, au point de se confondre avec eux par
cette passion juridique, par ce génie plaideur qui chez
l'un comme chez l'autre prime tout?

Si des deux parts vous interrogez de nombreux témoins du passé, vous constaterez qu'en dépit de leurs
luttes guerrières, dans le Nord ce sont les luttes judiciai-

bainville, p. 367, *Introduction à la littérature celtique*, montre
l'Irlande en paix au moment des grandes invasions, donnant asile
aux hommes d'État chassés de la Gaule.

res qui ont conservé un incomparable attrait. Voilà
pour l'historien le trait d'union nécessaire rencontré. Il
permet de reconstituer en détail les vestiges retrouvés
chaque jour d'un vieil esprit septentrional composé de
cristallisations superposées bien différentes. Jusqu'ici,
nous n'avons parlé que des évolutions de ce tempérament nommé anticlassique par rapport au latinisme.
Au fond, qu'est-il par lui-même?

Il est évident par ce qu'il a de confus, de flottant, qu'il
ne peut avoir rien de commun avec l'esprit classique.
Celui-ci, renfermé d'abord dans un cadre étroit, n'en est
sorti, nous l'avons vu ailleurs, que progressivement
mais déjà armé de méthodes objectives et subjectives.
Il les a appliquées à la morale d'abord, à la science ensuite. C'étaient les mêmes méthodes sur lesquelles il
avait commencé par fonder sa poésie et son art. Et
voilà pourquoi dans son histoire il y a quelque chose
de sain, de réglé par de fortes assises.

L'esprit anticlassique, bien qu'amendé par la classe
sacerdotale des druides, a procédé tout autrement. Déjà
les sources auxquelles il n'a pu s'empêcher de puiser et
dont nous avons donné l'idée expliquent les lacunes inséparables de la morale. Ce n'est pas un cadre véritable que le milieu illimité dans lequel il a dû se former
d'éléments les plus disparates adaptés tant bien que mal.
Les druides étaient arrivés certainement à des connaissances élevées, mais leur science comme en Orient
avait conservé ce caractère occulte, religieux et hybride,
qui n'admet pas des sciences séparées, mais un corps
de sciences. Nous sommes surtout en présence d'observations empruntées à la tradition, ou bien de procédés
empiriques en même temps que des préceptes qui parfois se contredisent. Le culte des ancêtres chez les Grecs

et les Romains implique la monogamie. Par raison politique, le « commandement sacerdotal » a pu autoriser la polygamie pour les chefs, car autant d'alliances nouvelles, autant d'influences acquises, ou bien autant d'otages. Cela n'empêche pas avec la nouvelle forme du druidisme en Irlande de retrouver l'opposé, c'est-à-dire un souvenir de la gynocratie dans ces femmes combattant à côté des hommes et l'une et l'autre se massacrant comme les amazones de l'Afrique, dont les Ibères étaient d'abord sortis [1].

En Gaule les monuments mégalitiques viennent de populations également arrivées du Midi, quoiqu'on ne puisse les attribuer aux Ibères déjà fort antérieurs aux Celtes. L'usage des menhirs et des dolmens avait précédé de bien loin l'arrivée de populations plus civilisées qui apportèrent l'usage du bronze et peut-être aussi du fer. Mais repoussées à l'Ouest et au Nord-Ouest par les envahisseurs, ces populations indigènes continuèrent ce que l'on peut appeler « la civilisation de la pierre » et ne se laissèrent que difficilement pénétrer par leurs vainqueurs. Même recevant des armes, des engins nouveaux, ils n'abandonnèrent pas ceux qu'ils fabriquaient en pierre. Ils perfectionnèrent le vieil outillage en se modelant sur les nouveaux types apportés.

Du reste, les Druides, représentants nés de l'esprit ancien, avaient si bien respecté les dolmens et les menhirs, qu'on a longtemps cru ceux-ci d'origine celtique. Ce qui était fait pour entretenir l'erreur c'est l'usage des dolmens qui a suivi les druides en Irlande. Ils s'y sont même multipliés dès le 1ᵉʳ siècle de notre ère. De plus, la

---

1. V. D'Arbois de Jubainville, *Introduction à l'Étude de la littérature celtique*. Encore au VIIᵉ siècle, en Irlande, les femmes n'étaient pas exemptes du service militaire.

construction des dolmens dans l'extrême nord de l'Europe ne peut être attribuée qu'à une époque relativement récente. Il semble donc prouvé que lorsque le druidisme de la Gaule remonta au Ier siècle vers le septentrion, ce fut avec ses notions, avec ses lois, avec ses rites et ses emblèmes.

Par ce retour en arrière, nous rétablissons la connexité des sujets. A la base de l'esprit du Nord le mot celto-scandinavisme s'impose.

On ne peut aborder les sources du scandinavisme sans se heurter aux origines, aux développements, aux migrations du druidisme. Et ceci offre d'autant plus de raisons pour être soutenu que, par des travaux récents, des faits subséquents viennent justifier de tels antécédents. Il est démontré que les plus anciens monuments poétiques de la Scandinavie, en même temps que les traditions irlandaises, celles-ci dès les VIIIe et IXe siècles, présentent désormais les traces d'une infiltration grecque et latine. Déjà la latinité et l'esprit classique commencent leur percée dans le Nord, comme le druidisme l'avait fait bien des siècles auparavant.

Dans tout ce qui vient d'être dit nous ne visons que le développement circonstancié d'une thèse à laquelle des bases historiques sont successivement appliquées. Continuons à envisager les témoignages de l'Histoire.

III

Le cycle celtique aboutissant au scandinavisme n'est qu'un déplacement de centre anticlassique.

A part les Irlandais, dont on peut encore feuilleter les riches archives, la prédication du christianisme ayant été tardive en Allemagne comme dans le Nord, il faut

surtout se reporter à la culture classique apportée par
le clergé latin. C'est ce qu'indique la rareté des conceptions, même des vestiges originaux. Les Nibelun-
gen ne nous reportent pas au delà du XIIe siècle, tandis
que l'épopée française remonte au XIe et même au
Xe siècle, bien qu'elle trahisse elle-même une infiltration
latine bien naturelle dans cette France, centre de la
latinité. Il y a donc dès lors deux génies : un caractère
français suivant toujours, quoique de loin, la tradition
classique gréco-romaine; un tempérament germanique,
produit différent, mais soumis, dès qu'il s'agit de notions supérieures, à l'influence latine.

N'anticipons pas sur l'époque où l'Irlande a un instant
intellectuellement tenu la tête dans le Nord avec ses
Sagas et les Eddas, forme primitive de la légende des
Nibelungen. Avant d'arriver à l'Islande, où nous trouvons un point de jonction certain du celticisme et du
scandinavisme, il conviendrait comme toujours d'avoir
recours au mécanisme des migrations. C'est aux invasions et aux guerres qu'il faut demander selon l'usage
les voies de pénétration des Scandinaves en Écosse, et
d'Écosse en Irlande, c'est-à-dire les mêmes voies qui auparavant avaient pu conduire chez ceux-ci les missionnaires druidiques. Ce seront, du reste, des itinéraires
fidèlement reproduits par l'histoire. On peut même
montrer les Scandinaves maîtres quelque temps d'Erin,
tandis que les grands établissements des Irlandais en
Scotie faisaient au IXe siècle donner le nom d'Écosse, à
un pays qui, pour les hommes du Nord, figurait la terre
du Sud. Voilà, dit Worsaë, comment les noms de Suther-
land et de Caithness signaleront la succession des colonies scandinaves, surtout norvégiennes.

Dès le temps de Tacite, il y avait déjà dans la Calé-

donie orientale des populations d'origine scandinave.
Les migrations expliquent donc comment le cycle celtique a pu se prolonger jusque dans l'extrême Nord.
Maintenant que nous savons les moyens de propagation
directe ou indirecte, insistons sur une singulière simili-
tude de procédés, sur cette direction vers un but national propre à un esprit essentiellement traditionnel resté
commun aux Irlandais.

La floraison littéraire des Islandais, tellement surpre-
nante, vu leur latitude aussi extrême qu'excentrique,
pourrait cependant avoir commencé de bonne heure,
grâce à cette « île des Prêtres » ou de Papey, en face d'Islande, et dont le voisinage inspirait encore au moyen-
âge l'antique terreur d'un sanctuaire druidique. Serait-
ce une autre Mona? une autre Iona? En tout cas, c'est
l'Islande qu'il faut considérer historiquement comme le
point extrême de jonction du celticisme au scandinavisme du Nord. L'île glacée, même quand elle n'aurait
pas reçu une population irlandaise tout d'abord, comme
on le supposerait, pourrait être appelée celto-scandinave,
tant elle nous rappelle l'Irlande.

En dépit du voisinage du continent romain et de la
vraisemblance des points de contact, n'oublions pas que,
au lieu de se montrer latins, les produits irlandais se
rapprochent du grec. Ce qu'il y a de certain, c'est qu'en
Hibernie se rencontre une terre spéciale ayant conservé
sa saveur antique. Là, confondus ensemble de bonne
heure, chrétiens et païens ont été attirés par de célèbres
écoles où le droit national était enseigné. Tandis que
l'étude du latin partout ailleurs absorbait les esprits,
elle n'y faisait pas perdre de vue la poésie vulgaire. Des
poètes légistes, répétons-le donc, voilà une marque du
génie hibernien.

14

Le christianisme n'avait pas chassé du Nord les
vieilles traditions, avec lesquelles il avait même été contraint d'entrer parfois en composition : ce que montre
notamment l'Irlande. Un des régulateurs de l'esprit mo-
nastique dans les Iles Britanniques, saint Columba,
vieux et aveugle, dit M. d'Arbois de Jubainville, quitte son
abbaye d'Iona pour venir plaider la cause de la littérature irlandaise attaquée.

Tel est l'esprit qui prédomine encore dans l'Islande
du XIIᵉ siècle. Le clergé islandais a encore peine à divor-
cer avec ses légendes mythiques. Le mysticisme antérieur mêlé de pratiques magiques n'a pas encore abdiqué partout. Nous sommes en face des dernières populations qu'avait retenues le paganisme. L'Islande avait été
peuplée, dépeuplée et repeuplée. L'auteur du premier
Edda, Seemund, était allé à Paris ; il en revint avec une
réputation de sorcier. Les Sagas islandaises, le Graagas
ou « Oie grise », ce recueil général du droit, nous mettent
en face, comme en Irlande, de législateurs et de poètes.
Celui qui connaît le mieux la loi est prisé plus haut
dans les Sagas que le plus savant guerrier. On lui attri-
bue un pouvoir surnaturel. Dès le Xᵉ siècle, les scaldes
islandais étaient populaires dans tout le Nord. Lorsque
les populations germaniques n'avaient pas encore
appris à formuler la poésie par ses règles savantes,
si en Islande les Scandinaves sont capables de résumer la première littérature originale du Nord, comment
l'expliquer, à moins de jeter de suite les yeux sur ce
vieux centre l'Irlande. De ce côté les sujets diffèrent,
mais c'est là que les scaldes scandinaves avaient dû se
former. C'est du celticisme que le scandinavisme est
sorti, et, dans ce génie scandinave, où faut-il chercher
l'estampille vraiment celtique, celle que le celticisme

irlandais avait retenue du druidisme gaulois? Dans
l'esprit juridique, dans la loi qui fit des Scandinaves des
administrateurs modèles.

Aussi peut-on retrouver dans l'Europe septentrionale
encore à la fin du xᵉ siècle de notre ère une civilisation
commune à tout le Nord, reconnaissable à son caractère
indigène particulariste, à son remarquable attachement
aux traditions, à l'existence des ancêtres. La passion des
luttes judiciaires s'y perpétue avec les souvenirs belliqueux du passé. La dernière forteresse de l'esprit anticlassique tient encore. Il n'est plus question de celticisme
gaulois. Le celticisme irlandais a également fait son
temps ; le scandinavisme en est, au contraire, à sa période la plus brillante. L'Allemagne s'est ainsi trouvée
entre deux courants : d'une part, dès les Mérovingiens,
mais surtout à partir de Charlemagne, sous l'influence
franque qui la façonne à cette culture latine que l'Église
romaine et l'empire carolingien propagèrent, et l'on
peut appeler cela l'esprit classique d'alors ; d'autre part,
ce que nous ne devons pas oublier, c'est la valeur et la
résistance d'un esprit anticlassique dont l'Allemagne
du Nord elle-même restera imprégnée.

Nous sommes au xiᵉ siècle avec Canut ou Knut le
Grand ; l'Angleterre, le Danemark, la Norwège sont soumis aux lois du plus grand monarque du Nord. La majeure partie de ce qui sera plus tard dans la Baltique
littoral allemand est encore wende, et la mer Baltique
est un lac scandinave. En vain le niveau impérial germanique essaiera d'imposer partout la tradition carolingienne. Le vieux levain subsiste. C'est le résultat
d'une période où le scandinavisme a tracé partout son
sillon. Elle caractérise des idées particulières, une phase
dont les survivances ne seront jamais complètement

effacées, tant en Angleterre qu'en Allemagne. Il importe donc de s'arrêter encore à considérer ce qu'on peut appeler l'esprit du Nord sans alliage.

IV

Le scandinavisme, ses dérivés, ses survivances et ses qualités maîtresses doivent ici être étudiés soigneusement. La grande place que ses survivances occupent dans la formation du génie septentrional est un des arguments probants de notre thèse.

« Scanzia officina gentium, » dit Jornandès. La Scandinavie a été un laboratoire de nations. Il est sorti d'elle non seulement des types originaux, mais un état social. L'ère scandinave, dans son ensemble, après les grandes invasions, signale un stade plus civilisé, sans contredit, que ces Barbares qui, aux IIIᵉ et IVᵉ siècles, se présentaient à la frontière romaine comme manœuvres, laboureurs, comme soldats mercenaires surtout. L'esprit anticlassique a depuis lors progressé. Il ne s'agit pas ici, du reste, de nous arrêter en route aux migrations continentales dont les flots pressés ont commencé à s'écouler par infiltrations dans l'Empire romain avant de le recouvrir tout entier. C'est la migration maritime qui nous préoccupe et l'état du Nord pendant la période franchement scandinave. Nous sommes en face de l'invasion par mer et de la vie maritime sous toutes ses formes, telle que l'ont pratiquée les Pélasges, les Phéniciens les Carthaginois, même les Grecs.

Pendant des siècles, — lettre close pour l'histoire, — le Nord marque sa présence par ce que nous appellerons « l'âge de la piraterie », dont les historiens avaient jus-

qu'ici méconnu la portée. Favorisé par la décadence
carolingienne, il constituera jusqu'au xiᵉ siècle un véritable état social pour le Nord, et l'Occident entier en
subira les contre-coups. Les fils de jarls, les fils de rois,
ont commencé par être vikings. On voit de petits rois
ruinés, dépossédés, devenir vikings eux-mêmes. La piraterie reste une profession reconnue tant que les lois
ne l'ont pas exclue de l'État. Nous avons même ici à
en réhabiliter certains côtés, c'est-à-dire tout en marquant ses défauts à constater des résultats pratiques.
L'Angleterre, l'Écosse, l'Irlande tiennent par l'histoire
de très près à tout ce monde septentrional. L'Angleterre
est un objectif permanent. L'invasion de Hengist et Horsa,
qui, en 449, partent de l'embouchure de l'Oder ; la descente en Angleterre de Guillaume le Conquérant, qui en
1066 fait voile de Normandie, peuvent marquer l'alpha
et l'oméga de la série de ces entreprises, qui ennoblies
par le nombre ont pris le nom de conquête, tandis
qu'isolées tant d'autres ont été taxées seulement de brigandage et de piraterie.

Ici l'historien est tenu de marquer les vrais facteurs
de cette ère spéciale, sortie d'un climat rude et d'un sol
infertile, obligeant ses habitants à chercher des ressources ailleurs. Les succès répétés de cette façon d'agir
l'ont généralisée dans le Nord tout entier. La coutume
nationale l'a sanctionnée au point d'en faire l'objet des
développements successifs les mieux raisonnés ; son
principe, par contre, est franchement séparatiste, parce
qu'il est basé sur l'esprit d'aventure, l'initiative privée,
vu la rareté des actions communes et la permanence
d'actions séparées, résultat de l'association. Au premier
abord, impossible de trouver là un exemple plus frappant du « struggle for life ». On devra même constater

l'absence de tout but moral. Mais ces mêmes hommes qui représentent le commerce armé, ce que l'antiquité appelait marchands ou pirates, vous les voyez élever leur niveau par l'esprit juridique. Par la loi se développent chez eux chaque jour des notions plus élevées que la razzia et le pillage. Nous sommes chez des familles où s'est maintenu le lien patriarcal et nous n'y trouvons rien d'immoral, tandis que leur organisation nous frappe.

En effet, si ces rois de la mer se regardent comme frustrés en cas d'échec, habitués qu'ils sont à considérer le bien d'autrui comme appartenant à celui qui est assez fort pour le prendre, ils sont imbus déjà des principes réels de la civilisation par la notion du droit et de la procédure, qui les passionne avec ses subtilités. Au tort fait à autrui, la coutume établit la « compensation ». Le patronage maintient le droit de suzeraineté sur celui qui doit l'hommage, et la preuve que ce droit régit partout la société, c'est que l'acte de vassalité obtenu d'un tiers même par surprise est valable. Les supercheries elles-mêmes escroquant trop souvent le « serment » suffiraient pour en démontrer la valeur. Cette société ne marche donc nullement à l'aventure. Dans les règles qu'on retrouve partout régissant l'association, résident notamment les fondements d'une administration solide; transportées sur un plus vaste théâtre, ces règles ont pu être le point de départ de lois générales sages et pratiques, après avoir été entachées d'abord de grossièreté et de barbarie.

Ainsi donc, l'association, voilà le premier grand facteur septentrional. L'initiative particulière, l'action isolée mais effective de petits groupes en dépit de son séparatisme, voilà le second facteur. Il se retrouve à la base de toute

l'histoire du Nord. Avez-vous jamais vu, en revanche,
durer là les vastes agglomérations favorites à l'esprit
romain ? Les Danois, les Suédois, les Norwégiens ont-
ils jamais 'u rester longtemps unis et homogènes?
Voulez-vo. chercher le secret de l'éclipse du Nord
scandinave, _omme de la longue désunion de l'Allemagne, ne le demandez qu'à de vieilles antipathies, une
répugnance native pour un niveau commun en dépit
de la pratique prépondérante de l'esprit d'association.
Voilà l'envers de leurs qualités.

Par l'ascendant singulier de leur esprit de domination, par leur génie colonisateur, cette marque spéciale,
les Northmen, les « hommes du Nord », eurent assez
d'influence à un moment donné sur toute l'Europe pour
pouvoir les prendre comme prototypes. Ils serviront de
pivot à l'analyse du tempérament anticlassique tel qu'il
ressort des Eddas et des Sagas, des Vikings de Dasent [1], des premiers rois de Norwège de Carlyle, des
travaux de l'archéologie danoise de Worsaë surtout,
des clairs résumés de ces travaux par MM. Alfred Maury [2], Montégut [3], Geoffroy [4].

Que si vous cherchez après cela une contrepartie
allemande, ouvrez le poème des Nibelungen, dont les
Eddas de Seemund avaient d'abord donné la légende
sous une forme plus primitive.

Il faut voir le Northman avant sa conversion au chris-

1. G. W. Dasent. *The Vikings of the Baltie*. Etude où le roman
est mêlé à l'histoire.
2. Alfred Maury. *La vieille civilisation scandinave* d'après les
récents travaux des archéologues. *Revue des Deux-Mondes*, 15 sept.
1880, —242-272.
3. *Les derniers Vikings et les premiers rois du Nord*. Emile
Montégut, 342, 386. *Revue des Deux-Mondes*, 15 sept. 1876.
4. Geoffroy A. *Les Sagas Islandaises. La Saga de Nial. Revue des
Deux Mondes*, 1er nov. 1875.

tianisme toujours fortement imbu des idées religieuses des ancêtres, quoique sa foi soit déjà fort ébranlée,
—et surtout retranché dans leurs superstitions favorites,
magie, incantations, sortilèges. A côté de cela, convive
jovial, buveur intrépide, ami des belles armes, des bi-
joux, passionné pour les « sports », faisant assaut
d'adresse autant que de bravoure, le Northman se plaît
au milieu de la tempête ; sa confiance en lui-même est
absolue. Il compte premièrement sur la vigueur de son
bras, puis sur les ressources de son esprit aussi fertile
en « bons tours » que le Grec Ulysse. La loi, malgré cela,
ne cesse d'être pour lui la grande affaire. Il s'y conforme si elle est d'accord avec son but. Dans le cas contraire, il met sa gloire à la tourner, et l'équivoque est son
triomphe. Mais cet homme a des côtés cachés de son caractère. Dans un désastre, il trahira des réactions terribles :
obéissant aux présages de ses voyants, croyant aux apparitions, apaisant au besoin ses dieux par des holocaustes humains pour fixer la victoire de son côté, dur pour
lui-même, il est impitoyable pour les autres. S'il a commis des atrocités dans les églises, dans les couvents
chrétiens, profané à plaisir les reliques, c'est dû à sa
haine contre le christianisme, « cette religion d'esclave ».
Le savant Worsaë invoque déjà alors les guerres de religion.

Il est curieux de relever en tout cas les arguments des
Scandinaves avant leur conversion. Ils se cabrent contre l'abstraction, comme le fait encore aujourd'hui l'Anglais. Vous trouvez là, en revanche, un tempérament très
décidé, très réaliste, très logique, mais qui ne fera jamais rien pour rien. Et vous verrez sa logique aux prises avec l'idée pure chrétienne, cette troisième forme
d'un progrès moral réalisé en Occident par les philoso-

ples grecs, par la loi romaine, par la morale du Christ. Les Scandinaves, répétons-le, précisément parce qu'ils peuvent revendiquer leur place à un stade précis de la vie patriarcale [1], ne présentent rien d'immoral dans leur caractère. Les Anglais appellent aujourd'hui « comfort » les appétits matériels qu'ils aimaient à satisfaire. Ils tenaient comme eux à leurs usages, aux coutumes des aïeux. « Si vous imposez le repos dominical, qui nous « nourrira ce jour-là, observaient-ils, et si nous jeûnons, « comment la terre sera-t-elle cultivée [2] ? Si notre joie « suprême, l'ivresse, est un crime, qu'offrez-vous en « échange ? Votre Dieu est fort exigeant, les nôtres ne « nous demandent ni l'humilité ni le renoncement. « Nous pouvons verser le sang humain, car tous les « hommes ne sont pas nos frères. Vous attaquez notre « fortune, notre puissance ensuite, si vous interdisez ce « ce beau métier de roi de la mer, source de notre « force. »

Rien de spiritualiste là-dedans, des faits, toujours des faits ; mais qui peut assurer que, dans leur première jeunesse, ce n'étaient pas des mobiles de ce genre qui l'emportaient chez les Grecs? Une autre ouverture d'intelligence dirigea cependant ensuite ceux-ci vers une évolution fort différente, puisque c'est des Grecs que l'esprit classique est sorti.

Vous trouvez, en revanche, chez les vieux Scandinaves le berceau de ce génie économique qui a fondé la puissance du Nord et lui préparait une telle place dans la direction des temps modernes. C'est de la forteresse de

---

1. Deux revues : la *Réforme sociale* et la *Science sociale* interprètent la doctrine de F. Le Play dans les plus complets détails de la vie patriarcale.
2. Voir Montégut, *Revue des Deux-Mondes*, les *Derniers Vikings* de J. W. Dasent.

l'anticlassicisme qu'il est sorti. Il a été bercé par le
plus ancien passé d'une humanité d'Occident qui
n'a jamais pactisé avec le monde classique. Ce qui ne
l'a pas empêché d'avoir élevé très haut l'art de la navigation et des constructions navales. Les hommes du
Nord ont été de bonne heure de grands découvreurs,
d'habiles colonisateurs. Ils ont façonné leurs populations aux commerces lointains, les fils de jarls, les fils
de rois naviguaient non seulement eux-mêmes, mais ils
étaient propriétaires de navires allant chercher des marchandises au loin. Ils ne trafiquaient pas toujours en
pillant, puisque les scaldes louent ceux qui protègent la
circulation des navigateurs marchands. Nous pourrions
mentionner tout un développement économique régulier
restitué avec soin par l'archéologie danoise, avant
qu'elle rappelle le règne de Canut le Grand, où des
traités de commerce donnent alors l'idée d'une civilisation déjà relevée.

Avant que ce ne fût le tour des Normands, les Danois
ont contribué non moins que les Anglo-Saxons à faire
une Angleterre. Comment la Russie se fût-elle jamais
constituée sans les Varègues? Vous rencontrez les Normands en France, dans l'Italie méridionale, en Sicile. A
Constantinople, il y a une garde scandinave. Ces Northmen, ces hommes du Nord, avec leurs petites troupes
bien disciplinées, ont défait des armées et soumis à leur
hégémonie de vastes territoires qu'ils défendirent comme
marins et soldats, firent prospérer comme commerçants
et agriculteurs, où, justiciers sévères, ils maintinrent
une sécurité qui faisait défaut dans bien des contrées
de l'Europe.

Sous leur domination, la propriété dans l'Italie méridionale fut organisée, distribuée, hiérarchiquement; des

territoires défrichés et fertiles se substituèrent à la vaine
pâture, au pâturage, « cette destruction de l'agriculture »;
mais après eux le pâturage reparut, remplaçant de laborieuses populations agricoles par les pasteurs brigands
des Abruzzes et de la Calabre [1]. L'école de Le Play explique cela en observant que les Normands représentent
la famille agricole des marins et des pêcheurs en opposition avec la famille pastorale [2]. Seulement la preuve
que ce sont avant tout d'habiles administrateurs, c'est
que dans des pays d'élevage comme en Neustrie et en
Angleterre, tout en favorisant l'agriculture ils devinrent
des éleveurs modèles de bétail et de chevaux. L'histoire
vit de faits et de comparaisons. A la fin du xe siècle, un
exemple, pris chez des Vikings non encore convertis,
fournira le témoignage non moins probant du caractère
spécial qui dirige déjà l'esprit économique de ces marins du Nord. La piraterie, exclue de l'État, organise en
dehors de sa zone des entreprises séparées. L'agglomération la plus grande est celle des Vikings de Joms-
burg [3], sur la côte de la Baltique, non loin de l'embouchure de l'Oder. C'est, dit M. Montégut, un véritable
ordre de piraterie, tant cette flotte de 10.000 marins
est régie par des lois sévères. De même que pour l'armée
de Wallenstein à la guerre de Trente ans, on trouvera
alors les Vikings mêlés à toutes les batailles du Nord en
Norwège, en Danemarck, en Angleterre. Eh bien, quoique toujours sur pied de guerre, cela ne les a pas empêchés de coloniser. Leur côte, naguère déserte et

1. *Science sociale* (Ecole de Le Play). 3e année, t. V, 1er juin
88. Origines de l'Italie moderne.
2. *Science sociale*, 1e année, t. II, 2e livraison... Demolin. *Les
sociétés issues de pêcheurs.*
3. Emile Montégut, *Les derniers Vikings. Revue des Deux-
Mondes*, 15 sept. 1876.

aride, maintenant « se couvre de riches moissons », et ce littoral sans cesse inquiété autrefois par les incursions jouit de la sécurité, grâce à la surveillance de ses nouveaux maîtres.

Les pirates de Somsburg sont condamnés au célibat. Il y a là à côté de ce signe du Nord, lequel, dans les Eddas, les Sagas, comme dans les Nibelungen, redoute l'influence féminine, un autre point de rencontre, saillant cette fois, puisque nous rentrons en pleine Allemagne par l'Ordre Teutonique.

Quelques siècles plus tard, en effet, nous retrouverons presque aux mêmes lieux, dans des soldats chrétiens, des agriculteurs, des éleveurs, des industriels, des financiers et des justiciers, comme pour continuer la vieille tradition économique du Nord. Mais l'Ordre Teutonique n'est-il pas lui aussi imbu du vieil élément anticlassique, de ce séparatisme qui attirera si longtemps encore tout à lui? Cette décentralisation générale, voilà bien une des raisons de l'impuissance de l'Empire germanique, incapable de restaurer l'administration de Charlemagne, lequel traitait les ducs et les comtes comme de simples fonctionnaires. Là l'Église aura des évêques électeurs et grands feudataires et l'initiative des villes en arrivera à lutter d'influence avec la féodalité, grâce aux progrès de l'association, cette marque du Nord. Nous voilà de plus ici sur un terrain mixte. D'un côté, nous sommes en présence de chevaliers qui ne craignent pas de déroger par la commerce, agents d'une grande prospérité maritime, industrielle ou agricole, ce qui est conforme aux idées du Nord. Mais il faudra viser un autre côté dans l'Ordre Teutonique : la grande pensée qui a présidé au moyen-âge, l'action universelle particulière à l'Église romaine, à cette République chrétienne

qui tient aux vieilles cités et aux villes nouvelles pour
avoir conservé en Europe les métiers industriels et les
arts par ses ordres monastiques, enseigné aux campagnes les savants procédés agricoles, république qui se
rattache à tout : aux lettrés pour lesquels elle a sauvé
les lettres grecques et latines des mains des Barbares,
au monde féodal auquel la religion sert de pivot.

En attendant, les rives de la Baltique nous maintiennent en plein esprit économique scandinave avec la mer,
but par excellence : tantôt exploitation des produits de la
mer, comme la pêche du hareng, qui, dans le Nord,
comme dit M. Lavisse, eut tant d'influence sur la politique; tantôt explorations maritimes permanentes à la
poursuite de commerces lointains, trafics du reste souvent soutenus, comme autrefois, par des flottes armées
en guerre. Tout historien qui veut expliquer la prospérité économique allemande dans la seconde portion
du moyen-âge aura donc, dès avant le XIIIe siècle, un œil
tourné vers le littoral de la Baltique, tandis que les villes
maritimes et fluviales de l'Empire réclameront une place
économique et politique considérable dans l'histoire du
Saint-Empire, avec leur merveilleuse activité commerciale s'exerçant dans l'Europe entière. Les efforts isolés
mais effectifs de villes comme Lubeck, Brême, Ham-
bourg précèdent, avant même le XIIIe siècle, la Ligue
Hanséatique. Dès le XIIe siècle, on trouvera dans la Baltique les « navigateurs chrétiens ».

Qui avait, en Allemagne, inauguré la première résistance contre la féodalité oppressive, dirigé l'opinion
dans les circonstances critiques, organisé des mesures
isolées devenues générales pour des populations manquant de sécurité? Ce fut cet esprit commercial exercé
depuis si longtemps. Des marchands composaient en

grande partie l'armée de l'empereur Henri IV (1056-1106) dans son duel avec le Saint-Siège [1]. Et c'est certainement à la coopération de Mayence, Worms, Ratisbonne, Wurtzbourg et autres villes encore, qu'il dut les succès qu'il remporta sur son antagoniste Rodolphe de Souabe et sur son propre fils Henri V [2].

Les villes ont de tout temps porté leurs regards vers l'empereur. Mais, ou bien celui-ci aura été détourné par l'Italie et la lutte contre les papes, ou bien il aura trop rarement compris le loyalisme des villes. Plus généralement encore il sera resté impuissant. Alors les bourgeois, les marchands prennent l'initiative.

En réalité ce ne seront pas des lois impériales, mais l'initiative individuelle et l'esprit coutumier qui dirigeront alors les associations et hanses, comme en 1247, les villes des bords du Rhin et de la Baltique liguées contre une noblesse déprédatrice et usurière se croyant propriétaire du sol. Pourquoi des tentatives isolées comme celles-ci deviendront-elles peu à peu de véritables mesures de gouvernement? C'est qu'en bien des pays les Allemands ne furent point alors gouvernés autrement. C'est ainsi qu'aux xive et xve siècles, cette formidable Ligue Hanséatique, principe purement commercial, se dresse devant l'Allemagne féodale et impériale, non seulement avec les milices confédérées de ses villes, avec les flottes de ses ports, mais en État, grand financier, puissant industriel, avec ses métiers, ses arts et ses légistes, défenseurs de ses édits comme de ses contrats. Et comment une telle organisation a-t-elle pu se perfectionner? Par un tempérament économique aussi

1. E. Worms. *Ligue Hanséatique*, p. 31.
2. *Id.*, *ibid.*, p. 32.

familier avec l'étude des intérêts personnels qu'avec
celle des intérêts de l'argent, et enfin par la pratique
journalière du droit international.

Un tel esprit jusqu'au xixe siècle, c'est-à-dire bien longtemps après la chute des cités commerçantes italiennes,
fera des grands ports de la Baltique autant d'écoles européennes pour le haut négoce et le commerce international. En revanche la Ligue Hanséatique et ses grands
monopoles, déchus dès le xvie siècle par la découverte
du nouveau monde, la nouvelle route des Indes, après
la guerre de 30 ans, au xviie siècle, auront vécu, tandis
que déjà les Hollandais brillent à l'horizon et les Anglais apparaissent. Mais l'historien aurait tort si, dans
l'histoire de l'Allemagne, il croyait devoir pour cela oublier de signaler le déploiement du vrai génie économique du Nord sur un nouveau théâtre.

Suivez avec M. Lavisse [1] le développement continu
des annales de la Prusse, vous saurez que c'est pour
s'être toujours conformée à cet esprit du Nord, à partir
surtout du commencement du xviiie siècle, que la Prusse
est devenue le grand État que nous connaissons. Vous
trouvez qu'alors la maison de Brandebourg a repris
pour le compte de l'État le rôle supprimé des hanses ou
des villes. Elle s'est mise elle-même à la tâche. Le roi
a exploité son royaume comme le ferait de son fonds un
agriculteur, un financier, un négociant, un manufactu-
rier. Il a avancé son argent, il a spéculé sur les denrées,
les grains et les laines. Il s'est fait colonisateur de
bourgs et de villes nouvelles. Il a demandé à ses territoires par des défrichements et des frais bien entendus

---

1. M. Lavisse, *Histoire d'Allemagne. Formation de l'État prussien,*
Cours à la Sorbonne.

des moissons productives, là où il n'y avait que des terres incultes. C'est ainsi que la royauté prussienne a de
nouveau fait fructifier un sol jadis fécondé par l'Ordre
Teutonique, et avant les chevaliers par l'activité scandinave. Voilà l'origine de cette prospérité économique.
Ce n'est pas autrement que, malgré les plaisanteries de
toute l'Europe, Frédéric-Guillaume a pu maintenir cette
grosse armée avec laquelle Frédéric II a vaincu l'empereur d'Allemagne et les Français à Rosbach.

Au XVIIIe siècle également, alors que l'aristocratie
française était à la veille de perdre tous ses droits, n'est-
ce pas grâce encore à ce vieil atavisme à la fois maritime et scandinave que la noblesse d'Angleterre est devenue le principal instrument d'une transformation économique qui devait changer la face de l'Europe. Pour
commencer, l'aristocratie anglaise ne se maintint au
timon des affaires qu'en asseyant ses droits devant la
nation sur une base bien difficile à renverser. En effet,
c'est alors qu'aidés par leurs grandes richesses territoriales, les lords et la « gentry » donnèrent une impulsion sans précédents aux associations industrielles, commerciales, maritimes, coloniales. Non seulement dès
lors leur fortune progressa avec la prospérité publique,
mais on ne doit pas oublier que c'est une aristocratie
exclusive comme la leur, qui, fidèle à l'esprit anticlassique, a appris à l'Europe moderne que prendre un intérêt immédiat à l'industrie, au commerce, par soi-
même ou par ses cadets, ce n'est pas déroger, comme à
l'exemple des Romains l'avait jugé notre aristocratie
classique.

V

L'histoire a ses problèmes ; l'étude que nous venons de faire en soulève, et notre devoir est de les envisager.

Après avoir poussé jusqu'ici l'évolution de l'esprit anticlassique, nous ne devons pas perdre de vue le but synthétique poursuivi. Il nous commande de reprendre une suite d'idées qui doit trouver son raccord et sa confirmation, l'enseignement du présent sortant toujours de l'examen du passé qui n'a réalisé rien de durable qu'en s'appuyant sur des bases solides.

Quittant naguère l'Orient antique après avoir rendu justice à ses qualités, nous dûmes cependant, une fois parvenus à la Grèce, calculer déjà ce que serait devenu le monde avec les Grecs vaincus, dispersés aux guerres Médiques, avec la Grèce orientalisée et à l'état de province persane. La Grèce, voilà, en effet, le premier point de repère pour notre civilisation, c'est la primitive assise en Occident d'un majestueux édifice qui n'eût pu s'élever sans elle.

Arrivons à la seconde étape et demandons ensuite si cette admirable romanité, tout à l'heure contemplée par nous, eût jamais abouti, si, lors de la lutte entre Rome et la Gaule, à la place de Jules César et des Romains vainqueurs, c'était Vercingétorix qui eût triomphé? Envisageons Vercingétorix s'appuyant sur la caste des druides, et reprenant avec plus de force que jamais le vieil objectif d'un empire gaulois, comme firent les Perses sassanides vainqueurs des Parthes et revenant à la grande hégémonie persane des Achéménides. C'est donc le génie gaulois qui alors à la tête de l'Occident se serait substitué au génie romain. Un Français, lui-même, a dû déjà en calculer les conséquences pour l'avenir.

Poursuivons encore plus loin le développement de l'esprit anticlassique, antiromain. Quelle face nouvelle l'Europe aurait-elle prise avec Charles Martel vaincu et l'Occident submergé par les Maures? Les Maures, objectera-t-on, n'étaient qu'une contrefaçon orientale de l'esprit gréco-romain.

Eh bien, descendons plus près de nous, arrivons aux hordes mongoles, aux invasions des Turcs repoussées pendant des siècles ; supposons que les Turcs enfin vainqueurs forçant les barrières de l'Occident aient imposé l'islamisme.

Complétons en remontant du Sud au Nord le même ordre d'idées. Admettons qu'à la place du christianisme maître des consciences avec son niveau humain et civilisateur, c'eût été l'odinisme et ses sanglants holocaustes qui se fussent imposés par la violence. Voyez un empire scandinave, s'établissant, s'arrondissant chaque jour au milieu des populations européennes affolées, fuyant à l'envi devant de simples bandes de Danois et de Northmen. Nous pouvons même aller plus loin et mettre à la tête de ces conquérants Canut le Grand appelant le christianisme à son aide pour assurer sa suprématie sur l'Occident. Cela eût-il duré longtemps? Non, car le terrain n'était pas préparé et les grandes civilisations ne s'improvisent pas. Il y a certains états sociaux encore semi-barbares qui prospèrent dans leur air ambiant. Ils s'imposent même par leurs défauts, mais veulent-ils pousser plus loin, ils sont frappés d'arrêt de développement. Ils n'en sont pas moins une phase transitoire utile et par eux un sang plus vigoureux, plus jeune, est infusé à l'humanité.

Les empires d'Orient, passant en d'autres mains et cessant d'être soutenus par des classes sacerdotales savantes, ont participé de ces milieux. Une fois la frénésie mongole ou turque dissipée, après que le fanatisme mystique musulman s'est amorti au contact plus humain et aussi plus résistant de la forte culture chrétienne, les Turcs sont peu à peu tombés en décadence. Un principe de dissolution était, en effet, au fond de leur civilisation factice, toute en surface, non en profondeur, uniquement basée sur les violences d'un mysticisme fataliste. Quoi de plus probant pour affirmer la même décadence chez les Scandinaves une fois sortis de leur période héroïque, de retrouver, comme dit M. Montégut, 150 ans après saint Olaf en Norwège, à la place où s'illustraient les fastueux rois de la mer, des gens vêtus d'écorces d'arbres et se révoltant comme des loups chassés par la faim.

N'oublions pas que nous colligeons des documents pour une histoire de l'esprit humain afin d'en rétablir les archives. Ce n'est pas comme homme du Nord que Charlemagne a valu. Fustel de Coulanges l'a bien démontré. S'il forme une espèce d'îlot séparé mais compact, solide trait d'union entre l'Empire romain et la Renaissance du xiiie siècle, c'est parce qu'il caractérise alors au contraire plus immédiatement que tout autre l'esprit classique des races latines dont il a relevé hautement les traditions et dont il a rétabli les indispensables barrières. Il a renouvelé le terrain pour fort longtemps, quoiqu'on ne s'en aperçoive qu'à la fin du xie siècle et au commencement du xiie. Et à qui doit-on ces nouveaux germes reparus ? A des sols depuis longtemps ensemencés, nous le verrons bientôt, et en dehors de l'esprit anticlassique fort lent à se développer.

Mieux nous aurons insisté sur le rôle du scandinavisme dans l'histoire de la formation des temps modernes, plus, à côté de qualités maîtresses, il faudra faire
sentir ses lacunes. L'esprit anticlassique de tous les
temps apporte à l'histoire son enseignement. Il se rencontre à l'origine des plus grandes choses, mais si
l'idée pure et l'esprit classique n'étaient survenus, celles-ci se trouvaient frappées d'arrêt de développement,
et, pour le démontrer, trois exemples ici se présentent.

Prenons d'abord ce mobile souverain du xixᵉ siècle, le
commerce, l'industrie, la navigation. Avec lui les Scandinaves nous ont ramenés à la vieille question faite dans la
haute antiquité à tout marin abordant au rivage avec
son navire : « Es-tu marchand, es-tu pirate ? » Ce n'est
pas là le stade normal par lequel doit se développer la
prospérité économique d'accord avec le droit et la raison.

Ce fut aux Grecs qu'il appartint d'organiser là-dessus
un nouvel ordre de choses. Ils lui donnèrent un but moral,
civilisateur, profitable aux connaissances humaines,
marque inconnue aux Phéniciens comme aux Carthaginois. Et c'est précisément en revanche l'âpreté antique de
ces derniers qui a trop longtemps trouvé des imitateurs
dans le Nord. N'est-ce pas par cette cristallisation durable de l'ère scandinave faisant d'abord trouver tout
naturel, ensuite digne de regrets, un âge de piraterie,
qu'ont persisté d'ardentes convoitises, des luttes
aussi acharnées que sanglantes pour le monopole ? Cependant, comment d'anciens défauts furent-ils peu à peu
transformés en précieuses qualités d'entreprise et d'exécution ? à qui le doit-on, sinon à l'idée pure de l'Église
romaine venue fortifier la morale, régulariser les écarts,

dominer les consciences? Ce grand propulseur ne fût-il
pas intervenu dans le Nord, qu'au lieu de faire un nouveau départ, de ce côté, l'humanité sans guide, épuisée
après ses grands efforts, devait reculer en arrière. Le
génie chrétien, en revanche, est alors complet. Dans le
monde latin, il corrige le tempérament romain, hostile
à l'esprit mercantile et aux trafics commerciaux. Dans
le monde du Nord, il vient rehausser l'activité scandinave avec ce sens pratique qui sait glorifier le travail
et l'organiser par sa discipline et ses méthodes.

De ce premier exemple passons à un second : à ce
respect de la loi que souvent la France a pu envier à
l'Angleterre. Tout en confessant qu'un vrai Breton,
« a true Britton, » a bien le droit d'être fier d'avoir développé dans sa race une qualité si nécessaire, ne doit-on
pas observer que la source à laquelle il l'a puisée n'a
pas la même noblesse ? N'est-ce pas en effet de la passion scandinave pour la procédure, qu'une telle qualité
est sortie? Mais les plus grands noms sont forcés de
parler modestement de leurs origines.

Voilà une raison pour laquelle en revanche, en Angleterre, dès la conquête normande, l'autorité judiciaire a
été plus concentrée et plus forte qu'ailleurs. C'est par
la loi, c'est-à-dire par un assemblage de coutumes
superposées, bien que toujours respectées, que l'Angleterre est devenue si forte. Elle ne parle pas du
droit, il est vrai à la façon des Romains, sa devise
dédaigne l'abstraction. Elle dit dans sa forme concrète
« Dieu et mon Droit ». Les Romains comme les Grecs
auraient vu l'idée pure et dit : « Dieu et le Droit pour
tous. » Rien qu'un mot, mais il est très grand, sépare
donc les deux esprits classique et anticlassique que
nous étudions.

Notre troisième exemple vient viser le terrain de la science.

« Au règne d'Élisabeth, un chef irlandais demandait « au lord anglais député qui lui annonçait la visite « dans son comté d'un shérif anglais pour percevoir les « impôts : Combien coûterait la tête de ce shérif si ses « hommes la lui coupaient[1] ? » Et les auteurs anglais du temps de s'indigner alors contre ces compensations barbares, progrès social, cependant, à une certaine époque, même pour l'Angleterre qui avait eu les mêmes lois. Il faut confesser, du reste, que, depuis, l'Irlande s'était arrêtée en route parce que toute société bien organisée est tenue d'éliminer ses injustices.

Mais alors il est permis de demander à un Anglais du XIXe siècle s'il y a une idée morale dans le « Struggle for life » et la loi de sélection, solutions scientifiques également fournies à Darwin par l'esprit anticlassique septentrional intervenu dans les expériences de la science.

Voir de nos jours triompher un tel principe, quelle belle occasion de prouver combien de fois dans les civilisations antiques, ce ne furent ni l'homme, ni sa nature, qui étaient toujours les coupables, mais bien les fausses conceptions de ses savants et les erreurs de civilisation qu'elles ont propagées.

A mesure qu'on approche de plus près l'esprit anticlassique oriental, l'esprit anticlassique occidental, et qu'on découvre leurs survivances manifestes même de nos jours, celles-ci semblent placées là exprès pour appuyer la nécessité des Grecs, des Romains, du

1. Ed. Laveleye, *Les lois des Bretons et l'ancien droit celtique en Irlande. Revue des Deux-Mondes*, 15 avril 1875.

christianisme, impossibles à remplacer dans l'histoire
de l'humanité.

Il a fallu absolument qu'avec les Grecs la raison trou-
vât son assiette, que par les Romains la société possédât
ses bases véritables, pour que, leur succédant, l'esprit
chrétien puisse intervenir dans ce monde nouveau
matériel et au sens oblitéré que nous connaissons. Il a
trouvé plus de force pour introduire à la place de concepts mal venus, mal réglés, son hygiène intellectuelle
et physique. S'il a parlé parfois autrement que ses classiques devanciers, ce n'est pas pour s'en séparer mais
pour donner à leurs principes une solidité nouvelle. Il
représente comme eux un esprit classique peu partisan
des vérités contingentes, lesquelles ne suffisent pas à
l'homme. En effet lorsque ce qui est vrai aujourd'hui
peut devenir faux demain, — et c'est le fait de la science
dans l'histoire, — n'est-il pas permis de conclure qu'une
démonstration morale applicable à tous les temps, à tous
les lieux, à tous les peuples, rend plus de services à
l'humanité qu'une grande découverte scientifique puisqu'un critérium ne peut être solide à moins d'être fondé
sur des vérités éternelles.

CHAPITRE XII

L'ESPRIT CLASSIQUE EN EUROPE DANS LE MOYEN-AGE CHRÉTIEN, DE LA CHUTE DE L'EMPIRE ROMAIN A LA RÉFORME

Dans la thèse d'histoire ici soutenue, il convenait de retracer tour à tour les vraies sources du classicisme d'abord, de l'anticlassicisme ensuite. Il faudra, en outre, montrer qu'en dépit des rapprochements, même de la fusion de leurs éléments distincts, ces esprits contraires ont dans le monde moderne depuis la réforme trouvé de nouvelles raisons pour se séparer, quoiqu'à l'élément romain du catholicisme ait, comme compensation, succédé la renaissance classique. Qu'on observe, à l'égard du monde germano-scandinave, que pour n'être pas passé sous le rouleau broyeur gréco-romain, il ne renferme pas moins des esprits profondément classiques ; qu'on mette chez lui en relief des qualités supérieures qui ont imprimé au xixe siècle, notamment, une impulsion extraordinaire par les développements de la science en général et de la philosophie, autant que par le commerce, la navigation et l'industrie : il n'en reste pas moins vrai que le monde germano-scandinave (ou anglo-germanique, si vous préférez) a interprété les plus grands concepts autrement que les races latines. Le transformisme darwiniste sorti de lui est un des contrastes les mieux caractérisés avec le passé traditionnel.

Aux nobles buts classiques, qui, plus que le Nord, a substitué non seulement le besoin du bien-être, mais la nécessité de la richesse? Son génie économique, plus encore par la contagion de ses doctrines que par celle de ses exemples, a changé l'assiette de la société, si bien que ses adversaires eux-mêmes, pris dans l'engrenage, sont réduits à être ses tributaires. Ces survivances anticlassiques ont tracé leur sillon dans la démocratie et c'est moins l'idée pure démocratique que ce « tempérament jouisseur », subordonnant tout aux intérêts matériels, qui sert de moule pour pétrir les hommes, qui crée une quantité sans cesse grossissante de gens ne voulant plus ni Dieu ni maître. Révolutionnaires à l'état chronique, anarchistes et athées, pour lesquels le dernier recours n'est déjà plus la science, mais la force brutale. On se demande donc déjà ce qui adviendrait de l'Europe si le courant naturel de l'esprit classique tourné vers l'idéal était remplacé par le courant supérieur d'un esprit anticlassique, matérialiste et scientifique. Il ne faut donc pas s'étonner de ceux qui soutiendront que jamais plus que de nos jours le relèvement moral ne s'est imposé à la société européenne.

I

Le christianisme n'a apporté rien de matériel et nous avons à envisager d'abord, partant de l'idée pure, l'évolution de l'esprit chrétien dans la romanité nouvelle d'Occident.

Une supposition se présente naturellement, mainte-

nant qu'après les observations précédentes aboutissant
à notre temps, nous avons ici à démontrer que le christianisme est une idée pure qui n'a apporté rien de matériel au monde barbare. Admettez à sa place, à la chute
de l'Empire romain, la science et son matérialisme raisonnés chargés de fonder une société nouvelle, et cal-
culez les résultats. Un tel dilemme peut être envisagé ici.

Faudrait-il admettre en revanche que la religion du
Christ, comme on le prétend depuis que son histoire
est étudiée sous son aspect contradictoire, ait contribué
à accélérer le cataclysme romain? L'Empire d'Occident
ne mourut-il pas plutôt de sa belle mort, épuisé
d'hommes, de finances et d'excès d'administration? Vous
êtes témoin là d'une déchéance graduelle artistique,
littéraire, scientifique. On a usé jusqu'au bout les génies
dont s'enorgueillissaient toutes les branches de l'intelligence. Cet enseignement supérieur qu'ils avaient créé
a disparu lui-même, faute de pouvoir encore se recruter. Cette grande floraison, puis l'éclipse qui lui succède, voilà le dernier éclat et aussi la fin de l'héroïque
effort du paganisme épuisé. L'idée chrétienne, pour
attirer à elle l'esprit nouveau, devait elle-même être cependant douée d'une force singulière, puisque l'aristocratie de race et d'intelligence, les sciences et les lettres
lui ont livré passage. Ce fut un grand profit pour le
monde à venir que la morale nouvelle prit ses degrés
dans une société parvenue à son apogée. C'est là que le
christianisme puisa ce solide sens pratique dont il a
toujours depuis conservé l'empreinte. C'est là qu'il est
entré dans le moule classique où s'est formé son critérium définitif, où s'est ancré ce ferme esprit qui fait
que le christianisme d'Occident et le christianisme d'O-
rient plus mobile cessèrent de pactiser.

Mais tout est balayé par le torrent des invasions. Qui reste debout alors, sauf l'idée pure avec son prestige devant lequel s'inclina un Attila? Pivot unique empêchant le mal de rester le mal si celui-ci s'y introduit, parce que le bien est son principe. Il a opéré à peu près malgré lui comme sur une table rase son travail de reconstitution sociale. Il a cherché la clarté, redouté la confusion, la promiscuité des intelligences. Devant lui s'offraient deux dangers : cette séduisante mythologie des Grecs et des Romains d'abord, puis, remplaçant l'idolâtrie du Nord, des survivances païennes profondément enracinées. Pour que le paganisme religieux ne pût reparaître sous le paganisme littéraire, les génies de la Grèce et de Rome se trouvèrent délaissés : les Saintes Ecritures devinrent le fonds des comparaisons historiques à la place des historiens latins. Le principal annaliste du temps, Grégoire de Tours, montre ce milieu si différent de celui qu'il remplace, où l'on semble plus rapproché de l'Ancien Testament que de la Rome impériale.

Le niveau des connaissances n'a donc pu manquer de baisser fort vite. Pour remonter un tel courant au contraire, il faut des siècles, et la sécurité d'une civilisation repose surtout sur les principes supérieurs demeurés la base de la société. Voilà comment se justifie la puissance de l'idée pure ayant toujours là, pour la renforcer, ses traditions, ses méthodes, sa clarté.

Et cependant l'apparence extérieure des Mérovingiens reste romaine : noms de fonctionnaires, formulaire, appareil, etc., mais sous le souverain comme partout ce n'est pas l'État qu'on retrouve, c'est l'homme : individualisme demeuré spécial au patronage germanique ou gaulois. Seule restée constituée d'après la tradition du mécanisme impérial, l'Église essaiera d'abord mais vai-

nement d'en faire prévaloir les règles stables. Elle pro-
fitera, cependant, à la fin, d'un tel manque de cohésion.
Elle se substituera peu à peu aux fonctionnaires civils
dans leurs droits, parfois même dans leurs biens. La justice du comte sera désertée pour celle de l'évêque.
L'Église comme composition diffère: ici franque ou
gallo-romaine, là burgonde ou aquitaine. Devant la
société laïque, en revanche, l'esprit de corps resserre
entre eux ces éléments disparates devenus uniformes par
un mot d'ordre et des intérêts communs.

On peut reprocher au clergé mérovingien l'abstention
de l'apostolat chez les païens. C'est de lui néanmoins
que sortiront les meilleurs ouvriers de la société nouvelle. Non seulement l'ascétisme, le mysticisme propre
aux moines orientaux — passifs ou indolents — sera
remplacé par cette activité qui, sans exclure les méditations, fit des moines d'Occident les premiers industriels, agriculteurs, érudits. Mais le clergé poursuivit
un autre but civilisé. Il réagit contre un esprit général
de convoitise développé par un milieu plus riche. Il
flétrit cette poursuite des intérêts matériels par quelque
moyen que ce soit, et ces appétits effrénés qu'engendrait
un état général d'assassinat, de mépris de la vie, comme
de la propriété d'autrui. Telle est, en effet, la marque de
ce temps. La société mérovingienne n'est pas sans rappeler l'état scandinave, mais avec le christianisme
comme compensation.

Aussi lorsque les saints évêques se prononcent contre
la peine de mort, c'est pour protester contre le sang.
S'ils maintiennent si fort le droit d'asile et vont jusqu'à
délivrer les prisonniers, même ouvrir les prisons, c'est
une organisation sociale nouvelle qu'ils poursuivent. Ils
rétablissent la vraie doctrine chrétienne. Du temps des

Romains, le christianisme n'avait apporté ni science, ni
idées matérielles, rien que l'idée pure au nom de laquelle il avait proscrit le sang. Plus tard, ce fut bien
malgré lui, mais il ne pouvait pas supplanter cet élément terrible, la guerre, base d'un empire dont il devenait la religion universelle. Plus tard, instituteur d'une
société nouvelle, son rôle changea et Fustel de Coulanges
nous montre l'Église se proposant sous les Mérovingiens
de régner par la douceur.

Voilà précisément le moment où l'on se croirait le plus
éloigné de l'esprit classique. Celui-ci, au contraire, bien
que défaillant d'un côté, n'élargit-il pas de l'autre son
horizon pour se montrer un véritable éducateur de
peuples? C'est avec la charité chrétienne que s'organisa
le droit canon, c'est-à-dire la loi romaine, non celle du
stoïcien Tribonien, mais la lettre de l'esprit juridique romaine tempérée par la lettre de l'esprit du Christ. C'est
pour cela que la société vint de toutes parts au-devant de
l'Église y adoucir ses mœurs auxquelles un tel fre...
était nécessaire. Le sacerdoce est recherché et attire même
les grandes familles, qui y rencontrèrent richesse, pouvoir, autorité sacrée; mais surtout les hommes s'épurent;
un principe supérieur domine des intérêts mondains.
De nombreux saints dans leur famille furent un titre
considérable pour la dynastie des Pépin et des Charlemagne. Leur maison, renommée déjà par ses richesses
territoriales, se désigne par des mérites variés au suc-
cesseur de l'apôtre Pierre, depuis que Charles Martel a
sauvé l'Occident de l'islamisme.

Le rôle de la papauté, de l'évêque de Rome, n'est pas
encore bien fixé. Reconnus généralement comme pri-
mats d'Occident, mais pourchassés tantôt par les empereurs grecs schismatiques, tantôt assiégés par les

Lombards, les papes ont longtemps continué à travers émeutes, famines, pestilences, l'œuvre de l'avenir, celle qui, l'Empire romain disparu, devait refaire de Rome la ville éternelle, refleurissant plus brillante que jamais comme cité sainte de la chrétienté, avec les papes vicaires de Jésus-Christ. Fortifiés par le sentiment du devoir, ils ont travaillé pendant des siècles en pleines ténèbres. L'appui de Pépin leur valut l'Exarchat et la Pentapole. C'est le commencement d'un ordre de choses nouveau. Il a son plein effet avec Charlemagne sacré par le pape empereur d'Occident. De là date la véritable assiette du nouvel empire, et l'attitude du Siège de Pierre en face de l'empereur d'Orient comme de l'Europe. Charlemagne ouvre définitivement l'œuvre des « Gesta Dei per Francos »; les Français sont demeurés depuis lors les fils aînés de l'Église. L'empire a beau changer de mains. La «Francia orientalis » une fois devenue l'Allemagne impériale, les Césars allemands, par la querelle des investitures, restent les constants adversaires du Saint-Siège pour lequel, par conséquent, la France représente un contrepoids d'autant plus nécessaire.

Impossible ici de nous attarder, le christianisme aurait pu être mis en péril par un roi mérovingien interprétant la foi. Les évêques y mirent obstacle, la papauté à son tour avait autant à redouter du zèle que de la violence. Un empereur théologien revisant comme Charlemagne le texte grec des évangiles avec les docteurs irlandais aurait fort effrayé Alcuin, cet orthodoxe anglo-saxon. Aussi, si depuis lors l'Église se mit en garde, ce fut la plupart du temps pour sauvegarder la foi. Voilà comment elle a laissé faire les « Fausses Décrétales » et admis des façons spéciales d'interpréter son rôle passé dans l'Empire romain.

Peu à peu la légende se forme: on juge les questions
en ce qui concerne les droits du clergé la plupart du
temps avec des arguments qu'on n'avait pas tirés des
vrais historiens, mais dont on ne pouvait en réalité contrôler les contradictions, parce que les jugements généraux historiques alors surtout faisaient défaut. Ce qui
représente un palliatif à ces erreurs, c'est qu'il y avait
derrière de graves questions de principes en jeu. Il
faut même se mettre au vrai diapason de la vie de ce
temps pour aujourd'hui les comprendre.

Du x⁰ au xi⁰ siècle, se manifeste le besoin d'un centre
directeur résistant, s'imposant par la religion là où la
force reste impuissante. Qui le prouve mieux que le
triste retentissement, l'émoi dans la chrétienté des trafics honteux de la papauté et des scandales qu'elle
donna alors et que flétrit, à la fin du x⁰ siècle, le célèbre
concile assemblé dans les Gaules à Saint-Basle, près
Reims [1].

A partir de Charles le Chauve, la pensée théocratique
se dessine, puis elle échoue, sombre même; mais elle
devait renaître plus vigoureuse que jamais, car elle est
une phase due des jeunes sociétés. En attendant, l'idée
pure traversera au contact des hommes toutes les sco-
ries, toutes les souillures, mais secouant et rejetant tour à
tour ses parasites elle renaîtra plus brillante que jamais,
car c'est dans ce qu'il a d'immatériel que le christianisme en tout temps a puisé sa force. Il ne s'agit pas
cette fois, comme dans les théocraties d'Orient, de lancer
les plus hautes intelligences dans les espaces où elles se
perdent au milieu des problèmes cosmiques. Ce n'est

1. Charles Giraud, *Grégoire VII et son temps.* (*Revue des Deux-
Mondes*, 15 mars 73, p. 415.)

pas là que les foules livrées à leurs appétits grossiers croupiront dans un matérialisme inconscient. L'homme n'est plus un patient auquel le savant inflige ses expériences politiques ou scientifiques, prostituant ici les femmes, comme en Asie, là, comme en Égypte, par des lois matrimoniales gynocratiques, rendant l'homme un objet de raillerie [1].

Ici non seulement l'équilibre est cherché, mais le catholicisme a ses tuteurs. C'est lui qui a conservé la civilisation romaine. Il se renferme également dans son cadre à lui, développé par des idées fondamentales. L'autorité du père revêt un aspect patriarcal, tandis que l'éducation de la mère, celle de la femme, la préparent à son importante mission. Sort-on de la famille individuelle, c'est pour élargir surtout la grande famille humaine.

Nous avons suffisamment insisté sur le rôle qu'a joué l'esprit critique des Grecs par l'adaptation pratique de leurs méthodes. C'est de ces méthodes qu'avaient profité les Romains. En administrateurs habiles, ils les avaient appliquées au gouvernement des hommes. Par le christianisme, maître des âmes et des corps, le cercle d'action s'était autrement élargi en s'exerçant cette fois sur tous sans distinction. Là donc, tous les profits du passé se retrouvent. Et pourquoi encore aujourd'hui cette puissance du christianisme, à laquelle personne ne peut se dérober? C'est que, comme la philosophie antique, il a scruté l'homme intérieur, mais au lieu d'une simple méthode philosophique, la conscience et le devoir se sont institués au cœur de l'homme comme la seule hygiène à proposer à l'esprit.

1. Revillout, *Droit Égyptien*, 1er vol., p. 225.

Du xe au xı^e siècle, on put sans doute désespérer parfois de l'avenir. Tout se désagrège, plus de pouvoir central. Tel organisme chargé de le représenter a disparu ou bien est rentré dans son état rudimentaire pour s'appliquer à l'autorité des individus dans des groupes restreints, s'efforçant de suffire à eux-mêmes par la terre, avec leurs animaux domestiques, avec leurs artisans, et chaque fief important a son financier, « son Juif [1] ». Aussi surgissent en tous sens les conflits acharnés des pouvoirs armés les uns contre les autres. Dans des sociétés n'ayant pas d'autres bases que la poursuite des intérêts matériels, c'eût été l'avènement du cataclysme final. Dans la société chrétienne, c'est l'époque précise de la genèse d'une famille féodale, où le moyen-âge a trouvé son assiette assez résistante pour supporter les plus rudes expériences.

· On a dit que les terreurs de l'an mil groupèrent les hommes à l'ombre des églises. Du xe au xı^e siècle tout au moins, c'est dans les couvents que s'est réfugiée l'activité de l'esprit, et qu'à l'abri de la violence, des excès de la force brutale, fonctionnent les forces vives de l'intelligence, bien qu'elles aient cédé parfois elles-mêmes à la contagion du mal. Mais il fallait de tels milieux troublés, ravagés, où faisaient partout défaut les contrepoids, pour chercher des recours suprêmes afin d'aguerrir le ressort des âmes. Alors se développèrent des idées qu'au sein des civilisations prospères on dédaigne, que l'antiquité occidentale a pu expérimenter avec ses philosophes, mais qui eussent répugné à l'ancien esprit anticlassique surtout ennemi de la « mortification ». On a connu les bénéfices de l'humilité, de la pauvreté,

1. Pigeonneau, *Histoire du commerce de la France*, t. I, 92, 95, 105.

la puissance de la conscience humaine inspirée de la charité, la sainteté de la pudeur et l'héroïsme du renoncement.

Le domaine de l'idée pure devint ainsi le théâtre de ces rigoureuses expériences. Ce grand mouvement d'épuration graduelle de la pensée du moyen-âge n'a-t-il pas contribué à la hauteur du critérium moderne? Ne doit-on pas dire qu'il dut beaucoup au silence imposant, aux méditations des cloîtres, où la pensée poursuivit son œuvre lente, mais sûre.

Le clergé chrétien représente alors cette force morale inconnue à l'antiquité grecque et romaine. Les Grecs et les Romains n'avaient pas par leurs lois pu complètement réaliser l'aspect de cette société qui s'appelle alors la famille chrétienne, dont le mécanisme doit être décrit.

L'Église se recrute partout, dans le peuple comme dans la noblesse. Elle compte des fils de serfs. Raison de plus pour que tout le monde, pour elle, soit égal devant Dieu. La fraternité, l'égalité sont donc prêchées aux grands de la terre, et le servage adouci disparaîtra peu à peu. Les chartes des communes, les chartes d'affranchissement des campagnes, la Trêve de Dieu, trois faits parallèles se complétant l'un par l'autre. La paix de Dieu sera maintenue même par de simples curés de paroisse allant en tête de leurs confréries religieuses, bannières déployées, châtier les réfractaires. De plus puissants auront leur frein par d'autres moyens. Donc aussi protection spirituelle et matérielle fortifiant chez tous, le plus haut comme le plus humble, l'esprit de conscience et l'amour du devoir [1]. C'est là en outre où triomphe si

---

1. Les Chartes nous montrent alors de puissants seigneurs se mettant sous la suzeraineté de l'Église.

souvent, avant d'être appliquée plus tard aux monarchies, la tradition conservée toujours de la vieille organisation romaine dont la main se retrouvait partout.

La théocratie papale rencontrera donc là tout prêt un centre résistant, une république chrétienne avec ses notions de gouvernement. Aussi, dès qu'il surgira chez elle une tête merveilleusement équilibrée, comme celle d'Hildebrand, elle saura commencer ses réformes. Amputée d'une main inflexible, c'est l'Église, en outre qui inaugurera l'épuration de la société. Les ordres monastiques sont mêlés alors à tout.

Les clunisiens, grands bâtisseurs d'églises romanes et bénédictins de France, sont à la tête du mouvement. L'ordre indépendant du pouvoir séculier et épiscopal a ses ramifications en Italie, en Allemagne, en Espagne ; du xe au commencement du xiie siècle. Cluny reste le plus sûr dépositaire de la tradition romaine et de l'enseignement supérieur, c'est le centre des lumières et de l'art. « Là se forment des écoles de maîtres ès-œuvres et de sculpteurs. » A la fin du xie siècle, « qui donc en Italie ou dans une autre contrée de l'Europe, dit Viollet-le-Duc, était capable de bâtir un monument comme l'église de Vezelay [1] ? » En attendant que saint Bernard emprunte au xiie siècle à Cluny la règle de Cîteaux, c'est là que Grégoire VII, encore Hildebrand, est venu se retremper et méditer sur les réformes nécessaires dans l'Église, qu'il mettra à exécution plus tard. Il est pape en 1073. Son œuvre peut être controversée, mais c'est d'elle que date un nouvel ordre de choses. Saint Bernard, cet homme-barrière qui conseille les papes, gourmande les rois, dirige les con-

---

1. Viollet-le-Duc, *Entretiens sur l'architecture*, p. 258. L'église Saint-Marc de Venise n'est pas un monument italien proprement dit.

ciles, fera faire ensuite un pas de plus à la rénovation
de la société !

Ainsi veut-on considérer partout les origines de toute
civilisation. Nous l'avons vu aussi bien dans les empires
d'Orient que pour l'empire gaulois, une part doit être
faite non seulement à la pensée humaine, mais à sa
période d'incubation religieuse. La grande différence
ici avec l'Orient, c'est que nous sommes en terre classique, avec un monde de clercs sain et vigoureux, qui
fera entrer l'œuvre papale dans la pratique, et, comme
dans de telles formations, il faut surtout considérer les
bases, rappelons qu'avant fin du xie siècle l'élan donné
par Cluny s'est généralisé en France; il y a comme un
réveil des esprits dans toutes les branches de l'intelligence. Chez les bénédictins de l'abbaye du Bec les leçons
de saint Anselme succèdent à celles de Lanfranc, Béranger
est « scholasticus » à Tours, puis archidiacre à Angers.
Abélard ira étudier la théologie sous Anselme, doyen de
l'église de Laon. L'enseignement d'Abélard à Paris, avec
différentes interruptions, durera de 1102 à 1136 [1]. Une
vie intense commence à circuler partout. Pendant le
xiie siècle nous compterons de grands mystiques, tandis
qu'à côté d'eux un esprit nouveau qui se sécularise
entr'ouvre les horizons de l'avenir. Alors que la France
marque ainsi sa place en Europe, nous voyons des ordres militaires, cette conséquence forcée des croisades,
qui renforcent l'œuvre chrétienne au dehors. D'abord, à
partir de 1118, les templiers, les hospitaliers dès 1115, puis
en 1128 l'Ordre Teutonique. Les vraies milices papales,
les franciscains, 1208, et les dominicains, « Domini ca-
nes», 1213, ne sont venus qu'un siècle plus tard.

1. Thurot, *Université de Paris*, pp. 4 à 5.

Que l'historien s'arrête attristé devant les Albigeois. Qu'on s'émeuve encore aujourd'hui du lamentable duel de l'Italie avec les empereurs allemands et ce ne sera que juste. La papauté fournit alors les premiers griefs à la réforme. A l'opposé, la France d'alors a bénéficié d'une lutte assez longue pour lui permettre de se reconstituer, ce qu'elle a fait depuis qu'elle a quitté cette tunique de Nessus : l'empire. De plus les Français n'ont pas à se plaindre de la papauté: ils en reçurent toujours plus de bien que de mal.

Du xiiᵉ au xiiiᵉ siècle, les papes sont arrivés à l'apogée du pouvoir. Ils eurent un rôle souverain pendant l'ère grégorienne. Qu'on découvre là l'irrésistible force du courant supérieur propre aux théocraties de tous les temps. Qu'on compare parfois certaines exagérations papales à celles de l'Orient brahmanique, vous avez vu en revanche combien diffère le but qui sanctifie tout. Peut-on même dire qu'il y ait eu vertige? Ne faut-il pas plutôt voir la violence du bien, la régénération de l'homme poursuivie avec une incroyable énergie par des maîtres austères? Creusant l'un après l'autre un sillon ineffaçable et à l'heure voulue, n'ont-ils pas tracé la route suivie depuis lors par la pensée européenne du moyen-âge?

Il s'agissait d'inculquer à jamais la passion du bien et du beau suivant le droit de Dieu tel que le concevaient ces radicaux à outrance. Ils n'ont pas eu raison en bien des cas; notamment lorsqu'ils pratiquaient l'axiome « omnia pro dominatione ». Ils poursuivaient toutefois le même idéal que celui dont sortirent des choses d'une incomparable beauté, demeurées le refuge des esprits de tous les temps, lorsqu'ils veulent réagir contre des milieux absolument contraires. C'est du même fonds sévère, mais touchant, que vient cet art chrétien que la renaissance a dépassé sans le remplacer, sans élever l'âme surtout vers les mêmes régions.

II

La société sortie de l'église et le milieu chrétien formulés par la renaissance française du xiiie siècle sont la plus haute expression du moyen-âge européen.

Aujourd'hui que la pensée est si bien réglée et que nos anciens concepts ont été si bien digérés qu'il ne reste plus, semble-t-il à beaucoup de gens, qu'à les détruire, on oublie volontiers que l'œuvre du passé ne s'est pas faite seule. Que vaudrait cependant encore aujourd'hui notre existence fiévreuse, emportée, sans les savants, sans les moralistes, sans les économistes, sans les historiens régulateurs de ce tourbillon et qui apportent leurs bases à la vie de tous ? Mais ces maîtres eux-mêmes ne sont qu'un des anneaux d'une chaîne fort longue. Nous bénéficions encore maintenant de ce fait, qu'interpréter pendant des siècles, fixer, inculquer la tradition grecque, romaine, aussi bien que chrétienne, a été la tâche de tous les instants d'un enseignement supérieur qui a pu se transformer suivant les siècles, mais n'a jamais perdu de vue l'idée pure.

A mesure que l'esprit classique se dessine, on comprend le rayonnement bienfaisant de la latinité sur tout ce monde nouveau qui s'est formé en Europe depuis les grandes invasions. Nous n'avons pas oublié qu'au ixe siècle, lors de la scission opérée dans le monde

carolingien, deux génies se scindent en même temps
que le Nord et le Midi. C'est Louis le Germanique qui
offre en Allemagne le contraste de relever la couronne
impériale, tout en donnant un corps à l'esprit d'antagonisme contre le monde latin tel qu'il tend à se développer.

Charles le Chauve, au contraire, érudit, protecteur intelligent des lettres, a conservé réellement cette latinité,
qui, au milieu du désarroi général, va se réfugier dans
les cloîtres pour y porter ses fruits d'avenir, pour s'y
organiser et devenir ensuite le propulseur le plus intelligent des xe et xie siècles.

Il est à remarquer que, tant que les Césars allemands
furent puissants, c'est la suzeraineté sur la France qu'ils
visèrent et que la monarchie française ne reconnut jamais. De même ils tenaient à conquérir l'esprit italien,
car, dans la romanité nouvelle, c'est surtout la race latine qu'ils eussent aimé soumettre à leur esprit septentrional.

Le représentant de cet antagonisme de races sera
plus tard Luther, et c'est sur le terrain religieux que
devait d'abord se vider le débat. Mais, s'il n'y avait pas
eu pour commencer, au moyen-âge, un centre directeur
dont relevait le monde européen tout entier, on eût vu
déjà le Nord et le Midi incessamment aux prises. Comment la lutte n'a-t-elle pas, en effet, pris dès lors un caractère autrement aigre et violent? Comment l'idée
chrétienne a-t-elle pu alors être imposée à tous? grâce
à la papauté, médiateur souverain dominant l'Europe
catholique et investi au besoin du pouvoir de déposer
les rois et les empereurs. C'est, en effet, une idée singulièrement puissante que celle qui fait d'un pape cet
arbitre en dernier ressort chargé d'apporter partout la

paix et, au nom du christianisme, de rapprocher constamment l'un de l'autre des éléments antagonistes toujours prêts à en venir aux mains.

Entre les moyens variés dont disposa la papauté, nul
n'eut une portée plus immédiate pour former le grand
faisceau de la chrétienté que l'élan puissant des croisades. Pour la première fois, non seulement le Nord et
le Midi apprirent à se connaître, mais ils eurent le
spectacle et la comparaison de contrées fort différentes.
Groupés sous la même bannière, Scandinaves, Allemands,
Anglo-Saxons, Français, Italiens s'habituèrent à réformer
leurs préjugés l'un contre l'autre. Et c'est soutenus par
les mêmes aspirations religieuses autant que par la
communauté du péril, qu'ils travaillèrent à la délivrance
de la Terre sainte. D'Allemagne on vit à la croisade des
empereurs comme Conrad et Frédéric Barberousse,
mais le Nord ne marqua jamais un grand enthousiasme.
La Suède, la Norwège, le Danemark ont rarement envoyé
de vrais contingents de croisés. Le noyau sérieux est
fourni par des Latins et les vassaux des princes français. Il est impossible en dépit de tout cela de nier le rôle
souverain de l'Église romaine sur la chrétienté européenne d'alors.

On ne comprend pas l'histoire du moyen-âge en Occident sans la papauté. Sans l'Église romaine qu'on trouve
partout à sa base, cette période de transformation des
sociétés n'aurait certes pas abouti. Si la sève à cette
époque apparaît enfin si vigoureuse, ne pensez-vous
pas que c'est parce qu'on a tant réfléchi et tant imaginé
de moyens pour la faire monter. Des règles, en effet,
alors sortirent l'une après l'autre chargées d'instituer
définitivement une société qui déjà tout entière pivotait autour de l'idée chrétienne et en suivait l'évolution,

car, jusqu'à la réforme, c'est l'Église qui est restée à la tête de tous les progrès.

Voyez la féodalité, une hiérarchie féodale est instituée, mais sa règle supérieure ce n'est pas le suzerain laïque, c'est la suzeraineté de Dieu et de ses ministres. Tout grand seigneur, en revanche, n'en a pas moins usurpé les attributs souverains groupant autour de lui tout un monde. Sur lui, tous les yeux sont fixés, on vit sur lui, par lui, et par sa terre ; se modelant à son image, le plus petit seigneur son vassal est son diminutif. Il a sa maison. C'est un tableau différent parfois, bien qu'il ressorte toujours au fond de la vie patriarcale du clan. Hiérarchie donc à l'intérieur et à l'extérieur, mais c'est la charité chrétienne qui, dans la circonstance, est venue régler les choses, notamment le droit germanique. Elle apprit au seigneur, comme dit M. Janssen, qu'il n'était qu'un « usufruitier » de Dieu, et entre le propriétaire du fief et le tenancier paysan le prêtre joue son rôle de médiateur.

Villes maritimes de la Baltique, villes marchandes de l'Allemagne, cités flamandes, communes françaises, républiques italiennes, ports de Catalogne et de Provence, autant d'ennemis naturels de la féodalité. Il y a toujours eu maille à partir et conflit entre les seigneurs féodaux et l'esprit navigateur et commerçant. La route a été hérissée d'obstacles pour l'industriel, pour le bourgeois occupé d'importations et d'exportations, de trafics intérieurs ou internationaux. Comme compensation, les abbayes leur servirent d'entrepôts de marchandises, de stations de transit et les évêques furent les protecteurs des villes.

Où que les yeux se tournent, l'Église se rencontre donc à la base de tout. Les confréries religieuses furent le

premier noyau des corporations, où chacun, dirigé vers
un but, devint le membre d'une hiérarchie. Ainsi clas-
sement général, équilibre de la féodalité autant que du
restant de la société par les multiples réseaux d'un organisme fonctionnant mathématiquement, puisqu'en
pleine anarchie féodale, c'est lui seul qui a soutenu les
sociétés à l'aide de sa vieille organisation romaine.

Les églises étaient le lieu habituel où se tenaient les
assemblées. Artisans et bourgeois y briguaient l'honneur
d'un vitrail. Les donateurs passaient à la postérité. La
Florence de Savonarole a beau présenter un idéal religieux qui s'exagère, sous sa forme mystique il trahit
cette solide direction qui partout s'est présentée aux
peuples pendant le moyen-âge européen. C'est le grand
concert chrétien. Son spectacle repose des pestilences,
des famines, des assassinats, des incendies et du pillage.
Sans ce puissant dérivatif de tous les moments, on se
demande volontiers ce que serait devenu non seulement
le Midi, mais le Nord tardivement christianisé et séparatiste d'instinct.

Voilà ce que fit l'Église pour constituer la société
d'alors. Voyons, maintenant, la part qu'elle a prise dans
le mouvement intellectuel, dans l'essor imprimé à l'expression de la pensée, à l'art, aux idées supérieures par
la langue, par l'architecture, par la philosophie scolastique.

C'est de la langue de l'Église, de l'ancien latin altéré,
qu'est née en Europe la première expression d'un génie
national, c'est-à-dire la poésie française avec ses règles
savantes. Une langue s'est même ainsi formée en
France, en Italie, en Espagne.

Par l'Église, les arts avaient survécu. Elle en développa
même les procédés. Les clunisiens avaient illustré le

style roman interprété par des architectes clercs exclusivement. Puis viendront, comme pour la poésie française, des artistes laïques. La pensée s'émancipera alors.
L'art ogival ou perpendiculaire trouvera ses premiers
interprètes dans l'Ile-de-France, et les aspirations d'un
génie populaire gonfleront les nefs des cathédrales.

Avant de devenir pour les clercs cette forme supérieure de l'entendement humain, qui tendra à soustraire
la philosophie à l'autorité de la théologie, la scolastique
n'offrit d'abord d'Alcuin et Raban Maur que des moines
glossateurs dépourvus de philosophie [1]. Avec Scot Érigène commence la philosophie du moyen-âge. Scot
Érigène, observe M. Franck, n'est pas un philosophe scolastique [2]. C'est un « réaliste », dit M. Haureau. Dès la
fin du xi⁰ siècle, le mouvement se dessine et l'on n'était
pas arrivé au tiers du xii⁰ siècle que, suivant le vœu
d'Abélard, la scolastique était devenue l'introduction
nécessaire à la théologie. La logique va s'appeler « l'art
par excellence [3] ».

Ainsi voilà déjà trois manifestations, et de celles qui
caractérisent le mieux le moyen-âge, dont les origines
remontent à l'Église. Leurs conséquences ont ouvert en
revanche à l'esprit laïque les voies nouvelles qu'il a depuis lors glorieusement parcourues.

Et quel est le premier théâtre de ces manifestations?
Nous le connaissons, c'est cette France, dont les destinées avaient changé si souvent parce que sa situation
géographique en avait fait la vaste cuve où n'ont cessé
de fermenter les migrations des peuples, les invasions
des idées venues de tous les points de l'Europe, du Sud,

1. Ad. Franck, *Journal des Savants*, septembre 1881, p. 554.
2. Id., *ibid.*, p. 535.
3. Ch. Thurot, *Université de Paris*, p. 6.

du Nord, de l'Est et de l'Ouest. Une civilisation druidique et gauloise en avait d'abord formulé l'expression en devenant pour le nord de l'Occident le point de départ alors de toute culture raisonnée, sociale, scientifique, juridique. Gallo-romaine ensuite, la même contrée représente également pour le Nord, l'Est et l'Ouest, l'actif propagateur des lumières gréco-latines. Les barbares foulent déjà le sol romain au ve siècle, que c'est elle seule dont la floraison intellectuelle restée vigoureuse fera encore une dernière fois illusion sur l'Empire d'Occident.

C'est cette même Gaule, enfin, qui, demeurée mieux que la généralité de l'Italie le vrai refuge de l'esprit latin sous le nom de France, deviendra la terre où s'accompliront les « Gesta Dei per Francos » à partir de Charles Martel, qui sauva l'Europe de l'islamisme, à partir de Pépin, surtout de Charlemagne, dont l'empire consacre une papauté désormais européenne. Ce passé, cette renaissance de la romanité sous les Carolingiens, nous l'avons raconté tout à l'heure. Au xie siècle, l'Église est en péril. La société sortie de la latinité est entamée de toutes parts. C'est à Cluny que nous voyons le moine Hildebrand venir méditer avant de devenir Grégoire VII. C'est à Citeaux que saint Bernard médite à son tour sur l'œuvre de l'Église ; c'est encore en France qu'à la fin du xie siècle la croisade, ce fait majeur du moyen-âge avait été préchée pour la première fois. Et la langue franque, l'idiome occidental du Levant, voilà le souvenir vraiment durable que les croisés quittant la Terre Sainte après tant de combats laisseront aux Orientaux.

On retrouve toujours au moyen-âge la royauté française dans l'orbite de la papauté pour laquelle la lutte contre les Césars allemands était une question de

vie ou de mort. La papauté refuse de devenir un fief
germanique. Elle veut maintenir la société dans le courant de réformes qu'elle dirige. Elle a la conscience
d'un devoir à remplir, devoir supérieur à celui d'un
empereur du Saint-Empire. Il suffit même à l'historien
de regarder alors l'empereur pour juger de ce que seul
à la tête de l'hégémonie européenne il y eût jamais
pu faire.

Le Midi triomphe sur le Nord dans la querelle des
Investitures : les villes italiennes profitèrent de leur côté
des longues péripéties d'une lutte à laquelle elles prirent
activement part : telle est la préface de leur gloire future
aux xive et xve siècles. Cependant, cela rentre encore
dans les contingents de l'histoire. Les grands faits constitutifs prêts à porter leurs fruits dans toute l'Europe
aboutissent au contraire directement à la France. Telle
la croisade des Albigeois, cette victoire du Nord, qui,
ouvrant définitivement le Midi au roi de France, a permis la fusion entre les provinces françaises méridiona-
les et septentrionales.

Remarquez que nous sommes déjà au xiiie siècle.
L'ère héroïque du Saint-Empire tire à sa fin. L'idée
impériale ne se relèvera jamais. Décidément ce n'est
pas à elle qu'appartiendra non seulement l'Europe,
mais bientôt même l'hégémonie effective de l'Allemagne.
Au xiiie siècle, la papauté bat encore son plein, mais le
siècle finit mal et le xive est déjà bien difficile. Donc,
empire et papauté, voilà des pouvoirs dont la grande
image ne fera que s'amoindrir. Au contraire, le champ
s'ouvre plus largement qu'autrefois à la royauté, qui est
l'idée de l'avenir.

La royauté faisait déjà haute mine à Bouvines en
1214 avec Philippe-Auguste, vrai pontife et chevalier

étendant les mains sur son armée qui demande sa bénédiction avant de combattre l'empereur d'Allemagne, dout la défaite est une date dans le développement de la monarchie française.

Voyons maintenant se formuler définitivement et aboutir en France sous le règne de saint Louis les grands principes préparés par les méditations des cloîtres du xᵉ au xıᵉ siècle, par les réformes inaugurées par l'Église du xıᵉ au xıⁱᵉ siècle, et du xıⁱᵉ au xııⁱᵉ siècle, par le réveil général des esprits. En effet, dès le xıⁱᵉ siècle, on se trouve en face de deux avancements parallèles par la réapparition d'un enseignement supérieur dans nos écoles de cathédrales et de monastères, comme dans l'université de Paris, qui se reconstitue, tandis que se dessine de plus en plus un mouvement artistique, social et politique, en un mot, un essor nouveau qu'activèrent les croisades. Mais comment va se formuler cette floraison originale de l'esprit chrétien qui s'appelle la Renaissance française ? Dans le sens des développements logiques d'une histoire restée étroitement liée encore au xıⁱᵉ siècle aux progrès de l'esprit chrétien.

Nous atteignons alors une de ces phases voulues par lesquelles toute culture humaine, qui puise ses racines dans l'idée pure, doit premièrement passer avant d'arriver à de plus savantes méthodes. Prétendre assimiler à ce mouvement, d'où date une assiette nouvelle de l'Europe, la renaissance italienne, transformer celle-ci en fait parallèle et connexe, cela ne semblera-t-il pas une hérésie historique dès que les sources seront comparées ? La renaissance italienne pourra plus tard transformer les arts et les lettres ; ce n'est pas par elle que s'organise au treizième siècle la constitution des sociétés : il faut alors tourner ses regards vers la France.

Tout en restant par sa mesure en toutes choses le plus complet résumé du christianisme classique, saint Louis a fait autant pour l'idée monarchique que Philippe le Bel et Louis XI. Vrai modérateur à l'extérieur comme à l'intérieur de son royaume, le roi de France contemple avec chagrin les emportements de la papauté. Non seulement il blâme ouvertement ses excès de pouvoirs dans le duel allemand, mais il signifie fermement au pape de n'avoir point à intervenir dans les affaires de France, car le maître, c'est le roi. Tout marque chez lui une puissance morale soutenue par un sévère équilibre de l'esprit. C'est avec un budget dont le chiffre ne dépasse pas celui de quelque gros financier de nos jours, qu'il entreprend de mettre l'ordre dans l'administration du domaine royal. Préoccupé d'idées économiques qui devancent son temps, non seulement il les y applique, mais les recommande à ses grands vassaux.

La Trêve de Dieu revêt avec lui un caractère administratif; l'idée de la guerre, de l'incendie, du trouble au labourage, interdits sur la terre du roi, prend avec Louis IX une force singulière par la suppression du duel judiciaire et des guerres privées. Il semble préparer ce principe du bien public, de la paix du royaume au nom de l'intérêt de tous, dont le roi sera reconnu seul juge et gardien, principe qui finit par substituer l'état au fief.

C'est de la sorte, en attendant, qu'il arrive à réconcilier les seigneurs toujours en guerre, il reconstitue les pouvoirs judiciaires, la compétence des Parlements s'élargit, car, innovation fondamentale, il introduit l'« appel au roi ». Son royaume prend ainsi une assiette nouvelle. Le commerce est favorisé, les corps de métiers reçoivent des statuts. L'idée chrétienne s'introduit dans la loi civile. La question d'équité est posée à côté du strict droit par les légistes. Saint Louis a donc scellé de son empreinte un développement social, intellectuel et moral, toujours raisonné. Ce beau règne n'a rien de spontané, car dans l'histoire tout vient à point. Réformes et progrès résultent invariablement d'un passé longtemps préparé, c'est le tout de trouver celui qui les réalisera, mais c'est en cela que la monarchie française montrera sa raison d'être.

Enfin, voilà donc le chef de la grande famille féodale dans un état qui est loin encore de l'homogénéité, mais qui s'organisera fortement. Maintenant, le pivot de ce gouvernement, c'est le respect qu'inspire alors le roi de France. C'est un suzerain modèle ; par lui, un souffle sain et robuste circule, on voit fonctionner, fructifier, le « mens sana in corpore sano » qu'a développé une éducation pratique où la justice est souveraine. Saint Louis a des enquêteurs chargés de redresser non seulement les torts de ses fonctionnaires, mais ceux des rois ses prédécesseurs dont il se croit lui-même responsable. Si soucieux qu'il soit des droits de la couronne, ce pieux monarque, dit M. Longnon [1], tout en les faisant respecter dans ses différends, les concilie si bien avec sa propre conscience que les princes étrangers viennent le prendre pour arbitre de leurs querelles. Pénétrés comme lui de leurs devoirs envers leurs vassaux, les seigneurs féodaux imitent les réformes royales. Et si tant de circonstances n'étaient venues ensuite à la traverse des questions qu'une monarchie renouvelée et le droit romain ont

1. Longnon, *Formation territoriale de la France,* cours au collège de France, 1889-1890.

seuls plus tard servi à résoudre, les choses se seraient réglées moins radicalement.

N'oublions pas que nous passons en revue les faits constitutifs de la société comme de l'esprit européen au moyen-âge. Mieux préparée par une culture plus ancienne, par une position plus centrale, la France avait reçu avant d'autres le choc des idées et des besoins de réforme générale. C'est son roi qui les formule, c'est elle qui les applique tout en se préparant à les répercuter ailleurs. Mais il faut expliquer, en outre, comment, par des raisons non moins logiques, la France devient le théâtre de manifestations intellectuelles fondées sur des bases également solides.

Qu'on compare d'abord constitutivement le royaume de saint Louis à l'Allemagne, à l'époque où celle-ci avait le plus de cohésion, déjà il l'emporte comme administration, puisque son roi, non seulement possède une autorité centrale comme seigneur suzerain, mais, en outre, ce pouvoir exécutif qui a toujours manqué à un empereur du Saint-Empire. Et voilà pourquoi nous ne pouvons décrire la société européenne et l'esprit classique chrétien au moyen-âge sans nous arrêter à la France de saint Louis. Il y a à cela une autre raison.

Intellectuellement, la France a de plus que l'Allemagne un enseignement supérieur qui fonctionne, — outil unique, — car il aida beaucoup alors à développer l'entendement européen. L'université de Paris remonte par la tradition des méthodes aux plus belles époques de la culture latine. Elle a été continuée depuis Charlemagne par une succession ininterrompue de maîtres qui peut être vérifiée jusqu'au xiie siècle. A Bologne s'enseigne le droit romain, espoir de la reconstitution sociale dans ce pays troublé. Malgré l'école de droit

17

d'Orléans, qui remonte au xiie siècle, Bologne, Padoue figureront jusqu'au xvie siècle les grandes écoles de droit pour les juristes français, mais la capitale de la France est si bien, au xiiie siècle, le cœur, le nombril de l'Europe, que son université, corporation protégée par Innocent III, Grégoire IX, Innocent IV, s'organisera à partir du xiiie siècle en nations où se grouperont des Italiens, des Espagnols, des Anglais, des Allemands.

Dès le xiie siècle, au temps d'Abélard, des questions majeures y avaient été déjà soulevées. La papauté et l'Église se prêteront volontiers à les entendre. Que celle qu'on appelait « la servante de l'Église » se soit émancipée au milieu des tournois de la scolastique du xiiie siècle, l'Église, malgré un rationalisme déjà évident, retenait toujours cependant dans son giron le monde des clercs tout entier. C'est au xive siècle seulement que celui-ci se sépara en deux camps.

Mais auparavant les assises de l'esprit d'Occident s'é-taient tenues. Sur nos bancs universitaires étaient venus écouter, discuter, lettrés, savants, docteurs de tous pays, seigneurs, fils de rois, même d'empereurs. Et l'université de Paris, la « Fontaine de Clergie », le « Fleuve des Vertus », comme on l'appelait alors, poussant jusqu'au bout les conséquences de l'étude des « grands princi-pes », réalisa un critérium d'où sortit un esprit public européen inconnu jusque-là. Avant d'avoir analysé ce nouveau facteur, les historiens ne soupçonnaient même pas l'origine de certains faits majeurs des xive et xve siè-cles que seul il avait préparés.

Qui alors eût pronostiqué un avenir plein d'orages ? car tout oscilla plus tard. Les Valois, au tiers du xive siè-cle, ont fortement réagi en faveur de la féodalité mal-menée par le gouvernement et la politique de Philippe

le Bel comme de sa lignée, longtemps restés populaires.
Mais une ère nouvelle s'ouvrait. Déjà Bologne, sanctuaire
du droit romain, arme ses légistes. Rienzi, au nom de
l'antiquité, ressuscite la république classique en face des
républiques italiennes qui ont proscrit leur aristocratie.
Les villes du Rhin, les villes du Nord de l'Allemagne,
les cités flamandes affirment leur indépendance. Watt
Tyler à la tête de ses bandes prend Londres en 1330.
A Paris, le tiers-état, qui a conquis ses droits, joue un
rôle prépondérant; son prévost des marchands, Étienne
Marcel, Lecoq, un avocat devenu évêque, représentent
déjà la démocratie séparatiste. Au xve siècle, au contraire,
Jeanne d'Arc manifesta le profond sentiment national
éclos au cœur du peuple par les malheurs de la patrie. C'est
ce que l'on peut appeler déjà l'esprit vraiment français.

Le xive siècle a marqué une révolution profonde. Ce
n'est plus l'Église du xie siècle qui médite, pour, avant
le xiie, passer à l'action et accélérer l'élan général. Ce ne
sont plus, comme au xiiie siècle, les sommets qui, ayant
délibéré, formulent les règles nouvelles d'un esprit
justement équilibré. La prospérité publique avait provoqué un nouveau départ des sociétés. Les jugements
sur les grandes questions, les solutions sociales sorties
des assises de l'intelligence européenne depuis le siècle
précédent sont descendus dans les masses. Maintenant,
c'est tout le monde qui réfléchit, compare, s'ingénie et
présente ses solutions. Nous assistons non seulement
au choc en retour de vieilles opinions dont des milieux
différents renvoient la traduction nouvelle, mais le xive et
le xve siècle deviennent en Europe le théâtre d'inventions de toute espèce; une vie intense se concentre
dans des organismes nouveaux, que des sociétés jeunes
encore sont impatientes de développer.

A Crécy, à Poitiers, à Azincourt, le peuple avait connu par les archers anglais comment pouvait se vaincre cette féodalité formidable enveloppée dans ses armures de fer.

La théocratie avait vu ses plus grands jours. Nogaret, Marsile de Padoue, Occam marquent les instruments de la royauté et de l'empire contre la papauté. Ils ont comme contre-partie ces réformateurs, Lollard, Jean Wiclef, Jean Huss, ensuite, des esprits déjà prêts à se séparer de l'Église.

La royauté, ce nouveau pouvoir qui s'élevait naguère, comme l'empire subit lui-même sa crise. La guerre de Cent ans s'éternisant en France, la solidité antérieure du pays disparut peu à peu. Cependant l'activité humaine se manifeste ailleurs.

Les cités libres, les hanses, les villes maritimes du Nord, les villes marchandes, les républiques du Midi, autant de promoteurs des temps nouveaux.

III

C'est seulement du xiv⁴ siècle que date la renaissance italienne. Même en y touchant tout à l'heure comme histoire générale, nous tenions à effacer le rôle de la France devant l'œuvre de l'Église romaine visée avant tout. Ce serait méconnaitre, en effet, les vrais antécédents de l'histoire moderne qu'après avoir étudié ce que le christianisme a introduit d'immatériel dans les sociétés, de perdre de vue la portée intellectuelle et sociale de l'idée pure sortie au moyen-âge de l'idéal religieux. Nous devons même, avec l'histoire de l'art, reconstituer des aspects variés que revêtit ailleurs l'interprétation de cet idéal et compléter ainsi le sens esthétique de la renaissance chrétienne du xiiie siècle, dont la France fut spécialement le théâtre.

Ainsi, c'est en Italie que viennent se rencontrer la plupart des illustres représentants de l'idée chrétienne. Bien mieux, depuis Joachim de Flore, avec l'apostolat de saint François d'Assise, avec saint Antoine de Padoue, avec Jean de Parme, vous assistez à l'évolution d'une Italie mystique. Mais l'envers du tableau, c'est une Italie réaliste, où l'enthousiasme des croisades s'est traduit par l'unique préoccupation de prendre position en Orient en tirant le meilleur parti de la foi des croisés. Les marchands italiens font des prodiges pour développer leur commerce ; on reconnaît en eux des financiers experts et même de profonds politiques, mais une culture supérieure et des mobiles désintéressés n'inspirent pas encore leurs actes. Ils ne se piquent même pas d'être grands clercs, car ils traitaient de « fainéant » un des meilleurs mathématiciens du xiiie siècle, Léonard Fibonacci, parce qu'au lieu de pratiquer l'art de la « kalimala », c'est-à-dire teindre et auner de la laine, il se livrait à l'étude des sciences. Ici l'on peut dire que le réalisme et le mysticisme, que la cupidité et l'idéal de la pauvreté se disputent le champ. A défaut de nationalité italienne, un esprit italien particulier à chaque ville est en train de se former.

Les cathédrales, expression du sentiment religieux, les édifices civils, témoins des conquêtes de la liberté, vont bientôt s'y disputer la place, car il y a un grand élan vers l'indépendance, et Florence, Pise, Sienne, nous rappelleront les républiques grecques enrichies par le négoce, renouvelant l'aspect de leurs cités. Au fond de ces éléments complexes et disparates, il faut cependant reconnaître sur ce sol privilégié des survivances antiques. Comment expliquerait-on autrement de vrais génies comme, au milieu du XIIIe siècle, un Nicolas de Pise, et, à la fin du siècle, un Giotto, trouvant, pour l'inspirer, Dante, à la fois un grand mystique et un ancêtre de l'humanisme.

En dépit de tout cela, ce n'était pas en Italie qu'environ un siècle auparavant avait éclaté une manifestation nationale ayant formulé de toutes pièces un art chrétien, qui semblera désormais inséparable de l'art ogival. Aussi, lorsqu'en 1144 apparaît dans l'Ile-de-France, sur le domaine royal, à Saint-Denis la première église ogivale, il ne faut pas voir là seulement une de ces expériences d'idées d'un ordre supérieur dont la France, depuis plus longtemps déjà que tout autre peuple européen, demeurait le théâtre. Il y a plus, on arrive alors à la réalisation de semblables idées, auxquelles toutes les classes viendront chacune s'associer tour à tour. Ainsi, c'est ici le prélude de l'explosion populaire du sentiment religieux qui, du dernier tiers du XIIe siècle à la fin du XIIIe, avec le pieux concours des populations, aura doté la France, celle du Nord notamment, de nos plus belles cathédrales. Non seulement le style ogival est une révolution dans l'architecture désormais sécularisée, mais le ciseau de nos sculpteurs laïques, divorçant avec l'hiératisme, se dirigera franchement vers la nature, cherchera ses ornements dans la flore française, et sa statuaire s'affranchira pour toujours des formes byzantines et romaines. C'est surtout à partir du XIIIe siècle qu'on peut former sa conviction en voyant de près, comme dit Henri Martin, « les innombrables figures qui remplissent les soubassements, les intervalles des colonnes, les voussures, la surface plane des tym-

pans, » les statues, les bas-reliefs, qui se multiplient
aussi bien au dedans qu'au dehors des édifices. Lorsque
l'on voit « l'architecture vivante se mêler à toutes les
lignes de l'architecture morte », on comprend qu'on
est véritablement en face d'un avénement artistique
original. L'ogive ne cessera d'adopter dès lors la sculpture comme l'élément essentiel de son style, en attendant que, comme dit M. Muntz, « tabernacles, chaires,
jubés soient fouillés avec autant de liberté que s'ils
étaient non en pierre, mais en bois ou en métal [1] ».
Voulez-vous des exemples de la révolution survenue
du XIIe au XIVe siècle ? Notre-Dame de Paris contenait
1.200 statues, la cathédrale de Reims 3.000, celle de
Chartres 6.000. Ne voilà-t-il pas, pour le peuple, ces vrais
livres de la pierre, par lesquels la sculpture est devenue
la langue intelligible à tous, car elle dégage les contours,
et « prend la nature sur le vif ». Elle ne possède en
outre tant de maîtres ignorés que parce que ceux-ci
furent avant tout soucieux de glorifier Dieu. Malgré
certaines trivialités de détails, ses artistes reflètent une
majesté sereine. « A côté des bas-reliefs représentant
les métiers, les travaux physiques, la vie mondaine, la
marche des saisons, » le symbolisme chrétien sème
partout ses enseignements ; on a pu dire qu'il déliait
toute une mythologie païenne. Par le tableau moral retrouvé si souvent de l'enfer, du purgatoire, du paradis,
la *Divine Comédie* du Dante est depuis longtemps préparée. Il y a donc toute une iconographie chrétienne
qui s'est chargée de retracer la diffusion de cet art de
la pierre. De l'Ile-de-France, de la Picardie, il se répand
dans la Champagne, les Flandres, en Normandie, en An-

---

1. Muntz, *Revue des Deux-Mondes*, 15 avril 1886, p. 550.

gleterre et enfin dans toute l'Europe. Nos grands architectes sont appelés à l'étranger avec des artisans d'élite
à leur suite.

C'est donc la lente poussée pendant quelques cents
ans de l'idée pure qui a produit cette renaissance chrétienne du XIIIᵉ siècle, sans laquelle probablement une
renaissance païenne ne fût pas ensuite devenue, du XVᵉ
au XVIᵉ siècle, un des incomparables témoins du progrès
de l'entendement humain. En attendant, les Italiens, qui
ont subi l'influence du gothique, ne furent pas des ini-
tiateurs ; ce n'est pas d'eux qu'est partie l'impulsion
première et irrésistible. La suprématie de l'Italie dérive
d'un idéal plus noble sorti des lettrés. C'est un sentiment exclusif et non populaire ; sa force réside dans ce
retour des esprits à l'antiquité, déjà indiscutable au
XIVᵉ siècle rien que par Rienzi, par Pétrarque, cet immortel ancêtre de l'humanisme, avec Dante. La marche
de cet art sera plus lente, mais plus assurée, puisqu'elle
aboutira à des modèles parfaits, au plus pur idéal chrétien, comme à des merveilles de l'art profane.

Du XIIIᵉ siècle au XVᵉ, le style « francigenum » et la
sculpture gothique ou « ogivale » ont poussé des
racines profondes en Europe. Inspirateur de l'esprit
septentrional, ce style avait encouragé à s'ingénier sur
d'autres termes que l'esprit méridional, et la sculpture
puis la peinture fourniront bientôt dans les Flandres des
témoins d'un art plein d'originalité. Ici, de plus, l'histoire
de l'art ouvre ses pages à un contingent allemand.
Erwin de Steinbach commence en 1276 la cathédrale
de Strasbourg. En 1348 s'élève « la cathédrale de
Cologne » née, pour ainsi dire, des cathédrales d'Amiens
et de Beauvais[1]. Le mouvement se développe d'un côté

1. Léon Château, *Histoire de l'Architecture en France*, p. 216.

par les Flandres, de l'autre par l'Alsace et la voie
de Strasbourg. Une nouvelle impulsion est donnée à
l'architecture ogivale; nous sommes en pleine ère
gothique. En même temps, de grands architectes,
d'habiles sculpteurs, des peintres de valeur, vont se succéder en Allemagne.

Et les Flandres, leur passé des XIVe et XVe siècles ne
fut jamais mieux connu qu'aujourd'hui. Puissance
commerciale, génie artistique, épanouissement original
d'une société nouvelle, rien n'y manque, même cette
marque réaliste qui fait qu'au lieu, comme en France,
d'y chercher d'abord ce sentiment national religieux qui
a gonflé nos cathédrales ogivales, on s'arrêtera avant
tout aujourd'hui encore devant les témoins favoris des
libertés, des franchises communales conquises par les
Flamands : hôtels de ville, hôtels des corporations des
métiers, des ghildes. La somptueuse demeure de quelque gros bourgeois de ce temps-là retiendra parfois vos
regards. Ayant émergé à la vie politique, sachant user
du bien-être matériel sans plus ignorer ses nécessités
réalistes que les risques pour l'obtenir, le bourgeois
apparaît là dans son aspect méthodique, et, s'il pratique
parfois l'idée pure, elle sera marquée de son esprit positif. Nul doute, cependant, que le génie flamand eût plus
longtemps encore marqué dans la balance de l'art, si peu
à peu l'Italie, sollicitée tour à tour par le courant du Nord
et l'enthousiasme pour l'humanisme, n'eût, grâce à l'antiquité, pris le devant de la scène.

Au XVe siècle, la France démembrée est près de disparaître avec la guerre de Cent ans, mais les états des ducs
de Bourgogne sont prospères. La première moitié du
même siècle, grâce au génie du sculpteur franco-flamand
Claux Sluter, enregistre une remarquable école de

sculpture bourguignonne. Du xive au xve siècle, l'art des Flandres rayonne donc en France, en Angleterre, en Espagne, en Portugal, en Allemagne, jusqu'en Scandinavie.

Qui ne se rappelle l'admiration des Italiens pour la peinture à l'huile, cette découverte des frères Van Eyck? Ils imitèrent promptement les procédés des Flandres et en accueillirent avec faveur les peintres, mais alors la renaissance italienne était depuis longtemps commencée. Le xive siècle marque pour l'Italie la première poussée d'une admirable sève. L'idée artistique vient apporter sa dignité et sa hauteur à l'idée mercantile. Conscience, volonté, travail de la pensée, soutenus par une foi fervente, inventions de toutes sortes, il y a là un ensemble qui, avec des génies comme le Dante mort en 1321, Pétrarque et Boccace, est fait pour immortaliser un siècle. Un tel point de départ, datant de Giotto, garde intacte la gloire des Italiens et il a le mérite de ne point laisser dans l'oubli ceux qui les avaient ailleurs précédés. En dépit d'une cruauté dans les mœurs devenue singulière, la beauté de l'art a encore augmenté au xve siècle. Les artistes italiens ont conquis dans la société une place à part, qui met en relief leur originalité et leur personne. L'art à Florence prendra jusqu'à une expression politique. L'humanisme, dit M. Lemonnier [1], alors aura conquis l'architecture; la sculpture sera tour à tour spiritualiste et réaliste. Masaccio, qui détermine la forme élégante et précise que gardera le réalisme italien dans la peinture, domine la majeure partie du xve siècle, tandis que le dernier, mais l'incomparable interprète du spiritualisme chrétien,

1. Lemonnier, *Renaissance italienne*. Cours à la Sorbonne.

s'appellera Fra Angelico ; l'art chrétien recule désormais
devant l'art païen.

Au XVIe siècle, c'est l'apogée du beau, du moins
pendant la première moitié du siècle. Quoi dire après
Léonard de Vinci, après Raphael, après Michel-Ange ?
Mais en même temps, à quoi aboutit le triomphe de
l'art le plus élevé ? A aider le genre païen de la renaissance à reculer les bornes du génie antique. Alors, du
reste, le moyen-âge est clos et les temps modernes sont
ouverts.

IV

Maintenant résumons l'aspect de l'esprit classique
chrétien avant la Renaissance et avant la Réforme.

Nous ne craignons pas de nous être attardés à ce
tableau de l'Europe du moyen-âge, même à l'évolution
de l'art chrétien. C'est un cadre dont il importait d'étudier la croissance et le développement normal. En dépit
du courant supérieur, qui parfois envahit toute la scène,
de jeunes générations furent imbues alors des normes
expliquant la raison d'être des choses, la stabilité des
principes supérieurs et la nécessité de savoir se contenter du présent par la foi en l'avenir. L'individualisme a pu de ce temps souffrir parfois d'une régulation
arbitraire, ne voyant que discipline et devoir à accomplir. N'est-ce pas, cependant, en apprenant à bien obéir
qu'on sait enfin bien commander ? L'humanité plus tard
ne fut si forte que pour avoir passé par ce moule vraiment vigoureux. Des trésors d'initiative furent alors
économisés. La Renaissance les a trouvés plus tard.

Un esprit latin s'était imposé à la pensée européenne, grâce à la langue latine. La poésie française, nous l'avons vu, est sortie de l'altération de l'ancien latin; mais si l'Angleterre connut surtout alors des poésies composées par des trouvères normands, l'Allemagne empruntera principalement à l'Italie. En Angleterre, il n'y a pas encore une expression vraiment nationale avant François Bacon [1] et Shakespeare. M. Taine commence son histoire de la littérature anglaise avec Chaucer, mais ici comme toujours la poésie devance la prose. En 1365, la jeunesse d'Angleterre est encore forcée d'apprendre le français et par le français le latin [2]. En 1385, le français est abandonné, mais le latin continue à l'anglais sa concurrence. Roger Bacon (1214-1294), Duns Scot (1275-1304), Occam (1280-1347), ces esprits si originaux ne parlent que la langue de l'Église, de laquelle ils relèvent plus ou moins. Jean Wiclef est appelé cependant le père de la langue anglaise pour la traduction de la Bible qu'il a faite sur la Vulgate.

Au XIIIe siècle, le monde des clercs n'avait fait qu'un avec l'église. Le grand schisme depuis desserra bien des liens. Également l'humanisme, élément déjà appréciable dans l'Italie du XIVe siècle, au XVe siècle y envahit tout. Il gagne même la papauté et le cortège de prélats qui l'entoure. Au XVe siècle, l'Allemagne naissait à une vie nouvelle pendant que la France était encore désolée par l'Anglais, mais peut-il être dit, en dehors de certaines révoltes de l'humanisme, que les érudits et les docteurs

---

1. Bacon a d'abord écrit en anglais, mais il a cru devoir traduire ensuite ses œuvres en latin.
2. Charles de Rémusat, *Histoire de la philosophie en Angleterre*, 1er vol., p. 28.

allemands sont déjà sortis de l'orbite de l'Église ?

En réalité, jusqu'aux premiers jours du XVIᵉ siècle, ce qui est plus exact, c'est qu'un peu partout on a songé à la réforme de l'Église, mais nullement encore à la réforme de la religion. Le reste de l'Europe est resté plus chrétien que l'Italie exagérant alors l'antiquité païenne. En serait-il autrement pour l'Allemagne, dirait-on encore aujourd'hui que Luther, pour avoir comme réformateur surtout fait appel à la langue vulgaire, est le père de la langue allemande ?

Rien ne montre mieux pourquoi l'Occident demeura si longtemps une chrétienté que le premier et seul pape anglais Breakspear, devenu prêtre en Angleterre; nommé évêque en France, il traverse les monts pour devenir évêque d'Albano. Enfin, sous le nom d'Adrien IV (1154-1159), il est élu pape. Un tel « cursus honorum » marque bien l'action universelle déplaçant ses membres pour fusionner les esprits. C'est Charles de Rémusat qui a observé que, depuis Alcuin, c'est sur le continent que nombre des plus grands docteurs des Iles Britanniques ont gagné leur renom, ainsi de Scot Érigène, l'illustre chef de l'école palatine sous Charles le Chauve, de Jean de Salisbury, devenu évêque de Chartres, de « Richard « de Saint-Victor, qui vieillit et mourut dans un cloître « à Paris; l'université de Paris recueillit Jean de Hales. « Duns Scot, Occam voulurent y être reçus docteurs et « finirent leurs jours en Allemagne[1] ». Encore au début de la Renaissance, rien ne portait obstacle à cette grande unité latine permettant à Pétrarque, à Boccace, et même, à la veille de la Réforme, à un érudit tel

1. Charles de Rémusat, *Histoire de la philosophie en Angleterre*, p. 41.

qu'Érasme de circuler à travers l'Europe comme chez lui.

L'individualisme plus marqué de la Réforme fut donc comme originalité de race un bienfait tempéré par la perte de l'unité de l'esprit, et cette unité avait reposé sur une autorité éclairée. Quel exemple plus topique que celui fourni par le xiiie siècle? La scolastique un instant était devenue le prétexte d'emprisonnements, même de condamnations au bûcher. Puis les papes d'eux-mêmes s'arrêtèrent, effrayés d'entraver l'essor de la pensée « voyant surtout que leurs interdictions n'étaient respectées par personne même par les plus pieux [1] ». M. Renan a rendu hommage à la largeur de vues qui distingua presque en tout temps la papauté jusqu'à la Renaissance.

Elle n'a systématiquement poursuivi ni l'irréligion, ni la libre pensée. L'inquisition emprunte son caractère sombre plutôt à l'Espagne qu'à la papauté italienne. On pourra dire que nous n'avons qu'une seule note, que nous semblons ignorer, le *Journal de Burckart*, que nous ne tenons aucun compte de la signification de la Réforme. C'est tout le contraire, puisque nous ouvrons à ce fait majeur, la Réforme, un chapitre spécial.

Ici, nous n'avons qu'à traiter la face de la question exposée présentement. La descente du moyen-âge à la Renaissance fut, du reste, glissante pour bien des gens, pour les papes surtout, qui, étant toujours restés à la tête de la civilisation, avaient cru de leur devoir de prendre la tête du mouvement.

On a fort critiqué les papes d'avoir pactisé plutôt avec le Sultan qu'avec l'hérésie, mais si l'orthodoxie

---

1. Ad. Franck, *Journal des savants*, 9 novembre 1881.

eût composé, la catholicisme ne serait plus. La Réforme a rendu l'Église romaine plus prudente; au lieu de devancer désormais son époque, elle l'a suivie. Tel cependant que nous l'avons exposé, c'est le catholicisme qui depuis la chute de l'Empire romain a conservé la société européenne et l'a gardée compacte jusqu'au XVIᵉ siècle.

Quand son prestige baissa-t-il? C'est du moment où ce grand rôle de médiateur dévolu aux papes fut de moins en moins exercé. En cela, du reste, le grand schisme prépara le déclin de leur autorité souveraine. N'est-ce pas un peu par force qu'alors, au lieu de relever par le pouvoir spirituel son influence au dehors, la papauté se tourna vers l'Italie, où l'attendait un autre écueil, le pouvoir temporel. Des papes nés hors d'Italie, comme Grégoire VII et Urbain II, avaient glorieusement montré la route. Des Italiens, comme Innocent III, Innocent IV, l'avaient marquée avec non moins d'éclat, et l'ère grégorienne avait pu se prolonger. Mais il arriva un moment où les candidats étrangers furent exclus, où il fallait être Italien pour devenir pape. Or, ces papes, qui ne furent pas sans grandeur, comme Sixte V et Léon X, on les voit moins rester à la tête de la chrétienté, soucieux d'y faire régner la paix, que préoccupés de buts politiques dans leur patrie, alors champ de bataille de l'Europe. Pour arrondir leur domaine temporel, pour favoriser un népotisme funeste, trop souvent on les vit alors mêlés aux trames des partis les plus différents.

La réaction contre les papes date du concile de Constance, du grand schisme d'Occident au commencement du XVᵉ siècle, alors que l'empereur allemand Sigismond avec son pape Jean XXIII convoqua le concile où Jean Huss fut condamné. Dès lors, un mouvement

contre la papauté s'accentuera, puis se régularisera dans
le Nord. La réforme de Luther deviendra l'ultime et
décisive manifestation chrétienne de cet esprit du Nord
dans lequel a toujours fermenté un principe de scission
avec le Midi, « de ce génie mystique, » a dit M. Maury, « qui veut chercher sa religion lui-même et la dé-
« velopper par lui-même, sans ministres, à l'opposé du
« Midi, moins méditatif, ayant besoin de règles pour
« maintenir son esprit et de cérémonial religieux pour
« retenir ses yeux ». C'est du moins une façon d'envisager une question qui a sa contrepartie.

Prétendre poursuivre rigoureusement dans l'histoire
la théorie des races et des milieux en leur cherchant
partout et sans exception des preuves mathématiques,
serait l'abus d'un système et non une démonstration
historique. L'imprévu, les incidents indirects, exercent
leur influence souvent fort sensible, et, comme l'a dit
avec sagesse M. Maury, c'est dans le protestantisme surtout qu'il faut chercher la loi des contingents. Malgré
cela, il est permis de soutenir que c'est le Nord qui était
dès l'abord le mieux préparé à la réforme. L'étude des
milieux, des races, expliquent comment c'est là où les
atomes se sont non seulement accrochés, mais devinrent
des câbles. Nous présenterons donc le protestantisme comme une des manifestations les plus originales de l'esprit
du Nord. Le luthérianisme ainsi placé en face de l'Occident apparaît comme la résultante d'un milieu primitif
avec ses besoins sociaux conformes à ses influences
climatériques et géographiques. Il y a là devant lui, à
Rome, des règles qui le gênent. Contre ce monde il lance
donc des objections motivées et qui soulèvent un nouvel ordre d'idées. Rien ne prouve mieux ce que Luther
caractérise, c'est qu'avant lui l'Allemagne était sans

influence directe sur l'esprit européen. Wimpheling a beau dire en 1507 : « Nous dominons presque tout le « marché intellectuel de l'Europe civilisée[1] ; » il parle en « commerçant » et les imprimeurs allemands ont surtout propagé des livres qu'ils n'avaient pas faits. Puis tandis que Luther, à partir de 1517, non seulement a remué l'Occident, mais que tout le monde s'est mis à discuter ses idées, ne peut-on pas ajouter que, le grand réformateur mort, cette influence allemande a disparu ?

Ce qui est vrai encore, ce sont les adaptations nouvelles dont le protestantisme a provoqué la mise à exécution, notamment dans le nord de l'Europe. A ce moment-là la place que le catholicisme s'était faite dans la vie publique comme dans la vie intime était envahie ; sa règle morale et sociale était débordée.

1. Janssen, *l'Allemagne et la Réforme.*

CHAPITRE XIII

LA RÉFORME ET L'ESPRIT SEPTENTRIONAL

Pour parler des antécédents de la réformation même, un Français, mais historien protestant, aurait-il la liberté d'allures nécessaire ? En elle-même la réformation est un fait historique considérable par ses résultats, mais peut-elle faire perdre de vue un autre enchaînement de faits : l'Occident tel qu'il est sorti de l'idéal gréco-latin, dont l'Église romaine fut comme un continuateur voulu ?

La cohésion, l'idée d'unité a été de tous les temps le remède souverain cherché pour les sociétés. Aussi, après le tableau que nous avons tout à l'heure déroulé, ne reste-t-on pas sous l'impression que pendant que les autres pouvoirs étaient en défaut, l'Église romaine a résolument entrepris, — et seule était capable, — de réaliser cette chrétienté dont les disparates se sont révélés surtout à la Renaissance, mais au moment où heureusement l'éducation de tous était terminée. Que ce levier, comme toute chose radicale, ait eu ses imperfections, d'accord. En revanche, l'aspect, le caractère des temps modernes n'eussent-ils pas perdu de leur solidité, si une autre souveraine direction eût été donnée au Nord et au Midi, avant que le moyen-âge chrétien n'ait produit tous ses effets par une évolution complète, dont la première partie de ce chapitre a tâché de dégager le vrai sens?

La question qui a primé tout et sur laquelle s'est concentrée la lutte à la Réforme, ce fut le critérium du christianisme. Mais ce critérium eût-il été moins solidement fondé, n'aurait-on pas vu se généraliser des luttes sociales, anarchistes, comme la guerre des paysans, des épisodes comme ce mystique Jean de Leyde à Munster?

Séparées désormais, les deux sociétés ont été au contraire saisies d'une émulation commune, source d'un élan nouveau. Elles ont dû exploiter depuis lors différemment les mêmes livres, les mêmes problèmes, le même esprit non seulement chrétien mais gréco-romain, dont elles avaient été nourries; cependant n'eussent-elles point jadis ensemble traversé cette chrétienté qui les avait faites d'une même famille, croyez-vous que le critérium du Nord et le critérium du Midi n'auraient pas eu d'autres divergences que celles à nous révélées déjà par le classicisme et l'anticlassicisme au xixe siècle?

On ne comprendra donc pas la Réforme dans ses antécédents comme dans ses développements historiques avant d'avoir étudié l'esprit du Nord, dont elle est évidemment sortie dans une période d'ébranlement d'idées, non moins sensible au Midi qu'au Nord.

Jusqu'au xve siècle, peut-on accorder à l'Allemagne un génie original? — Oui, s'il s'agit de raconter avec quelle intelligence ses villes donnèrent un accroissement sans précédent à l'héritage économique qui leur avait été transmis. Non, quant à la culture intellectuelle[1]. Ce

1. Hormstadt, *Mystiques du XIVe siècle.*

qu'elle avait eu jusqu'alors de connaissances lui venait
de seconde main, surtout de l'Italie, vers laquelle ses
empereurs sont invinciblement attirés, si bien qu'au
xiiie siècle Frédéric II est plus italien qu'allemand. Un
courant aussi irrésistible devait faire à la longue deux
Allemagne : celle du Nord, avec ses princes occupés à
se tailler des duchés et des principautés indépendantes
et héréditaires, entretenant l'esprit batailleur de leur
milieu soldatesque, tandis que dans l'Allemagne du
Sud le contraste s'accentuait de plus en plus. Un intercourse permanent avec l'Italie y développait chaque
jour, avec des idées artistiques relevées, une culture intellectuelle plus haute. Cette scission s'opère à partir
de Charles IV (1347-1378). Ceux qui la caractériseront
le mieux, c'est par leur avènement définitif, les Habsbourg, ces empereurs amis des grandeurs, du faste, mais
besogneux, impuissants malgré leurs grands états. Dès
lors l'Allemagne a deux esprits, l'un italien au Midi,
tandis que l'esprit du Nord est encore entaché d'un
restant de barbarie. Or comment, répétons-le, l'Allemagne septentrionale a-t-elle émergé au xve siècle ? par la
prospérité économique de ses villes, où l'art se développe à côté des industries florissantes. Il y a là tout
un ensemble qui certainement a contribué à la vie intellectuelle de ses universités modelées sur celles de la
France. En effet, à la fin du xive siècle, les papes de
Rome, pour contrebalancer les universités françaises,
en avaient autorisé l'érection lors du grand schisme
d'Occident.

Vers le xve siècle commença donc, dans l'Allemagne
du Nord, un mouvement qu'on peut comparer non sans
raison à celui de l'esprit classique des universités allemandes de la fin du xviiie siècle, ressuscitant la patrie

germanique. La science, la culture tudesque vint se
greffer sur ce tempérament batailleur et soldatesque
entretenu par une aristocratie féodale chez laquelle
Luther devait trouver son appui. Tel est le mouvement
intellectuel d'où est sorti ce génie hardi mais brutal,
tenace mais haineux, qui relève d'un passé fort différent du classique, malgré ses humanistes, et indique
nettement sa « performance » à la Réforme.

L'histoire doit en conséquence partir de cette double
Allemagne : celle du Nord, celle du Midi, et faire remarquer que c'est parce que l'esprit classique italien
les a développés avant les autres que les Allemands
du Sud ont obtenu l'hégémonie, puisque, d'élective
qu'elle était redevenue au xiii° siècle, la dignité impériale avait à peu près fini par se maintenir dans la famille des Habsbourg. Maintenant si l'on arrive aux causes de l'avènement de l'Allemagne septentrionale au
xix° siècle, un même raisonnement se présente à la pensée.

Il semble permis de dire que ce sont également les
universités du Nord qui avaient dirigé dès l'abord le
mouvement régénérateur de la patrie germanique. Il
resterait néanmoins à envisager après cela si, aux deux
époques que nous venons de rapprocher l'une de l'autre,
la même évolution n'est pas plus classique de nom que
de fait, chez ces héritiers de l'Empire romain, et si le
vieux levain « anticlassique » ne fermente pas toujours.

I

Luther est considéré ici comme auteur original de la
Réforme.

Certes il y a des contingents à mettre en évidence

pour le développement du protestantisme comme dans
tous les grands événements de l'histoire. Pour ne parler que de la France, Nismes, Montauban, La Rochelle,
le Béarn huguenots, doivent être étudiés dans ce sens.
Il faut y trouver des explications de milieux et de tendances sociales comme ce premier contingent à la révolution française : le Dauphiné, avec sa noblesse donnant elle-même le signal révolutionnaire. Mais il y a
plus que des contingents dans le Nord. Tout y prête,
l'hygiène y conspire ; le besoin d'une nourriture sub-
stantielle nécessaire aux septentrionaux a toujours ca-
dré difficilement avec cette mortification du Midi sobre
et vivant de peu. Les abstinences du moyen-âge étaient
excessives. Il y avait quatre carêmes par an. La pé-
nalité pour les réfractaires était terrible, puisque vendre de la viande à certains jours de carême était un
crime puni de mort.

A partir du xvᵉ siècle, avec la prospérité extraordinaire des républiques italiennes, avec l'évolution, après
le grand schisme de l'Occident, de la papauté vers le
pouvoir temporel, avec la contagion de la Renaissance,
régnait en Italie une atmosphère de luxe, de splendeur
profane et de pompe papale, notes discordantes. Quel
contraste avec la misère de certaines populations du
Nord. Elles se saignaient aux quatre membres pour ac-
quitter le denier de Saint-Pierre, et celui-ci grossissait
toujours par le trafic des indulgences. Contingents donc
d'un côté comme de l'autre, mais combien de petits
griefs aiguisés, exploités par un esprit du Nord naturellement prévenu, y ont aidé aux événements, à la popu-
larité de la Réforme ! Ce n'est donc pas prétendre poursuivre quand même dans l'histoire la théorie des races
et des milieux que de dire : A première vue, le Nord

avait d'autres raisons que le Midi pour être plus favorable à la réforme, et, quand il l'a une fois acceptée, il a
montré plus de ténacité que le Midi dans ses convictions.

Nous avions donc raison d'observer dès le début que
le protestantisme peut être appelé un mouvement de
l'esprit septentrional. Pourquoi les Allemands en re-
vendiquent-ils l'honneur jusqu'à prétendre qu'avant
Luther la religion du Christ n'avait pas été comprise ?

C'est que, depuis que l'idée chrétienne, un peu plus
de onze siècles auparavant, avait, par le complet accord de l'Occident chrétien, revêtu le cachet occidental,
puis achevé de prendre sa vraie expression par le
moyen-âge, on venait se heurter alors devant une
adaptation nouvelle du christianisme. Résultat du choc
en retour de la même idée, par des peuples qui, ne
l'ayant reçue que tardivement et sans discussion des
races latines, se décident seulement alors à en renvoyer une traduction nouvelle, — la réformation de Luther apparaît devant l'Occident comme la conséquence
d'un cadre primitif différent, formulant des besoins religieux conformes à ses tendances sociales, à ses influences climatériques et géographiques.

Non seulement c'est la revanche du génie du moyen-
âge contre le génie antique qui envahit tout à la Renaissance, mais c'est la protestation d'un monde féodal
frotté cependant d'humanisme, contre l'idée classique de
l'impérium romain réalisé par l'Église. Et c'est si bien le
Nord qui parle, que sa voix puissante sort d'un cloître
allemand. Le grand moine qui a longuement médité là-dessus a beau être troublé par le doute et les visions, il n'en répond pas moins à l'empereur Charles-Quint qui, à la Diète
de Worms, le somme de se rétracter « Ich kann nicht

anders » (je ne puis pas autrement); et l'imprimerie pa-
tronnée au début par l'Église romaine, qui y trouvait le
moyen de raviver la foi en répandant ses livres saints,
apportera à la réforme la propagande de sa publicité,
qui activa le mouvement raconté par l'histoire.

Une œuvre récente, contre-partie du luthéranisme,
prend en ses mains la cause longtemps délaissée du
catholicisme. Son auteur refait le dossier de la partie adverse avec des documents colligés avec soin. M. Janssen[1] tend à prouver que la réforme n'était pas nécessaire.
Un historien, même catholique, peut différer d'opinion
avec lui, frappé comme on doit l'être des larges vues de
la Providence, d'accord avec la nature et sa loi de renouvellement de tout, luthéranisme, calvinisme au
xvi° siècle, au xvii°, révolutions sociales au xviii° et au
xix° siècle, autant d'événements majeurs chargés de résoudre des grandes questions et d'aider à l'avancement
des lumières :

Dans son livre sur la Réforme, M. Janssen voit avant
tout l'Allemagne. Pour compenser l'affaissement politique de sa patrie au xv° siècle, il fait valoir ses progrès
économiques, industriels, intellectuels. Il est d'opinion
que l'humanisme, dès le xvi° siècle, a faussé le génie
allemand en le portant vers la réforme, à l'opposé de
penseurs, d'érudits profonds comme au siècle précédent, pour ne citer que ceux-là : Nicolas de Cusa et
Trithème, lesquels en bons chrétiens s'efforcèrent de
mettre d'accord le catholicisme avec les besoins du temps.
On ne peut méconnaître que l'Allemagne du xv° siècle
n'ait été le théâtre d'une activité singulière. L'histoire

1. Janssen, *l'Allemagne et la Réforme*. *L'Allemagne à la fin du
moyen-âge.*

d'une découverte comme l'imprimerie à elle seule le démontrerait. Mais au XVIᵉ siècle, sans la Réforme, l'Allemagne aurait-elle ainsi remué l'Europe et transformé le Nord?

Ceci est la thèse générale, impartiale. Il faut arriver maintenant au grand ouvrier de la Réforme et nous demander si Martin Luther était à la hauteur de son rôle, si même il avait un critérium suffisant? Il y a, du reste, à cela des circonstances atténuantes. Était-il permis à un homme, à l'époque où il arrivait, de tout embrasser? C'est pour cela sans doute qu'il n'envisage qu'un côté des questions.

Quand, par sa bouche, le Nord eut parlé, les races latines, le Midi plus cultivé, pouvaient être émus par certains problèmes, plus tard aussi agités par Calvin à un point de vue nouveau. Mais pour la généralité, c'eût été renoncer aux conceptions les plus chères de l'idéal romain, dont jamais mieux qu'alors on n'avait compris la grandeur. Quand tant d'inventions accumulaient leurs procédés nouveaux, — quand des raisonnements palpables, tels que de nos jours on en tire de certaines découvertes, apportaient leurs arguments renversants, comment ne pas comprendre que les cerveaux oscillent, surtout lorsque les masses viennent prendre part au débat. Le premier venu, grâce à l'imprimerie, pouvait lire, comparer, critiquer alors des documents de tout genre, jalousement répartis 50 ans à peine auparavant entre les mains de quelques privilégiés.

C'est effrayant de penser rien qu'à la multitude de problèmes qu'eurent à digérer le XVᵉ siècle et une grande partie du XVIᵉ : déplacements des idées autour desquelles pivotait le moyen-âge, avènement économique des populations baignées par l'Atlantique, au détriment des villes maritimes de la Méditerranée. — Désormais, c'était la nouvelle route des Indes par le cap de Bonne-Espérance, puis les itinéraires vers les deux Amériques, sur lesquels allaient se concentrer tous les efforts de l'activité humaine. Il faut donc faire sur bien des sujets la part de la fermentation des esprits. Telle, par exemple, la « figuration nouvelle de la terre », différant si notablement des vieilles conceptions théologiques, que celles-ci recevaient par les faits un sanglant démenti.

Il faut également faire la part de ce tempérament rêveur de l'Allemagne, notamment avec des hommes d'intelligence moyenne, assiégés par tant de notions contraires, — chez lesquels tout raisonnement tournait à la théologie, acharnés à la découverte de la vérité, — qu'ils étaient « à priori » certains de rencontrer dans les versions nouvelles des Livres Saints. Tel était Luther dans son cercle restreint. Insuffisant par la pensée, il ne comprit jamais la largeur de la religion catholique, la contemplant à travers un mysticisme naturel, donc pas indépendant. Il ne possédait ni la fermeté de fer d'un saint Dominique, ni la confiance sans réserves d'un saint François d'Assise. Patronné, défendu par le monde féodal il demeure féodal. On le retrouvera même un moine jusqu'à son lit de mort.

Ame généreuse à la fois et rancunière, pour toujours offusquée par la société romaine qu'il n'a contemplée cependant qu'un instant. Faute de pouvoir formuler autrement ses griefs contre l'ordre social religieux existant, il sera contraint de remonter au delà de l'Évangile.

Lui qui ne sait pas le grec, il l'apprendra pour traduire imparfaitement la Bible. Délaissant la vraie source chrétienne, il contemplera l'humanité comme si son

salut était de revenir aux sources bibliques. Le nouveau
diapason qu'il adopta c'est, l'esprit sémitique, qui deviendra la nouvelle morale du Nord. Consultez dès lors les
tendances. La pente le conduit, au lieu de réconcilier
les hommes, à prêcher la guerre contre les paysans, qui
révoltés, ont cessé d'être les « frères chrétiens » des
seigneurs. Ainsi non seulement théorie de caste, mais
exclusivisme sectaire, quand, avec le « serf arbitre », il
met au premier rang de ses réformes la théorie de la
grâce « donnée non à un seul, non à tous, mais à plusieurs ». Il a dès lors ouvert la porte à la « négation de
la volonté du repentir », qui, ne pouvant plus rien que
par « la grâce », force la nature. Voilà comment la prédestination deviendra ensuite avec Calvin un des dogmes fondamentaux de la Réforme.

Mais ce réformateur est une âme convaincue. Ouvrant
une route nouvelle, s'il a erré, il a cherché la justice. Que
Luther mystique à la façon des gens du Nord, c'est-à-dire
superstitieux à ses heures, ait cédé à cette contagion des
sciences occultes, véritable épidémie morale à la Renaissance, grâce à des survivances orientales reparues ;
que, comme le rapporte un livre récent [1], Fust ou
Faust, charlatan débauché, magicien de profession, ait
tant que dura la phase critique du luthéranisme, été
un collaborateur actif de Mélanchton et de Luther ; ces
suppositions, vu le siècle, ne sont pas improbables. Un
historien qui peint un portrait doit les rapporter. Admettons donc qu'à ses débuts le réformateur ait cédé à
des idées de magie et de sorcellerie. De même qu'à la
fin de sa vie, découragé, contemplant les nombreuses
sectes réformées aussi acharnées contre le luthéranisme

1. *Histoire de la Légende de Faust*, Ernest Faligan.

que contre la papauté, son lit de mort ait été hanté
par des visions et des terreurs diaboliques; rien ne
peindra mieux le vrai milieu du Nord tantôt aux prises
avec le fait brutal, ne voulant envisager que ce qui est
réel, tantôt en proie aux réactions mystiques les plus
exaltées.

Le moment est solennel; c'est la date vers laquelle
est définitivement entamé le vieux critérium chrétien
ayant jusque-là servi de tuteur à l'entendement humain. La porte « vers l'au-delà » reste grande ouverte;
il faut même expliquer comment l'esprit classique est
désormais débordé.

Avons-nous besoin de répéter une nouvelle fois pourquoi, sauvegardant la paix de l'État et la raison individuelles, des premiers Césars à Dioclétien, de Dioclétien
à Justinien, les empereurs avaient proscrit les sciences
occultes avec leurs pratiques prétendues mystiques et
magiques, avec leurs adeptes égyptiens, babyloniens,
syriens. Pour peu qu'on suive le même enchaînement
de faits dans l'histoire par le christianisme, qui imita
cette réserve prudente, on ne méconnaitra pas la sagesse
qui, pour ne pas compromettre la foi religieuse, alors
commanda avant tout de régler les manifestations du
divin, de les tenir non seulement à l'abri de l'hérésie,
mais en dehors de toute promiscuité avec l'hystérie et
les désordres aboutissant morbidement au faux mysticisme et aux pratiques magiques. Bossuet, au XVIIe siècle, n'a pas procédé là-dessus autrement que dans les
premiers siècles du christianisme les grands docteurs
d'Occident, types achevés de la solidité romaine. Martin
Luther avait non seulement abrogé tout cela, abaissé
des barrières salutaires, mais après avoir sorti les choses
sacrées des mains du clergé de Rome, il a pu douter de

son œuvre le jour où il se vit contraint de les mettre à l'abri sous la protection des mains profanes. Qu'un électeur de Brandebourg règle la foi prussienne plus rigoureusement désormais qu'un Constantin, qui ne composait pas de manuels de prière ou de livres d'hymnes ; qu'il suive en cela l'exemple d'Henri VIII d'Angleterre : ce n'est pas évidemment faire un pas dans la liberté de conscience. L'histoire entre, au contraire, dans la période de la théologie laïque. C'est celle-ci qui nous initiera plus tard le mieux à la connaissance de l'esprit septentrional.

Tel qu'il est, en attendant, Luther demeure l'homme qui a porté le premier coup et pas le moins durable à l'idée religieuse catholique, c'est-à-dire universelle, comme à l' « imperium » universel suivant le droit romain.

Nous partirons donc de Luther pour envisager dans quel sens par le protestantisme furent modifiées : 1° la stabilité des croyances religieuses (et nous étudierons à cet effet le mysticisme en général) ; 2° l'assiette gouvernementale ; 3° l'assiette sociale. Nous continuerons cet examen pour montrer comment l'avènement du génie du Nord au xviiie siècle s'est manifesté par l'esprit anglo-saxon, au xixe par l'esprit prussien, c'est-à-dire deux produits supérieurs du protestantisme. Nous rechercherons pourquoi l'Europe entière s'en est ressentie dans l'organisation économique de ses sociétés, et jusque dans ses mœurs. C'est donc une façon pratique pour dresser le bilan de notre temps de s'arrêter comme nous le faisons devant cet aspect complexe du Nord matériel à la fois et mystique, qui représente si bien par son tempérament et par sa politique, par sa philosophie comme par sa science, une note aujourd'hui dominante.

II

Le mysticisme en général et le mysticisme du Nord vont être tour à tour envisagés.

Les populations maritimes de l'antiquité avaient des tendances mystiques. M. Maury l'observe en citant les Pélasges et leurs sanctuaires fermés de Samothrace et de Lemnos. Rien qu'en rappelant des sanctuaires druidiques comme Mona et Iona, pourquoi s'étonner de ce mysticisme mêlé de pratiques occultes, de croyances à la sorcellerie, à la magie, perpétuées par un esprit enclin à la superstition, avec lequel le christianisme a dû composer partout, en Écosse, en Scandinavie, en Allemagne? Cet esprit n'a pas même abdiqué jusqu'à nos jours. Il s'est signalé par des accès mystiques comme la « seconde vue » et d'autres manifestations restées populaires.

L'historien qui soutient ici la thèse de la nécessité sociale d'une religion ne peut être suspect d'un procès de tendance contre le protestantisme; il cherche seulement pourquoi historiquement la réforme doit être appelée avant tout un mouvement de l'esprit du Nord?

Qu'on ne s'étonne pas de notre insistance : Pour étudier les grandes phases de l'esprit humain chaque fois qu'un critérium nouveau apparaît, il faut alors sonder l'âme humaine et surprendre le jeu des lois de l'esprit qui, par un changement de milieu, viennent modifier le point de départ de peuples relevant d'une commune origine. La réformation nous fournit l'occasion d'une telle étude. C'est le moment où le Nord sous un certain point a secoué le joug de l'esprit classique regardé jus-

que-là comme le critérium absolu. Le mysticisme nous
servira à montrer comment l'Orient par le Nord a trouvé
alors droit de cité en Occident, autrement dit nous sur-
prendrons la rentrée en scène officielle d'un esprit anticlassique contre lequel avaient tour à tour réagi les
Grecs, les Romains et le christianisme qui a perpétué
leur tradition.

Le cordonnier Jacob Boehm ce « philosophus teutonicus » qui écrivait ses « Révélations divines » à la fin du XVI⁰
siècle et au commencement du XVII⁰ ne répète-t-il pas avec
des variantes et à ciel ouvert, grâce à la réforme, ce que
professaient au XII⁰ siècle aux frontières de France, dans
les Flandres et sur les bords du Rhin, des sectaires mystiques et panthéistes, manichéens, gnostiques ou cathares ?
Et voilà le premier noyau des frères du libre esprit, de
ce qui au XIII⁰ siècle s'appellera les Begards (Beggars),
alors concentrés à Cologne, à Francfort, à Strasbourg,
auxquels le tiers-ordre de saint François et les dissidents
des ordres mendiants avaient fourni des recrues ? Après
avoir au XII⁰ siècle affirmé que « tout est Dieu, Dieu est
tout, que le créateur et la créature sont une même chose[1] »
ces illuminés, au XIII⁰, affirmaient plus que jamais que la
destinée humaine c'est de s'unir à Dieu qui est tout, de
sorte qu'ainsi uni à Dieu l'homme deviendra Dieu lui-
même.

Nous ne pouvons connaître les sources de ce mysticisme sans remonter beaucoup plus haut. De même
qu'à l'origine la Grèce arriva avec sa précision, avec ses
claires méthodes pour sortir la pensée du nuage orien-

---

[1]. *Les Mystiques allemands.* V. Jean Gerson et autres autorités
citées par Saint-René Taillandier. *Scot Érigène et la philosophie
scolastique,* pp. 231, 232, 233, 234, *à propos des opinions attribuées
à Amaury de Chartres.*

tal, nous savons que l'esprit chrétien nourri de la
Grèce et de Rome est venu apporter son ferme appui à
la raison et régler le mysticisme. Et c'est ce même
christianisme qui déjà, du iiie au ive siècle, avait
servi de refuge aux esprits·troublés par les synthèses gnostiques, par les hypostases transcendantales d'un néo-platonisme orientalisé, dont les idées
n'avaient plus rien de commun avec la nature.

Voilà cependant le néo-platonisme qu'en vrai antiromain l'Irlandais Scot Érigène avait ressuscité dans
l'Europe du ixe siècle. Alors il fut mal compris, mais
pour que l'orthodoxie du commencement du xiiie siècle
en ait fait l'inspirateur du panthéisme d'Amaury de
Chartres et de David de Dinan, qu'elle condamne [1],
pour qu'on rapproche ces doctrines de celles des sectaires manichéens et Cathares des Flandres et des bords du
Rhin,—bien que la mémoire d'Érigène soit aujourd'hui
vengée de ces reproches, — il est évident que ceux-là
avaient pris dans le symbolisme, dans le transcendantalisme néo-platonicien, ce qui correspondait à leurs aspirations septentrionales, c'est-à-dire le fonds resté
hostile à l'Église latine, puisque, nous l'avons vu chez
les Begards, il devait produire des fruits panthéistes.

Par contre, nous abordons par là l'école vraiment
originale du genre du Nord : un panthéisme mystique
raisonné inconnu avant maître Eckart, le grand moine
allemand du xive siècle, mysticisme, dit Saint-René Taillandier, qu'il a enseigné à tous les contemplatifs allemands de son temps, qui a eu pour disciples enthousiastes
Ruysbroek Suso et l'auteur inconnu de la « théologie
germanique », puis Tauler, lequel garde une place à

1. Saint-René Taillandier, pp. 247 à 254.

part. Eckart est un vrai néo-platonicien, dit M. Vacherot. Il ne parle cependant pas de Scot Érigène mais de Denys l'Aréopagite, dont celui-ci s'était inspiré. Ses théories philosophiques renversant la hiérarchie céleste, supprimant le rédempteur, abolissant toute barrière « entre l'homme et le créateur » conduisent à l'intangible.

Or que fût devenu l'esprit humain avec l'intangible à des époques d'ignorance et de superstition? Du moment, par exemple, que, cessant de s'élever, comme encore avec Eckart jusqu'à la science, le mysticisme, par l'intuition directe des choses éternelles, eût enfin réussi à se substituer à l'expérience des doctrines et au travail régulier de l'esprit humain, c'eût été ramener la pensée dans le nuage oriental et proclamer l'anarchie des idées.

Qui niera cependant la raison d'être du mysticisme ? Si au xixe siècle M. Ad. Franck a encore pu dire avec raison : « le règne du mysticisme est loin d'être fini, il répond [1] à un besoin de l'esprit humain aussi bien que le positivisme, » à fortiori il importe de rappeler qu'une des plus grandes doctrines du moyen-âge, sans l'étude de laquelle le moyen-âge, ne serait même pas bien compris, c'est le mysticisme qui s'y retrouve à peu près partout.

Nous tournons-nous vers l'Italie, nous contemplerons une Italie mystique avec Joachim de Flore, avec saint François d'Assise et le christianisme franciscain, c'est de là que du xiie au xiiie siècle se répandront en Europe d'abord les Cathares, ensuite les irréguliers du franciscanisme avec les ordres mendiants.

En revanche, nous constaterons que si en Europe ce mysticisme s'égare, il sera maintenu dans le cadre de la

---

[1]. Ad. Franck, *Essais de critique philosophique*, pp. 313, 314.

tradition romaniste non seulement par la papauté, mais par le vieux critérium classique qui viendra donner le diapason. Quel curieux spectacle que l'université rompue à l'exégèse des Saintes Écritures venant de Rome en plein xIII° siècle pour protester contre l'illusion, contre les périls du rêve extatique d'un évangile éternel[1], C'est bien elle alors qui« remplissant sa fonction scolastique[2],» garde, comme dit le poète, « les clefs de la chrétienté [3]».

Mais l'Italie d'alors, que le pape tient dans sa main parce que ce sont ses propres milices qui font excès de zèle, n'aura rien de commun avec l'Europe du Nord du xv° siècle, antiromaine, anticlassique, malgré ses humanistes, avec son mysticisme original développé dans un sens très particulier.

Dans la France du xII° siècle, tout en restant sur la pente de l'école de Saint-Victor, saint Bernard s'arrête à saint Augustin, comme lui, sans anéantir la personne humaine dans le sein du créateur. Chez lui, lorsque Dieu et l'homme ne font qu'un, les natures restent distinctes. Faudrait-il, au xII° siècle, mettre à part Hugues de Saint-Victor, celui que M. Ad Franck appelle le père spirituel des mystiques du moyen-âge[2]? Nous ne le croyons pas précisément, parce qu'on le reconnaît comme le plus profond théologien de son temps. Serait-ce donc un Alexandrin confinant d'un côté à Plotin, de l'autre au Nirvana bouddhique, celui qui a si bien enseigné à Richard de Saint-Victor la discipline de l'âme? Voyez également

1. Emile Gebhart, *Italie mystique*, pp. 191 à 235.
2. *Id.*, *ibid*, p. 213.
3. *Id.*, *ibid.*, p. 213. (Jean de Meung, *Roman de la Rose.*)
4. Ad. Franck, *Essais de critique philosophique.* (Hugues de Saint-Victor, pp. 337 à 344. — Haureau, *Œuvres de Hugues de Saint-Victor. Essais critiques.*)

au xive siècle Jean Gerson. Il touche parfois, comme dit Saint-René Taillandier, à l'hyperbole, mais c'est pour la soumettre à une critique sévère et sensée.

La tradition de nos grands mystiques, c'était de ne pas verser dans le panthéisme. Si exalté que fût l'amour divin de ces hommes, ils s'y sont retranchés. Ils surent renoncer à eux-mêmes, mais au lieu de se noyer dans les espaces sans limites, gardant la juste mesure, c'est à Dieu que s'arrêta leur extase, — là où, sans plus de mesure que les Alexandrins et les Begards, des mystiques allemands comme Eckart franchirent la limite infranchissable entre l'homme et Dieu, pour aboutir comme eux au panthéisme, au transcendantalisme de l'homme devenant Dieu ; autrement dit, le fait ne disparaît-il pas alors sous les symboles, de même qu'en Orient la divinité s'évapore avec des dieux de lumière?

Et nous n'insisterons tant là-dessus que parce que l'esprit classique gréco-latin, au rebours, pour rester toujours en possession de soi-même, ne quitte jamais le tangible et vient servir de contrepoids à l'école philosophique dite purement allemande, c'est-à-dire subissant la vieille attraction panthéiste et transcendantale.

Un tel terrain n'est pas sans offrir d'irrésistibles séductions. L'esprit du Nord le considère plein de promesses ; seulement pourquoi est-il à base instable ? Le cerveau le mieux équilibré y est sujet à l'aléa de l'illuminisme et, obstacle permanent, à la fixité des croyances ; l'illuminisme se retrouvera au fond des innombrables sectes sorties du protestantisme depuis le xvie siècle.

Si le mysticisme, ce sentiment par lequel l'homme se rapproche de Dieu, et qui, en s'exaltant, produit l'extase, n'appartient pas seulement au tempérament septentrional, puisqu'il est commun à tous les pays, rappelons donc tout au moins qu'ailleurs il a ses règles et ses limites. L'imagination de l'homme, étant sujette à illusion et à erreur, trouve là un critérium pour s'y référer.

Hors des cloîtres, le Français est rarement extatique. Il redoute les rêveries nébuleuses, parce qu'elles peuvent dégénérer en dévergondage d'esprit, en écarts de la raison. Il veut toujours se tenir à un degré du réel comme ont fait ses ancêtres, les Grecs et les Romains, et à leur exemple saint Augustin et l'Église latine. Comme tant de robustes esprits de tous les temps, s'il redoute l'énervement du transcendantalisme, c'est qu'il y a pour lui un perpétuel besoin de clarté et de grand jour. C'est la solidité romaine qui a donné cette marque au christianisme d'Occident, qu'à son tour représente le gallicanisme du xviie siècle, dont Bossuet est le type résistant, tout d'une pièce; Fénelon trop tendre a dû se rétracter du quiétisme et abandonner Mme Guyon. Nous sommes ici en présence de l'esprit classique, qui a pu paraître trop grand, être regardé par le Nord même comme monotone, bien que ce soit toujours par lui que s'est maintenue la règle.

Le premier en Europe, Luther a donc obtenu droit de cité pour des sentiments jugés jusque-là dangereux à moins d'être réglés. Il a donné carrière à ce sens mystérieux resté au fond des choses de la religion et vers lequel le Nord, qui ne s'accommode pas de la clarté romaine, fut de tout temps dirigé. Il a non seulement introduit l'élément prophétique des sociétés sémitiques, mais la théologie laïque si souvent viciée par les erreurs de l'illuminisme. C'était cet esprit antiromain, resté jusque-là à l'état latent, qui, une fois admis au grand jour, devait intervenir dans l'assiette religieuse.

III

Voyons comment le protestantisme a modifié la stabilité des croyances. Cherchons là-dessus la leçon de l'histoire, et avant tout commençons par délimiter exactement le terrain. Dans le chapitre onzième, nous avons pris à son berceau le génie scandinave pour en retracer les survivances jusqu'à nos jours dans les sociétés du Nord. En ce qui concerne l'idée religieuse, nous sommes encore tenus de remonter très haut pour marquer un contraste. Quand on parle d'orthodoxie, de dévotion à la papauté avant le X⁰ siècle, c'est au‧ Anglo-Saxons qu'il faut s'adresser, et avant le grand Alfred, aux clercs comme aux rois anglo-saxons. Pourquoi serait-on disposé par l'histoire à donner une attitude opposée aux monarques anglo-normands ? Non seulement c'est là le sang normand greffé sur danois, c'est-à-dire le dernier resté rebelle au christianisme, mais il est venu se compléter par le sang des Plantagenets, au mariage, à l'origine diabolique, dont le dernier rejeton, Richard III, renouvelle sur le trône les Atrides. La tradition de la royauté ressort donc en Angleterre fort différente de la correction, de la sagesse, parfois de la sainteté, qui, en dépit d'exceptions, l'emporte dans la royauté française, et l'on peut de l'autre côté du détroit invoquer l'atavisme.

Voyez, dès le xıı⁰ siècle, Thomas Becket tué au pied des autels pour avoir maintenu les droits du pape et lutté contre Henri II d'Angleterre ; tandis qu'au xııı⁰ siècle les barons et le peuple anglais méprisent Jean Sans-Terre, qui fait amende honorable au pape et lui paie redevance. A leur tour, ils lui arrachent la Grande Charte.

Au xiv⁰ siècle, voyez Édouard III prenant le réformateur Jean Wiclef pour le défendre contre le pape, et protester de la nullité des prétentions du Saint-Siège. A ces exemples, joignez Thomas Morus et le cardinal Fischer expiant sur l'échafaud le crime d'avoir refusé de reconnaître la légalité de la déchéance du pape et la suprématie religieuse d'Henri VIII d'Angleterre. Et cependant, la royauté britannique n'avait point contre la papauté les mêmes griefs que les empereurs allemands.

Après avoir tout fait pour l'Église, transformé ses prélats en princes temporels, en électeurs, le César du Saint-Empire fut bien forcé, dans son duel séculaire avec la papauté, de fouiller parfois même malgré lui dans le vieux fonds hostile du Nord. Quand des deux côtés la lutte dégénérait au tragique, il a dû ressentir amèrement la fausseté de son rôle. Il ne pouvait pas supprimer la papauté. Cependant le pape gênait l'empereur, l'empereur gênait le pape. Et c'est sans étonnement que déjà, au xiii⁰ siècle, on voit quelqu'un qui avait débuté par être le client favori de la papauté, Frédéric II, déposé, excommunié depuis par Innocent IV, formuler, au nom du droit romain, devant l'Allemagne et l'Italie ameutées par son adversaire, des conclusions contre le Saint-Siège qui ne diffèrent guère de celles qu'adoptera au xvi⁰ siècle Henri VIII d'Angleterre, se faisant à la fois pape et roi.

L'idée d'unité de discipline sortie du concept impérial romain et appliquée par le pape à la chrétienté du moyen-âge trouvait donc ses premiers adversaires dans les deux plus grands souverains du Nord. Poursuivons le développement naturel de cet antagonisme dans les sociétés soumises à leurs lois.

A l'enquête historique faisons succéder l'enquête morale.

Nous avons indiqué les raisons politiques, revenons à ce sujet déjà familier, les tendances naturelles à l'entendement septentrional. Rappelons cette indépendance d'esprit qui, intervenant dans le règlement des choses religieuses, devait y introduire un principe d'instabilité.

Au xiv° siècle, nous l'avons vu déjà, il y a un esprit public, et où il se développe avec vigueur dans le Nord, c'est en Angleterre, par ce fier tempérament insulaire qui se donne carrière. L'impulsion vient de là pour l'Allemagne, et qui sert de propulseur? Cet esprit mystique, illuminé jusque-là, défendu même dans ce milieu, mais qui déjà cherche le grand jour. Interrogez la vie de certains précurseurs de la réforme dès avant 1322, date à laquelle l'Anglais Lollard vient confesser sa foi en Allemagne et monte sur le bûcher, vous voyez en eux le résultat, au xiv° siècle, de la séparation en deux camps bien tranchés du monde des clercs resté compact jusqu'à la fin du xiii° siècle. Les législates du droit romain prendront peu à peu une forte position dans le Midi, surtout en France. De nouveaux législateurs religieux en revanche destinés à l'emporter seulement plus tard dans le Nord apparaîtront déjà de ce côté. Nous avons vu le rôle de Jean Wiclef, duquel au xvi° siècle s'inspireront Jean Huss et les Hussites. Voilà la pépinière de ces esprits indépendants, rebelles au joug romain, à ses rites religieux, à ses sacrements. Et pourquoi? Parce qu'ils veulent chercher leur religion eux-mêmes et la développer sans les ministres d'alors. Ils croient à d'autres révélations; leur mysticisme les persuade qu'ils en ont eux-mêmes reçu, ils revendiquent le droit de confesser une foi nouvelle. Dans tout cela peut-il être question d'autre chose que d'instituer des sociétés en dehors de l'action romaine et classique? Devez-vous croire au dévouement monarchique d'un Jean Wiclef, champion de la royauté, quand le vrai noyau de l'insurrection franchement révolutionnaire de Watt Tyler (1380), est formé des diciples de Jean Wiclef et des Lollards? Que si vous étudiez un troisième Anglais non moins célèbre, Guillaume d'Occam, si celui-ci, après avoir soutenu Philippe le Bel contre Boniface VIII, dit au César allemand (1330) : « Défends-moi avec ton glaive, je te défendrai « avec ma plume; » s'il devient effectivement le plus intrépide avocat de Louis de Bavière, c'est qu'il trouve avec lui le moyen de saper la papauté.

Voilà des exemples qui marquent la différence entre le XIII° siècle, où, s'étant mis d'accord sur toutes les questions, il y avait un critérium, tandis qu'aux XIV° et XV° siècles le terrain cessa d'être bien délimité. Et la situation empira quand le grand schisme d'Occident eut, de 1378 à 1449, apporté dans les esprits un trouble singulier. Alors il y avait deux, il y eut même parfois trois papes, adversaires en lutte permanente, mais représentant souvent chacun, eux ou les leurs, de grands docteurs, des prélats d'une piété singulière, même des saints qui furent reconnus tels par l'Église. On arriva, dit M. Lemonnier [2], à se demander de quel côté était la vérité. Quoi d'étonnant si des hommes de bien, simples et vertueux, essayèrent alors de suivre la loi du Christ en dehors de l'autorité papale? Jamais prétextes plus valables ne se présentèrent pour justifier les tendances de l'esprit antiromain du Nord. Puis voyez à la fin du XV° siècle, avec un Borgia sur le siège

1. Cours à la Sorbonne, 1889-1890. *La Renaissance et ses origines.*

de Pierre, ce double aspect de l'Allemagne. D'un côté
des princes de l'Église, souverains magnifiques entourés
d'une aristocratie titulaire des riches prébendes et des
abbayes; de l'autre, un bas clergé parfois manquant du
nécessaire, insuffisamment instruit et forcément envieux
de ses supérieurs, joignez à cela les contingents qui
viennent encore envenimer les choses, et Luther arrivera
à point pour formuler la nouvelle adaptation de l'idée
chrétienne, conformément à l'esprit septentrional. La
marque du Nord, ce sont désormais de nouveaux con-
fesseurs qui se prétendent le droit de proclamer hautement ce qu'ils considèrent comme l'œuvre de Dieu. Prophétisme, mysticisme, l'esprit presbytérien d'Écosse en
face de l'Église anglicane, John Krox en présence de
Marie Stuart, autant d'éléments irréconciliables, qui deviendront malgré cela des contingents de gouvernement,
mais aussi des obstacles à la fixité des croyances.

A côté de cela : développement intellectuel remarquable et avancement des sciences, résultat d'un besoin général d'enquête dans le Nord. Les langues nationales
s'enrichissent d'œuvres originales, en haine du latin de
Rome, dont le protestantisme s'efforce par tous les
moyens de faire disparaître l'ancien niveau. A l'opposé,
revenue de ses anciennes idées d'initiative sur un essor
trop rapide de l'esprit, l'Église romaine voudra serrer
l'écrou.

IV

*Le Protestantisme est-il intervenu dans la constitution
des États?*

Les tendances doctrinales du protestantisme ont laissé
leur empreinte indéniable sur la formation de l'État

anglais de nos jours et sur celle de l'État prussien tel
qu'on l'observe aujourd'hui. L'esprit classique romain,
en revanche, explique pourquoi l'Espagne et l'Autriche,
l'Italie et la France poursuivirent presque naturellement
leur développement religieux primitif.

La formation des États modernes nous a conduits à
instituer un parallèle entre l'Angleterre et la France.
Le protestantisme permet de le compléter en montrant comment cette religion est intervenue dans le
constitutionalisme anglais par le principe féodal qu'elle
y a introduit. En effet, la féodalité est à la base de
l'histoire de la Réforme, de même que la monarchie
est à la base des annales de la France.

Si la Rome du moyen-âge, cette institutrice de l'Europe, devient, à la Réforme, pour les protestants, la
« grande prostituée de Babylone », croyez-vous que
l'empire ou la royauté aient été plus épargnés, quand,
l'histoire en mains, on voudra dès lors juger de leur
rôle futur ? Pour vous en convaincre, étudiez les origines du constitutionalisme, et voyez-le réaliser l'idéal
de la société rêvée par Calvin.

Une société où « un mauvais roi est une ire du Seigneur [1] », où « le Seigneur est le roi des rois », car
« c'est seulement après le Seigneur qu'il faut être sujet
« aux hommes, qui ont prédominance sur nous, mais
« non autrement sinon en lui, » car, « ce qu'ils com-
« manderont contre lui doit être de nulle estime [2] ».
Et Calvin donne enfin pour la meilleure forme de
gouvernement « l'aristocratie tempérée par elle-même
« et par la politique » : « Minime negaverim aristocra-
« tiam, vel temperatam ex ipsa et politia statum, aliis

1. Baudrillart, *Jean Bodin et son temps*, p. 38.
2. *Id.*, p. 45.

« longe excellere [3]. » Voilà la doctrine politique tracée par Calvin. Pour suivre ses conséquences, passons à Jean Poynet, l'évêque de Winchester, et à l'historien Buchanan, qui se prononcent nettement sur la royauté. Jean Poynet (1558) pose carrément la question : « Est-il permis de déposer un mauvais prince et de tuer un tyran? » — Il y a un pacte entre le roi et son peuple, dit Buchanan ; si le roi le rompt, il perd, et la guerre contre lui est la plus légitime des guerres [2]. Dans l'histoire d'Angleterre dès lors il faudra réserver une place aux clercs ou laïques, — organes de la religion, — de même que les légistes du droit romain étaient devenus inséparables de notre histoire bien avant le xviᵉ siècle.

Il n'est donc pas superflu de scruter les origines du constitutionalisme anglais qui ne s'est définitivement établi qu'au xviiiᵉ siècle à l'aide d'une oligarchie territoriale, — c'est-à-dire l'aristocratie rêvée par Calvin ; il faut voir surtout comment celle-ci s'est maintenue, c'est-à-dire en ressuscitant le principe féodal par des substitutions conventionnelles, lois empruntées à la féodalité dans un pays où l'on dit que depuis les Tudors les seigneurs féodaux ont disparu.

Et ceci, remarquez, ce n'est pas un effet du hasard. Rappelez-vous que si la féodalité ressuscite au xviiiᵉ siècle dans l'Angleterre protestante, au xviᵉ siècle avec Coligny, on a failli voir en France triompher la féodalité des grands seigneurs calvinistes, et là tout se tient puisqu'auparavant Luther avait prêché la guerre contre les paysans. Aussi féodalité toujours avec Luther, c'est-à-dire cette forme féodale bâtarde qui fait du Saint-Empire une fiction, mais vient si bien en aide aux princes pro-

1. Baudrillart, *Jean Bodin et son temps,* p. 36.
2. *Id.,* pp. 43, 44, 45.

testants qu'elle s'est maintenue jusqu'au XIXᵉ siècle.

Le protestantisme septentrional est donc intervenu dans la stabilité des croyances et dans la constitution des états protestants. Il a laissé sa marque de décentralisation, contrastant ainsi avec l'unité romaine; en revanche, il a été le moule définitif du génie anglo-saxon qui, dès le XVIIIᵉ siècle, a occupé la scène du monde.

Après l'Anglo-Saxon, quel produit plus perfectionné également du protestantisme que ces électeurs de Brandebourg devenus rois, mais qui, sans le double pouvoir religieux et royal, c'est-à-dire sans Luther qui a introduit ce dualisme, n'auraient jamais réussi à faire d'un état éparpillé, disséminé, sans frontière et parfois bien près de disparaître, le royaume compact de la Prusse que nous connaissons.

Pourquoi la réforme n'a-t-elle pas trouvé d'assiette en Autriche? La réponse de fait, — c'est que l'empereur Charles-Quint, comme les Habsbourg ses successeurs, demeurent de fervents catholiques. Mais il faut aller plus au fond des choses, et d'un Espagnol champion d'orthodoxie passer aux vrais représentants de l'esprit latin en Allemagne, à ces Habsbourg dont le royaume d'Autriche, grâce à sa culture plus avancée et vraiment italienne, leur avait valu l'hégémonie germanique et un empire presque héréditaire. Avec la religion réformée, l'idée elle-même du Saint-Empire eût alors constitué un non-sens, et c'était marcher au suicide.

Quant à l'Italie, on a beau y chercher avec Marsile de Padoue des précurseurs de la réforme. Dans des radicaux qui vont très loin, ne rencontrez-vous pas plutôt, bien qu'à l'état aigu, le caractère franchement italien prenant parfois avec la papauté des libertés singulières, et pour ne pas remonter plus haut, à commencer par

Dante le vieux Gibelin, et en continuant par Machiavel[1]?
L'Italie de tous les temps aura ses « ennemis intimes »
de la papauté, mais pas plus aujourd'hui qu'autrefois
pour la supprimer.

En France, François Ier est resté le « fils aîné de
l'Église », retenu autant par de grands intérêts politiques que par l'amour de la tradition. La féodalité
française n'était plus celle des grands feudataires. Déjà,
du temps de Louis XI, elle se brisait contre la royauté et
un esprit public déjà monarchique. Aussi, à la réforme,
dès qu'un Rohan, par exemple, eut vu que le protestantisme était une impasse, même un obstacle à la fortune de sa famille, il est revenu au catholicisme. Le
Français n'a rien d'extatique; c'est, avant tout, un
homme de raisonnement et de logique. Il ne se bute pas
devant une idée comme un Allemand têtu qui n'en veut
plus démordre. Le Français est sensible à certains faits,
même brutaux quand ils sont concluants. Ce fut notamment un raisonnement terrible que cette Saint-Barthé-
lemy que l'histoire ne voudra, ni ne pourra pallier,
mais qui fit faire non seulement à Paris, mais dans toute
la France, dit M. Maury, des retours singuliers sur eux-
mêmes à ceux qui s'étaient faits huguenots par mode,
par imitation de nobles patrons, et qui n'avaient guère
d'autres convictions que celles-là, tandis que le catholicisme de leurs pères sollicitait à chaque pas leurs
instincts et leurs souvenirs. Jugeons donc la Saint-
Barthélemy non par « son crime », mais par le revirement qu'elle a, en réalité, produit : ceux qui sont restés

1. Machiavel, livre Ier, chap. XII, discours sur Tite-Live. « Si
l'on examinait l'esprit primitif des institutions de l'esprit et que
l'on observât combien la pratique s'en éloigne, on jugerait sans
peine que nous approchons de la ruine ou du châtiment. »

protestants l'étaient déjà à l'épreuve. Ils figureront en France des contingents, des ilots séparés, recommandables par leur constance. Mais l'exception confirme la règle, et nous pouvons répéter, comme en commençant, la vraie terre du protestantisme : c'est le Nord.

Avant d'élucider sur notre route les contrastes d'une histoire alliant vers le Nord l'idée religieuse, la politique confessionnelle, aux intérêts matériels, pouvons-nous faire honneur au protestantisme de la liberté de penser et du droit d'exercer son libre arbitre et son culte ? N'est-il pas à remarquer plutôt que le luthéranisme comme le calvinisme, là où l'un ou l'autre a remplacé en Europe le catholicisme, a aspiré avec non moins de rigueur que celui-ci à prendre la place à l'exclusion de tout autre ? C'est Henri IV, un protestant, mais seulement une fois converti au catholicisme, qui le premier a établi momentanément la liberté des cultes en France.

Pour expérimenter ailleurs ces grandes idées, il a fallu les colonies du Nouveau-Monde, où exilés protestants, exilés catholiques persécutés dans la vieille Europe, ont senti le besoin de s'unir. Ainsi, comme l'a dit spirituellement M. Leroy-Beaulieu : « Voilà des libertés, « filles du protestantisme, mais sans son aveu, qu'il eût « voulu même plutôt étouffer, ou garder pour lui ». Une grande question comme la Réforme a besoin d'être étudiée ici sous tous ses aspects et bien d'autres encore sollicitent l'attention.

V

Comment le Protestantisme devint un facteur de sociétés nouvelles.

Nous envisageons toujours ici surtout l'Angleterre

sans perdre de vue les contrastes avec la France. Avant
de voir comment, au XVIIIe siècle, son constitutionalisme
fait échec à notre monarchie, comment, au XIXe, son
génie économique deviendra l'un des promoteurs d'une
grande révolution dans l'assiette des sociétés, nous
remonterons plus haut. C'est le protestantisme qui nous
y aidera parce que nous allons étudier comment celui-
ci devint un facteur de sociétés nouvelles et le montrer
ainsi dans son rôle effectif.

L'historien doit tenir la balance impartiale. Au risque
de heurter en face l'athéisme classique, qui croit qu'un
peuple peut se passer de religion, il n'est pas contes-
table que le protestantisme n'ait été aux temps modernes
pour l'Europe du Nord un levier approchant presque
du christianisme romain transportant l'Europe entière
du moyen-âge par l'enthousiasme de sa foi.

Suivant l'idée romaine, Luther a donné droit de cité
à une antinomie proscrite jusque-là : « la manie sectaire. » Il l'a introduite dans des sociétés fondées sur
l'idéal classique gréco-romain que l'Église chrétienne
s'était efforcée de continuer en donnant à la foi une
assiette solide et uniforme. Au point de vue de l'histoire
générale, revenir ainsi à l'esprit prophétique et inspiré
des sociétés bibliques, c'est rétrograder. Mais ce retour
en arrière se produisant dans un état social définitivement constitué a pu se transformer chez un peuple pratique en moyen d'action. L'on a même bientôt marché
en avant à l'aide du mystérieux, tant est grande sous
toutes ses formes l'idée religieuse, véhicule de tous les
temps.

Relevons dès le début une empreinte particulière. Il
y a déjà de l'inflexibilité biblique chez Élisabeth, une
reine protestante condamnant une autre reine à l'écha-

faud. On dira aussi : le premier roi décapité en Europe le fut sur la sentence d'un peuple protestant. Mais ceci est une affaire d'appréciation de faits, ayant commencé à amoindrir la royauté seulement, tandis que le pays n'en a pas souffert et même a grandi depuis lors.

Il est évident qu'après la guerre de Cent ans, lorsque l'Anglais a compris l'impossibilité de s'établir en France, il s'est tourné vers la mer et a songé à augmenter sa marine, mais encore sous les Tudors il est foncièrement rural, ou vit de l'élevage de ses troupeaux. Ce fonds, dit M. Boutmy, est longtemps encore presque toute l'Angleterre par rapport à l'industrie. — Celle-ci n'apparaît que vers 1700. Seulement, après avoir aux xiv⁰ et xv⁰ siècles si souvent résisté à ses rois, quand il ne s'agissait pourtant que de traverser le détroit, l'Anglo-Saxon, depuis la réforme, deviendra peu à peu cet émigrant chronique, en déplacement perpétuel, tel qu'il apparaît de ce temps, allant au loin pour faire fortune, pour chercher des affaires, pour rétablir sa santé, ou se distraire autre part que chez lui. Il s'est fait et est resté « excentrique ». Et ce n'est pas seulement à la nouvelle route des Indes, à la découverte des deux Amériques, ou à la fièvre de l'or, qu'on doit cette transformation, mais l'exode religieux y eut une grande part. Et il convient d'expliquer la force que les événements n'ont cessé d'imprimer à une direction si contraire au passé.

Au moyen-âge, où il n'y avait pas de terre sans seigneur, pas de seigneur, c'est-à-dire pas d'autorité, sans terre, les nobles seigneurs terriens tenaient en vrai dédain l'habileté des manieurs d'argent ; les juifs étaient sans cesse persécutés ou proscrits et les Lombards pressurés[1].

1. Chaque seigneur a « son juif », comme son tisserand, son

Dispersés dans toute l'Europe, juifs et marchands italiens devinrent de la sorte des agents de simplification financière. En établissant leurs ramifications partout, ils organisèrent le crédit. Le protestantisme a été contraint lui aussi, comme le juif et le marchand italien du moyen-âge, de demeurer à l'état d'émigré chronique. Les circonstances l'ont obligé à envisager constamment une situation troublée ou instable, surtout en Angleterre, même au xviiie siècle où une classe est, — comme nous le verrons bientôt, — venue exproprier l'autre.

La Réforme a pu armer les peuples, déchirer leur sein, provoquer par une politique confessionnelle des luttes européennes, comme celle qui fit pendant trente ans un champ clos de l'Allemagne ; sans le protestantisme, la race anglo-saxonne n'aurait pas joué le même rôle sur la scène du monde.

Au xviiie siècle, on avait vu en Europe la Suède et la Pologne s'éclipser à peu près devant la Russie et la Prusse ; l'Angleterre, dès cette époque, entre en possession du sceptre des mers. L'activité anglo-saxonne prélude à son empire de 300 millions de sujets. Le sémitisme protestant cadre particulièrement avec ce milieu. Dès lors, nous verrons se développer ce génie anglo-saxon dominateur, colonisateur, qui s'impose comme les anciens Normands et a introduit en Europe depuis ces deux derniers siècles des éléments dont l'histoire doit expliquer la nature et les conséquences.

Trouvera-t-on du reste rien de supérieur à l'énergie du levier qui en Angleterre transforma le peuple protestant en « élu de Dieu » chargé de « poursuivre son

forgeron ; comme les serfs il n'a pas de propriété, t. I, p. 115. Pigeonneau, *Histoire du commerce de la France*.

œuvre »? C'est la Bible en mains que l'Anglais est allé
coloniser partout. Où il a placé sa tente de « squatter »
un foyer s'est allumé, un petit monde s'est groupé autour de son chef de famille, patriarche biblique. Il y a
là toute une vie nouvelle d'exode juif, à laquelle n'ont
pas manqué les guerres et les persécutions d'autrefois.
Ainsi s'explique non seulement l'ardeur des néophytes,
mais comment l'Anglo-Saxon, de sédentaire qu'il était,
est devenu nomade et s'est si bien adapté à cette vie de
« squatter », qui n'eut jamais les mêmes séductions pour
un Français, trop attaché à son sol.

Dès le XVIII' siècle, c'est un monde vraiment nouveau
que ces possessions d'Amérique où se fécondent déjà
les germes d'une transformation dont l'Europe elle-
même subira la contagion. Une fois sur ce vaste théâtre,
où tout est jeune, où il n'y a pas à proprement dire de
classes, du constitutionalisme, point de départ qui a
ouvert la route, on s'acheminera par une pente logique
à la démocratie américaine. Ce caractère démocratique
est donc venu à point. Il a exercé sur l'Allemand auquel
l'Anglo-Saxon est rattaché par des liens séculaires une
incontestable influence. L'Anglo-Saxon, au XVIII' et au
XIX' siècle, n'a cessé en Amérique d'imprimer sa marque
originale sur les flots d'émigrants allemands qui, sans
discontinuer, se sont acheminés vers les États-Unis. C'est
son idée propre qui fermente toujours. Et ce n'est ni
la première ni la dernière fois que le mot d'ordre ou
les précurseurs en Allemagne sont venus d'Angleterre.

Seulement, si l'Anglo-Saxon a gardé, de l'autre côté
de l'Atlantique, le premier rang par ordre de formation
originale, il faut en Europe avoir déjà, dès la Réforme,
l'œil ouvert sur un autre brillant avenir. Lentement,
patiemment se forme le type prussien, ce complet ré-

sumé du scandinavisme de la Baltique : celui qui avait
relevé l'héritage de l'ordre teutonique et des hanses.
Il procède autrement que l'Angleterre. Sa royauté, c'est
le féodal Teuton poursuivant un but complexe : l'alliance
singulière du génie scandinave appliqué à l'idée romaine,
où la monarchie de Louis XIV sert d'objectif. Il faut que
ce caractère hybride et à double fond ait une étrange
force de résistance pour que le protestantisme venant
se greffer là-dessus ait mis d'abord hors pair la royauté
prussienne dès le xviii° siècle, puis, au xix° siècle, réalisant comme en Angleterre le peuple « élu de Dieu »,
ait placé les Prussiens à la tête de l'hégémonie de l'Allemagne. Le génie protestant teuton n'a donc rien à
envier au génie anglo-saxon. C'est au nom de Dieu qu'il
s'avance dans l'avenir, et le protestantisme n'est pas
pour peu dans le système des « races supérieures » soutenu par la science et sur lequel en Allemagne est venu
se fonder un empire. Nous venons de montrer le protestantisme facteur de sociétés nouvelles. Nous avons suivi
le génie anglo-saxon au dehors dans la formation de
ses colonies, surtout en Amérique, cherchons-le maintenant chez lui, comme en Europe, afin de mieux nous
convaincre qu'au dedans comme au dehors c'est le
moule protestant qui, achevant de façonner ce tempérament robuste, a aiguisé ses forces, et, soutenant son
action, laissé chez lui son ineffaçable empreinte.

VI

Il importe d'achever de marquer le contingent protestant dans la formation du génie anglo-saxon et les

conséquences qui en ont résulté pour la société européenne.

La raison économique sert aujourd'hui d'explication au
passé comme au présent. L'étude des intérêts matériels,
des mobiles commerciaux, jadis paraissait indigne de
l'enquête sérieuse des historiens. Mieux renseigné aujourd'hui, on y trouve le secret des directions nouvelles
qu'ont prises les nations. Le Nord, en suivant cette
voie, apporte aux événements des lumières éclairant
l'histoire de l'Europe. Voilà pourquoi nous avons insisté
ailleurs sur la place considérable qu'avec la ligue hanséatique, les villes maritimes et fluviales occupent dans
le développement de l'Allemagne qui leur doit un nouveau départ des richesses. Leur monopole disparaît-il,
c'est que d'autres peuples du Nord, avec leurs flottes
grandissantes, avaient élargi ou ouvert des horizons nouveaux.

Un État flottant, migrateur, explorateur, spéculateur,
colonisateur, longtemps contingent, a aidé à une révolution sociale, politique ou intellectuelle. Il en est venu
petit à petit à ébranler la stabilité de l'idée classique
romaine aussi bien que de l'État-Dieu suivant l'idéal
monarchique. Il a eu des effets pour tout l'Occident
moderne, non sans analogie avec la période où, au
xv° siècle, l'Italie nous apparaissait si prospère, enrichie
par les trafics lointains de ses nombreux comptoirs et
de ses colonies. Ici, ce ne sont plus seulement Venise et
Florence, c'est de l'Europe entière qu'il s'agit. Cherchez-
y cependant les mêmes contingents par lesquels s'était
généralisé un sérieux développement des lumières, contingents venus d'ailleurs enrichir le vieux fonds monarchique européen. C'est en effet dans les conditions nouvelles du développement du travail des peuples que

vous trouverez les racines de leur transformation économique. En même temps, leur activité intellectuelle, exaltée par de nouveaux buts, a réalisé dans chaque nation un sentiment national où la question d'intérêt est venue se greffer sur des idées de liberté. La concurrence de ce nationalisme décuplant la somme des énergies est devenue le plus solide agent de la fortune de l'Europe de nos jours. Remontez néanmoins à la genèse de cette transformation, si vous admirez la « geste merveilleuse » de nos marins surtout normands, si vous enregistrez nos découvertes, nos conquêtes coloniales, l'initiative du Nord, ses entreprises individuelles auront eu le dernier mot. Le Canada de Champlain, l'Inde de Dupleix deviendront les plus beaux joyaux de la couronne coloniale de l'Angleterre. La Hollande, son peuple foncièrement protestant, ont joué un grand rôle au XVII⁰ siècle. C'est au génie anglo-saxon, si l'on envisage seulement la question économique, qu'appartient principalement le XVIII⁰ siècle et le premier tiers du XIX⁰, en Europe, pour le nouveau départ des richesses.

L'Anglo-Saxon est là dans sa sphère d'originalité, tandis que le constitutionnalisme anglais d'une part, la démocratie américaine, de l'autre, exercent une influence notable sur les idées politiques européennes encore à la fin de ce siècle.

Nous avons dit ailleurs que les différences de développement de la constitution sociale et de l'état politique anglais et français se poursuivent jusque dans la traduction des mêmes idées. C'est ainsi que l'anticlassicisme, un des secrets de l'histoire de notre temps, fait sentir ses survivances, et qu'à la base de l'Anglais vous trouverez invariablement le fait concret, tandis que le Français est toujours sollicité par l'abstraction et l'idée pure. Ce contraste, nous l'avons étudié de près naguère avec la révolution de 1649 en Angleterre et celle de 1789 en France. Étudions-le ici dans l'expression de la foi religieuse.

Le protestantisme a pu faire du peuple britannique l'élu de Dieu. Il l'a semé par toute la terre pour coloniser le monde et il a ravivé chez lui l'esprit mystique. Mais ce mysticisme est vraiment pratique. Il est constamment appliqué à des objectifs réels, précis et qui ne visent pas un spiritualisme stérile. Rappelons le mot de M. Leroy-Beaulieu : « Les libertés sont nées du protestantisme, mais sans son aveu. » Ce qu'il a surtout d'original, c'est qu'au lieu de modérer ce fonds scandinave, d'abattre cette fierté native insulaire, il a au contraire tracé à l'Anglais sa « mission divine » à poursuivre à travers tous les obstacles, et l'âpreté de ses buts s'est trouvée sanctifiée.

Ce n'est plus alors l'unité de la foi romaine ; les sectes, les petites églises sont tolérées, elles apportent leur actif contingent avec leurs idées effectives. Aussi rien de moins homogène que cet ensemble où la correction classique est dédaignée, où la tradition, la plupart du temps même anticlassique, est tout. En effet, la coutume permet d'invoquer les lois de tous les temps. A côté de la liberté singulière, dont l'Anglais est justement fier, on voit se consommer par telle ancienne loi, qui ne fut jamais abrogée, de sanglantes injustices. Seulement, alors comme toujours, la religion est d'accord avec la raison d'État, ou plutôt accompagne le grand courant britannique, cette boussole de la politique. C'est là le moule pétrisseur qui a raison des récalcitrants. Ainsi se développe chez l'Anglo-Saxon la « qualité d'excellence « d'intentions très souvent implacables, aussi bien

« qu'implacablement exécutées », parce qu'elle se présente comme des « inspirations d'en haut », même chez un sceptique [1].

Mettez un tel levier entre les mains d'hommes cultivés et supérieurs, vous aurez la raison de vrais prodiges accomplis par les Anglais, notamment l'explication de la grande position prise par l'Angleterre au siècle dernier. Position à laquelle a singulièrement contribué, à la veille de 1789, une ingénieuse restauration d'un passé disparu.

Comment s'est durablement fondée cette oligarchie terrienne, réalisation concrète de l'idéal gouvernemental de Calvin ? Nous le savons, c'est à l'aide de la loi féodale des substitutions, à l'aide de la terre, principe d'autorité sur lequel la féodalité repose, mais la mainmise légale sur la propriété des individus dans un pays où la loi est tout se serait-elle faite sans les survenances d'un code qui a autorisé des privilèges, des monopoles, même des spoliations?

En gens pratiques, les seigneurs anglais se bornèrent à appliquer la loi à leur but, autrement dit à accaparer la propriété foncière pour la concentrer entre leurs mains. Mais s'ils ont alors exproprié les petits propriétaires et le trop plein des campagnes, leur génie réaliste poursuivait une non moins grande solution, c'est-à-dire poussait par la force du fait brutal vers les industries des bourgs et des villes les petits propriétaires expropriés.

En effet, ce n'était pas tout que de rêver l'empire des mers, il fallait trouver de quoi peupler et alimenter les

1. Lord Randolf Churchill s'est naguère fait applaudir du Parlement anglais en invoquant le caractère religieux où la constitution anglaise puise sa force.

colonies, fournir à la marine marchande un trafic nécessaire. Ils voulurent alors que l'importation, l'exportation devinssent la grande question du jour. L'industrie,
les fabriques eurent un rôle majeur à inaugurer. Aussi
est-ce l'époque où le génie anglo-saxon se donne carrière; les luttes confessionnelles, les exodes religieux
des XVIe, XVIIe siècles sont remplacés par des exodes
ouvertement commerciaux et colonisateurs.

On se récriait naguère lorsque le chancelier de fer, afin
de prussianiser la Silésie, édictait des lois agraires chargées d'expulser les propriétaires polonais remplacés par
des colons allemands; mais en cela le prince de Bismark, qui se glorifie d'être « Teuton », est non seulement
logique comme Scandinave, il copie en outre l'oligarchie protestante anglaise établissant au XVIIIe siècle son
grand empire maritime, et poursuivant par tous les
moyens un but défini que nous achèverons de caractériser.

En effet, c'est par le radicalisme de ses moyens que
l'aristocratie britannique achèvera son évolution. Et
comment les modifications profondes, politiques autant
qu'économiques, réalisées par son initiative propre, fini-
ront-elles par inaugurer la formule nouvelle qui révo-
lutionnera l'Europe : « le roi règne et ne gouverne pas ? »
grâce au Parlement, devenu une base de gouvernement
aux mains de la « gentry » qui en exclut tout autre que
les siens. Classe ouverte, après avoir éliminé méthodiquement ses éléments faibles, elle n'a cessé, pour imposer
partout son autorité, de recruter l'élément fort, la réserve
de l'avenir, sortie du commerce, de l'industrie nouvelle,
de la colonisation. Les leaders du commerce, l'élite des
industriels, les nababs coloniaux, voyez comment après
les avoir attirés à elle, elle les pétrit, les dirigeant vers

ses différents buts [1]. Voilà comment si au dehois l'aristocratie britannique aide alors les colonies de ses richesses, prend part aux armements, aux entreprises lointaines, au dedans, au même moment, ces grands propriétaires surveillèrent d'un œil vigilant les bourgs anglais, les centres manufacturiers, encourageant les inventions nouvelles, commanditant les industries. Nous vous renverrons à M. Boutmy pour l'énoncé des grandes découvertes qui, à partir de 1750 [2], devaient modifier en Angleterre les conditions du travail, mais il importait surtout de revenir ici aux origines, et de dire les vrais promoteurs d'un grand mouvement aboutissant à la transformation du pays, d'autant mieux que cela nous ramène au sujet que nous traitons, au protestantisme facteur des sociétés, car, ne l'oubliez pas, dans tout cela vous devez chercher le développement de « l'esprit biblique protestant », ne fléchissant jamais, et, devant les obstacles, grandissant à force d'audace dans son inflexibilité mystique. — Tel restera l'Anglo-Saxon.

Il est vrai que depuis lors des artisans obscurs, de modestes inventeurs sont devenus la souche de dynasties de commerçants, d'industriels, d'armateurs. Avec eux, des jurisconsultes, des ingénieurs, des médecins, des économistes ont, surtout à partir de 1832, commencé à remplacer l'aristocratie territoriale dans ses prérogatives. Le courant général de la nation n'est plus vers l'oligarchie. La démocratie gagne du terrain chaque jour. On peut donc s'attendre à un nouveau lendemain ; cependant le caractère anglo-saxon ne changera pas, même si la Bible cesse d'être un jour un pain quotidien.

1. Boutmy, *Développement de la constitution et de la société politique en Angleterre*, pp. 227-244.
   2. Boutmy, pp. 298-309.

Or, n'y a-t-il pas lieu de réfléchir au moment où le peuple, ayant lui aussi à régler ces questions, cherchera ses solutions avec le même implacable esprit qui poursuit le fait dans sa lettre « judaïque », sans se préoccuper de l'idée pure? Que nous réserve l'avenir?

En attendant, les deux plus grands problèmes du xixᵉ siècle ne sont-ils pas la démocratie et la question du travail? Qui y a pris une part plus active que l'Anglo-Saxon? Sans son constitutionalisme, la démocratie aurait-elle trouvé sa première plateforme solide?

Qui de plus a inauguré une des grandes découvertes qui ont révolutionné les temps modernes? sinon un de ses fils, Adam Smith. Nourri des idées nouvelles britanniques, il a formulé « l'Étalon économique démocratique ». Voyant en Angleterre « la terre », au lieu d'être justement répartie, figurer un monopole, l'économiste écossais, en dépit de nos physiocrates incapables d'admettre encore d'autre étalon que « l'idéal classique », la terre, montra dans le travail la source de la production des richesses. Or, du jour où ce grand problème fut soulevé, la question du travail (c'est-à-dire les conditions du travail des peuples qui entraînent les conditions de leur développement social), cette question capitale était ouverte en Europe. Elle est même arrivée dans, le dernier tiers du xixᵉ siècle, à se compliquer par « les grèves », cette guerre du travailleur qui menace de remplacer de ce temps les guerres religieuses du xviᵉ siècle.

Si, au moyen-âge, les grands seigneurs terriens pressuraient les manieurs d'argent, les juifs et ceux qu'on appelait les Lombards, encore au xviiiᵉ siècle, en France une plaisanterie aristocratique favorite, c'était : « Racontez-nous une histoire de voleur. Il était un jour

« un fermier général. » Au xixᵉ siècle, en revanche, il
y a de vrais rois de la finance, et la fortune publique
d'immobilière est devenue surtout mobilière. Et comment? C'est qu'en France ce solide fondement de la
nation, « la terre, » la propriété territoriale plus justement répartie qu'ailleurs, divisée même à l'infini, devint
en 1793 une cause de ruine. Non seulement l'aristocratie française, mais une grande partie des propriétaires terriens, tout comme les proscrits calvinistes et
luthériens des xviᵉ et xviiᵉ siècles, avait subi sa persé-
cution et son exode. Tel est le retour des choses d'ici-
bas. On n'avait pu emporter la terre qui avait été con-
fisquée et vendue. De là, depuis lors, malgré le vieil
amour français pour la terre, la confiance ébranlée par
la menace permanente de la démocratie, et les tendances qui se sont accentuées vers les fortunes disponibles
et les valeurs mobilisables.

Mais, objectera-t-on, quel rapport ces derniers développements ont-ils avec notre sujet : la Réforme? C'est
que la Réforme ici sert à démontrer comment les sociétés
peuvent être modifiées, comme religion, gouvernement,
existence économique, intellectuelle, même comme
mœurs. Nous venons à ce propos de présenter la genèse de
faits sortis l'un de l'autre, s'emboitant l'un dans l'autre.

Deux principes se partagent l'histoire de l'Europe
moderne : l'anticlassique et le classique. Et qui person-
nifie mieux l'anticlassicisme que cette Angleterre toujours en travail de reconstitution politique et sociale,
économique aussi bien que religieuse, au moins depuis
les Tudors, bien que caractérisant un peuple traditionnel par excellence et d'une solidité d'esprit singulière?

Qui, d'autre part, avec son principe monarchique, a
mieux que la France aspiré à représenter la tradition

de l'idée romaine comme assiette fixe de gouvernement, de religion, de morale, tout en restant, en dépit du principe, une race changeante et toujours à la poursuite d'un nouvel idéal ?

Que prouve maintenant l'analyse comparative de ces deux histoires ? sinon que les plus grandes questions se résolvent par des compromis, parce que, entre les principes les plus opposés, intervient le lent travail des siècles. En effet, suivez le « processus » de l'accord final entre l'élément primitivement indiscipliné et l'élément aux bases stables : il ne s'est réalisé qu'à l'aide de faits simples, contingents au début, qui ont ensuite envahi la scène.

Nous avons dit en commençant qu'un État flottant, migrateur, explorateur, colonisa', spéculateur, a depuis la Renaissance singulièrement contribué en Europe à battre en brèche la stabilité de l'idée romaine et l'État-Dieu suivant l'idéal monarchique, tandis que l'esprit classique français, au contraire, ainsi que les légistes, se succédaient dans l'œuvre de sa consolidation et réussirent à l'armer de toute sa puissance.

N'oublions pas ici que le premier qui avait donné l'assaut à « l'impérium romain » c'est Luther. Quelle coïncidence, puisqu'au lendemain du grand siècle, lorsque chez nous la monarchie absolue a été attaquée, une aristocratie protestante telle que celle de l'Angleterre était seule capable de ménager les transitions entre la monarchie et la démocratie sans porter ombrage à personne. Voilà ce qui fit dans toutes les classes en France la vogue du constitutionnalisme anglais. Or, qu'on ne perde pas de vue alors le protestantisme, une des causes premières du constitutionnalisme.

Pour nous résumer, quand on a bien suivi aujour-

d'hui les développements du mouvement de 1789 en
France, on ne peut s'empêcher d'inscrire le constitutionnalisme protestant et le déisme britannique, cette pente
inévitable du protestantisme parmi les nombreux contingents, précurseurs de la Révolution française, une liquidation sociale, sur laquelle il faudra revenir parce
qu'elle transforma non pas seulement la France, mais
l'Europe. En attendant, si du XVIIe au XIXe siècle vous
suivez la transmission du mouvement régénérateur
communiqué à l'Europe, telle part que vous fassiez à
l'élément anticlassique, avisez-vous de supprimer les
méthodes, la discipline, l'exquise mesure de l'esprit
classique, et quelque chose d'essentiel manquera ; l'Occident n'aura plus sa raison d'être en ce monde en tant
que directeur modèle des sociétés.

VII

Notre tableau serait incomplet si nous n'envisagions
pas le protestantisme français, l'Europe et l'américa-
nisme protestant.

L'étude que nous faisons est lente. Elle dit le développement, la floraison, puis, malgré un équilibre remarquable, les menaces de déséquilibrement des choses, à moins qu'on ne les reconstitue, — travail de Pé-
nélope dans lequel ont jusqu'ici surtout excellé les Anglais. Il y a donc lieu de noter et de surveiller toujours
dans l'histoire ce qui, « contingent seulement au début, » peu à peu envahit la scène tout entière.

Si désormais le fait concret est entré en lutte réglée
avec l'idée pure et lui oppose ses intérêts matériels,
est-ce à dire que celle-ci soit prête à disparaître ? Mais
au contraire, et le sujet ici traité en fournit un exem-

ple. Depuis la Réforme, le catholicisme s'est épuré. Il a donc gagné au protestantisme. De même le protestantisme en France, par sa constante émulation avec la règle catholique, a pris un aspect plus élevé qu'ailleurs. Il a cherché à devenir une espèce d'élite. Son assiette naturellement limitée est assise là, dès l'abord, sur des règles mieux raisonnées qu'autre part. Cela date de loin, puisque, lors de la révocation de l'Édit de Nantes, il est venu rafraîchir la réforme allemande, éveiller l'entendement prussien, renouveler le sens religieux aussi bien que scientifique et industriel, en formant un appoint solide au développement d'un État nouveau. En Angleterre comme en Hollande, il a laissé les mêmes traces sensibles de son passage; la famille protestante en France, précisément parce qu'elle forme l'exception, se surveille et surveille les siens qu'elle maintient dans son formalisme. Mais le protestantisme, c'est une académie religieuse, et non, comme dans le Nord, de ces vraies religions d'État malgré leurs sectes. L'universalité du catholicisme cadre avec l'esprit classique français. De plus, comme dit M. Lavisse, la France était logique avec son ciel bleu en se refusant au sombre idéal de Calvin.

A Dieu ne plaise que nous voulions rabaisser la famille protestante anglo-saxonne. M. Boutmy a trouvé un Idéal Familial dans cette autorité du père qui agit en toute liberté, sans être contredit par ses fils, prêts eux-mêmes à faire souche et à avoir charge d'âmes. Il y a là des principes d'initiative, de vigueur, d'action, méritant d'autres imitateurs. Il n'y a pas non plus à s'offusquer du pouvoir, des richesses, dans certaines familles aristocratiques, dont les aînés, qui tiennent les rênes de l'État, n'en sont que mieux préoccupés du bien-être de leurs tenanciers. Ils exposent leurs capitaux dans les entreprises utiles au pays, tandis que les cadets apportent une assiette nécessaire à ce monde encore récent du commerce et de l'industrie, dont ils relèvent le niveau.

Nous voulons, en revanche, en terminant, nous arrêter à ce que l'historien est tenu de signaler comme une exagération flagrante importée de l'autre côté de l'Atlantique. Il y a des justifications au grand rôle que l'esprit anglo-saxon en Amérique s'est insensiblement habitué à concéder à la femme. A l'époque héroïque de la colonisation, la femme fut non seulement la compagne fidèle, le soutien moral permanent de l'homme, la mère, l'éducateur infatigable de ses enfants ; mais dans le « Log House », dans l'enclos rudimentaire fortifié, lorsque l'Indien a voulu défendre son sol, assiégée par les Peaux-Rouges, la mère de famille, en l'absence du mari et de ses fils, elle seule avec ses filles, le rifle en main, a protégé avec intrépidité le foyer domestique [1]. Les saintes matrones de la Bible, les prophétesses comme Déborah ont eu leur pendant américain.

La femme a donc pris aux États-Unis de nouveaux degrés dans la vie. Plus intelligente, plus ouverte surtout que l'homme, son influence salutaire d'abord, prépondérante ensuite, a consacré des prérogatives en train de désarmer le sage équilibre de la famille classique en France, en Angleterre et dans le Nord.

Le protestantisme américain est prêt à faire échec à l'assiette romaine, à la vieille ordonnance de la famille du continent. La gynocratie, nous l'avons vu en Orient, est toujours capable d'amener des réactions. Il peut en

1. Voir *la Femme aux États-Unis*. C. de Varigny, 15 mars 89 *Revue des Deux-Mondes*.

sortir des conséquences désastreuses pour l'équilibre social, pour l'hygiène morale et physique, avec des doctoresses, des magistrates, des députées et au besoin des amazones.

Après avoir fait dans la Réforme une part éminente au moine allemand Martin Luther, nous nous sommes confinés ensuite de préférence au terrain anglo-saxon. Mais au III\e livre, il faudra faire ressortir d'autres manifestations du Nord, où l'Allemagne réclame un rôle prépondérant. Nous trouverons ainsi une matière suffisante pour finir d'approfondir le génie anglo-saxon comme le génie allemand. Cela facilitera un parallèle avec le caractère français qui trouvera sa place dans un second volume.

LIVRE TROISIÈME

CHAPITRE XIV

LE GÉNIE DU NORD DEPUIS LA RÉFORME. — LA PHILOSOPHIE

Comment le monde moderne s'est-il constitué? Quelles sont les lois topographiques, la géographie physique qui ont imposé leurs barrières à nos grands États? Quel est de plus le cadre naturel qui, par sa croissance normale, a présidé à chacun d'eux? Autant de questions majeures que, comme on peut se le rappeler, nous nous sommes attachés à nettement élucider.

Nous savons déjà beaucoup de l'État britannique, de l'État allemand ou plutôt prussien, et même de ce qui concerne l'État français; seulement, il fallait commencer à dresser le bilan des facultés maîtresses comme des défauts saillants de l'esprit du Nord. Nous sommes allés chercher celui-ci à ses sources primitives. C'était un complément voulu, puisqu'au premier livre nous avons débuté par donner, avec les Grecs et les Romains, avec l'évolution du christianisme, des définitions détaillées de ce grand esprit classique en l'absence duquel le monde moderne n'eût jamais pu se former.

Or, son adversaire direct, n'est-ce pas l'esprit anticlas-

21

sique, antiromain ? Pour la vraie intelligence de notre
temps il importait donc de bien connaître la source de
celui-ci, ses développements, ses survivances, quand ce
ne serait que pour mettre en relief une vigueur, une sève
extraordinaire tranchant sur des éléments à la fois empiriques, brutaux, qu'avaient pu jusqu'ici atténuer les
influences prépondérantes du monde classique par lequel il a dû passer.

Avant la Renaissance, nous avons donc rappelé la
chrétienté, qui a groupé et confondu si longtemps ensemble l'esprit classique et l'esprit anticlassique, laquelle
chrétienté date du grand effort de Charlemagne, s'ac-
centue par la théocratie papale et continue son action
centralisatrice jusqu'au xvie siècle. Nous avons à juste
titre insisté sur ce milieu, sur ce niveau chrétien où
un moule uniforme, un esprit identique à lui-même, a
jusque-là non seulement contenu la pensée en Europe,
mais encore cimenté l'union des États européens l'un
avec l'autre, en dépit des aspirations qui les dirigeaient
vers des buts différents.

La scission a éclaté à la Réforme. L'unité a été rompue et la paix compromise, mais l'individualisme des
peuples y a gagné. Évidemment, pour le Nord surtout,
la Réforme fut un fait historique considérable. Elle a
figuré, nous l'avons vu déjà, pour un contingent non mé-
diocre dans l'établissement de cet empire britannique
qui compte 380 millions de sujets. C'est aussi un des
facteurs principaux de cet empire prussien qui a rallié
l'Allemagne à son hégémonie. Mais ici, à côté de ces
avancements extraordinaires, il faut marquer la marche
de ce progrès à deux tranchants, incapable d'édifier sans
semer autour de lui des ruines.

Mysticisme, transcendantalisme septentrional, voilà

des faits que nous croyons déjà établis. Nous avons
même expliqué comment ils n'empêchaient pas la poursuite de buts réels et concrets. Ce qui nous manque encore,
c'est d'avoir montré ce transcendantalisme retournant
à l'Orient,—les concepts de la science contemporaine étant
une résurrection du fatalisme antique qu'avaient proscrit les Grecs. — Nous allons essayer de prendre un à un
ces anneaux anciens et nouveaux pour n'en faire qu'une
seule et même chaîne se prolongeant en plein XIXᵉ siècle. Quelle meilleure occasion pour nous arrêter encore un instant devant cet Orient, père de toutes choses,
devant cet antique esprit, lequel, à travers l'océan des
âges, vient ressaisir l'esprit contemporain avec son perpétuel levier, la science, et lui repasser ainsi des concepts qui ont changé non de fonds, mais de nom.

Nous ne pouvons préciser les empiétements de
l'esprit anticlassique avant d'avoir établi nos comparaisons entre la philosophie du christianisme et la
philosophie du protestantisme. Basée sur la conscience
humaine, la première confirme le libre arbitre. La
seconde, à l'opposé, conduit au fatalisme, à l'arbitre
esclave, la science s'y encourage aux mêmes conclusions.

I

Le moyen d'organiser à la fois la vie de l'homme et
celle des peuples, cette question qui préoccupe si fort
l'histoire contemporaine, était déjà devenue, au temps
des Grecs, un souci pour l'antiquité. A mesure qu'ils
s'affranchissaient des anciennes entraves, les Grecs tour-
nèrent de plus en plus leurs regards vers les choses de
l'esprit. On s'ingénia à trouver le plateau solide où

l'homme pouvait attendre de pied ferme les choses de la fortune. Après Socrate, après Platon, les malheurs de la patrie hellénique sont survenus et bien des causes ensuite conduisirent presque fatalement à la décomposition et à la décadence.

Alors, pour conjurer l'adversité, Zénon a proclamé comme remède souverain le sublime effort de l'esprit qui, toujours impassible, répond à la douleur : « Tu n'es qu'un vain nom. » Presqu'en même temps, Épicure est arrivé disant à l'homme : « Jouis et sois heureux, l'existence humaine n'a pas de lendemain. »

Mais Zénon se conformait-il à la nature en la constituant « à priori » en effort continuel? Serait-il normal, par exemple, de recommander à quelqu'un de rester perpétuellement la jambe en l'air? Épicure, à son tour, n'a-t-il pas un peu le travers de ce despote oriental qui décréterait sous peine de mort que chez lui tout le monde s'amuse? En réalité, la nature a-t-elle donné à chaque homme les aptitudes nécessaires pour jouir et être heureux?

Voici donc, de part et d'autre, des lacunes auxquelles plus tard le christianisme devait porter remède. Au lieu de nier la souffrance, il a même établi son siège chez elle, sachant que c'est un tribut moral et physique auquel sans distinction possible personne ne peut se soustraire. Il n'y a donc pas ici d'effort à commander, mais seulement à constater un état naturel qui permet à l'homme de se contenter de peu. Voilà le solide plateau duquel chaque individu est susceptible de réagir sans fatigue contre son milieu, en rencontrant son bonheur dans le devoir accompli et sa récompense future dans l'éternel lendemain qu'a nié Épicure. Il ne s'agit plus de doctrines applicables à des hommes privilégiés.

Proclamant la nécessité du bien, la philosophie du christianisme s'adresse au genre humain. Elle prétend inculquer son but fixe avec lequel l'esprit affranchi de toute servitude réalise la vraie indépendance en s'élevant au-dessus des choses extérieures.

Le christianisme alors fut logique. Il a laissé de côté cet idéal de force des héros favoris de l'Hellade. Il l'a remplacé par un idéal de pauvreté, de travail, étranger à Socrate, mais qu'entrevoyait déjà Marc-Aurèle. L'histoire nous a montré aux belles époques impériales ces patriciens de Rome, eux aussi, quoique en dehors de l'esprit chrétien, mais nourris de philosophie, viser à l'aristocratie de la vertu, avoir leur chambre du pauvre pour y méditer sur l'humilité, le renoncement, la pauvreté et la vanité des richesses. Une large part était donc faite sur ce terrain à l'idée pure et la doctrine du christianisme y devait triompher tôt au tard. Ce que nous considérons ici en effet dans le christianisme, c'est la gymnastique morale, l'éducation virile des caractères, en un mot, un relèvement intellectuel entrepris sur tous les hommes. Il leur demandera d'autant plus qu'il sait que, pour obtenir peu, il faut leur demander beaucoup. Doux pour l'âme humaine, le christianisme rudoie les corps comme ces sols ingrats et ces ciels incléments nourrisseurs cependant des races conquérantes. Comme les Romains, il a prêché la « frugalité » romaine. Il y a là un ensemble qui se suit, les Grecs poursuivirent le beau, les Romains le grand, le christianisme la charité, trois idées pures qui se condensent.

Avant d'arriver à ce qui s'appelle le libre arbitre chrétien, il y a de plus des gradations. Naguère circonscrit dans l'enceinte de la cité, sans autre liberté d'abord que celle permise par les dieux, d'autre liberté ensuite que celle tolérée par la cité, le Grec, le premier parmi les hommes, s'est élevé à la liberté individuelle, parce qu'en même temps qu'affranchi de la fatalité antique il s'est reconnu avant tout justiciable de sa propre conscience; il a alors cessé d'être citoyen d'un dème ou d'une ville pour devenir un citoyen du monde.

Le Romain a poursuivi, développé les mêmes abstractions. Au lieu de détruire la cité, comme les Grecs, il a développé les sociétés, il a accordé l'individu avec l'État. Et pourquoi alors un citoyen romain sera-t-il prisé à l'égal des princes et des rois? C'est qu'il est, en réalité, l'émanation de la grande paix romaine, où, grâce aux lois sociales mises désormais en harmonie avec les lois de l'esprit, la conscience humaine peut s'exercer avec une liberté et un ensemble inconnus jusque-là.

Avec le christianisme un dernier pas est accompli. Il ne s'agit plus cette fois de hautes personnalités : d'un philosophe grec ou d'un citoyen romain. C'est de l'homme en lui-même qu'il est question. L'individualisme a cessé d'être un privilège. La puissance de l'idée pure transformera en égal des princes et des rois l'homme le plus humble dont elle a fait leur frère. Elle reconnaîtra à cet homme la même conscience et elle le dotera du libre arbitre du bien et du mal.

« Pour être sauvé, lui dit-elle, tu as besoin de la « grâce, mais tu as surtout pour l'obtenir à vouloir « bien te repentir, car tu es aussi responsable de toi-« même. » Afin de garder la note exacte, il suffit de se reporter : 1° à l'esprit dirigeant presque généralement l'Europe avant et après saint Augustin, où « ce qui est

« volontaire et cela seulement est jugé comme vraiment
« imputable à l'homme » ; 2° il faut de plus considérer
deux hommes dans saint Augustin interprétant diversement cette formidable question de la grâce : — d'abord
le grand philosophe chrétien écrivant sur le « libre
arbitre » avec un esprit nourri des Grecs et des Romains, adversaires déclarés du fatalisme oriental ;
d'autre part, le même homme personnifiera un autre
génie : — ce tempérament gouvernemental romain
dans une église latine ferme, sévère, répudiant tout symbolisme, tout transcendantalisme alexandrin, et qui
achèvera ainsi de fonder le christianisme d'Occident
resté depuis inébranlable si longtemps, grâce à ses racines profondes. Plutôt que de préparer l'anarchie des
sectes en germé dans l'indépendance du Pélagianisme,
saint Augustin, forcé dans ses retranchements, se can-
tonnera dans la « prédestination », mais n'est-ce pas
lui qui a dit : « Cette question de la volonté de l'homme
« et de la volonté de Dieu est tellement difficile à
« exposer que l'on semble nier l'une ou l'autre. » Et
c'est l'esprit classique qui parle par sa bouche, car,
pour lui, si ferme qu'il soit sur l'autorité et la discipline, le libre arbitre reste un grand souci, mais il
parle à son peuple et, pour faire grand et durable, il ne
peut s'arrêter en route.

Tel, Bossuet, auquel M. Gaston Boissier le compare,
« aimera comme lui ces constructions majestueuses,
« dont la régularité, les lignes magistrales charment
« leurs esprits [1] ». Et, en vrais Romains, ils passeront
l'un et l'autre par-dessus les difficultés au milieu des-

1. *Revue des Deux-Mondes*, 15 janvier 90, p. 371. *La Cité de
Dieu.*

quelles d'autres resteront à jamais enchevêtrés. Ainsi
Bossuet, dit M. Jules Simon, « démontre philosophique-
ment l'existence de la liberté humaine. Ceux qui ne
reconnaissent aucune influence divine dans la direction
des conseils humains ne sont pas plus que lui fermes et
inébranlables dans leur croyance au libre arbitre ». En
même temps Bossuet admet la grâce et toute la doctrine
de saint Augustin, voulant, comme lui, l'autorité, la
discipline et la grandeur de l'unité chrétienne. C'est
ainsi que l'un expliquera l'autre.

Or, quel contraste ne retrouverez-vous pas dans
l'idée protestante de la prédestination, un reflet qui
prolonge jusque dans les temps modernes l'inflexibilité
biblique et le fatalisme antique, avec ce destin jadis
conjuré par les Grecs, ces défenseurs acharnés du libre
arbitre? Au xvi⁰ siècle, lorsque la réformation du Nord
a prétendu revenir aux sources du christianisme, pourrait-on dire, en effet, qu'elle était en état de s'appuyer
sur les mêmes précédents que les races latines pour
remonter aux pures traditions de l'esprit occidental
qui n'a cessé de diriger celles-ci? Il lui manquait d'avoir
été comme les Latins un des facteurs de l'histoire classique; voilà pourquoi Luther, dès son premier pas, au
lieu d'envisager la grande « unité romaine » devenue
« l'humanité », est un séparatiste, car il a conçu des
sociétés privilégiées. Dans son milieu mystique septentrional, partout préparé à trouver un sens double et
mystérieux aux choses divines contemplées au grand
jour par la clarté romaine, il a cherché des élus de
Dieu. Il a débuté en répudiant la discipline des livres,
des méthodes, des maîtres, reconnus partout le monde;
— il a prétendu y suppléer par l'intuition directe des
choses éternelles, mais son mysticisme a même reculé

devant cette pensée impie que l'homme a pu faire du
bien par lui-même.

Une fois parti d'un tel point, quoi d'étonnant que la
tendance de la réformation se soit de plus en plus ac-
centuée et que la puissance de la grâce divine ait fini
par se substituer au mérite des œuvres de l'homme !
C'est ainsi qu'on est arrivé à une expression vraiment
radicale du fatalisme. Calvin, en effet, disant à l'homme :
« Tu es prédestiné, » ne tient plus compte de son repentir ; il n'y a plus que la grâce capable de le sauver. Non
seulement il va plus loin que la doctrine de saint Augustin, mais la négation de la prédestination est
pour Calvin la négation « de l'Évangile, car une fois
admis le mérite de l'homme, on rétablit le catholicisme
tout entier ». Est-ce un secret caché dans les obscurités
de la conscience humaine, demande Charles de Rémusat, que la liberté arbitraire, accordée à Dieu chez les
protestants, ait trouvé tant d'accueil chez les nations
d'Europe libres par excellence, en Hollande, en Angleterre ? Cet ordre d'idées n'est-il pas venu plutôt dans le
Nord satisfaire à un besoin inné de mystérieux mysticisme naturel, se complaisant, sous un ciel nuageux,
dans un sombre idéal ?

Répétons avec de Rémusat qu'il a produit des héros,
mais nous n'avons pas à envisager le dogme ; visant
seulement sa philosophie, nous débattrons plutôt un des
graves intérêts de la raison humaine, en nous appuyant
sur l'esprit classique, qui a résolu jusqu'ici le problème
de sauvegarder autrement le spiritualisme, qui, voulant
l'âme immortelle, croit que la volonté de l'homme n'est
pas une illusion.

L'opposé, c'est la prédestination protestante procédant du fatalisme antique, rentrant par le mysticisme

dans la voie du panthéisme primitif, un sentiment ins-
tinctif aux races du Nord comme à l'Orient. Et ce qui
viendra corroborer la source de tout un ensemble de faits
subséquents hostiles à l'individualisme, c'est cette rela-
tivité, c'est ce déterminisme logique, qui peu à peu envahit la science et la philosophie septentrionale, une
fois abandonnées à elles-mêmes. L'histoire du xixᵉ siècle fournit ce spectacle concluant. Non seulement tour
à tour se déroulent les anneaux d'une même chaîne
rapprochant l'esprit anticlassique de son passé antique, mais ces anneaux sont même en train de se res-
souder sous nos yeux.

II

« Questi Diavoli, quelle Bestie di quegli Inglesi, »
disait Benvenuto Cellini, ce méridional indomptable qui
ne comprenait rien au fier tempérament insulaire de
l'Anglais, ce pur type septentrional, — parce qu'il est ce
« volontaire », — et aussi « cet Hamlet et ce casuiste »
dont la parfaite image est Cromwell; « à ses heures fa-
rouche jusqu'à la brutalité, mais méditatif et poursuivi
par ses cas de conscience ».

Voilà pourquoi, pour aborder la philosophie du Nord,
il importe de rendre intelligible à tous la complexité de
l'esprit septentrional plus disposé que d'autres à la superstition, dont le mysticisme qui est de tous les temps
s'appliquera non seulement aux choses religieuses,
mais aux concepts que lui suggérera un tempérament
enclin au merveilleux quoiqu'en même temps très positif.

Les Grecs avaient séparé la science du prodige. La
science ne fut même définitivement fondée qu'à partir

du moment où elle cessa d'être le levier religieux que l'Orient avait employé à gouverner les hommes en les remplissant des épouvantes de cette nature incohérente, dont Aristote avait au contraire surtout aspiré à démontrer l'harmonie et la logique. Ces faits, nous les connaissons assez pour nous référer seulement à de précédents détails.

L'Occident druidique ne procédait pas autrement que l'Orient. Il avait recours aux mêmes prodiges. Il pratiquait la magie, dit Pline l'Ancien, avec autant de cérémonies que les Perses [1]. Les druides essaient, dans l'île de Mona, d'effrayer les soldats de cette Rome qui avait proscrit de la Gaule le druidisme pour ses incantations et ses pratiques occultes. Dans la vie de saint Columba, le réformateur irlandais, nous voyons le christianisme à la fois proscrire et braver les pratiques magiques des druides, envoyant un brouillard et soulevant la tempête pour empêcher saint Columba de faire voile et partir.

Voilà des deux côtés le vieux fonds anticlassique et ce sont ses survivances que nous allons retrouver dans l'Europe septentrionale. Nous avons vu naguère des Manichéens et des Cathares, puis l'œuvre au moyen-âge du néo-platonisme orientalisé ramenant au panthéisme les Beghards et les mystiques allemands. Ce n'est plus seulement le néo-platonisme ou le néo-pythagorisme qui reparut à la Renaissance, on voulut s'inspirer à des sources plus immédiates de la sagesse orientale. Il ne sera plus question de timides et mystérieux essais de la magie du moyen-âge, on consultera à ciel ouvert les

[1] *Pline l'Ancien*, ex d'Arbois de Jubainville, p. 232. *Introduction à la littérature celtique.*

livres « hermétiques » attribués à la science de Toth, l'Hermès égyptien, on s'adressera à la kabbale, cette œuvre chaldéo-rabbinique. Ouvrez l'histoire du temps, vous constaterez quelle influence l'astrologie avait prise partout, dans la politique, même dans la vie journalière. Lanoue range la contagion de la sorcellerie parmi les fléaux qui ravagent la France. Nous avons vu naguère le rôle que joue Fust ou Faust, ce sorcier charlatan, dans la vie de Luther et de Mélanchton. « La magie naturelle, » les « prodiges de la nature » du Napolitain de la Porta, dit Libri, eurent plus d'éditeurs et de lecteurs que le roman le plus fameux de nos jours. Il fallut que Galilée, Bacon, Descartes, revenant tour à tour à la nature d'Aristote, rétablissent les pures méthodes des Grecs et l'harmonie de la science.

Quelle preuve plus frappante, qu'à moins d'un critérium sûr il faut douter presque toujours du développement robuste et salutaire de la pensée livrée à l'aventure? Voyons si sur de telles matières les tendances naturelles du Nord offrent les garanties nécessaires. Là le mysticisme a quelque chose de plus doucement rêveur que partout ailleurs. Vous le voyez revêtir les vieilles formes, ressusciter les survivances les plus reculées, antérieures même au christianisme, tantôt réminiscences de l'odinisme, des normes scandinaves avec les elfes, les esprits, les fées, tantôt souvenirs du druidisme hibérien en Écosse, Irlande, Islande. Partout même on retrouvera, en cherchant bien, la foi naïve à la sorcellerie, à l'efficacité et à l'usage des pratiques magiques, la croyance enracinée aux apparitions de diverses espèces de fantômes, les uns annonçant la mort. On interprète encore les bons et les mauvais présages, on discute sur les rapports avec le monde invisible. De

même les phénomènes de la nature ont dès un temps im-
mémorial pris la forme anthropomorphique. Ainsi du
chasseur noir et de la légende de la chasse de Wodin
ou Odin. Dans Wieland, Weyland le forgeron, vous retrouvez Vulcain, l'artiste divin, c'est-à-dire la tradition
commune à l'Angleterre anglo-saxonne comme à l'Inde
et à la Grèce.

Il faut cependant faire ici une distinction essentielle.
Il est remarquable que dans le Nord, non seulement ces
croyances soient restées populaires, mais aient été mises
en œuvre, discutées, expliquées par des gens instruits,
des esprits élevés qui parlent toujours et non sans com-
plaisance du monde supra-sensible. Cornelius Agrippa
et sa philosophie occulte au IIIᵉ siècle méritent une
place à part. Nous avons déjà mentionné le grand mystique Eckart, puis Bœhm le « philosophus teutonicus »,
avec ses « révélations divines » (1575-1624). L'Allemand
devient facilement théologique comme le moraliste anglais facilement prédicant. Le Suédois Swedenborg,
quoique savant distingué, minéralogiste de valeur, a
néanmoins décrit avec conviction comment l'homme
peut établir des relations avec les esprits. Il a trouvé
des adeptes en Scandinavie, en Grande-Bretagne, en
Amérique, peu en France. L'Allemand Goerres a fait
une histoire complète du mysticisme établissant la réalité des pratiques magiques et de la sorcellerie.

Voilà autant de raisons pour l'historien de jeter la
sonde en plein dans cet esprit septentrional que l'observateur français ne regardait jadis qu'à la surface et sur
sa simple étiquette. Ce qui est à remarquer, c'est que
de telles tendances s'allient la plupart du temps à un
tempérament fort résistant et difficile à entamer, qui
prétend n'accepter que « ce qui n'est pas du vent »,

comme disait le père du grand Frédéric. Il y a chez
l'homme du Nord un fonds en dessous de l'individu qui
ne s'explique que par des réactions plus ou moins spi-
ritualistes : « une invasion à certains jours, à certaines
« heures, dit M. Maury, d'emportement mystique, » au
milieu d'une vie pratique, de devoirs professionnels, ou
bien d'idées de spéculation sur des matières qui, au
lieu d'élévation dans la considération des faits, exigent
au contraire un rigoureux prosaïsme.

Comment expliquer les dessous mystérieux de l'in-
tellect de l'homme du Nord, en général gros et fort,
passionné, s'il est Anglais, pour les sports de toute nature? Il faudra pour cela analyser ce double état pa-
thologique et psychologique que nous n'avons étudié
jusque-là de si près que parce qu'à l'idée de l'interpré'a-
tion du « divin » vient parfois se mêler un accès morbide. A quoi d'autre comparer ce pessimisme qui d'Allemagne commence à nous envahir, vague, ténébreux,
névrosé, tantôt athée, tantôt mystique? N'est-ce pas là
aussi avec le nihilisme une conception des ciels nuageux,
un vrai frère du spleen, ce « Blue Devil » d'Albion
passant trop souvent du bleu au noir et de la mélanco-
lie au suicide. Parfois emportements de Titan déchu
ayant produit un Shelley et inspiré un lord Byron?
Croyant à l'impérieux besoin d'agir quand même et sans
relâche, punissant chez lui l'oisiveté par des lois draco-
niennes, l'Anglais ne se trouve-t-il pas, comme nous l'a-
vons vu plus haut, à certaines heures sujet à de violents
retours sur lui-même? Comment prendre autrement ces
crises soudaines aboutissant à d'éclatants « revivals »,
quand, comprimées, elles ne demeurent pas l'implacable revanche au-dedans de l'impassibilité voulue britannique ?

Nous avons à dessein montré le rôle important de l'élément mystique dans le protestantisme et dans ses sociétés. Il y a là une puissance incontestable comme levier politique et colonisateur. Si l'esprit biblique a ses emportements et ses extases, l'homme du Nord a trouvé dans la Bible une force singulière de résistance morale et physique dans la plupart des circonstances de la vie, dans les solitudes lointaines comme dans le cercle ordinaire de la famille. Comprendrez-vous Gordon à Kartoum sans sa Bible? Il y a quelque chose d'électrique dans les « revivals anglais ». En prêchant sur un texte sacré devant une foule, non pas un clergyman, mais le premier venu vous rappellera les enthousiasmes populaires en face d'orateurs en renom. On comprend alors comment de petits groupes se sont formés, unis, serrés les uns contre les autres, comment ils ont grandi en valeur physique et morale.

Mais s'il faut en reconnaître les profits, on ne doit pas se dissimuler les dangers du mysticisme. Dès que cette foi vive se sera amortie, le sentiment théologique sera tourné vers d'autres buts plus profanes. On en reviendra donc ici malgré soi à l'esprit classique d'un Bossuet contemplant fermement les choses religieuses sans leur chercher un sens double et mystérieux. Voilà le couronnement de l'équilibre d'esprit enfin trouvé par les Grecs, définitivement assis par les Romains et qui a fait que devant le christianisme la raison d'Occident n'a pas oscillé jusqu'à la Réforme. La discipline, l'hygiène de l'esprit, avec le protestantisme, a changé, nous continuons à en considérer les conséquences depuis que la règle ancienne fut abrogée.

Nous sommes même là à un point de jonction périlleux du XIXe siècle avec un passé démodé, répudié jusque-là et que l'hétérodoxie de la science est en train de renouveler par des pratiques occultes, tandis que la science elle-même fait douter de son orthodoxie en pactisant avec l'arbitre esclave et le fatalisme des classes sacerdotales antiques. En même temps la philosophie se tourne vers le panthéisme oriental au grand détriment des croyances classiques. Dans le mysticisme du Nord, ce ne sont pas seulement les lendemains de la ferveur protestante qu'il faut envisager, ou encore les concepts de la science venant à l'encontre de la foi, il importe de faire une part non moins large aux superstitions scientifiques, ressuscitant au xix° siècle, —grâce à un intercourse journalier avec de vieux concepts orientaux, — exactement comme cela avait eu lieu par la contagion de leurs contingents au xvi° siècle. ›

Tandis qu'au xviii° siècle la science était supposée devoir guérir les esprits de superstitions religieuses, chose bien singulière au xix°, c'est à l'aide de la science que se propagent et se développent chaque jour des fictions, des abus scientifiques d'autant plus dangereux qu'ils gagnent des esprits éclairés. Non seulement la vulgarisation du magnétisme, de l'hypnotisme, de la suggestion hypnotique, a donné lieu à des excès funestes, mais comme cela se produisit lors de la Renaissance, le domaine public est envahi par la magie, par le spiritisme. Il y a maintenant des professeurs de nécromancie, de kabbale, d'astrologie. Voilà un danger d'autant plus immédiat pour l'hygiène de l'esprit et l'équilibre de la raison, que l'érudition s'en mêle. On voit des érudits se piquer de remettre en honneur les antiques procédés empiriques qu'a conservés l'Orient, l'Inde surtout, mais qui remontent beaucoup plus haut que les Indous. Il y a des voyants qui pontifient d'après les livres sacrés brahmaniques ou bouddhiques, et convient le public à des apparitions surnaturelles. Des vieux sanctuaires asiatiques, Ceylan, Colombo, ressuscitent, et de l'Inde rayonnent des théosophes à travers les Amériques et l'Europe avec la sanction d'hommes distingués. Le génie anglo-saxon se signale donc là d'une façon nouvelle. On pourrait même chercher en Angleterre une « école des hautes études surnaturelles » avec de savants spécialistes. De son côté, la philosophie allemande, grâce aux érudits germaniques, a prétendu renouveler une partie de ses concepts philosophiques à l'aide des doctrines bouddhiques. Aggravation singulière, la contagion gagne de jour en jour l'esprit français, qui cependant n'avait rien du tempérament extatique. Voilà par quelles voies tout au moins une variété d'esprits scientifiques vient se rattacher aux doctrines ésotériques de l'Orient antique.

Ne croyez pas, à ce sujet, que la vraie science, celle reçue des Grecs, soit en défaut. A de telles tendances elle oppose sa digue salutaire. De fermes esprits ont même pris les sciences occultes à partie, non pour y chercher les mystères qui n'y existent pas, mais pour en dévoiler certaines supercheries, en montrer les procédés empiriques, et en même temps pour voir quel parti peut être tiré de ce qui s'appelle la sagesse orientale, ce savoir primitif. C'est ainsi que tend à s'établir peu à peu une histoire de ce passé confus et énigmatique. Des livres comme ceux qu'un chimiste éminent, M. Berthelot, a consacrés à l'alchimie, sont des services précieux rendus à la raison humaine. Ils montrent mathématiquement : comment l'homme peut, même avec la plus parfaite bonne foi, être la dupe de ses observations et de sa science propre ; comment le point de départ des vérités

22

scientifiques les plus hautes a commencé par l'erreur
des procédés empiriques procurant néanmoins déjà des
résultats tangibles, grâce à une vie qui, si elle fut factice par ses erreurs, resta effective par ses procédés,
puisqu'elle était basée alors sur des procédés acceptés
de tous.

Nous groupons avec soin les qualités maîtresses du
Nord sans craindre d'en confesser les défauts pour mieux
surveiller le jeu de ces caractères dont nous voulons à
la fin tirer le net produit dans la civilisation européenne.

III

Ici, un parallèle entre le tempérament philosophique
français et le tempérament philosophique du Nord
devient indispensable pour la clarté du sujet.

Soutenue par une forte éducation classique, rencontrant dans le protestantisme un regain de nouveauté, la
philosophie du Nord tiendra une place effective. Dans
sa sphère, Bacon, en Angleterre, a fait autant pour la
science que plus tard Newton ; et Leibnitz, en Allemagne,
est un penseur de génie. C'est du xviiie siècle surtout
que date, pour la philosophie du Nord, la curiosité
française. Le scepticisme de Locke, le déisme de Bolingbroke, le matérialisme de Hume plutôt que celui de
Bentham, emprunté pour le fond à Helvétius, figurent
une époque mémorable où les philosophes anglais sont
venus rafraîchir notre fonds.

Mais si la science grecque elle-même est forcée de se
reconnaître tributaire de l'Orient, si la démocratie française ne fonctionne surtout que parce qu'elle est toujours soutenue par des institutions monarchiques, il y

a, dans la philosophie du Nord, un vrai substratum romaniste incontestable, et à mesure que celui-ci disparaîtra, de solides étais aussi disparaîtront. Derrière l'esprit septentrional il y a le panthéisme anticlassique, ce produit analogue au panthéisme oriental, tandis que Socrate a laissé la Grèce arrivée à un Etre suprême.

Derrière le protestantisme, il y a le déisme, et le déiste au XVIIIe siècle est « un homme qui n'a pas vécu assez longtemps pour devenir athée ». Mais un déiste de nos jours peut devenir un athée par la contemplation permanente d'une nature « matière douée de forces inhé- « rentes qui l'agitent, et la transforment d'une façon « suffisamment régulière [1] ». Naturellement, ce savant c'est un darwiniste ou un transformiste. Devient-il franchement athée, il est Français, il sera peut-être même un Anglais; mais un Allemand, c'est panthéiste à la fois et matérialiste qu'il deviendra naturellement.

Ces évolutions du sentiment religieux n'ont rien de théologique, c'est le milieu différent qui les détermine. Choisissons un exemple. Faisons-le partir d'un fonds à la fois franchement allemand et profondément mystique comme comme celui de Frédéric-Guillaume de Prusse. Qui ne reconnaît, en effet, les accès de dévotion exaltée où le roi « sergent » voulait le matin tout quitter pour son salut, même le trône, ce qui, le soir, l'accès passé, ne l'empêchait pas de s'écrier dans « la chambre au tabac », au choc des chopes de bière : « C'est du réel qu'il me faut, ce que je veux, ce n'est pas du vent. » Voilà un milieu où nous irons chercher un homme d'une trempe exceptionnelle, le grand Frédéric son fils, pour l'opposer à Voltaire.

1. Émile Faguet, *Revue des Deux-Mondes*, 15 août 89, p. 929.

Rien de curieux d'abord comme de marquer la façon
de s'adapter le scepticisme de Locke et le déisme de
Bolingbroke, particulière à Voltaire, ce Français venu
s'inspirer aux sources anglaises, mais se ressentant toujours, quoi qu'il fasse, du milieu classique et catholique
où il est né. Le philosophe français est devenu le professeur ès-incrédulité de Frédéric encore prince royal, et
cependant il demeure lui-même spiritualiste, c'est-à-
dire défenseur de l'âme immortelle et champion du
libre arbitre.

Il convient d'expliquer avant toutes choses comment
ce philosophe de profession et ce prince philosophe,
chacun en présence des mêmes idées définies, réfléchies
l'un par l'autre, se ressentent toujours, même malgré
eux, — le Français du fonds classique catholique, — l'Allemand du fonds anticlassique protestant, tout en étant
l'un et l'autre des libres penseurs.

Encore prince royal, le grand Frédéric vit dans une
atmosphère protestante rigoriste. Après cependant,
comme tout bon Allemand, s'être épris d'un beau feu
pour la métaphysique au point de se faire « traduire
en français », — pour la comprendre mieux, — l'œuvre
du disciple de Leibnitz, le métaphysicien Wolf, il tient
à se fixer là-dessus, et non seulement au contact de Voltaire il est désillusionné, mais complètement désabusé
sur la métaphysique en général.

Chez Voltaire, vous remarquez le bénéfice d'un tempérament classique doué du sentiment de l'idéal et de
la vérité, qu'il sait cependant ne pouvoir être absolue.

Chez le prince royal il n'y a pas de transition : de
spiritualiste enthousiaste, brusquement il tourne au
matérialiste décidé. Malgré les arguments les plus serrés
de Voltaire, son maître, il est prêt à nier l'âme immor-

telle, éternelle, l'éternel lendemain et le libre arbitre.
Nous renvoyons à ce sujet aux beaux travaux de M. Lavisse sur Frédéric II [1]. Ce que l'historien doit retenir
ici, c'est cette complète rupture d'équilibre chez un
homme si bien pondéré. Le prince est troublé par la
réapparition de la vieille question du fatalisme oriental
antique, mais cette fois dépouillé du sentiment « du
divin » comme déjà dans la science du xviii° siècle, on
s'y prépare pour le xix°.

Quoique le grand Frédéric ne soit pas un tempérament scientifique, comme tout septentrional, il est plutôt frappé par la lettre que par l'esprit. Ce fils de mystique, qui a débuté par le critérium de la métaphysique,
refusera ensuite de croire à un Dieu qui n'est pas libre,
ou, s'il est libre, qui serait la source du bien et du mal.
Il pourra, d'accord avec son temps, rester déiste « par
decorum », mais le voilà, comme dit M. Lavisse, per-
suadé « que l'étincelle de la vie quittant le corps va
rejoindre le « principe général de la vie et s'y confondre ». Ne croyez pas pour cela que le grand Frédéric
perde en rien la netteté des idées d'un homme supérieur. Il sera seulement confirmé dans le vieux concept
du Nord : cette force incohérente et brutale, la fatalité,
intervenant à chaque pas dans les événements ; c'est
là, au lieu de se livrer à l'idéal, qu'il puisera le singulier
pouvoir qui l'a toujours distingué « d'être prêt à tout,
« de ne s'étonner de rien, car il a toujours pris le
« temps comme il venait et est resté égal dans la bonne
« comme dans la mauvaise fortune [2] ».

Voyez ensuite Voltaire. Quel contraste ! Il est intrai-

1. Cours à la Sorbonne, 1888-89. *Jeunesse de Frédéric II.*
Frédéric II, prince royal. Histoire de l'État prussien.
2. M. Lavisse, Cours à la Sorbonne, 1888-89.

table sur la question du libre arbitre. Il ne veut faire à
son disciple aucune concession. Il avoue que le cas peut
être délicat en ce qui concerne l'interprétation théologique, mais qu'en dépit de cela l'idée spiritualiste est
l'arche sainte à laquelle nul homme ne doit toucher.
Ce n'est plus un chrétien peut-être, mais c'est encore
un Grec, et le fonds classique le soutient. Sans doute,
Voltaire est moins grand que Frédéric, s'il vit à l'ombre
d'une ombre.

Remarquez toutefois que ce qui présente un principe
durable et supérieur, une fois en présence de l'esprit
allemand,—prussien surtout, qui n'est pas naturellement
classique,—c'est bien l'esprit français soutenu par son
vieux critérium. Autrement dit, Voltaire peut être aussi
incrédule que Frédéric II, mais s'il proclame l'immorta-
lité de l'âme, c'est qu'il la juge indispensable à la vie
de son esprit, à l'individualité de sa propre pensée et
qu'il supportera tout plutôt que de se laisser arracher
une telle conviction.

Et l'exemple ici donné est typique. Vous avez un
grand génie de la France. Vous avez en outre non seulement un grand génie de l'Allemagne, mais un futur
pasteur de peuple, chef religieux, comme il est chef
d'État. Avant de monter sur le trône, il a étudié cette
grande question des croyances. Nous venons d'emprunter les traits saillants de la discussion au remarquable
commentaire de M. Lavisse sur les correspondances et
les œuvres de Frédéric II, que les Allemands prônent
aujourd'hui comme un Marc-Aurèle. C'est donc bien là
la note de l'entendement germanique.

Nous n'avons même tant insisté là-dessus que pour
montrer une fois pour toutes comment, avec une parfaite bonne foi, l'idée pure peut sombrer dans le milieu

réformé et anticlassique, tandis qu'il y a toujours de la ressource avec la vieille méthode classique, spiritualiste. Au milieu des plus terribles conflits, l'idée pure surnage, et reste à l'état de vérité éternelle.

A l'opposé, c'est ainsi que se démontre la fin à laquelle aboutira le mysticisme du Nord. Il a pu commencer par prendre son vol à travers les plus épais nuages, ou vers les régions de la spéculation transcendantale, son défaut de tous les temps sera de n'être pas réglé comme le mysticisme latin. Contemplez-le après un développement sans mesure, une fois ramené au fait brutal que ne couvre plus une fausse rhétorique : alors vous êtes témoin parfois de ces revirements si inattendus et si complets, que la pensée française, habituée à la mesure, en reste absolument déconcertée.

IV

La philosophie allemande, sa floraison exceptionnelle, ses grands génies ont en ce siècle passionné l'Europe.

L'Allemand Leibnitz, qui meurt en 1716, a développé la pensée de Descartes et achevé l'évolution cartésienne. Le vulgarisateur de Leibnitz, Wolf, que prisait tant Frédéric II, a vécu jusqu'en 1724. Kant, Fichte, Schelling, mort en 1854, Hégel, voilà l'immortel quatuor de philosophes germaniques. Quelle floraison plus belle en Europe? Il serait injuste de le nier. Et puis après, cependant, à mesure que le « substratum » classique est de plus en plus recouvert par l'originalité allemande, non seulement on retrouve sous le squelette de cette originalité des concepts qui ne satisfont plus la raison, mais à leur suite on voit apparaître des idées qui la troublent.

Au xviii° siècle, les Allemands avaient dit : Qu'on nous laisse les cieux ; nous abandonnons la mer aux Anglais, aux Français la terre. Dans le premier xix° siècle un Français touché du sentimentalisme de Werther et de sa Lolotte ne déguisait pas son admiration pour cet idéal contemplatif, où, avec un grand détachement d'allures, la bonhomie allemande s'attachait à l'aide de la philosophie à réaliser platoniquement l'unité, la force surtout qui lui avait fait si longtemps défaut autrement.

Cousin se pâma un instant en entendant dire par Hégel : « Au génie la toute puissance ; sa force constitue « son droit, car son cœur est un fragment du cœur im- « mortel de la nature ; le mot qu'il prononcera, tous le « répètent[1]. »

Il faut lire M. Fouillée, qui étudie la philosophie anglaise et allemande à notre point de vue, pour voir tour à tour défiler devant soi les transports de sacerdote inspiré ou de pythonisse germanique formulés dans un langage où « marchent de pair les symboles, les si- « gnes, les mots allégoriques, où la pensée va au delà de « sa signification » ; où « l'obscurité vise à la grandeur ». Mais il s'agit de savoir où aboutira ce transcendantalisme qui réclame sa part dans « l'univers hégélien » : au culte panthéiste de toutes les forces de l'humanité avec un égal dédain du droit du faible, comme de la qualité intellectuelle du moins fort. C'est la force brutale, la quantité, qui prime tout. C'est le système de la violence, comme dans la coutume scandinave, où la vigueur du

---

1. Alfred Fouillée, *L'idée moderne du droit, la force et le génie dans les Écoles allemandes*, 1er juin 1874. *Revue des Deux-Mondes.*

bras commence à s'exercer, où le recours à la légalité ne vient qu'ensuite, où le monde est au plus violent ou au plus adroit.

Voilà aujourd'hui le commentaire fait après coup de la philosophie allemande depuis qu'elle a quitté les cieux pour descendre sur la terre et que la spéculation est entrée dans la période d'action. C'est ainsi que l'esprit allemand même le plus élevé garde sa marque d'atavisme, « compliqué comme ses vieux ancêtres naïfs et retors, sensibles à la poésie de la nature et grossiers, « généreux et cupides, » dit M. Lavisse, « pratiques et rêveurs ». Maintenus par la discipline gréco-romaine et l'idéal chrétien, ils ont pu sans danger développer les rêveries transcendantales de néo-platoniciens, mais pourquoi l'analyse faite après coup de leur philosophie est-elle en train de désillusionner l'esprit classique?

Quelle solidité, quel avenir au reste y a-t-il dans tout cela? Que la morale d'un soldat mystique y trouve son compte, que l'on puisse échafauder là-dessus le despotisme d'un souverain à la façon de Hobbes : le temps n'est-il pas mal choisi? Aujourd'hui, ce ne sont plus les rois, mais les peuples qu'il faut enseigner, car on doit désormais toujours prévoir le moment où, soustrait à son souverain, le peuple adaptera à son propre usage les mêmes leçons de violence. Nous n'en avons pas fini avec la philosophie allemande, nous avons seulement envisagé le concept qui la domine : la force.

V

Passons maintenant à la philosophie anglaise.

Contemplez la philosophie anglaise ou allemande désormais arrivées à la fin de leur évolution ; le fait con-

cret, brutal même, s'y allie aux idées les plus transcendantales. Aussi convient-il de voir si des audaces, source
de leur originalité première, n'ont pas à la longue détruit le fort équilibre que l'on avait cru trouver jusque-
là dans leurs arguments, dès qu'on les juge par leurs
applications. Renseigné par les événements, voilà qu'on
pénètre désormais au tuf de ces caractères. Pendant que
le vernis classique s'écaille, ce qu'il y a au contraire
de violent dans le fond surnage et l'on commence à
reconnaître que ce qui ressort de là ne donne pas sa
complète satisfaction à la raison humaine.

Le philosophe anglais, en vrai Breton, n'a pas cherché
à s'envelopper du nuage allemand. Bentham n'a eu recours à aucune figure de rhétorique, à aucun symbole,
lorsqu'à la fin du XVIIIe siècle il a sans hésiter pris l'é-
goïsme comme base de l'intérêt et l'intérêt comme principe de l'utilité générale. De même que nous avions
copié les Allemands, il y a des utilitaires français qui
s'appliquent encore à chercher la solution du problème
soulevé par Bentham, qui a suscité chez nos voisins une
grande école.

Son plus illustre représentant au XIXe siècle, M. Herbert Spencer, a transporté la morale de l'intérêt dans la
métaphysique. Vous restez là émerveillé devant une
synthèse cosmique, vaste résumé des derniers progrès
de la science. Le grand métaphysicien anglais présente
toutefois une série de conceptions absolument antipa-
thiques à l'essence du génie grec, qui, ayant fondé le
libre arbitre, n'aurait jamais admis que par un courant
scientifique, plus despotique que l'oriental, l'homme
puisse atteindre la perfection en arrivant à l'état de machine humaine. L'idéal anglais, en effet, ce serait l'automate de Vaucanson animé par un nouveau Pygmalion,

équilibré par l'entière adaptation de son individu au milieu **général** social.

En réalité, la conception décèle immédiatement son milieu. Elle devait sortir de ce sol anglais aux mines de houille, où l'homme est suppléé partout par la vapeur et la mécanique. En revanche, quel dissolvant pour la personnalité humaine! Rien ne manque là du caractère complexe du Nord : le fait brutal, l'homme mécanique allié aux idées transcendantales, à ces systèmes cosmiques au milieu desquels l'Orient s'était autrefois perdu, où, lorsque vous demandez l'origine de l'homme, la source de l'idée pure, lorsque vous vous inquiétez de cet Être suprême qui manque à votre assiette, on vous répondra par un problème de dynamique.

Puis si, de là, vous prétendez quitter les espaces, ce sera pour vous arrêter en descendant, non aux beaux temps de la Grèce pourvue d'un critérium encore intact, mais bien à la période où la Grèce aux abois se livrait à l'expédient d'Épicure, décidée à réaliser sur la terre, et sur la terre seulement, ce que la République américaine a mis en tête de sa constitution et qu'elle a promis à ses sociétés : le bonheur, dangereux et fuyant problème, singulier contraste avec cette antique société gréco-romaine qui, après la plus complète série d'expériences que le monde ait jamais présentée, a fini par se jeter dans les bras du christianisme quoique celui-ci ne promit point le bonheur.

Cependant, — vraie marque de l'esprit du Nord, — au lieu d'être un libre développement de la raison, comme en France, il y a une philosophie anglaise qui ne se sépare pas de la théologie qu'elle défend. Il y a en outre une philosophie d'opposition non seulement au protestantisme, mais au christianisme tel qu'il est conçu, et qui cependant comporte sa thèse théologique. On surprendra le théologien mystique, dit M. Franck, derrière le positivisme de Stuart Mill.

Pour nous résumer, ce qui manque là c'est la mesure, c'est la ressource de l'inébranlable solidité de l'esprit classique qui retrouve toujours son diapason. D'un côté, le Nord lance les esprits dans un transcendantalisme panthéiste qui échappera bientôt à la nature, à la nette perception de l'homme. De l'autre, par un tempérament en contraste absolu, il met l'entendement européen aux prises avec le fait brutal, puisqu'il a créé un conflit permanent avec les appétits matériels si fortement développés par lui en ce siècle.

Sa science ne repose pas moins sur la matière. Exactement comme dans la science orientale, lorsque l'humanité dépendait des astres, elle s'achemine à nier la liberté, la responsabilité de l'homme. Il ne s'agit plus seulement de la descendance darwinienne, l'humanité n'est plus qu'un vaste engrenage, chaque individu n'a pas de volonté fixe puisqu'on ne doit voir en lui qu'un simple ressort mécanique dans un outillage immense. Il reçoit et transmet le mouvement sous des pressions automatiques; mais qu'il ne s'inquiète pas de ce rôle passif, c'est le seul qui, par un progrès indéfini, puisse l'amener à des perfectionnements illimités. Il aura plus tard des pouvoirs merveilleux, il deviendra « un Dieu » exactement comme au XIII⁰ siècle le mysticisme panthéiste des Béghards annonçait déjà qu'uni à Dieu l'homme devenait Dieu lui-même.

VI

Il convient maintenant d'envisager les conséquences du contrecoup des concepts de la philosophie du Nord.

L'influence de ces concepts sur la vie sociale et intellectuelle des peuples européens est indéniable, sur les Français notamment. Le critérium du Nord, en revanche, est-il suffisant pour diriger à lui seul nos jeunes sociétés démocratiques ? Dépouillez en effet le septentrional de son incontestable prestige, de son brillant vernis civilisé, de la logique irrésistible qu'il tire de certains faits, et vous apercevez son divorce inconscient avec certaines vérités éternelles. Il est devenu un avocat convaincu de la supériorité des intérêts matériels. On vous objectera que si le spiritualisme est grec, ce sont des Grecs aussi que Leucippe, que Démocrite, qu'Épicure surtout, ce matérialiste qui ouvertement professa l'athéisme. On dira même avec raison que les Latins, un Français surtout, ne sont jamais athées à demi. Mais de ce côté l'idée pure n'en a pas moins une place prépondérante.

De tout temps en revanche le Nord a prétendu à ce qui est réel. Il s'est distingué de tout temps par ces révoltes de la matière, que l'humilité, comme la mortification, exaspère. Au moment de la ferveur protestante opposant idée à idée, il a substitué aux jours de jeûne les jours d'humiliation et de méditation, idée religieuse élevée, mais où sa nature est aussi satisfaite, car son tempérament alors a surnagé. Rien que le mot caractéristique de « comfort », pour marquer un « bien-être » inconnu au continent, explique comment l'idée « du droit au bonheur » s'introduisit au xviii° siècle dans la philosophie française par le contact avec l'Angleterre.

N'est-ce pas en tous cas l'Anglo-Saxon, comme nous le disions plus haut, qui, lorsqu'il a eu à faire en Amérique une constitution nouvelle, inscrivit ce même droit dans le Code des États de l'Union ? C'est lui encore

qui a installé en pleine conscience européenne la justification de la richesse et du luxe. Et de la sorte, des
antipathies, en leur espèce seulement tolérées par l'esprit
classique, désormais figurent, grâce à l'utilitarisme, en
compagnie des axiomes de morale chargés de diriger
les sociétés : contradiction flagrante pourtant avec la
sagesse chrétienne, comme avec la sagesse antique, où
l'homme qui sait se vaincre lui-même, et qui est le plus
exempt de besoins, est seul digne de commander à ses
semblables.

Ici il faut parler bien entendu non en économiste,
mais en philosophe, de ce grand essor économique, de
cette prospérité singulière dont le génie du Nord a
donné le signal. Alors, quand nous nous tournerons
vers les Anglo-Saxons, nous verrons trancher sur le fond
des ambitions immodérées et un dédain audacieux pour
l'épargne, d'accord avec une soif perpétuelle d'osten-
tation. C'est le terrain favori où des recherches, des
habitudes de bien-être, devaient transformer en nécessités économiques un besoin de luxe contagieux. Aussi,
voilà comment en France, où jusque-là la dictature de
la richesse n'avait pu s'implanter comme en Angleterre,
s'est ébranlée, depuis 50 ans, et à la longue disparaîtra,
cette modération solide, premier fondement de la fortune française sortie de l'épargne et de la terre. Voilà
comment s'émiettera peu à peu cette conscience d'autrefois, déjà aujourd'hui regardée comme arriérée,
parce qu'elle cherche sa satisfaction dans l'accompli-
sement honnête de sa tâche, même la plus humble.

Le caractère français n'est pas compliqué. Il ne faut
pas songer, avec lui, à cette casuistique familière à
l'esprit du Nord, où les revanches de la « vie conforta-
ble » s'allient avec le dimanche biblique. Ici, c'est tout

l'un ou tout l'autre. La philosophie, la religion entrent
de moins en moins dans le courant matériel, industriel,
ou scientifique. Où l'on s'en rendra le mieux compte,
c'est en considérant l'élément prépondérant chargé de
faire l'éducation des couches démocratiques nouvelles,
tâche aussi délicate que périlleuse. Qui y préside? sinon
l'élément sans cesse en éveil pour favoriser de haut en
bas le développement des appétits matériels, pour renforcer l'esprit d'agitation et d'aléa, de spéculations ef-
frénées, de fortunes aussi rapides que faciles à renverser. C'est ainsi qu'aux bases inébranlables des vieilles
sociétés succèdent non seulement des équilibres facti-
ces, qui donnent à tout un « aspect provisoire » et aux
peuples « un air de parvenus » nouvellement enrichis,
mais qui en outre semble prétendre faire « digérer avec
l'estomac » les plus grands problèmes de la vie.

L'idéal chrétien du moyen-âge, qui ne se courbait
que devant Dieu, s'est effacé. Après avoir pendant 200
ans resplendi presque sans nuages, l'idéal monarchique
qui ne se courbait que devant le roi a disparu. Aujour-
d'hui la richesse est reine, tandis que les idées philosophiques du XVIIIᵉ siècle, les grands principes proclamés
en 1789 sont même tombés en discrédit. C'est en effet
que nous sommes entrés à pleines voiles dans la route
que le Nord a creusée. Or, il est à remarquer que depuis
que le « droit au bonheur » a été décrété, s'est inscrit
dans nos lois, jamais autant les hommes ne se déchi-
rèrent.

C'est au nom du droit au bonheur qu'il est admis par
beaucoup de poursuivre la satisfaction matérielle
de leur besoin de jouir, dont ils prétendent être seuls
juges, qu'ils satisferont même par la violence, même
par le crime justifié désormais. Et comment ? parce

que maintenant les foules peuvent s'autoriser des arguments germaniques de la force et de la violence, et de
ce grand argument anglo-saxon : l'intérêt, ou plutôt
l'égoïsme.

Nous savons déjà pourquoi cette rupture d'équilibre
est beaucoup plus sensible chez le Français qu'ailleurs,
— parce qu'il n'a pas, répétons-le, comme l'Anglais ou
l'Allemand, à la fois un caractère matériel et un fonds
mystique, si bien que tantôt ceux-ci se livreront à tous
les écarts, tantôt ils seront pris d'irrésistibles accès religieux. Aucun frein à l'opposé ne viendra arrêter le Français, une fois les barrières levées. Voilà pourquoi les
idées qui n'ont qu'une demi-portée chez l'Anglo-
Saxon ont fait en France des progrès inouïs dans les
masses.

Qu'a donc la société européenne à opposer à la transformation générale ? Sera-ce la philosophie du Nord, ou bien
encore le protestantisme ? L'éternelle vérité que Luther
avait cherchée en traduisant la Bible, les Saintes Écritures, a eu de grands effets que nous n'avons point pas-
sés sous silence, mais ensuite d'autres traducteurs
moins croyants sont venus. Or, l'exégèse allemande des
évangiles, l'érudition du Nord, n'a-t-elle pas peu à peu
sorti la divinité du Christ du christianisme de Luther et
de Calvin ?

Lorsque le protestantisme s'est alors réfugié avec la
Bible sur le roc du monothéisme, la philologie n'est-elle
pas encore allée l'y retrouver avec l'exégèse iéhoviste et
élohiste, c'est-à-dire avec le panthéisme?

Il n'est pas hors de propos de demander si même en
Angleterre ce protestantisme, ou plutôt cette philosophie
religieuse, suffisent aux hautes classes surtout que travaillent le doute, ou bien encore les dissolvants de

l'esprit scientifique, notamment du darwinisme. Il n'y a qu'à ouvrir les ouvrages spéciaux qui s'alarment du trouble ainsi introduit dans les concepts religieux. Il n'y a qu'à lire des romans prêchant une « nouvelle réforme » et qui remuent toute l'Angleterre [1], pour prendre sur le vif un état d'âme spécial de l'autre côté du détroit. Parmi tant de palliatifs cherchés par une religiosité toujours manifeste dans le tempérament anglican, citons un exemple unique, — une idée purement philosophique française : le positivisme a emprunté là un caractère et des rites religieux. C'est un pendant à la théosophie anglaise dans l'Inde, où à Ceylan Darwin est passé Bouddha. Est-ce que tout cela ne porte pas avec soi sa marque spéciale ?

Nous ne dirons rien du protestantisme contemporain en Allemagne. Il y a là encore chez les lettrés « une façon religieuse d'être athée ». Nous reparlerons en revanche de la philosophie allemande. Est-elle désormais à la hauteur de la conception robuste d'un empire prussien sorti de l'idée germanique ? C'en est fait de la grande époque qui enthousiasmait Cousin. La gamme philosophique descend. Elle a débuté par le pessimisme des Schopenhauer avec son monisme panthéiste qui prétend mettre d'accord le christianisme, cette religion d'action, avec le bouddhisme, cette morale de l'inertie ; la gamme a continué par Hartmann et la morale de « l'inconscient ». C'est ainsi que la base de la pensée se déplace et recule à chaque phase, et les tangentes naturelles auxquelles l'ensemble vient aboutir sont là pour le démontrer.

1. *Robert Elsmère*, par M. Ward.

Autrefois, le mysticisme unissait l'homme à Dieu, et l'union dégénérait en ce panthéisme si reconnaissable plus tard dans Gœthe ou dans Hégel. Aujourd'hui, c'est la science qui prononce autrement, et dit : « Ce n'est point Dieu qui a créé l'homme; c'est l'homme qui a créé Dieu. » Tout un vigoureux passé solidement équilibré s'effrite, parce que des dissolvants désagrègent ce qu'on croyait devoir durer toujours.

Là encore trouvera-t-on une éducation vraiment pratique? celle qui s'inquiétera des besoins moraux de la démocratie au milieu de tant de mobiles en sens contraire qui se partagent l'entendement allemand désormais avide de produire de grandes choses. Deux courants, là surtout, ne viennent-ils pas plutôt trahir la marque du Nord, — ces contrastes d'un génie à la fois rêveur et positif? — D'un côté, un esprit rebelle à la discipline classique proclamera la supériorité d s m é-rêts matériels et s'acharnera à leur poursuite, d'autre part, quel dérivatif s'ouvre alors à la pensée révoltée? celui de l'anéantissement dans le Nirvana néo-bouddhique, ce proche parent de la névrose du nihilisme russe. Enfin, comme l'observe M. Renouvier, la doctrine de l'évolution dont l'Allemagne est si fière, par ses étroites affinités avec le pessimisme néo-bouddhique, en supprimant « l'effort, retire à toute civilisation son premier aiguillon ».

Il importait ici de bien accuser les nuances de la pensée septentrionale, d'accompagner de commentaires historiques et philosophiques le grand fait de la réformation qui là s'est traduit tour à tour par une religion, par une philosophie et par une science. — Pour suivre le développement des grandes idées du Nord et dresser comme le bilan de cet esprit, il nous reste à parler du

constitutionnalisme anglais, du darwinisme ou transformisme anglo-saxon, de la culture allemande et de l'empire prussien, couronnement de l'idée germanique. Tel
est l'objet de ce troisième livre.

CHAPITRE XV

LE CONSTITUTIONNALISME ANGLAIS. LE DARWINISME

Nous continuons notre enquête sur le Nord. Nous le connaissons maintenant sous son aspect religieux et philosophique. Nous n'avons caché ni ses qualités ni ses défauts. Il y a à son sujet des cristallisations variées qui en dissimulent le fonds primitif et qu'il a fallu expliquer. Par des éléments économiques qu'il a surtout contribué à introduire dans la pratique générale, il est une contrepartie nécessaire. En revanche, il faut qu'il se décide à reconnaître qu'à lui seul il ne peut suffire.

Ce qui intéresse dans les hommes du Nord, ce qui leur donnerait même une supériorité sur certains peuples du Midi, c'est qu'aucun d'eux ne s'est laissé vaincre par la nature. Plus disposés que d'autres au fatalisme, il n'en ont pas moins pris, comme les Grecs, la nature corps à corps, sans jamais se courber sous elle. Par un travail sans relâche, ils ont triomphé des sols ingrats. Ils ont résisté aux lugubres nuits polaires. Ils ont, comme les Hollandais, disputé à la mer les territoires qu'ils avaient conquis sur elle. Un Anglais trouvera le brouillard réconfortant « cheering », et quiconque connaît cette terre hospitalière se souvient toujours de la « Merry » de la joyeuse Angleterre.

Les Anglais ont agrandi le champ des expériences du

gouvernement des hommes ; ce sont eux qui, au milieu de l'Europe déshabituée par la monarchie, ont aidé à acclimater l'idée démocratique pour laquelle leur constitutionnalisme a servi de transition. C'est pour cela que nous nous y sommes déjà si souvent arrêtés. Ici, nous en compléterons, pour le XIXe siècle, les notions caractéristiques, avant de toucher au darwinisme, autre conception typique.

I

L'absence de l'abstraction, la poursuite du symptôme, la puissance du fait du moment signalent dans le constitutionnalisme un travail permanent d'enquête et de reconstitution.

Nous choisissons comme exemples la crise irlandaise et l'empire colonial. Là, toute grande question a son « professional man » et l'Angleterre se passionne pour elle.

Dans le jour prochain, dit M. Boutmy, « où la vieille « Angleterre aura pour ainsi dire changé d'âme : l'âme « d'autrefois s'évanouira quand se dissoudra la «gentry», « qui en était le corps sain et vigoureux. Un autre « souffle animera l'argile pétrie à nouveau de la démo- « cratie britannique [1] ». Le mouvement s'opère en effet du côté démocratique. Il n'y aura pas de révolution. Le phénomène est comparé par un diplomate américain à la fonte et à la dérive graduelle des glaces polaires.

C'est qu'en effet l'Angleterre, comme dit M. Lavisse, est « le pays des transformations lentes et continues où « l'on ne trouve pas de frontières visibles entre le présent

1. Boutmy, *Le développement de la constitution et de la société.*

« et le passé [1] ». C'est le pays où l'équilibre, l'accord entre
les classes ont réussi à s'établir le plus longtemps sans
que la royauté absorbât tout à son profit. En réalité le constitutionnalisme n'est pas de ces constructions classiques
où l'on commence à faire table rase pour élever le monument : c'est un édifice composé de rhabillages variés,
exactement comme au lieu d'être un code régulier la
loi anglaise se compose d'un monceau de coutumes.
Comme dans l'homéopathie, à chaque cas de maladie le
médecin a suivi et serré de près le symptôme pour le
combattre chaque fois à mesure qu'il est apparu, tandis
que, dans la médecine classique, on attend que le mal se
déclare pour le combattre et triompher de lui d'après
des règles à l'avance établies.

Comme nous voulons tour à tour expliquer la naissance de deux vraies personnifications anglaises : la naissance du constitutionnalisme d'abord celle du darwinisme
ensuite, par l'absence de l'abstraction et de l'idée pure,
par la « matter of fact » la poursuite du fait, revenons
encore sur la différence naturelle déjà étudiée ici et que
nous avons trouvée entre le caractère insulaire et le caractère continental. L'insulaire est libre chez lui ; pas
de voisins, la mer autour de ses côtés. Il ne redoute pas
l'opinion. Il basera hardiment au besoin sa philosophie
sur l'égoïsme. Il n'aura pas de rougeur au visage dans
les discussions d'intérêt. Il trouvera au contraire que
quelque chose d'utile prime tout. A l'opposé, le continental se soucie plus du qu'en dira-t-on. Pour imposer par
la force morale, autant que par la puissance matérielle,
ces objectifs classiques, la grandeur, la beauté, ne de-

---

1. Lavisse. *Revue Bleue*, 31 octobre 1889. *Le principe des nationalités politiques en Angleterre*, p. 345.

vront jamais être oubliées. Rien n'était solennel et pompeux comme l'appareil de l'empire germanique. Les
races latines à leur tour ont été toujours facilement entraînées vers les grands buts.

Pour appliquer au constitutionnalisme « la question de
fait » et voir avec quelle rigueur le symptôme est serré
et le fait poursuivi, il ne suffit pas de le prendre dès les
origines de la révolution de 1649 jusqu'à la fin du xviiie
siècle, — ce que nous avons fait du reste déjà; — il faut
juger « de visu » sur deux faits, mais deux questions
brûlantes qui se poursuivent encore à l'heure présente:

1° La crise irlandaise intimement liée aux latifundia
de l'aristocratie terrienne dans le royaume-uni;

2° L'empire colonial résumant la situation économique de l'Angleterre, devant par conséquent être maintenu « per fas et per nefas ».

Remarquez, pour commencer, qu'ici les faits engen-
drent les faits. L'empire colonial résulte moins d'un
vaste critérium que d'un ensemble de critériums de détail convergeant au même but. Cela n'a pas empêché
l'œuvre de continuer, puisqu'au contraire elle a pris un
développement grandiose. Telle une fonderie en perpétuelle ébullition active avec le charbon incessamment
sa fournaise. Le génie anglais est clairvoyant. Si, sur la
route qu'elle parcourt, sa machine lancée à toute vapeur
est arrêtée par quelque avarie, elle ne manque jamais de
mains aussi ingénieuses qu'habiles pour y remédier
sans changer de vitesse. Pour les crises de tout genre,
l'Anglais a son « professional man » que l'on consulte,
que surtout l'on écoute après qu'il a eu délivré son
ordonnance motivée. Le cas grossit-il d'importance, y
a-t-il scrutin de ballottage? L'arbitrage primitif fait
boule de neige, recrutant partout des adeptes. La solu-

tion des corn law's, cette grave question du libre échange, a modifié l'opinion économique de l'Europe, mais avec des leaders célèbres, comme Cobden, Robert Peel et Bright. De même aujourd'hui le « home rule » est pris en mains par l'éminent « statesman » Gladstone, appuyé par un parti très fort, bien que diversement impressionné.

La « matter of fact » s'impose dans le camp Gladstone comme dans le camp opposé avec le « home rule ». L'ex-premier veut résoudre la question d'une loi agraire expropriant les « latifundia » d'Irlande, rendant la terre et l'autonomie aux Irlandais. Les conservateurs se bornent à ne pas exproprier, à refuser la terre et l'autonomie à l'Irlande. D'un côté, chez les Irlandais, « boycottage », « obstruction », résistance à main armée. De l'autre, répression à main armée, emprisonnements systématiques, et de ¡ , et d'autre chacun trouve une vieille loi quelconque à opposer à la loi imposée par le parti le plus fort. Donc des faits, toujours des faits.

Ce qui prouve le mieux, par exemple, la logique forcée de la résistance du torysme, c'est que la question du « home rule » triomphant en Irlande, ce serait le même problème se dressant tour à tour en Écosse, dans le pays de Galles, puis dans l'Angleterre proprement dite elle-même : par conséquent, le tocsin sonnant contre la vieille aristocratie terrienne. Il n'y a là, comme on voit, aucune abstraction : la question élevée de la justice, cette idée pure romaine, la « propriété », n'est pas même débattue. Les combattants des deux camps puisent leurs armes dans l'arsenal anticlassique, antiromain, mais la question est à l'ordre du jour et il y a plus de chance qu'ailleurs de la voir résolue.

« Matter of fact » encore que ce grand problème de la colonisation.

L'Europe entière comme les États-Unis d'Amérique tournent aujourd'hui des yeux de plus en plus attentifs vers les colonies, au grand déplaisir des Anglais, forcés de rester à la tête du mouvement colonial contemporain. Ils sont même aujourd'hui plus que jamais contraints d'avancer toujours sur un terrain où, pendant près de cent ans, par l'abstention des colonies, le reste de l'Europe les laissa maîtres sans partage. Mais le jeu offre désormais plus de risques. Il peut même devenir mauvais. Napoléon Iᵉʳ, par le blocus continental, même en échouant dans son désir d'abattre la puissance anglaise, a donné au monde un exemple dangereux pour elle depuis que celle-ci plus que jamais reste dépendante de l'extérieur.

L'Angleterre, maintenant, ne peut pas plus se passer de l'exportation de ses produits manufacturés au dehors que chez elle de l'importation du blé, du bétail, des produits alimentaires étrangers. Il y a moralement, physiquement et financièrement, par la distribution de son sol, par la constitution de ses populations, par ses capitaux engagés au dehors, une question de vie ou de mort à courte échéance. Cela est mathématiquement démontré par les faits. Nous nous sommes arrêtés ailleurs sur la question. Nous rappellerons même le passage [1] que notre IXᵉ chapitre, traitant de la topographie de l'Angleterre, a dû consacrer à ce grand problème d'équilibre économique réalisé avec autant de bonheur que de hardiesse jusqu'ici par le génie britannique. Seulement là une grande part est faite à l'aléa,

---

1. Livre II, chap. IX. *Assiette géographique de l'Angleterre.*

à la spéculation gouvernementale, commerciale et même religieuse.

Ajoutons néanmoins que le pire ennemi de la Grande-Bretagne en tant qu'européen, s'il essayait jamais de ruiner l'Angleterre, tenterait une œuvre aussi absurde que désastreuse. Il préparerait la déchéance de l'Europe beaucoup plus tôt qu'il n'est permis de le supposer, parce que notre vieux continent, pour rester fort et vigoureux, a besoin de l'avant-garde du génie britannique. C'est un contingent insulaire aussi nécessaire à l'Occident que l'esprit continental français, cet héritier direct du concept gréco-romain et si longtemps le vrai metteur en œuvre de l'idée catholique chrétienne.

Ne croyez pas, du reste, que l'on puisse facilement prendre l'Angleterre « sans vert ». Jamais question ne compta plus de « professional men » que la colonisation. Arrêtons-nous ici un instant à la consultation donnée par un savant professeur de l'université de Cambridge, M. Seeley, et dont M. Rambaud a résumé les conclusions.

Perdrait-on l'empire des Indes ? Ces possessions ne rapportent rien et ont l'inconvénient de placer l'Angleterre au vif de la question d'Orient. En revanche l'Australie, à l'exemple des États-Unis au XVIIIe siècle, pourrait un de ces jours « tomber comme un fruit mûr de l'arbre colonial ». Le seul remède désormais, c'est d'intéresser les colonies aux affaires d'une « greater Britain [1] ». Il n'y a plus, dans ces conditions, dans ce « modus vivendi » nouveau, aucune scission à craindre

---

1. Il faut lire également le dernier mot dit sur ces questions dans *Problems of greater Britain*, par sir Charles Dilke, qui viennent redresser et compléter un travail antérieur.

d'un associé ayant voix délibérative dans les décisions générales, en un mot participant à la politique de la Grande-Bretagne. Toujours des gens d'affaires, comme vous le voyez, les Anglais, au lieu d'être éblouis ; c'est d'après son net produit seulement qu'ils envisagent cet immense empire des Indes.

Mais il faut tout prévoir, c'est-à-dire coloniser indé-finiment. Heureusement, l'Angleterre, à côté de ses spécialités consultantes, possède des bras prêts à tout exécuter, et au besoin, comme Gordon, des hommes. Cet homme partira seul ou bien avec une petite troupe d'élite. En attendant, tel économiste, qui sait qu'il ne faut jamais donner l'éveil, déclarera la nécessité d'ouvrir de nouveaux débouchés pour équilibrer la navigation ou les manufactures en souffrance. Puis Stanley partira couvrant d'un beau but humanitaire une nouvelle tentative d'agrandissement colonial. Coïncidence curieuse : la question esclavagiste provoquera en Angleterre et en Allemagne un enthousiasme louable, philanthropique et parallèle, tandis que les Compagnies anglaises et allemandes seront déjà en train en Afrique de fonder des colonies nouvelles.

Notez bien que partout où nous nous tournerons il en sera toujours ainsi : pas d'abstraction, le fait, toujours le fait, et les jugements pratiques sortant des bouches les plus autorisées. Le constitutionnalisme renouvelé, le courant lent mais sûr vers le triomphe de la démocratie, quel champ également plus fertile en méditations ? les plus hautes intelligences du pays retourneront donc ces questions sur toutes les faces.

Le grand légiste anglais Summer Maine citera la corruption, l'appât des places, les promesses sciemment mensongères d'améliorer le sort des masses populaires, comme levier banal des démagogues, et il tiendra l'esprit public en garde contre ces adulateurs d'aujourd'hui de la démocratie, qui, au siècle dernier, eussent adulé les rois. État empirique, dit-il, monarchie renversée mais plus fragile.

L'éminent philosophe Herbert Spencer signalera à son tour l'espèce d'esclavage dont l'Europe est menacée par le récent « droit divin » des majorités républicaines. Il déplorera la malencontreuse ardeur que met le parlementarisme anglais à légiférer depuis le nouveau pas en avant fait par la démocratie. Si cela continue, le pays sera trop gouverné. Telle est son opinion motivée.

Ainsi partout le côté expédient et utile des choses formulé par un fait saillant. C'est ainsi que peu à peu s'établira le bilan de la démocratie désormais livrée à l'expérience de tous. L'Anglais, n'est-ce pas toujours, en effet, ce spéculateur par tempérament, qui calcule, se tourne et se retourne dans sa position, position qu'il changera suivant la circonstance. Les événements le guident par leur utilité. Ils l'intéressent selon leur produit. Afin de n'être jamais pris à l'improviste, il se livrera à l'avance à toutes les suppositions. Un désastre chez son voisin vient-il à frapper les regards, il veut savoir de suite ce qu'il ferait dans la même situation. Et à point nommé paraît un de ces ouvrages à sensation qui passionnent la Grande-Bretagne. Tel celui racontant en 1871 la prétendue bataille de Dorking, au moment où, après la défaite par les Prussiens des Français envahis, on tenait à connaître l'attitude qu'eût gardée l'Angleterre vaincue à son tour par les Français devenus ses envahisseurs. Le thème de ces livres de circonstance varie naturellement, mais jamais leur succès.

En France, on s'occupe souvent du Royaume-Uni, mais l'Anglais se souvient encore plus volontiers du Français. Voudra-t-il augmenter sa marine ? Pour y préparer l'opinion il parlera d'une guerre avec la France. Il agitera le fantôme du tunnel de la Manche. Un « professional man » anglais fera un ouvrage très bien pensé. Il y rendra justice à la marine française. En revanche, il démontrera que les stations navales françaises ont été instituées avec l'arrière-pensée d'arrêter à un moment donné le fonctionnement de l'empire colonial britannique. Là, donc, rien d'idéal en réalité, et toujours dans les plus graves comme dans les plus minces questions, c'est la « matter of fact » qui domine.

Nous avons mis en relief pour commencer les leaders de l'opinion britannique, pour montrer que le constitutionnalisme n'a rien de commun avec l'esprit classique, avec l'idée romaine dont les vastes plans n'ont pas d'emploi sur ce terrain. Là, en effet, tout sort successivement de l'expérience journalière pour être appliqué gouvernementalement. L'Anglais dit que « connexion is richeness », que la qualité des relations fait la richesse, et sa vie est faite d'enquêtes et d'informations. Logique en cela, il écoutera en homme d'esprit la vérité dure à entendre. Tel fils d'Albion avisé et à la plaisanterie flegmatique n'aura garde de la ménager à son pays.

Il rappellera, par exemple, qu'en Grande-Bretagne comme chez tout vrai peuple « élu de Dieu », on pratique volontiers le « pharisaïsme ». « Le « cant », dit M. Wit-« man, détruit l'amour de la vérité et encourageant « l'hypocrisie devient une affectation de toutes les for-« mes d'excellence conventionnelles. Tout ennemi de

« l'Angleterre devient un rebelle, ou un coquin, un
« revers de l'armée anglaise, un massacre déloyal. — Il
« ne faut pas mesurer ces damnés nègres à la même
« mesure que nous : vous ne les connaissez pas, conti-
« nuera un Anglais. Ils aiment à être rossés par
« nous. »

Le Français n'est pas biblique, mais ne partage-t-il
pas les mêmes tendances d'esprit avantageux. Seulement accueillera-t-il du même bon gros rire britannique la satire piquante jusqu'au vif ? L'Anglais ne pré-
tendra pas se c'ianger pour cela, mais le fait toujours
l'intéresse et il ne lui déplaira pas d'être ainsi renseigné
sur son compte.

II

Si nous arrivons maintenant à un autre concept du
génie de l'Angleterre, — au DARWINISME, — nous
verrons bien, par le théâtre du transformisme anglo-
saxon, par le scenario et les procédés mis en œuvre,
que les produits britanniques gardent leur saveur de
terroir. L'oligarchie s'est développée là mieux qu'ailleurs. Le darwinisme, comme la synthèse métaphysique
de M. Herbert Spencer devait naître sur ce sol. Raison de
plus pour continuer à sonder le terrain et à encadrer
Darwin dans le milieu où il est né. Il est également
l'homme du fait, son tempérament eût répugné à ces
critériums d'ensemble favoris à l'esprit classique. Cela
ne l'a pas empêché de fournir une base à la plus vaste
synthèse qui ait existé et cela seulement avec un critérium de détail.

Rappelez-vous que si l'Anglais n'est pas érudit et n'a
pas même le goût de l'érudition, il est, en revanche,

fort ingénieux. Darwin aboutira à un bel ensemble
d'histoire naturelle sans être même très versé dans
cette branche. Cela, non seulement ne l'a pas empêché
de justifier son opinion par tout ce qui pouvait l'accré-
diter, mais il l'a fait avec cette simplicité pratique,
marque du caractère anglais, qui apprend seulement ce
qui est nécessaire pour atteindre son but.

Est-ce à dire, selon certains savants autorisés, que les
théories de Darwin ont déjà plus arrêté l'attention de
l'Europe que désormais, grâce à des objections nouvelles, elles ne sont susceptibles de le faire? C'est toujours,
cependant, une grosse question. Quiconque veut l'aborder ne le peut sans précautions, ni sans précédents surtout pour s'y référer. On ne doit pas surtout prononcer
sur les idées qu'il énonce avant d'avoir bien montré le
milieu au sein duquel elles se sont élaborées. Il faut,
en outre, bien fixer l'espèce de qualités et de défauts
prédominants commandant ce milieu.

L'homme de génie, qui prononçait alors son verdict
scientifique, l'a-t-il fait sur un terrain propre avec des
règles nettement établies ? Ne s'est-il pas, au contraire,
limité par système à un stade de la pensée encore incomplet ? Il y a donc ici des antécédents dans la question du darwinisme à envisager. Ce que nous faisons
d'autant plus facilement que des études antérieures
nous y ont préparés.

L'Angleterre représente le génie de la loi du Nord,
mais avec quels instruments l'exerce-t-elle? A-t-elle
un code résumé méthodique et spiritualiste comme les
Romains, comme le code français de Napoléon, ce com-
pendium de la loi latine ? Non. L'Anglais ne s'accommode pas de l'abstraction romaine. Il tient aux vieux
usages des ancêtres. C'est un sentiment même plus

prononcé chez lui que chez les Allemands. Nos Corses insulaires, comme lui, nos Bretons restés particularistes représentent ce tempérament. Il y a en Angleterre un génie juridique qui ne se glorifie d'avoir conservé un monceau de coutumes de tous les âges, que parce qu'il s'est constamment exercé à les appliquer avec une habileté merveilleuse et ses instincts anticlassiques. Son originalité consiste précisément à refuser de parti pris cette discipline spiritualiste inséparable des méthodes de la Grèce qui ont façonné l'esprit latin et fait le code romain.

Voici la philosophie du droit qu'envisagera Darwin et qui marquera son vrai terrain. Or, qui de plus continuera le mieux à nous renseigner sur le milieu où Darwin put concevoir son système que la considération des bases identiques sur lesquelles reposent ces trois grandes idées : le protestantisme, le constitutionnalisme et le darwinisme lui-même.

Le protestantisme n'est-il pas le contraire de l'unité catholique, n'est-il pas devenu, par des conséquences auxquelles il n'a pu se dérober, une religion d'exception et de sectes? Luther est féodal et non chrétien en ce qui concerne l'égalité. L'idéal calviniste n'est-il pas l'aristocratie, la sélection ? Sorti du XVIIIe siècle, le constitutionnalisme britannique ne représente-t-il pas à son tour, par sa constitution oligarchique, une aristocratie qui s'est établie sur le sol en dépouillant la petite propriété? Cette classe supérieure n'en réalise pas moins, cependant, un « summum » de qualités tellement privilégiées que c'est le parangon pour toutes les comparaisons.

Dépouillons maintenant de sa consécration scientifique a pensée de Darwin; refaisons-en le scenario dans le mi-

lieu coutumier où il vit, élevé dans le mépris de l'abstraction. Il croit à la prédestination. Il est né et il a
grandi en face de la démonstration des droits naturels
afférents à toute aristocratie humaine, — devrait-elle
écraser les autres, pour maintenir le cadre social. — Ce
concept remplit si bien sa pensée qu'il le transporte
dans son étude des problèmes de la nature.

Les buts assignés à la nature par Darwin sont-ils formulés, en effet, autrement que par la loi aristocratique
de « sélection », qui élimine et ne conserve la vie qu'à
ce qui est fort. Puis vient la loi impitoyable du « combat pour la vie », qu'il décrète avec une vraie rigueur
biblique, où il glorifie le triomphe de la force en véritable homme du Nord. Retirez ces deux moyens du
darwinisme, et il n'a plus sa raison d'être.

Notez que nous parlons ici du darwinisme, nom du
transformisme, une vieille idée énoncée par Lamark
et que la paléontologie a pu révéler à Cuvier, mais dont
le dernier mot est loin d'être dit. Darwin a rafraîchi ce
terrain. Il y a posé l'estampille du génie anglo-saxon.
Voilà pourquoi nous avons analysé de si près le milieu
darwiniste pour y retrouver des produits de son sol ces
deux lois anglo-saxonnes sur lesquelles nous revenons
encore.

D'abord « struggle for life » : le combat perpétuel
de l'homme du Nord contre la nature, contre les éléments ; la concurrence fiévreuse de sa vie industrielle
ou sociale. Voilà ce que Darwin introduit de nouveau
dans l'interprétation de la nature.

La seconde loi, c'est la sélection naturelle. En outre
de la loi aristocratique, il faut y trouver un autre effet
réflexe, une antique survivance propre à une nation
pastorale jusqu'aux Tudors, et ayant conservé sa supério-

rité comme éleveur de bétail ; qui fabrique des races
bovines et ovines et mesure la nature humaine à ce
même étalon de fabrique, — de même que chez elle, en
dépit de l'égalité des hommes enseignée par le christianisme, c'est l'aristocratie qui a des droits et des perfec-
tions supérieures.

C'est à ce double point de vue surtout que l'œuvre
de Darwin doit être envisagée. Ici, l'idée pure de l'esprit classique gréco-romain autant que chrétien fait
absolument défaut. Vous retrouvez Darwin dans cette
crise exactement comme naguère Frédéric II comparé à
un Français, à Voltaire, montrait la même lacune intime.

Darwin est donc un produit du Nord, — mais avant
tout de l'Angleterre, où la vie sportive, spéculative et agitée, impose immédiatement son niveau. De même Herbert Spencer enfantera dans le pays de la houille, des lo-
comotives et des chemins de fer, cette grande épopée
des machines, où la dernière définition de l'homme sera
l'automate parfait.

Donc protestantisme et constitutionnalisme anglais,
darwinisme métaphysique de M. Herbert Spencer, a
tant de simplifications religieuses, gouvernementales,
scientifiques, philosophiques, développées sur un sol
spécial, vraiment originales, mais qui ne peuvent être
élevées en lois générales, tandis que si vous voulez trouver des lois générales, c'est à l'esprit classique, qui les
possède qu'il faudra s'adresser.

Il a été fort intéressant, tout en établissant de telles
concordances, de préciser le théâtre du darwinisme et
d'en refaire le scénario. Il n'est pas moins curieux de
s'arrêter à cette pensée, que le transformisme, une idée
de Lamark, un Français, n'aurait jamais trouvé en
France « a priori » les mêmes atomes pour s'accrocher,

pas plus qu'il n'aurait pu se réaliser d'emblée dans les
mêmes conditions d'observation et surtout dans le même
sens qu'il a pris, autre part qu'en Angleterre. Que si
l'on demande pour quelle raison? c'est qu'il y a, ainsi
que nous l'avons dit déjà, il y a dans la solution scientifique alors trouvée comme la marque ineffaçable d'une
race positive, dont les jugements s'obtiennent moins
par l'analyse psychologique pure que par la leçon
des faits matériels envisagés à leur point de vue judaïque.

Et en cela, la politique, la loi, la science se donnent
la main, car de ces faits on exige une incroyable minutie
de détails, les déclarant vrais ou faux d'après un ensemble de petites circonstances que de prime abord un
Français ne songerait même pas à débattre.

Voilà pourquoi sur le continent, dans un débat judiciaire anglais, l'inquisition vétilleuse, formaliste à la
fois et cependant sans bornes et sans contrôle de l'« exa-
mination » et de la « cross-examination », représentera
pour un Français un instrument de torture morale, survivance des procédures du moyen-âge où l'on mettait à
la question.

C'est, en revanche, sur ces qualités de détail que les
romanciers de la Grande-Bretagne ont fondé leur réputation justement méritée. Or, n'est-ce pas grâce à un
exposé unique, marqué à la même empreinte circon-
stancielle, que Darwin a gagné l'oreille et la confiance
des esprits les mieux pondérés de tous les pays? L'abstraction ne vient pas gêner là un agencement merveilleux, mais une multitude de circonstances de détails
appuie à chaque pas les progrès d'une analyse purement
matérielle. La thèse montre tellement le cas qu'elle fait
des objections de la logique et de la raison, qu'on n'est

même pas tenté de chercher pourquoi quelque chose d'essentiel manque.

L'esprit même est gagné déjà par cette accumulation de circonstances matérielles, dont chacune est proba¹ le, avant d'avoir mesuré les circonstances définitives qui peuvent en sortir pour l'avenir.

Nous n'avons tant insisté sur le terrain où la conception de Darwin s'est développée et a fleuri que parce qu'ici nous traitons la façon dont tour à tour les mêmes idées se transmettent. Or, elles doivent à première vue être répercutées différemment par un esprit classique et par un esprit anticlassique. Il convient donc de montrer combien il est dangereux de prononcer sur un concept si puissant qu'il soit, avant de connaître le milieu d'où il est sorti, puis le milieu dans lequel il s'est ensuite développé, et surtout les conditions dans lesquelles il l'a fait. Rien d'instructif, en outre, comme d'examiner les circonstances dans lesquelles la thèse physiologique du savant anglais fut transmise à l'Allemagne et c'est ce que nous ferons bientôt.

Que le darwinisme disparaisse, et cela a été le sort de découvertes non moins belles, il aura enrichi le domaine de la science de faits nouveaux importants. De même que le catholicisme a pu gagner depuis que la Réforme lui a montré du doigt ses lacunes, l'esprit classique gréco-romain était trop anthropo-centrique. Est-ce que le spiritualisme n'a pas profité lui aussi en reconnaissant qu'on avait eu tort de dire jadis si radicalement que « bête et brute sont synonyme ». Nous nous rappellerons maintenant qu'il y a des animaux que leur intelligence rapproche de l'homme.

Plus que jamais, dans un siècle comme le nôtre, tout sérieux problème gagnera à être agité surtout par des esprits de trempe différente, parce qu'il est certain d'être analysé, disséqué, passé au laminoir.

Autre chose est cependant de bâtir de suite sur les systèmes, sur les découvertes, — fussent-elles aussi grandes que celle-là. — sans craindre de révolutionner la conscience humaine, car on arriverait à la longue à provoquer le scepticisme scientifique.

CHAPITRE XVI

LA CULTURE ALLEMANDE. LE RÔLE EN ALLEMAGNE
DU TRANSFORMISME ANGLO-SAXON

« Aucun progrès social, moral ou politique, a dit
M. Maury, ne fut jamais obtenu que par la ruine d'une
croyance, d'une coutume ou d'une institution, qui à telle
heure avait constitué un progrès moral, une base sociale, ou un droit politique. » Si pour parler comme un
Anglais on voulait aux temps modernes tirer le net produit des diverses évolutions de l'esprit humain dont
nous venons de retracer l'histoire, il nous semble que
la question devrait d'abord se résumer par ces termes
précis : A la base de tout vous trouverez le fait concret
en Angleterre, — en Allemagne l'idée pure et le fait concret, — en France l'idée pure.

Les Anglais, aidés par leur tempérament insulaire, ont,
ainsi que nous venons de le voir, pris la vie à base du
fait concret, et jusqu'ici ils l'ont réalisée avec un merveilleux équilibre, consolidant, rebâtissant chaque jour
les digues menacées, même emportées par la tempête
sociale. Ils ont toujours suivi le symptôme. Ils ont invariablement pris leur direction suivant le vent et la
marée. La question qui se pose, toutefois, c'est celle-ci :
Pourront-ils encore vivre longtemps sans abstraction,
depuis que chez eux le vieux « substratum » romaniste

se recouvre de plus en plus de leur propre fonds.

L'histoire de l'Allemagne du Saint-Empire démontre qu'en sa qualité de peuple continental et d'héritier substitué de l'empire de Charlemagne, ce pays a subi très souvent la nécessité d'accepter la vie à base d'abstraction. Y a-t-il réussi ? Non, parce qu'incessamment tiraillé par l'esprit du Nord ou l'esprit du Midi il ne fut jamais homogène. L'idée pure, pour se développer, a besoin d'un cadre solide qui la vivifie ; sans cela elle reste dans le nuage. Or, jamais l'empire germanique n'a pu représenter ce cadre. Tantôt l'Allemagne s'est complu dans le mirage prestigieux d'une puissance impériale déguisant sa faiblesse sous de pompeuses prérogatives, tantôt elle en est sortie sollicitée par un tempérament opposé et l'empire a échoué devant le fait brutal, devant les coalitions des princes protestants intéressés à lui barrer la route.

L'Allemagne était devenue le champ clos accoutumé, où, soit les armées européennes, soit la diplomatie de l'Europe, n'ont cessé de se rencontrer et de combattre sans nul profit pour l'unité allemande. Cependant, dès la fin du xviii° siècle, une révolution s'est faite dans les esprits germaniques par les lettrés. L'Allemand a travaillé à ressusciter l'idéal d'une patrie. Y a-t-il désormais une unité allemande? Le xx° siècle décidera sans doute la question. En attendant, il est constant que c'est par le perpétuel arrêt de développement manifesté par son empire que, jusqu'au xix° siècle, l'histoire d'Allemagne s'est trouvée à son tour arrêtée dans sa croissance normale.

Nous avons jusqu'ici fouillé patiemment, impartialement, les caractères anglais et allemand. Le premier est même suffisamment défini. Nous allons, avec le darwinisme allemand, avec l'empire prussien, avoir bientôt terminé une longue enquête sur l'esprit du Nord. Nous arrivons alors à la France pour y étudier l'esprit des races latines de ce critérium classique d'où sont sorties si souvent les vraies solutions pour les sociétés d'Occident.

Nous avons jugé sans ménagements complaisants certaines survivances anticlassiques. Nous ne déguiserons pas plus les défauts inséparables du tempérament et de la mobilité française. Nous aurons à remarquer, en revanche, qu'un courant naturel tourné vers l'idéal y a laissé subsister plus intactes les vérités éternelles. L'histoire de France, considérée dans son ensemble, offre des lignes plus nettes que celles des autres nations. Et pourquoi? parce que la France a été irrésistiblement attirée aux périodes capitales de sa vie dans l'orbite de l'idée pure, en sa qualité d'héritière directe aes Grecs et des Romains. Elle a, personne ne le niera, réalisé l'abstraction dans sa plénitude au moyen-âge avec ce type supérieur de la féodalité : saint Louis, puis aux temps modernes avec ce type achevé de la monarchie : Louis XIV. Cherchant avec non moins de courage, au siècle dernier, l'idée pure, ses philosophes ont ouvert au monde de nouvelles voies. Depuis 1789 la France n'a pas abandonné l'abstraction. La question reste pendante. Elle se débat avec elle : « sub judice lis est. »

I

Après avoir marqué trois terrains bien distincts nous pouvons étudier maintenant la culture allemande.

Il est incontestable que l'Europe du xixe siècle n'a cessé de subir l'influence de l'esprit allemand, d'abord

par ses philosophes, par ses érudits ensuite, de même
que par sa culture scientifique. L'alluvion française qui,
après tant de désastres et de guerres, avait renouvelé
l'Allemagne à partir de la seconde moitié du xviii^e
siècle jusqu'au milieu du siècle précédent, est désormais recouverte dans la dernière moitié du xix^e
siècle par une culture allemande aussi brillante qu'originale. Cette réaction, sortie des sommets de l'intelligence germanique, fut l'origine de l'unité scientifique
allemande s'organisant mieux chaque jour; celle-ci n'a
cessé de poursuivre l'unité nationale. Mais cela a abouti à un esprit spécial, particulariste et séparatiste.

Il n'eût pas été loyal à un Français surtout de nier
l'influence du génie allemand en ce siècle. Mais il ne
faut pas se méprendre sur les causes de son autorité.
Il s'est mis systématiquement à construire un esprit
social, un critérium exclusif du pays germanique, à
partir du moment où la France a cru pouvoir abandonner le critérium qui avait si longtemps fait sa gloire
et sa force. La France s'est répandue à travers l'Europe
en prêchant des doctrines humanitaires, la morale
universelle et l'évangile de la liberté. L'Allemagne,
elle, s'est concentrée sur elle-même, n'ayant garde de
s'éparpiller. Chaque savant a poursuivi une patrie
germanique idéale. Chacun a prôné l'exclusivisme
allemand. Cet effort de cohésion a attiré la France elle-
même sans qu'elle en comprit encore alors la force et l'avenir redoutable. L'universel esprit des Hégéliens « incor-
poré plus tard comme recrue » suivant l'expression de
M. Lavisse, dans l'état prussien, c'est-à-dire semblant proposer ce dernier comme l'axe réservé au monde futur,
n'avait pas moins séduit l'esprit français à l'origine.
Énumérant récemment les titres de gloire du maître de

l'éclectisme, M. Janet n'oublie pas encore de rappeler que Cousin a introduit en France les conceptions philoso-phiques allemandes.

Si les philosophes allemands et la science allemande jouent un rôle dans le développement des études fran-çaises, M. Wirchow a pu dire en outre avec raison que, parmi ses nombreux émigrants, l'Allemagne a pendant une large portion du siècle sillonné le monde entier de missionnaires de sa savante culture. Et dans la question posée ici, voilà ce qui demeurera toujours à l'actif de l'Allemagne.

Ce que maintenant il importe ici de traiter, ce sont les antécédents et les péripéties diverses qu'a traver-sées cette formation nouvelle. Vous y trouverez la ge-nèse de deux idées : l'idée prussienne et l'idée germa-nique se condensant enfin, après s'être aidées l'une et l'autre dans leur concentration réciproque, — victoire sur la nature, dont la nature doit être bien marquée.

Aujourd'hui qu'il y a un idéal germanique, non une songerie creuse mais une chose très réelle, même puis-samment affirmée, on ne se rappelle plus volontiers l'état général de détresse de l'Allemagne après la guerre de Trente ans, détresse sociale, intellectuelle et matérielle. De même, cependant, que les réfugiés protes-tants français, vers la fin du xvii⁰ siècle, ont donné l'éveil de l'esprit et de l'industrie en Prusse , de même en Allemagne, pendant presque cent ans, ce qui se nomme le siècle de Louis XIV a servi de type, de pivot, à une civilisation renaissante où les bienfaits d'un génie classique fécondèrent le nouveau terrain : « Lan-gue française, vêtements français, cuisine française, mobilier français, il y aura bientôt une mort française. » Voilà comme en 1680 écrivait un Allemand, cité par

M. Bourdeau dans ses excellentes études sur l'Allemagne du xviiie siècle [1]. Un siècle plus tard, vers 1757, s'ouvrait en revanche avec Klopstock, Lessing, l'âge classique de la littérature allemande [2]. Si la vieille influence est ainsi chassée, si Lessing trace des règles nouvelles, tandis que Herder remet sous les yeux de l'Allemagne des traditions et un passé oublié, J.-J. Rousseau n'y vient pas moins exciter l'enthousiasme qu'il a su exciter partout, de sorte que l'esprit français rentra par là en Allemagne.

En vingt ans, toutefois, de 1750 à 1770, l'Allemagne parviendra à accomplir une évolution vraiment originale. Cette émancipation des intelligences a même quelque chose de merveilleux par sa vigoureuse floraison. Lessing, Herder, Klopstock, Schiller, Gœthe lui-même toutefois, ces produits d'élite, en un mot, d'une terre moissonnant sa propre récolte, ne furent pas compris alors par toutes les classes allemandes, — saillant contraste avec l'esprit public français en communion d'idées au xviiie siècle avec ses savants, ses philosophes, avec ses économistes, et tournant comme eux à l'encyclopédie. Au moins ces beaux génies de l'Allemagne purent-ils exercer quelque influence sur la classe moyenne? Non encore, répondra-t-on. Interrogez pour vous en convaincre « la Vie de Herder, la correspondance de Gœthe ». Ils ont vécu seuls et dédaigneux de la foule [3]. La genèse de l'idée s'est continuée et s'est accomplie par les sommets. Mais, chose qui marquera une fois de plus les différences entre les milieux fran-

1. J. Bourdeau, *L'Allemagne au xviiie siècle. Revue des Deux-Mondes*, 1er août 1866, pp. 594-626.
2. J. Bourdeau, *ibid.*
3. J. Bourdeau, *ibid.*

çais et allemands : bien que cantonné dans ses tours
d'ivoire, dans ses coteries et ses universités, l'esprit allemand n'en retiendra pas moins la société en lisière
au moment où débordera même à l'excès l'esprit du
peuple français. Rarement, cependant, l'Allemagne traversera une période plus brillante pour l'esprit que
celle de 1795 à 1805, où l'attention de la France fut
sollicitée par tant d'autres événements majeurs.

Le Saint-Empire d'autrefois avait vécu ; en revanche,
en 1815, lorsque l'Allemagne sortit des mains de Napoléon Ier, « il avait mis fin à cette confusion qui, suivant Oxunstern, n'avait vécu si longtemps que par la
grâce de « la Divine Providence [1] ». De ces quelques
centaines d'états, 39 seulement avaient survécu. Voilà
qui devrait adoucir les griefs d'une occupation française, puisqu'ainsi que M. Lavisse l'observe Napoléon Ier
a préparé l'Allemagne moderne comme Charlemagne
avait fait l'Allemagne du moyen-âge. Il n'y a pas à
marchander là dessus ; en revanche, c'est le génie allemand qui rentra aussi alors en possession de lui-même.

C'est de la culture allemande, des lettrés, des universités d'Allemagne, qu'était alors déjà sorti le germe
créateur d'une unité germanique irréalisable jusque-là.
Et c'est 'un beau spectacle que donne encore cette fois
la puissance de l'esprit humain. ·

Chaque année encore aujourd'hui se réunit en Allemagne un congrès de médecins et de « naturalistes » ou
plutôt de savants, qui étudient « la nature à un point
de vue quelconque». Parfois 3.000 membres se trouvent
ainsi groupés pour échanger leurs idées sur la science.
Or là, l'unité scientifique a été un des agents actifs de

1. J. Bourdeau, *L'Allemagne au* XVIIIe *siècle.*

l'unité politique. Et cela se comprend d'autant mieux qu'à l'opposé de la France, qui laisse ses professeurs à leurs lycées où ils forment la jeunesse, à leurs cours publics où ils renseignent l'âge mûr sur le mouvement des idées en Europe, la société germanique emprunte sa direction intellectuelle et morale au mot d'ordre des universités, — corporations universitaires dont la France avait fourni les cadres à la fin du moyen-âge. Après avoir inauguré, au xv° siècle, un nouvel entendement allemand, n'ayant cessé au xvi° d'entrer au vif des querelles de la Réforme, ces universités restent populaires, — mais espèce d'état dans l'état, — comme jadis notre université, si jalouse de ses privilèges.

Faisant toujours un peu l'effet du « monde des clercs » au moyen-âge, les corporations allemandes contrastent donc avec les mœurs actuelles françaises, où la diffusion des lumières, l'égalité par le savoir puisé à des sources communes, est devenue une des originalités de l'esprit français. Seulement, les professeurs allemands ne continueront à imposer leurs décrets que tant que les masses seront hors d'état de les contrôler; déjà même, de ce côté, les lumières circulent et la résistance a commencé. On peut prévoir le moment où un courant vigoureux viendra donner un cours différent aux idées ayant prévalu jusqu'ici, idées dont il importe de toucher du doigt l'exclusivisme, parce qu'il n'est pas sans analogie avec les exagérations des humanistes du xvi° siècle, dont M. Janssen, dans son livre, a fait le procès en les accusant d'avoir vicié l'esprit allemand.

II

Le système des races, l'introduction du transformisme

anglo-saxon dans la culture allemande sont deux faits
caractéristiques de l'histoire de la science du XIXᵉ siècle
qui doivent trouver ici leur place.

Le protestantisme britannique avait transformé les
Anglais en élusdeDieu. La science allemande a bâti son
œuvre sur les catégories de race; et, pour rester d'accord
avec elle, ainsi que nous en jugerons bientôt, il faut
avant tout autre considérer dans l'histoire du moyen-âge
et aux temps modernes le génie germanique. Des circonstances particulières, en outre un besoin impérieux pour
l'Allemagne d'une synthèse scientifique évolutionniste,
devaient faire le darwinisme aussi allemand qu'anglais.
Voyons comment il a comblé des ambitions de race.

Avec un peuple docile à la voix de ceux qui sont
chargés de l'enseigner, y eut-il jamais un théâtre mieux
préparé que l'Allemagne pour y inculquer de savants
concepts sortis d'un milieu homogène ? Une légende,
soignée dans ses détails à l'instar d'une synthèse philosophique, non seulement s'est propagée pour se compléter chaque jour par des développements logiques,
mais a fini par prendre corps. Un instant, la science
allemande avait dit : « Laissons la mer aux Anglais, aux
Français la terre, gardons pour nous le ciel.» Trouvant
enfin, toutefois, une nation de taille à incarner leur idée :
la Prusse, et un homme pour la mettre en action, le
prince de Bismark, ils sont redescendus sur la terre.

Depuis lors les Allemands sont les mâles ; les femelles
d'où rien ne peut sortir par elles-mêmes, ce sont les
Slaves et les Celtes. Les Français sont « dégermanisés ».
Les Espagnols n'ont valu que par les Goths, les Italiens
par les Hérules, les Ostrogoths, les Lombards ou autres
Germains. Il a cessé désormais d'être question des «gesta
Dei per Francos », c'est remplacé par les « gesta Dei per

Germanos ». Les Germains, ou plutôt les Prussiens, ces exécuteurs du « plan divin », sont appelés à ressusciter le vieil Empire romain. C'est un Germain sans alliage que Charlemagne et l'Allemagne le réclame pour elle, de même que l'épopée française est née au milieu des forêts germaniques. Le christianisme avant Luther avait-il été bien compris ? Eh bien non, puisqu'il y a une théologie allemande aussi bien qu'il existe une philologie et une science allemandes, les savants allemands étant les plus grands savants et les plus infatigables chercheurs du globe.

Il faut lire les articles de M. Lavisse dans la *Revue des Deux-Mondes* pour comprendre la candeur de ces assertions. « En Angleterre par la comparaison, un Allemand se sent de suite homme d'esthétique et d'idéal, tandis que le Français se moque parce qu'il ne comprend pas la rêverie allemande [1]. »

Dès 1875, Ludovic Carrau avait donné la raison pour laquelle tout avenir devait sembler désormais fermé aux races latines. Distribuant les nations de l'Europe dans les cadres positivistes, Conrad de Leipsig avait dit : « L'enfance des peuples et l'art est représenté par la « Grèce, la jeunesse et la religion par le monde germa- « no-chrétien. L'Angleterre, aujourd'hui, c'est l'âge mûr, « c'est-à-dire l'industrie, l'Allemagne, c'est-à-dire la na- « tion de la science, fermera le cycle [2]. »

Le célèbre apôtre du transformisme, le docteur Hœckel, était venu à son tour. « La race indo-germanique, « observait-il, est celle qui s'est le plus éloignée des « hommes singes. Des deux branches de cette race, c'est

---

1. Lavisse, *Deux livres sur l'Allemagne*. *Revue des Deux-Mondes*, 15 juin 1876, p. 936.
2. Ludovic Carrau *la Loi du progrès*. *Revue des Deux-Mondes*, 10 juill. et 1875, p. 576.

« la forme gréco-romano-celtique, dont la civilisation a
« été dominante dans l'antiquité classique et au moyen-
« âge. A la tête se placent maintenant les Anglais et les
« Allemands, qui par la découverte de la théorie de l'é-
« volution, viennent de poser les bases d'une période de
« haute culture humaine [1]. »

Ce n'est pas à plaisir que nous donnons une idée de
cette cristallisation formidable qui s'est imposée à l'esprit germanique avec d'autant moins d'effort qu'elle a
été reçue partout de bonne foi et sans discussion. Après
avoir préparé cet empire allemand, dont la science militaire prussienne marquait l'avènement par ses glorieuses étapes de 1864-1866-1870, la science allemande,
à côté de la synthèse politique à laquelle elle avait pris
une part active, ne restait-elle pas dans son rôle en poursuivant avec un acharnement égal les moyens d'une
synthèse scientifique, couronnement de l'édifice?

Si vous voulez vous donner la peine d'appliquer cette
clef allemande à la formation et au développement du
darwinisme, vous vous expliquerez comment Darwin a
été ainsi conduit tambour battant au transformisme
définitif.

Un autre que Darwin aurait été ébloui du mirage que
lui présenta la science allemande. Dépassant en tout
temps ses adeptes anglais, celle-ci s'est ingéniée à lui
préparer le champ transformiste. Elle a su s'inspirer
des procédés raffinés de la scolastique du moyen-âge,
tels que les définit M. G. Boissier : « Propositions, conclusions, majeures, mineures et conséquences. » La pensée n'était tendue alors qu'à distinguer, définir, résoudre. Il s'est institué peu à peu un vrai quadrilatère

1. Ludovic Carrau, *ibid.*, p. 677.

où la stratégie scientifique allemande s'exerça, surtout de 1868 à 1872. Elle montrait alors chaque jour au darwinisme des troupes aguerries fortifiant autour de lui les terrains scientifiques et prêtes surtout, avant Wallace, de même qu'avant les darwiniens anglais, à lui assurer bientôt la victoire. Aussi « volens, nolens », hésitant mais ébranlé, gourmandant mais charmé, Darwin s'ancrait de plus en plus dans les conclusions de son livre de la *Descendance de l'homme*, qui parut en 1872.

Voilà pour la gloire de Darwin ; mais pour la science allemande n'était-ce pas autre chose encore? Quel couronnement de son œuvre commencée à la fin du xviiie, siècle : l'empire allemand réalisé et partout vainqueur ; 1870, l'année terrible, a contemplé l'Allemagne, naguère piétinée par la France, promenant à son tour chez sa rivale séculaire ses triomphes, ses rancunes et ses violences. Ce n'est pas tout. Voilà le génie allemand après sa synthèse politique accomplie, deux années plus tard en état désormais d'imposer au monde une synthèse scientifique nettement formulée par l'habile échafaudage du darwinisme évolutionniste, œuvre, à l'origine, s'accentuant plus en Allemagne qu'en Angleterre, car les Allemands affirmeront, grâce à lui, ce qui toujours restait à l'état d'hypothèse chez Darwin.

Et voilà comment le darwinisme est devenu le transformisme allemand qui se rattache à tout un ensemble de faits, à des rivalités de races, même à un empire prussien, dont les antécédents, par lesquels celui-ci se trouve intimement lié avec la culture allemande, devaient être d'abord racontés. Cet empire, couronnement définitif de la pensée germanique, à bien des titres obligerait à un examen circonstancié. Cette gran-

25

de question, le rétablissement de l'empire d'Allemagne sur de nouvelles bases, intéresse toute l'Europe. Mais il faut pour cela commencer par jeter nos regards non seulement sur l'état de l'Occident, mais sur la situation du globe au XIXe siècle, quand même on se renfermerait dans la critique historique.

CHAPITRE XVII

SITUATION DE L'EUROPE EN FACE DU MONDE TEL QU'IL EXISTE AU XIXᵉ SIÈCLE. — L'EMPIRE PRUSSIEN ET L'ÉQUILIBRE EUROPÉEN

I

L'étude du rôle de l'empire prussien en face de l'Europe exige non seulement une vue d'ensemble européenne, mais une idée de la situation actuelle de l'Occident vis-à-vis du monde entier.

Pourquoi la question doit-elle être ainsi élargie? C'est que si aujourd'hui l'Allemagne tient tant à grandir son passé, elle ne ressuscitera jamais sa vision du moyen-âge: c'est-à-dire au sommet des sociétés d'Occident, côte à côte avec le pape, souverain de la hiérarchie ecclésiastique, l'empereur présidant toute la hiérarchie laïque. La Réforme a mis fin même à l'idée de ce rêve mystique et harmonieux.

On n'en est pas même resté au Saint-Empire de Charles-Quint. L'Ottoman alors était à ses portes. Le colosse du Nord a remplacé l'Ottoman, car la Russie tient une portion de l'Europe et une partie de l'Asie, mais au moins alors, si déjà un nouveau monde existait, c'était simplement comme appoint, c'est-à-dire presque une quantité

négligeable. Quel revirement, en revanche, au XIXᵉ siècle !
Incessamment colonisé, alimenté par la vieille Europe,
le Nouveau Monde a pris peu à peu une assiette puissante. Les États-Unis aujourd'hui, par leur civilisation,
par leur avancement de lumières, rivalisent avec l'Occident. Partout leurs populations se développent avec un
si merveilleux entrain qu'il faudra bientôt considérer le
moment où, sur ces immenses territoires, on se trouvera
à l'étroit. En attendant, ce n'est plus seulement la grande
fédération de l'Amérique du Nord, ce sont des états naguère remuants et instables, qui, dans l'Amérique centrale
comme dans l'Amérique du Sud, inaugurent une œuvre
politique et des gouvernements durables. Les états généraux des trois Amériques sont en train de tenir leurs
assises, et le panaméricanisme pourra bientôt s'y instituer, de même que naguère en Occident était né le
pangermanisme, puis le panslavisme, autre groupement plus formidable encore.

Un nouveau devenir s'annonce donc, dont les conséquences ne peuvent encore être suffisamment évaluées.
Sans parler de l'Afrique, nous ne nous doutons même
pas de quel poids l'Australie, l'empire des Indes, le Céleste Empire surtout, avec ses 500 millions d'habitants,
pèseront, à la fin du XXᵉ siècle, dans la balance du
monde. L'Europe continue en attendant à se croire l'origine et la source de toutes les civilisations sur le globe.
Ses flottes de commerce et de guerre sillonnent les mers,
pour prendre pied sur les espaces inoccupés ou mal
défendus, et l'Angleterre n'est plus la seule des nations
d'Occident à poursuivre la réalisation d'un empire colonial. Le contre coup de la civilisation, des découvertes
européennes, se répercutent donc dans les cinq parties du
monde. Mais que l'on ne s'illusionne pas là-dessus. Ce

ne sont plus seulement des résultats platoniques ou d'intéressants sujets d'étude que l'Occident retirera de la répercussion de ses problèmes humanitaires et de ses expériences scientifiques. Les mêmes idées ne retournent jamais à leur point de départ sous l'ancienne forme. Nous avons déjà vu, par l'étude attentive de l'esprit du Nord, comment en Europe leur expression a été indéfiniment modifiée par des milieux différents. Que sera-ce en plein xx° siècle, lorsqu'il faudra compter avec les points les plus éloignés de notre planète!

Croyez-vous que ce sera impunément alors que les grands civilisés, que les protagonistes de la culture humaine auront propagé leurs opinions, leurs méthodes, leurs tactiques? Nous contemplons aujourd'hui l'avancement des lumières, les résultats de la prospérité économique, depuis que l'Europe entière a rivalisé d'émulation pour répandre au loin ses produits manufacturés, ses inventions et ses armes perfectionnées; ce qu'on doit prévoir également, ce sont les inconvénients et les « draw-backs » de l'avenir. L'Occident se dépouille peu à peu aux yeux des peuples les plus sauvages de ce qui faisait naguère son prestige et sa supériorité. Déjà, depuis lors, l'Angleterre, pour ne citer qu'elle, a pu, en Afrique, au Soudan notamment, constater à ses dépens quelle invincible force de résistance peut encore opposer à la civilisation la barbarie aidée par le climat, exaltée par le fanatisme religieux. Nous étendons partout nos conquêtes. Qui sait si nos petits fils n'assisteront pas à des revanches d'adversaires aujourd'hui méprisés[1]?

----

1. Nul doute que les générations futures ne soient frappées par des concepts que nous ne soupçonnons même pas, mais que nous aurons contribué à faire naître par nos vices ou nos vertus. (*Note de l'Auteur.*)

Lorsque de nouveaux peuples voudront usurper l'hégémonie des anciennes sociétés, songez que désormais
avec la vapeur, l'électricité et les perfectionnements
incessants de la science, ce qui au temps de la Renaissance était encore l'affaire d'un siècle peut s'accomplir
en 20, en 10, en quelques années même seulement.
Suivant les circonstances, nous l'avons vu par la guerre
de 1870, des événements foudroyants peuvent s'accomplir avec une semblable rapidité, puisque tous les
points de la terre communiquent maintenant entre eux.
Notre maître à tous, c'est donc l'imprévu.

Notre continent ne doit pas en conséquence compter
désormais avec ses seuls progrès. L'avancement des
esprits est général, et il n'y a qu'à ouvrir les yeux sur
les progrès du globe pour prendre conscience de l'avenir qui se prépare. Tout se discute en ce monde : le xixᵉ
siècle qui fait aujourd'hui le procès du xviiiᵉ, comme
la Renaissance avait fait celui du moyen-âge, sera discuté à son tour. Il peut sembler dur d'introduire dans
nos concepts que la grande judicature du globe doit
nous échapper un jour; c'est cependant d'accord avec
la loi de renouvellement dans l'histoire, et le seul moyen
d'en reculer au loin l'échéance sera d'inculquer profondément dans nos cœurs le sentiment d'une solidarité
européenne absolument nécessaire. Or, quand l'Occident voudra être prêt pour des buts d'avenir, il faudra
commencer par mettre fin chez lui aux haines de races,
aux guerres de frontières. Désunis, travaillés par des
idées d'empiétement territorial, les Européens marche-
ront à une déchéance d'autant plus explicable que tout ce
qui s'est solidement constitué en Europe est ordonné,
équilibré par l'œuvre logique du temps.

De tels préliminaires devaient être exposés avant d'ar-

river à cette construction scientifique qui s'appelle
l'empire prussien.

II

Nous avons consacré déjà bien des pages à l'étude du
Saint-Empire germanique, mais ici ce sera l'empire
prussien qui fixera nos regards et soulèvera naturellement la question de l'équilibre européen.

Depuis bientôt quatre ans [1], devant un nombreux au-
ditoire, un professeur éminent de Sorbonne, M. Lavisse,
dépouille un à un les documents et fouille avec une
rare impartialité les annales de la Prusse depuis son
origine. La conséquence de ces travaux est que le premier devoir de celui qui voudra se mettre au courant
de l'histoire contemporaine sera de bien connaître les
idées ayant présidé depuis la fin du xix⁰ siècle surtout
à l'étonnante fortune de la Prusse, fortune si habilement
conduite qu'elle éclata comme un coup de foudre dans
le dernier tiers du xix⁰ siècle.

Tout historien impartial rendra justice à la tactique,
à l'énergie obstinée, infatigable, avec laquelle les Hohen-
zollern ont poursuivi leur œuvre. C'est par la même
raison qu'il est permis de discuter sur la construction
scientifique de cet empire prussien, dernière évolution
politique de l'histoire de Prusse et de faire, pour commencer, la part d'appréhensions involontaires.

Pendant que l'idée romaine s'en va, que le critérium
classique se disloque, l'on songe involontairement à ce
qui peut advenir au xx⁰ siècle, si l'esprit de conquête,

1. Ceci a été écrit dans le premier semestre de 1889.

qui présida à la formation de la Prusse, reparaît dan
l'empire prussien. Déjà, l'entendement européen es
troublé tour à tour par les idées nouvelles de la démo
cratie, par le socialisme d'état des monarchies comme
des républiques. Et l'Europe continue à s'agiter comme s'il s'agissait toujours d'elle seule dans le monde civilisé. C'est précisément le contraire que nous venons
tout à l'heure de constater.

La Prusse a commencé par être un camp véritable,
une armée qui a une nation, plutôt qu'une nation qui
a une armée. Continuée dans son nouveau devenir,
cette idée appliquée à l'empire prussien maintient les
autres états de l'Europe sur le pied de guerre permanent. C'est l'absence de frontières qui en avait d'abord
décidé ainsi. Et la menace perpétuelle de l'invasion
avait d'abord eu lieu chez les Français. Il est évident
que, pour d'autres raisons également, l'Europe a besoin
de ne pas s'endormir, et que peut-être un tel éveil,
une fois reconnu nécessaire, le xxᵉ siècle nous trouvera
ainsi prêts pour toute éventualité du dehors. Ce n'est
peut-être même pas un motif de conquête à l'intérieur.
« Si vis pacem, para bellum. » Le monde vit d'antithèses ;
ainsi il est à remarquer qu'à la veille de troubles sanglants, de batailles acharnées, les 25 dernières années
précédant la Révolution française avaient sacrifié excep-
tionnellement à la sentimentalité, aux bergeries, aux at-
tendrissements devant la nature des J.-J. Rousseau, des
Florian, des Boucher. Avant l'implacable guerre de 1870,
les congrès en faveur de la paix européenne avaient
remporté d'éclatantes victoires.

Nous faisons donc la part des choses pour le nouvel
empire, qui ne s'appuie pas, du reste, seulement sur une
armée, mais sur une littérature, une histoire allemandes,

sur une théologie, une philosophie, une science également allemandes, de sorte qu'en l'appelant construction scientifique on ne dépasse pas la vérité.

Jamais le système des races, bien qu'il soit tant controversé aujourd'hui, n'a reçu une application plus radicale. Cet empire est donc devenu l'incarnation du pangermanisme. Le seul défaut du pangermanisme, c'est qu'il avait déjà à son tour donné l'éveil aux autres nationalités. Les Hongrois s'étaient taillé la part du lion dans l'empire d'Autriche, quoiqu'il s'y trouve 16 millions de Slaves contre trois millions dans l'empire allemand. Le panslavisme a derrière lui en revanche son colossal patron, l'autocrate de toutes les Russies. Le cercle slave peut même un jour se resserrer autour des Allemands. La Silésie, colonisée par l'alluvion germanique au bout de deux générations, a jusqu'ici rendu des petits-fils polonais. L'élément prussien est fortement mélangé : borusse, lithuano slave, teuton, scandinavo-germain. C'est précisément parce qu'il n'est pas de race pure qu'il est devenu un type perfectionné, résultat de nombreux métissages sur un sol toujours piétiné par les armées, comme par les colons de toute l'Europe. Quant à représenter suivant sa prétention le pur esprit allemand, c'est autre chose. Voilà même qui pourra lui être objecté plus tard.

La fortune, en effet, est changeante : qui le sait mieux que nous ? Les peuples rangés à l'hégémonie de la Prusse n'ont jusqu'ici subi que l'épreuve de la victoire. Ils ont été à l'honneur et au butin. Il faudra voir ensuite comment ils tiendront devant le désastre et la défaite. Nous pouvons même citer chez eux des précédents.

De plus, les intérêts économiques, les intérêts sociaux, la direction des idées de ces mêmes peuples peuvent

venir à la traverse des faits accomplis. La théorie des
races, les bases de l'empire allemand actuel, émane
bien des sommets de l'intelligence germanique. Mais
la direction gouvernementale cadre-t-elle déjà avec
leurs idées? De plus, au XIXe siècle surtout, il faut avant
tout que les grands concepts venus d'en haut soient ra-
tifiés par en bas. L'élan de la démocratie pourra-t-il être
indéfiniment comprimé par une monarchie qui s'est développée en continuant à sa façon l'œuvre de Louis XIV[1]?
Pour marcher jusqu'ici résolûment dans cette voie il
a fallu un acteur unique, un génie de la trempe des
Richelieu. Bien qu'on doive avouer que pour continuer une telle œuvre, c'est l'état prussien qui en sera
plutôt capable, il faut considérer même avec celui-ci
de plus près ce fuyant problème d'un empire, idée
dans laquelle depuis tant de siècles les hommes ont, l'un
après l'autre, toujours fini par échouer dans leur tâche.

Non seulement l'œuvre de Charlemagne fut trop
lourde pour être continuée en France par les Carolingiens, mais les empereurs allemands ont été battus par
la papauté, clair bénéfice pour l'Europe qui n'eût pas
gagné à être rangée sous l'hégémonie germanique.
L'impuissance du Saint-Empire allemand est aujour-
d'hui un fait historique démontré. Une domination
semblable, mais effective cette fois et visant la plénitude de l'idée romaine, pourrait-elle être réalisée même
par les Prussiens? Ce n'est pas avec des flots de sang,
seulement qu'il faudrait compter aujourd'hui. Même
après les plus brillantes victoires, admettez l'impossible, les nationalités vaincues, ce n'est pas seulement

---

[1]. Ceci a été écrit avant les rescrits de l'empereur d'Allemagne
dont les conséquences, en ce qui concerne le quatrième état, ne
peuvent être connues encore, même soupçonnées.

l'équilibre européen qui resterait en jeu, de nouveaux
acteurs entreraient en scène, et c'est le problème de
l'équilibre du globe qui serait prématurément soulevé.
— En attendant, contentons-nous de juger d'après le
passé.

Si le Saint-Empire avait pu être reconstruit, il l'eût
été par Charles-Quint, réunissant alors toutes les conditions pour une telle tâche. N'avez-vous pas vu se
dresser, au contraire, devant le César allemand le roi
de France François Iᵉʳ, non seulement allié au sultan
mais aux princes allemands protestants, dont un tel
empire eût gêné la croissance. Une tâche semblable
a tenté ensuite plus d'un grand politique ailleurs qu'en
Allemagne. Si attristé de voir l'Europe déchirée par
les guerres de religion, Henri IV avait dressé le plan
d'une confédération européenne. Voyez depuis lors les
nations de l'Europe toujours se mettre à la traverse
du vieux plan impérial, et dès la fin du xvᵉ siècle la
diplomatie officielle prendre naissance pour en faire un
de ses buts.

En dépit de Louis XIV, le monarque par excellence,
en dépit de Napoléon Iᵉʳ, un conquérant comme
Alexandre et César, la grande idée de l'unité romaine
fut repoussée non seulement comme chimérique, mais
attentatoire au développement des états européens. Il
y aurait même à bien faire ressortir dans une histoire
de Louis XIV comment celui-ci fut arrêté, paralysé
dans ses projets et dut ses revers à cette idée moderne
qu'un étranger, un monarque absolu, un catholique,
ne pouvait intervenir dans les traditions civiles et religieuses des autres peuples, pas plus qu'il ne lui était
permis de leur imposer ses conceptions sociales et
politiques.

Un tel problème, au siècle de Louis XIV comme sous Napoléon Ier, a donc grossi l'aréopage des rois, noyau d'un concert européen si souvent décidé pour maintenir l'équilibre menacé. Et malheur à qui fausserait aujourd'hui encore cet organisme qui ne fonctionnera jamais en Europe que par la juste pondération de ses contrepoids !

Avec ses forces bien distribuées désormais, au contraire, avec les génies variés qui, tout en particularisant ses diverses races, les complètent chacune, en les mettant en valeur l'une par l'autre pour aboutir à un ensemble unique, contemplez aujourd'hui l'Occident ; suivez-le partout reconnu comme le commentateur sans pareil du code de l'esprit, comme le plus ancien et le plus autorisé parmi les législateurs des sociétés. Comparez même l'assiette de l'Occident contemporain à celle de l'Occident au temps des Romains, et vous constaterez devant une éventualité d'invasion du dehors la supériorité de sa résistance effective. A côté de l'imposant édifice ancien qui, une fois attaqué dans ses œuvres vives, a dû périr, vous voyez se dresser l'un après l'autre le rempart des nationalités permettant de dire : « Uno avulso non deficit alter. » Non seulement, en effet, avec le pacte : chaque peuple européen rayonne dans son orbite, où chacun combat à la fois pour sa patrie et sa famille, pour son histoire et ses traditions, mais chacun de nous a le monde entier, où il exerce ses énergies. Est-ce que cela ne suffit pas ?

L'histoire est impartiale ; elle reconstitue les caractères des peuples, discute leurs qualités et leurs défauts, non pour établir le bilan des supériorités, mais pour voir ce qui est utile, fécond, pour écarter ce qui est dangereux.

Nous avons fini avec l'Allemagne, avec l'Angleterre. Nous voilà aux deux tiers de notre longue expérience sur les tempéraments européens. Nous n'avons, en revanche, fait qu'effleurer le caractère français ; il nous faut désormais en analyser les éléments sans dissimuler ses défauts plus que ses qualités. Le rang de la France parmi les races latines en Europe a besoin d'être retracé. Nous ne pouvons nous dispenser de mettre sa civilisation en parallèle avec les civilisations du Nord, afin d'aborder ensuite en connaissance de cause l'ère scientifique, démocratique et industrielle que nous traversons. Ce sera l'objet d'un second volume.

Bornons-nous ici, en attendant, à résumer les faits saillants de la thèse historique qui vient d'être exposée.

CHAPITRE XVIII

§ I. — RÉSUMÉ DES POINTS SAILLANTS DE LA THÈSE HISTORIQUE PRÉSENTÉE DANS CE VOLUME.

D'où venons-nous? Comment et où sommes-nous arrivés? Où allons-nous? était-il demandé en commençant cet ouvrage. Voilà la réponse encore incomplète que ce premier volume a tenté de formuler pour les deux premières questions.

D'où venons-nous? A la place des lois inconscientes de la matière, on a voulu présenter d'autres lois naturelles avec lesquelles peuvent se revendiquer les droits de la pensée, ceux de l'âme, émanation d'une intelligence suprême. La tâche ici réalisée, c'est d'avoir, depuis nos origines historiques les plus reculées, montré des suites logiques à ces instincts innés de l'homme qui depuis sa naissance l'ont conduit fort loin. Devant vos yeux, en effet, se déroule le développement méthodique de l'esprit humain parcourant des stades caractéristiques où il a pris chaque fois un degré supérieur : après la vie patriarcale nomade, par les grands empires d'Orient, — auxquels celle-ci sert encore de base, — ensuite par les sociétés d'abord restreintes des Grecs et des Romains, lesquelles, comme nous l'avons montré, n'auraient pu se constituer intellectuellement et socialement avant les empires à base religioso-scientifique.

C'est ainsi qu'en traversant les phases d'une croissance naturelle et graduelle, l'esprit humain, faisant en
Occident un nouveau départ, entra enfin dans ses voies
définitives. Le christianisme, chargé de couronner
l'œuvre des Grecs et des Romains, son idée religieuse
telle que l'a interprétée le génie occidental, apparaît, en
effet, comme une suite logique, un développement intellectuel et moral, où le monothéisme juif serait resté
insuffisant. Là, comme dans le reste des annales humaines dont nous avons suivi la marche, il faut discerner les lois naturelles ; il faut marquer l'action
simultanée d'un courant naturel et d'un courant supérieur. Il importait même de bien préciser la signification de ces courants avant de les transformer l'un
et l'autre en vrais thermomètres historiques.

Voilà une suite d'idées que, comme un fil conducteur
à travers l'histoire, nous n'avons cessé de développer,
après avoir établi le plus solidement qu'il était possible
dans le livre Ier, les bases que nous venons de résumer et sans lesquelles notre thèse n'aurait pas sa raison d'être. Il convient donc que ceux qui voudront
comprendre le sens des livres II et III commencent par
lire attentivement le Ier.

Ensuite ce thème se développe plus largement, s'efforçant de ne jamais perdre de vue les Grecs, les Romains et le christianisme, parce que ce sont là trois
étapes décisives d'une civilisation supérieure qui a reçu sa consécration définitive avec l'Église romaine et
par le génie chrétien du moyen-âge, — civilisation autrement dit sans laquelle la formation des temps modernes n'aurait pu s'effectuer dans des conditions suffi-
santes pour les besoins des sociétés d'Occident, — sans
laquelle, par conséquent, les Occidentaux n'occupera'ent

pas la place à part qui leur est dévolue sur le globe. —
Et cette supériorité, en quoi réside-t-elle avant tout ?
Dans un esprit classique dont la juste pondération s'appuie sur des méthodes, sur des lois dont l'histoire offre
des expériences assez concluantes pour ne pas séparer
ses règles et les vérités éternelles qu'il enseigne de tout
développement politique ou social, intellectuel ou scientifique que nous ayons à traverser.

Mais pour connaître comment et où nous sommes
arrivés, il a fallu en regard de cela suivre l'évolution
d'un esprit anticlassique. L'étudiant dès l'antiquité la
plus reculée, le fouillant jusque dans ses replis en Occident, — comme nous l'avions fait en Orient, — à partir
de ses origines et dans sa marche bien caractérisée,
nous avons été de la sorte à même d'observer en Europe la puissance de ses survivances, en même temps
que nous analysions la direction spéciale par lui impri-
mée aux sociétés des temps modernes. Et voilà comment l'historien a pu rétablir la présence de deux facteurs différents qui s'y disputent l'histoire. Cependant,
précisément parce que nous n'avons jamais négligé de
mettre en relief la sève, l'énergie, les éléments de rénovation de nos vieux concepts, qui caractérisent le tempérament anticlassique, nous devions comme compensation démontrer à l'aide de l'histoire que, pour
aboutir à son point définitif, ce tempérament, n'étant
pas encore parvenu à « sa phase due », a d'autres étapes à parcourir encore.

Le parallèle poursuivi dans les livres II et III, entre
Allemands, Anglais et Français, permettant mieux que
tout autre d'expliquer comment l'histoire des temps
modernes de science a deux parts. Après avoir marqué l'unité des esprits au moyen-âge chrétien et mon-

tré la société sortie de lui si fortement trempée, le parallèle, à partir de la Renaissance et de la Réforme, maintenant que l'accord est rompu, prend pour clef de tout l'esprit classique et l'esprit anticlassique, autrement dit nos outils accoutumés de précision historique. Nous arrivons ainsi par gradations au classicisme tempéré, puis à l'anticlassicisme mis en regard d'un classicisme réalisé plus complètement qu'ailleurs.

Ainsi, les Césars allemands, ces héritiers substitués de Charlemagne (qui lui-même est l'héritier substitué des Romains), présentent le curieux spectacle d'un conflit perpétuel entre l'idée classique et l'idée anticlassique. D'un côté, ils sont censés partager l'autorité suprême 'e l'Europe avec la papauté. De l'autre, ils dominent les rois et ce pouvoir idéal vient échouer constamment devant le fait concret, même brutal. Ont-ils été inutiles à l'Occident, que dans tout le moyen-âge ils éblouissent encore par un mirage prestigieux ? Non, car ils demeurent non seulement pour lui la première barrière contre les invasions des hordes asiatiques, auxquelles ils ont fait tête pendant des siècles, mais deux états devenus très puissants ont grandi : la Russie à côté d'eux, à leur ombre, la Prusse, dont l'apparition marquante dans l'histoire de l'Europe ne date que du xviiie siècle, alors que s'éclipsaient la Pologne et la Suède. Les Empereurs sont, de plus, liés en tout temps, sinon toujours effectivement, nominalement toujours, à l'histoire de l'Allemagne. Il exista donc avec le Saint-Empire, non pas un moule assez puissant pour pétrir les peuples, mais tout au moins un effort continué pendant des siècles pour constituer un cadre malheureusement frappé d'arrêt de développement, parce que l'élément classique non seulement y est resté impuissant à soumettre à son hégémonie effective l'élément anticlassique, mais en raison précisément de la singulière vigueur du génie du Nord, qui a fini par s'imposer en remplaçant le Saint-Empire par l'empire prussien.

Ceci devait être la première démonstration historique touchant la formation successive des temps modernes réalisée : 1° par le christianisme ; 2° par le dualisme impérial et papal tournant, au détriment de l'empereur, à la théocratie papale ; 3° enfin par l'idée monarchique succédant à l'empire et à la papauté. Nous aurons ainsi obtenu (quand notre parallèle sera complet en ce qui concerne la France) le tableau du fonctionnement de l'esprit classique dans l'histoire, de la chute de Rome à nos jours, avec des alternatives de courant naturel et de courant supérieur, ces vrais thermomètres historiques.

Au cadre indécis du Saint-Empire, nous avons en effet opposé deux cadres très effectifs, mais deux antithèses caractérisées dont cet ouvrage reproduit le spectacle fidèle : 1° Il suit, d's ses origines, la plus complète évolution de l'esprit classique dans les temps modernes par l'idée pure, à l'aide de la France monarchique, qui sera d'abord étudiée jusqu'à la Révolution française avant de pousser plus loin : 2° il a montré les résultats du « fait concret » poursuivi jusqu'au bout et avec un dédain marqué pour l'abstraction par l'Angleterre. Nous avons obtenu ainsi les types étudiés historiquement, socialement, psychologiquement, de deux évolutions vraiment originales, parce qu'elles ont été absolument opposées à partir de certaines origines.

Voilà, par cela même, deux conclusions qui se posent dans l'histoire des temps modernes : si l'Angleterre, toujours à la poursuite du fait et du symptôme, sans cesse en travail de «reconstruction» s'avançait invinciblement

vers le constitutionnalisme, jusqu'ici sa vivante image,
n'est-ce pas naturellement, comme nous devons finir
de le démontrer, que la France à la fois classique
et monarchique a réalisé à son tour la monarchie,
c'est-à-dire après ces grandes idées du moyen-âge, l'empire et la papauté, une troisième idée qui domine de sa
hauteur l'Europe des temps modernes?

§ II. — L'ESPRIT CLASSIQUE, SON RÔLE PASSÉ, SON RÔLE
A VENIR

Qui d'abord a tenu entre ses mains, en Europe, le rouleau broyeur chargé de niveler les sociétés pour les façonner ensuite à son image? Les Romains, — avec leur
État-Dieu, l'empire, réalisant l'idéal gréco-romain. Qui a
repris ensuite en mains, à la chute de Rome, le même
rouleau broyeur? Le christianisme, l'Église chrétienne.
Plus tard, l'Église a admis un dualisme. Elle a pris,
comme dit saint Bernard, un bras pour tenir le « glaive
temporel », mais elle a voulu rester la tête qui dirige.
Car elle avait une œuvre à mener à fin, dans laquelle
c'était la tête qui devait conduire le bras. Qui, cependant, demeurait l'héritier direct de Constantin? C'était
Charlemagne; du moins Charlemagne, Othon le Grand,
Frédéric Barberousse l'entendaient ainsi et prétendaient
continuer Constantin; mais, en réalité la papauté, a broyé
l'empire.

Le Dante a eu beau faire appel à la justice de l'empereur; au moyen-âge, dans l'idée du xiiie siècle, il y a
quelque chose de supérieur à l'autorité impériale : le
Saint-Siège, un arbitre souverain en Europe aussi bien
de César que des rois. Telle est la vraie raison d'être de

la théocratie. Malgré le dualisme d'abord établi, elle avait pour justifier son pouvoir de grands buts à accomplir. Cette rupture d'équilibre, en revanche, devait être pour elle-même un germe de mort. A l'impuissance du Saint-Empire, à l'idéal théocratique ébranlé, à son tour devait se substituer l'État-Dieu, la monarchie, idéal des temps modernes jusqu'au xviiie siècle.

Qui allait précipiter l'évolution? Ce fut Luther intervenant avec un principe antimonarchique. A côté du catholicisme resté la clef de voûte des sociétés du Midi, Luther substitua dans le Nord la réformation, qui y occupa désormais une place identique. Non seulement il a porté alors un coup fatal à la papauté, c'est-à-dire à « l'imperium romain », tel que celle-ci l'avait organisé à son profit; mais, dans l'avenir, le même coup devait frapper l'empereur et les rois. Qu'on objecte que Henri VIII d'Angleterre deviendra alors pape et roi, comme l'électeur de Brandebourg prince et pontife, c'est-à-dire maître du spirituel comme du temporel. Qu'on ajoute que c'est dans la Réforme que l'état prussien puisa la force constitutive de sa monarchie. En revanche, un grand état comme l'Angleterre devra, autant par le protestantisme que par son tempérament anticlassique et sa fierté insulaire, aboutir à cette antithèse de l'idée romaine : « le roi règne et ne gouverne pas, » une formule qui, au xixe siècle, s'impose à tous les rois de l'Europe.

On aura beau observer ce que le protestantisme a fait de l'Angleterre, ce qu'il a réalisé par un nouveau dualisme à l'aide de sa forme religieuse étroitement unie à l'état. Mais ceci représente le courant protestant du Nord, dont les transformations accompagnent des siècles de guerre, pendant lesquels catholiques et protestants

luttent au nom de principes absolument différents.
C'est même là que l'Europe se scinde en deux parts,
et pendant qu'au Nord le constitutionnalisme s'élabore,
le Midi cherche son salut et trouve son assiette dans
l'idée monarchique.

De Philippe-Auguste à saint Louis, de Philippe le
Bel à Louis XI, la monarchie a suivi des étapes progressives. François Ier, resté à la Réforme le fils aîné de l'É-
glise, n'en avait pas moins préparé, grâce au « Concor-
dat », la puissance de notre vieille Eglise « gallicane »,
dont il était devenu la clef de voûte [1]. Cette faculté de
choisir les membres du clergé à son gré devait faire de
Louis XIV, « détenteur de la feuille des bénéfices, » sinon le supérieur, du moins l'égal en France de l'autorité du pape à la façon de Charlemagne.

C'est un lieu commun de rappeler que l'idéal monarchique est loin d'avoir été toujours réalisé en France.
On lui a demandé trop et on a commis en son nom d'ir-
réparables fautes. Voulant se substituer à tout, il a trop
embrassé et préparé sa chute éclatante, mais voulant
faire grand il a inauguré de grands buts. C'est lui, en
réalité, qui, après l'évolution de la théocratie papale,
a entrepris avec plus de résolution que personne de reprendre le rôle des Romains. Voilà pourquoi au volume
suivant nous étudierons ce double problème.

1° L'objectif qui s'était d'abord imposé à nos rois : «l'exercice souverain du patronage féodal, » ne devait-il pas
chez nous par la force des faits, par la situation géographique, en raison surtout de l'esprit classique français, aboutir tôt ou tard à « l'imperium romain »,même
sans la Renaissance et l'humanisme?

1. Hinoteaux, *le Pouvoir royal sous François Ier*.

2° La France eût-elle fait la même œuvre par le constitutionnalisme, par le protestantisme, que par le catholicisme et la monarchie absolue ?

Supposez la réformation triomphant chez nous, avec notre esprit radical, la Renaissance eût-elle eu en France la belle suite qu'elle donna ?

L'idée monarchique française, en tous cas, n'eût pas été en Europe le rouleau broyeur qu'elle représente, non sous une forme violente mais avec une apparence de légalité, et surtout avec ces qualités relevées d'où seulement peut sortir une société pondérée et supérieure. Louis XIV en donne le dernier mot. Il a séduit l'Allemagne même protestante. C'est lui que de nos jours la Prusse copie encore. Son idéal, tant il était alors bâti à chaux et à sable, — sur le droit divin et sur le droit monarchique, — a équivalu à la solidité présentée par la paix romaine, laquelle avait permis au monde ancien de compléter son évolution.

Les temps ont si bien changé qu'une telle conception ne rencontre plus en France que des détracteurs ou des défenseurs timides. Pour trouver la note de l'époque, il faudrait juger « l'État-Dieu » et son plus beau produit « le Roi-Soleil » en nous mettant au diapason des hommes du xvi° siècle ou bien du xvii°, pendant la guerre de Trente ans, c'est-à-dire affamés de paix et de stabilité.

Qu'on se reporte, du reste, à l'état de l'Europe. L'étoile de l'Espagne, si brillante au xvi° siècle, était destinée à bientôt s'obscurcir chaque jour. L'instabilité de l'Angleterre a pu être plus apparente que réelle, puisque son développement ne discontinua pas, il n'empêche que de Henri VIII à la maison de Hanovre, c'est-à-dire pendant plus de 200 ans, ce pays demeura remué par des bouleversements périodiques. Enfin, les contrées ger-

maniques allaient servir de champ clos à l'Europe et,
pour s'en faire l'idée, il n'y a qu'à contempler les ruines
de l'Allemagne de 1648.

Au xvi° siècle, au milieu de la confusion, de la révolte
des esprits et des sociétés, notre histoire elle-même ne
s'éclaire qu'en ramenant à son importance véritable le
rôle des légistes français, dont les ancêtres avaient été
les plus fermes auxiliaires de la monarchie, — et l'on se
rend facilement compte en France pourquoi, — adversaires décidés, tant de la féodalité catholique que des
grands feudataires protestants qui voulaient s'imposer
au pays, — nos légistes poursuivirent également de leurs
dédains l'esprit démocratique, dégoûtés qu'ils étaient
par le sort des républiques italiennes, longtemps école
classique de la démocratie, mais venues échouer en
plein despotisme, seul capable de mettre fin à leurs dis-
sensions. Ce n'étaient pas encore des absolutistes, mais
leur monarchisme, voilà quel fut le fondement solide de
la monarchie absolue, qui devait se compléter par les
circonstances et l'air ambiant.

Avant d'entamer, dans un second volume, l'étude raisonnée de cette ère scientifique, démocratique, industrielle, du xix° siècle, où l'anticlassicisme domine, mais
qui a entrepris et mené à fin des œuvres d'une véritable grandeur, nous serons forcés auparavant d'achever
de dresser le dossier de la partie adverse.

Qu'un courant irrésistible depuis cent ans ait tourné
l'Europe vers la démocratie, que la majorité des esprits
ne conçoive plus d'œuvre viable que par elle et pour
elle ; — si bien que, cédant au courant, un empereur
d'Allemagne qui procède à la façon des pasteurs de
peuples prenne l'initiative de lancer l'Europe monarchique en plein socialisme ouvrier, — il est bon, avant

de terminer, d'examiner rapidement, l'histoire en main, le passé de la monarchie française. Telle qu'elle fut conçue et se développa, n'eût-elle point alors sa raison d'être non seulement pour notre pays, mais pour l'Europe tout entière? En effet, ce n'est pas seulement la France qui s'est faite grâce à elle.

Notre monarchie devint l'unité historique manquant ailleurs; rouleau broyeur, par elle la France représenta en Europe cette grande surface de résistance de plus en plus commandée par les événements, parce qu'en réalité c'est alors que les états modernes ont achevé leur formation.

Et qui mieux que la France, comme formation, devait alors être proposé pour modèle? Les autres pays d'Europe, renseignés sur l'histoire de notre monarchie, pouvaient suivre le « processus » de cette étonnante machine, fonctionnant sous un roi faible comme sous un roi fort, sans cesser de progresser depuis Hugues Capet. Tirant tout de l'air ambiant, du droit féodal tant qu'il domine, du droit romain dès qu'il l'emporte.

Monarchie effective en tous temps, même aux mauvaises heures de notre histoire : au milieu de la guerre de Cent ans avec Charles V, qui, comme par enchantement, sort de ses désastres et fait revivre la France; au lendemain de cette terrible guerre avec Louis XI, qui voit tout, pourvoit à tout, qui, réduisant les grands vassaux, travaille à l'unité de la France, mais ne songe pas moins, au milieu des ruines laissées par l'invasion, à affranchir le commerce français de l'étranger et crée en principe les fabriques qui y ont conduit.

Monarchie effective, même sous les derniers Valois et aux temps troublés de la Ligue, où, sous un chaos apparent, il y a toujours un principe directeur et régulateur pour la France : « substratum » essentiel, car les Français peuvent différer d'opinion sans cesser pour cela d'obéir partout à un esprit d'ordre et de méthode administrative. La main du roi, par les légistes et les officiers du roi, interviendra non seulement dans les grandes questions, mais jusque dans des détails parfois minutieux.

Si c'est à tort qu'on avait considéré jusqu'ici à propos des communes françaises, sous les Capétiens, les abbés et les comtes comme leurs plus redoutables adversaires, si c'est plutôt, comme dit M. Luchaire, par leur mauvaise administration financière qu'elles périclitèrent jusqu'à ce qu'elles disparussent par l'ingérence de nos rois, faussement considérés jusque-là comme des protecteurs attitrés bien qu'intéressés des communes, eux qui les ont absorbées ?

Si, comme dit M. Lavisse, dès le xvie siècle il était décidé, par la force des choses, que, pour le malheur de notre royauté comme pour le nôtre, la monarchie serait absolue,

Peut-il être dit, cependant, que la royauté a abusé de la marque particulière de l'esprit français : son sentiment classique d'ordre et d'unité? Ne peut-on pas soutenir à l'opposé que ce sentiment ne s'est développé que grâce à la monarchie, sans laquelle le cadre territorial de la France tel qu'il se comporte de nos jours n'existerait pas? Il eût été faussé de bonne heure par l'Anglais, le Bourguignon ; puis, sans la destruction de la féodalité, d'autres grands feudataires se seraient succédé, ne songeant qu'à se tailler des royaumes séparés en démembrant la France. Qu'on tienne à s'en faire une idée, ce ne sera pas dans une Angleterre insulaire, où le

constitutionnalisme s'est librement développé au milieu de
classes liguées contre la royauté. Il faut, en revanche, si
l'on veut comparer exactement, avoir ici les yeux tournés vers l'état désuni, disloqué et si longtemps pré-
caire de l'Allemagne continentale. Le sort de l'Allemagne n'a pas été le nôtre, mais pourquoi ? Parce que
nous avons été de bonne heure une France franchement monarchiste, telle, en un mot, que la comportait
une vieille tradition du sol. C'est M. Sorel qui l'a dit
avec son sens historique habituel : « La tradition de la
« monarchie pure » se dégage avec clarté de notre histoire [1]. » Et si ce n'est dès Philippe-Auguste, ajouterons-
nous, ce sera tout au moins à partir de saint Louis.
Depuis lors, la France, telle qu'elle est arrivée à 1787,
peut être considérée comme une œuvre de croissance
lente mais continue arrivant à son renouvellement.

Et pourquoi, aux périodes critiques comme 1787,
chercha-t-on vainement les lois fondamentales de
la monarchie ? Déjà, sous la Fronde, cette période
troublée, le cardinal de Retz disait : « On chercha
comme en s'éveillant les lois, on ne les trouva pas [2]. »
Ces lois constitutives n'ont pas été écrites, conservées
par la tradition, elles ont même varié d'expression suivant leurs interprètes. Elles ont, à des époques décisives, été en revanche incarnées par des hommes de génie et le péril a été imminent chaque fois qu'à point
nommé, aux heures mauvaises, de grands esprits ne se
sont pas trouvés là pour les appliquer. Mais déjà, en
1789, ce passé ne suffisait plus devant un monde nouveau qui se levait.

---

1. Albert Sorel, *Lectures historiques. Richelieu et la monarchie
absolue.* — Forgars, *Mémoires du comte de Vitrolles.*
2. Albert Sorel, *Lectures historiques.*

Comment expliquer, cependant, qu'un roi ait si long-temps imposé sa forme à tout, à l'industrie comme à la politique, exercé son patronage sur toutes les classes, noblesse, clergé, bourgeoisie, habitants des campagnes et artisans des villes? N'est-ce pas du consentement de la majorité et par des voies légales ? Mais n'est-ce pas aussi grâce au loyalisme français que se fonda d'une façon indestructible non seulement cette unité nationale, mais cette unité d'esprit de la nation que l'Angleterre n'a pu encore inculquer à l'Irlande?

Il y a, de plus, ce fait curieux dans notre histoire, c'est, comme dit M. Sorel, « un étrange état social, où personne ne réclame de libertés pour tous, mais où chacun, (se croyant des droits à la préférence du souverain, essaie de s'attribuer une part de liberté individuelle aux dépens d'autrui)[1] ». L'Angleterre est le pays aristocratique par excellence. En France, qui paraîtrait, au contraire, le plus sacrifié à certains moments? C'est, privé de son pouvoir, de ses prérogatives féodales, ayant perdu jusqu'à son droit de juger en personne, le seigneur devenu étranger au paysan et délaissant sa terre pour chercher fortune à la cour. Cet absentéisme chez nous fut la grande faute de l'aristocratie, et Henri IV fit d'énergiques efforts pour réagir contre lui; mais voilà comment, au lieu des « latifundia anglais », partout en France les gens des campagnes ont pu arrondir leur propriété à l'aide du morcellement des grands domaines; voilà aussi comment s'est substituée une nouvelle couche de propriétaires fonciers, des bourgeois enrichis par le commerce, des gens de robe et de finance dont les

1. Pigeonneau, *Histoire du commerce de la France*, pp. 235 à 238.

fortunes récentes furent tournées vers la terre et firent
fructifier le sol 1.

Tel qu'il est, du reste, ce monde où la richesse circule
et se déplace pour se répandre de haut en bas n'a
d'autre niveau que cet être idéal, la royauté. Si, comme
dit M. Pigeonneau, le travail national était « embrigadé
dans la main du roi », c'est pour payer les faveurs du roi
qu'un gentilhomme versait son sang sur le champ de
bataille ou dépensait sa fortune en représentant la
France au dehors. Alors, on croyait à la monarchie.
Était-ce donc chez un Français une anomalie?

Tel tempérament français d'aujourd'hui, ne voyant
d'autre solution que par les principes de la démocratie,
et rapportant tout à l'état démocratique, serait fort
étonné si on lui disait : mais vous, alors, vous auriez
lutté de loyalisme pour le roi ! Voilà pourquoi il importe de bien s'expliquer là-dessus. Précisément, nous
avons sous la main un exemple typique tranchant
nettement sur l'esprit anglais, qui n'a si fort l'instinct du
« self government » que parce qu'il n'attend rien que
de lui, que de la « loi anglaise », sans se soucier que
l'état intervienne.

L'économiste Monchrétien2, dans son *Traité d'économie d'État*, écrivait à Henri IV : « Le roi sera contraint
« d'abandonner le sien, de veiller nuit et jour pour le
« salut des provinces, des villes, même des familles et
« des personnes particulières..., bref d'exercer en terre
« les fonctions de Dieu. » Paroles exprimant bien ce
qu'on croyait pouvoir demander alors à la royauté.
Et Monchrétien mourait dans une insurrection! N'est-ce
pas là la marque de l'esprit français, qui pouvait

1. Pigeonneau, *Histoire du commerce de la France*, pp. 227 à 233.
2. Franck, Brentano. *Traité d'économie politique de Monchrétien.*

« déifier » la royauté sans craindre de se révolter au besoin contre le roi qui la représentait? Avons-nous donc tant changé?

A leur tour, des génies comme Henri IV, Richelieu, Louis XIV, Colbert ont travaillé avec le ferme but du bonheur de la France dont ils se croyaient chargés. Ils ont par leur gouvernement appliqué les principes d'une politique traditionnelle, d'un plan développé progressivement par des générations de légistes, d'administrateurs, dont l'œuvre collective fonda l'unité de notre histoire.

M. Franck Brentano, en nous ramenant à ces origines [1], a conçu une œuvre originale. Il a mis en relief les qualités du « patronage monarchique » se continuant jusqu'à la mort de Colbert avec des « libertés locales ». Malgré cela, une histoire ne se poursuit jamais tout d'une pièce; elle bifurque à des moments donnés. Ainsi, nous devons d'abord dire avec M. d'Avenel [2] : qu'un ministre visant l'absolutisme royal, comme Richelieu, ne pouvait être le gardien des libertés françaises. Nous observons ensuite avec M. Sorel qu'il s'agit avant tout de bien s'expliquer sur ce que signifie alors le mot libertés, car bien des libertés étaient des « prérogatives » et des « privilèges », et la révolution se fit en grande partie pour détruire les privilèges que la monarchie avait établis.

Mais, en attendant, la France a été franchement loyaliste. C'est sur quoi insistera un historien impartial. En revanche, tant que le loyalisme français resta manifeste, c'est-à-dire jusqu'en 1789, son essence ne s'est

---

1. Franck Brentano, l'Économie politique patronale.
3. D'Avenel, Richelieu et la monarchie absolue. — Albert Sorel, Lectures historiques.

jamais fondée sur la bassesse. Ce sont les plus fermes
soutiens de la royauté qui, la plupart du temps, gardè-
rent le plus d'indépendance envers le roi.

Le roi est, du reste, toujours demeuré d'accord avec
la nation sur les grandes lignes : sur ce grand amour
si particulier au Français : son sol, la terre que nos
physiocrates déclaraient encore au xviii° siècle comme
« donnant seule lieu à valeur », la terre dont le roi
lui-même avait tiré son premier principe d'autorité
comme suzerain.

Avec sa solidité native, avec son stable édifice gouvernemental, la monarchie à elle seule eût figuré l'antipode d'un état flottant, migrateur, spéculateur, toujours occupé à « reconstruire ». Elle avait encouragé
le commerce, l'industrie, la navigation, les colonies,
mais l'économie d'état ne se départait jamais des leçons de la vieille expérience française, où individuelle-
ment il est permis d'être parfois téméraire tout en
restant réfléchi à l'action politique. Si l'on peut pour
cela accuser nos rois d'avoir manqué d'encouragements
pour un esprit aventureux qui a si bien réussi aux
Anglais, n'est-ce pas à une telle modération qu'on doit
cette solidité qu'a toujours gardée la France et qu'à son
exemple la majorité de l'Europe avait adoptée, solidité
indispensable devant les crises de fond qu'ont subies
nos xviii° et xix° siècles.

Plus patronal encore que protectionniste, l'esprit
monarchique semble avoir, avec une prescience singulière, ménagé dès lors les transitions entre deux états
absolument différents. En effet, l'expérience du dernier
tiers du xix° siècle « libre échangiste » montre trop
souvent en conflit, parfois même se faisant réciproque-
ment du tort l'un à l'autre : l'état agricole, l'état indus-

triel ; M. Franck Brentano ne pourra jamais trop , comme économiste, insister là-dessus, s'il veut justifier sa thèse historique.

L'Angleterre n'était arrivée, au xviiiᵉ siècle, à l'état industriel que grâce à une aristocratie assez riche pour exproprier le sol anglais. Et c'est cela même qui est aujourd'hui la source de ses complications. De plus, l'Angleterre insulaire, puissance maritime, n'est pas la France agricole , puissance continentale. Il est vrai que l'histoire a des échéances ; on les recule, on n'y échappe jamais. La science moderne devait conduire à « l'ère des machines ». Et la France, une fois le fait accompli, n'a-t-elle pas montré par ses vaillants efforts, avec la place éminente qu'elle occupe dans cette évolution économique, qu'elle comprenait qu'une nation déchoit si elle ne se met pas à la hauteur des circonstances.

Nous avons insisté sur la raison d'être de la monarchie. Il faut maintenant montrer un contrepoids fonctionnant à côté d'elle et chargé de remettre les choses au point : l'esprit classique, dont le rôle n'a jamais failli aux époques critiques de notre histoire. Au sortir du gigantesque effort du grand siècle, si l'esprit classique a prétendu revenir à la nature, s'il considéra désormais qu'à côté des droits du roi une part devait être faite aux droits de l'homme, c'est qu'au moment où l'assiette européenne se renouvelait, la monarchie, continuant à se substituer au contraire « à tout », s'exposait à devenir « dans tout » l'éditeur responsable. Il lui fallait à chaque siècle des génies pour remettre les choses en état et imprimer le mouvement nécessaire. Or, d'autres peuples démontraient que, dorénavant, ce n'était pas toujours du roi, ni de l'état, que le mouvement pouvait partir.

Mais qui indique mieux que du moule monarchique dès lors était sortie une société pondérée et supérieure? C'est que, s'il en eût été autrement, cette société n'aurait pas été la première à se réformer elle-même, à donner le signal des idées nouvelles. Pourquoi, au XVIIIe siècle, ce ne sont pas seulement nos grands esprits qui comprennent le besoin de réformes, mais qu'il y ait comme un « consensus » de la nation? C'est que la monarchie a non seulement puissamment cimenté l'unité nationale, mais, en même temps, travaillé chaque jour à constituer l'unité d'esprit de la nation. Alors n'avons-nous pas vu l'idée pure et l'amour de la philosophie enflammer surtout ceux qui devaient le plus en souffrir? l'aristocratie française et même ce roi du « droit divin » prêt à s'accorder avec son peuple sur les libertés qu'il réclamait.

Malheureusement, derrière tout cela il y avait une liquidation sociale et la parturition d'une ère nouvelle. Et ce qui rend évidente la présence d'un grand problème et sa solution toujours ajournée, c'est, au commencement du XIXe siècle, Napoléon Ier proclamé le glorieux restaurateur de l'idée pure romaine et de l'empire de Charlemagne, puis après lui ces essais successifs si différents, mais dont ni l'un ni l'autre n'a pu aboutir, ni la royauté du droit divin, ni la royauté constitutionnelle, ni la république de 1848, ni l'empire du suffrage universel.

La France jusqu'en 1789 poursuivant l'idéal de la monarchie et en 1889 à la tête de la démocratie européenne, qui mieux que cela montrerait que le moule ayant servi depuis tant de siècles à faire notre histoire, devenu trop étroit, avait fini par éclater sous les chocs répétés du renouvellement des idées, puis enfin de la science et la démocratie?

Est-ce à dire pour cela que le travail du passé doive être méconnu ? que l'esprit classique soit désormais incapable de jouer son rôle d'autrefois dans les temps nouveaux ? Au contraire, seulement il faut suivre l'évolution.

La Révolution française, puis, — dans l'ère scientifique du xix° siècle, — la France démocratique et industrielle, sont si bien devenus deux faits consécutifs, dont la corrélation s'établit : 1° par l'avènement de la science transformant nos concepts économiques sociaux, traditionnels ; 2° par la constitution progressive d'une puissante démocratie ouvrière modifiant l'ancienne assiette, que la révolution a commencé en 1789 et qu'en 1889 on ne peut dire encore quand l'évolution aura pris fin.

En revanche, la postérité louera la France classique : d'être intervenue avant qu'on assiste à l'ère où l'esprit anticlassique subordonne tout aux intérêts matériels, d'avoir en un mot inauguré la révolution au nom de « l'idée pure », sans préoccupation égoïste, c'est-à-dire bien avant qu'ait été donné à l'Europe le signal d'un nouveau départ des richesses et d'un développement social différent par les modifications apportées au « travail des nations ».

Mais la France n'a-t-elle pas derrière elle aussi, désormais, un passé qui lui commande l'avenir ? Une œuvre à accompl' , héritage de ses pères du xviii° siècle ; œuvre mal digérée, mal entreprise alors, mais à reprendre sur de nouvelles bases après l'expérience de tout un siècle, en mettant en valeur des qualités essentielles, en comblant ses lacunes et surtout en réparant ses erreurs.

Non seulement la Révolution française, mais les vingt

27

dernières années de ce siècle ont manifesté chez nous
cet esprit expérimental qui ne craint pas de s'exagérer,
de s'emporter même au delà du but. Et pourquoi? parce
qu'il est certain de revenir tôt ou tard au diapason.
C'est un radical aux jugements moyens. D'un côté, af-
famé de vérité, mais non moins avide de règle, d'ordre et de logique, il se révoltera, comme dit M. Sorel,
autant devant l'anarchie, qu'il montrera de décision et
d'unanimité à chasser un tyran. De l'autre côté, tout
en poursuivant sa voie, il saura par ses solutions moyennes mettre l'Europe d'accord avec lui. Seulement l'histoire ne s'improvise pas, et qui pourrait affirmer qu'il y
ait désormais non seulement en Europe mais même en
France une orientation définitive? Ce qu'il y a de plus
certain, c'est qu'à mesure que nous avançons l'élément
spiritualiste s'élimine.

Or le plus beau résultat d'une éducation classique,
n'est-ce pas de se réformer soi-même? Voici donc le
tempérament qu'au lieu d'affaiblir chaque jour il faudrait au contraire développer, fortifier, car c'est le seul
capable en Europe d'introduire l'élévation des sentiments et l'éducation supérieure dont le xx° siècle aura
besoin pour accomplir son œuvre ardue.

Jamais plus grands problèmes ne furent discutés. Il
s'agit de fusionner définitivement la nouvelle société
avec l'ancienne : de mettre d'accord sur des bases con-
senties par les deux parties les concepts radicaux de la
démocratie et de la science nouvelle, avec les concepts
traditionnels sur lesquels avait jusqu'ici reposé l'édifice
intellectuel et social tout entier. Il s'agit, en un mot, de
rétablir des frontières de toutes parts envahies : frontières du droit, du devoir, de la morale, même jusqu'aux
frontières du libre arbitre.

Il y a là un vaste syncrétisme où doit intervenir l'idée pure, car c'est d'elle que les solutions sont toujours sorties aux époques décisives de l'histoire d'Occident. Et quel terrain mieux ensemencé par les siècles trouverez-vous autre part que la France ? Est-ce dans l'Allemagne restée féodale et formaliste ? Est-ce en Angleterre où les classes sont si bien définies 'que naguère encore un état d'infériorité en face de la classe privilégiée était non seulement admis, mais regardé avec une espèce d'orgueil national ?

L'unité nationale de la France est l'œuvre de notre monarchie, mais comment s'est-elle, malgré tant de faits dirimants, indestructiblement établie sur l'unité de l'esprit français ? Pourquoi ne sommes-nous ni exclusifs, ni séparatistes de tempérament ? C'est qu'il y a des points sur lesquels notre esprit ne varia jamais. Le christianisme a si bien imprimé en nos cœurs le sentiment de l'égalité qu'il explique pourquoi, dès le commencement du xive siècle, l'édit d'un de nos rois [1] proclamait comme « droit de nature » qu'en France tout homme doit être « franc », c'est-à-dire libre. Ceux qui ensuite au xvie siècle ont achevé de fonder la France, nos légistes, ont-ils jamais fait acception de classes? Leur niveau, en face de la féodalité comme en face du tiers état, n'a-t-il pas toujours été le roi? Que si nous arrivons de là au xviiie siècle, lorsque s'est préparé le renouvellement de la société, a-t-il été question de classes? Qu'ont visé nos philosophes, notre aristocratie libérale, après eux la nation ? On a vu l'homme, les hommes, c'est l'humanité qui est devenue le niveau.

1. Louis le Hutin. Ne pas oublier à ce sujet la politique populaire de Philippe le Bel et de ses fils.

Ensuite on a pu dire, et même avec raison, qu'il s'est commis au nom de la Révolution bien des erreurs et bien des crimes, mais la Révolution n'en a pas moins porté des fruits consacrés par les applications de l'Europe entière.

Il est toujours permis, même en France, de détester « 93 », mais n'est-ce pas, pour la plupart du temps, se retrancher derrière 1789. Et pourquoi ? C'est qu'il se trouve là des principes que tout Français, à de rares exceptions, se croit désormais tenu d'admettre et auxquels il adhère la plupart du temps.

TABLE ANALYTIQUE

LIVRE DEUXIÈME

LIVRE TROISIÈME

Poitiers. — Imp. Blais, Roy et Cie, rue Victor-Hugo, 7.

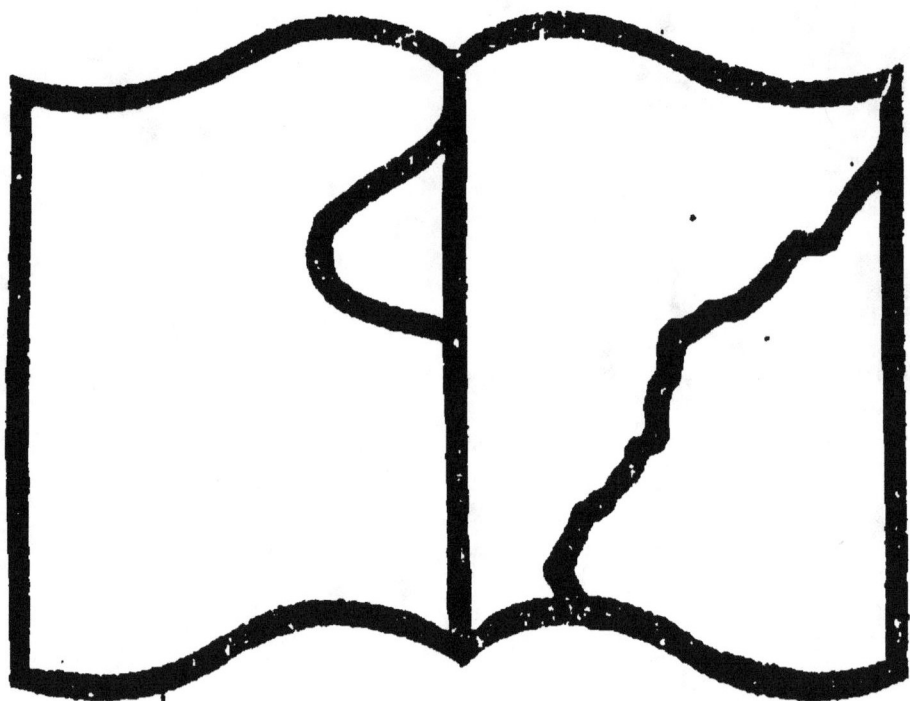

Texte détérioré — reliure défectueuse
NF Z 43-120-11

www.ingramcontent.com/pod-product-compliance
Lightning Source LLC
Chambersburg PA
CBHW060954280326
41935CB00009B/718